普通高校"十三五"规划教材·经济学系列

U0367459

R语言与现代统计方法

刘　强　裴艳波　张贝贝 ◎ 编著

清华大学出版社
北京

内 容 简 介

本书主要基于统计学、经济金融、生物医学等专业人才培养的基本要求，结合作者多年的教学、科研经验和研究案例，对 R 语言的浩瀚内容进行了有针对性的系统整理，较为全面地介绍了 R 软件的使用. 在此基础上，对一些现代统计分析方法的理论及 R 软件的实现进行了系统阐述，力图反映 R 语言最新发展成果. 内容涵盖了 R 基础内容、R 数据结构、数据的输入与输出、数据管理与 R 编程、图形管理、概率与抽样分布、探索性数据分析、参数估计、假设检验、方差分析、回归分析、生存分析、贝叶斯计算、时间序列分析，变量选择、非参数回归、缺失数据分析等. 本书的主要特点是内容系统全面、深入浅出、详略得当，读者可以根据自己的需求学习相关的章节.

本书既可以作为数理统计、经济统计、经济金融、生物医学等专业本科生、研究生的数据分析教材，也可以作为从事高级统计分析的研究人员和工程技术人员的参考用书.

本书封面贴有清华大学出版社防伪标签，无标签者不得销售。
版权所有，侵权必究。举报：010-62782989，beiqinquan@tup.tsinghua.edu.cn。

图书在版编目（CIP）数据

R 语言与现代统计方法/刘强，裴艳波，张贝贝编著. —北京：清华大学出版社，2016 (2025.1重印)
（普通高校"十三五"规划教材·经济学系列）
ISBN 978-7-302-45260-7

Ⅰ. ①R⋯　Ⅱ. ①刘⋯　②裴⋯　③张⋯　Ⅲ. ①程序语言－程序设计－应用－统计方法－高等学校－教材

Ⅳ. ①C819

中国版本图书馆 CIP 数据核字(2016)第 248321 号

责任编辑：彭　欣
封面设计：汉风唐韵
责任校对：宋玉莲
责任印制：丛怀宇
出版发行：清华大学出版社
　　　网　　　址：https://www.tup.com.cn, https://www.wqxuetang.com
　　　地　　　址：北京清华大学学研大厦 A 座　　　　　邮　　编：100084
　　　社 总 机：010-83470000　　　　　　　　　　　邮　　购：010-62786544
　　　投稿与读者服务：010-62776969, c-service@tup.tsinghua.edu.cn
　　　质 量 反 馈：010-62772015, zhiliang@tup.tsinghua.edu.cn
　　　课 件 下 载：http://www.tup.com.cn, 010-62770175-4506
印 装 者：北京建宏印刷有限公司
经　　　销：全国新华书店
开　　本：185mm×260mm　　印　张：23.5　　　字　　数：511 千字
版　　次：2016 年 11 月第 1 版　　　　　　　印　　次：2025 年 1 月第 5 次印刷
定　　价：59.00 元

产品编号：063598-02

前　言

R 语言作为一种免费的开源统计软件，已经在统计学、运筹学、生物信息学、经济学、金融学以及工程技术等诸多领域得到广泛应用. 翻开任何一本关于 R 语言的书籍，都会看到 R 语言有着众多优势：完全免费、完备的统计分析功能、交互式数据分析平台、强大的制图功能、无与伦比的帮助系统以及无私奉献的 R 语言开发核心团队有力支撑等，这使得 R 语言成为当前最流行的统计分析软件之一. 事实上，R 语言体系庞大，应用领域广阔，程序包种类繁多，完全掌握 R 语言几乎是一项无法完成的挑战.

本教程主要基于统计学、经济金融、生物医学等专业人才培养的基本要求，有针对性地对 R 语言的浩瀚内容进行了系统整理，全面介绍 R 软件的使用. 在此基础上，我们对一些现代统计方法的理论与 R 软件的实现进行了系统阐述，尝试编写一本符合高级统计数据分析人才培养目标的 R 软件学习教程.

R 语言的发展可以称得上是日新月异：一方面体现在使用 R 软件的人越来越多；另一方面也体现在 R 语言的程序包不断地更新换代，R 软件版本的更新速度也越来越快. 我们在编写过程中，尽量追随 R 的发展步伐，力图反映 R 语言最新发展成果.

全书内容共分 15 章，其中第 1~5 章由刘强编写，第 6~10、12 章由裴艳波编写，第 10~11 章、13~14 章由张贝贝编写，第 15 章由编写组共同编写，最后由刘强负责统一定稿.

在本书的撰写过程中，中国科学院数学与系统科学研究院的陈敏研究员、北京工商大学的曹显兵教授、北京工业大学的薛留根教授、程维虎教授、李高荣教授，昆明理工大学的吴刘仓教授，首都经济贸易大学统计学院的张宝学教授、马立平教授等都给予了极大的支持和热心的帮助. 首都经济贸易大学的王琳老师也为本书的编写做了大量工作. 本书的编写与出版也得到了清华大学出版社刘志彬主任和彭欣女士的鼓励和关心，在此一并表示衷心的感谢. 本书的编写也得到了北京市青年拔尖人才培育计划项目（CIT&TCD201404133）、国家自然科学基金项目（11201315）的资助，在此表示感谢.

由于作者水平有限，书稿中一定存在许多不足甚至错谬之处，欢迎读者和同行批评指正，电子邮件地址：cuebliuqiang@163.com.

作者

目 录

第 1 章

R 语言简介

R 软件最初是由奥克兰（Auckland）大学的 Robert Gentleman 和 Ross Ihaka 及其他志愿者在 1997 年前后开发的一个统计分析系统. 其前身是贝尔实验室所开发的 S 语言. R 语言现在由 R 开发核心小组（R Development Core Team）维护，他们的开发维护完全出于自愿，将全球优秀的统计软件打包提供给大家共享. R 软件免费下载网址：http://www.r-project.org/ 或 http://CRAN.R-project.org.

1.1　R 语言的特点

自诞生至今不到 20 年的时间，R 语言已经成为全球众多统计学者和统计工作者的首选统计分析软件. R 语言最大的特点或优势在于：它是一款免费的统计计算软件，并有着强大的软件维护和扩展团队. R 语言的主要特点还包括：

（1）不受操作系统的限制. R 语言可以在 Windows，UNIX，Macintosh 操作系统上运行，这就意味着 R 语言几乎可以在任何一台计算机上运行. 本书主要基于 Windows 操作系统上 R 软件的使用进行介绍.

（2）R 语言是一种解释性的编程语言. 它同 Matlab 一样，不需要编译即可执行代码.

（3）拥有完善的帮助系统. R 软件内嵌一个非常实用的帮助系统：包括随软件所附的 pdf 帮助文件（An Introduction to R）和 Html 帮助文件. 另外，通过 help 命令可以随时了解 R 软件所提供的各类函数的使用方法.

（4）具有强大的绘图系统. R 支持的主要图形系统有：基础图形（base）、网格图形（grid）、lattice 图形和 ggplot2. 这些系统使得数据可视化更为便捷. 此外，R 软件生成的图形文件可以保存为各种形式的文件（jpg，png，bmp，ps，pdf，emf，xfig，pictex 等），有利于进一步分析与使用.

（5）具有强大的统计分析功能. R 语言的部分功能（大约 25 个程序包）嵌入在 R 语言底层，其他都能以 Package 形式下载，几乎涵盖了现有的全部统计分析方法.

1.2　R 语言运行平台

R 软件的运行平台为：RGui（graphic user's interface）. 启动 R 软件，我们看到 RGui，即图形用户界面的主窗口，见图 1.1.

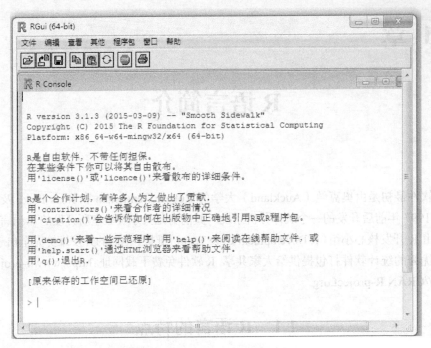

图 1.1　R 软件的运行平台：RGui

R 软件的运行平台 RGui 由三部分组成：主菜单、工具条、R Console（R 语言运行窗口）.

R Console：绝大部分工作都是通过在这里发布命令来完成的，包括数据集的建立、数据的读取、作图等，在这里也可以得到在线帮助.

1.2.1　工作目录

工作目录是 R 语言数据输入输出的默认位置，默认状态下是软件安装时的目录. R 的很多操作，包括读写数据，打开、保存脚本文件，读取保存工作空间的镜像等都是在工作目录中进行的. 为管理方便，在首次运行 R 软件前，可以建立一个自己的目录，启动 R 后将工作目录改变到自己的目录上. 在 Windows 版本中，更改工作目录可以利用菜单方式，选择"文件"|"改变工作目录"选项，选择自己的目录即可，见图 1.2.

另外，也可以利用 getwd() 命令获得当前工作目录，并直接利用 setwd() 命令改变当前工作目录. 例如：

```
> getwd()
[1] "C:/Users/tongji/Documents"
> setwd("C:/Users")
> getwd()
[1] "C:/Users"
```

需要说明的是，在 Windows 操作系统中，以不同的方式打开 R 软件，如通过桌面快捷方式或双击文档中的.RData 文件运行 R 软件，其工作目录可能会不同. 因此，每次运行 R 软件时，需要注意工作目录问题.

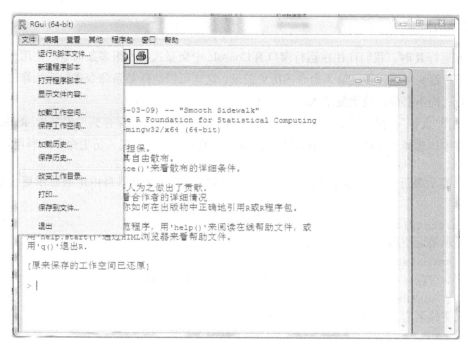

图 1.2　主窗口文件菜单

命令 list.files()或者 dir()可以用来显示当前工作目录中的所有文件和文件夹. 例如:

```
> list.files()
[1] "360js Files"    "Adobe"       "desktop.ini"    "Downloads"
[5] "My eBooks"      "My Music"    "My Pictures"    "My Videos"
[9] "save_data.Rdata" "SPSS_data.sav"
```

可以看到, 在当前工作目录下, 共有 10 个文件或文件夹.

1.2.2　工作空间

对于初学者而言, 工作空间(workspace)可以理解为 R 当前的工作环境或工作场所, 它存储着在运行 R 时所定义的变量、向量、矩阵等所有的对象与函数. 很多时候我们希望在下次运行 R 时能够继续以前的工作, 这时只需将工作空间保存到一个镜像中, 下次运行 R 时载入工作空间镜像即可.

工作空间存放在当前工作目录下的一个后缀名为 .RData 的文件中, 当启动 R 时, 工作空间将自动创建. 当直接单击运行窗口 R Console 中的"关闭"按钮或利用命令

```
>q()
```

退出 R 时, 系统将提示我们是否需要保存工作空间.

如果我们想在不退出 R 时保存工作空间, 可以选择"文档"|"保存工作空间"选项(见图 1.2)或利用命令

```
>save.image()
```

来保存. 以后运行 R 时可以通过选择"文件"|"加载工作空间"选项(见图 1.2)或命令

```
>load()
```

加载, 进而可以继续前一次的工作.

1.2.3　历史命令

在运行 R 时，我们往往在运行窗口 R Console 中交互式输入很多条命令．使用上行箭头或下行箭头可以查看已输入命令的历史记录，这样可以选择某条命令进行适当修改后再次运行，而不必烦琐地重复录入．

选择"文档"|"保存历史"选项可以将运行窗口中的所有记录保存到后缀名为.RHistory 的文件中；选择"文档"|"加载历史"选项（见图 1.2），可以载入历史命令．利用函数

```
>history()
```

也可以显示最近使用过的命令，默认值为最近的 25 条．也可以自由定制显示更多条，例如：

```
>history(50)
```

可以显示最近使用过的 50 条命令；利用命令

```
> savehistory("myhistory")
```

可以将命令保存在文件名为 myhistory.RHistory 的文件中；命令

```
> loadhistory("myhistory")
```

将载入文件名为 myhistory.RHistory 的命令历史．

1.2.4　帮助系统

学习并较好地掌握一门语言或软件，快捷方便的帮助系统是其关键．R 软件提供了十分强大的帮助系统，见图 1.3．

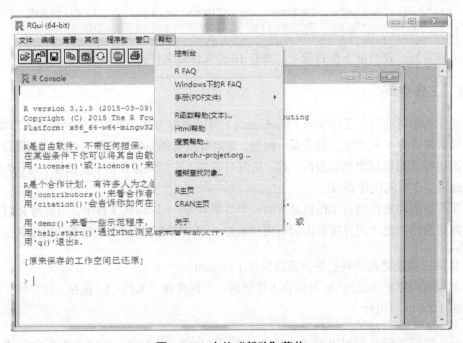

图 1.3　R 中的"帮助"菜单

（1）在 R 用户界面中，"帮助"菜单中的"R FAQ"选项（见图 1.3）给出了关于 R 软

件中的一些常见问题，FAQ 是 Frequently Asked Questions 的缩写，单击该选项，则以网页的形式给出 R 软件中一些常见的问题；选项"Windows 下的 R FAQ"也是以网页的形式给出 Windows 操作系统下 R 软件使用的一些常见问题. FAQ 随着 R 软件版本的更新而更新.

（2）R 软件中自带 8 本 pdf 格式的帮助手册，分别是 An Introduction to R，R reference，R Data Import/Export，R Language，Definition，Writing R Extensions，R Internals，R Installation and Administration 和 Sweave User. 这些手册为 R 的学习与使用提供了极大的便利，初学者可以着重看第一本，即 An Introduction to R.

（3）利用"帮助"菜单中的"Html 帮助"选项或者通过命令

```
>help.start()
```

打开 html 帮助系统（见图 1.4）. 在该帮助系统中可以很方便地找到所需要的文档.

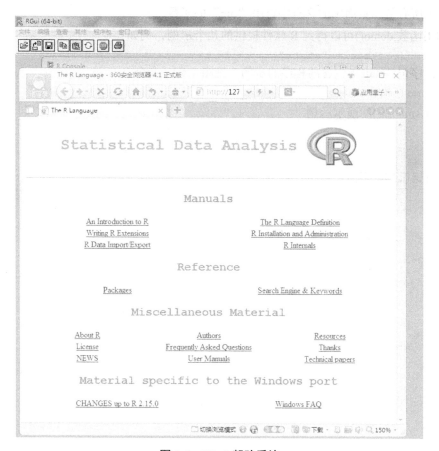

图 1.4　Html 帮助系统

（4）可以通过函数 help() 得到相应函数的帮助，例如命令

```
>help(plot)
```

或者

```
>?plot
```

可以得到函数 plot 的说明. help() 在默认状态下，只会在载入内存的程序包中搜索，即选

项 try.all.packages 默认值为 FALSE. 我们可以通过选项设置改变搜索范围，例如：

```
> help("bs",try.all.packages=TRUE)
> help("bs",package="splines")
```

上述两条命令分别表示在所有程序包及只在"splines"包中搜索函数"bs"的说明文件，可以利用该方法学习程序包的使用方法和注意事项.

需要说明的是，如果我们对某个函数名不是特别熟悉，可以利用函数 apropos()或 help.search()等进行查找，例如：

```
> apropos("fun")
```

该命令用于找出名字中含有指定字符串"fun"的函数，但只会在被载入内存中的程序包中搜索. 而

```
> help.search("fun")
```

则列出了所有帮助页面中的含有字符串"fun"的函数.

利用函数 demo()可以得到 R 软件提供的几个示例，例如：

```
> demo(package = "stats")
```

将给出程序包"stats"包含的程序的示例（见图 1.5）. 命令

```
> demo(smooth)
```

给出函数 smooth()的演示示例.

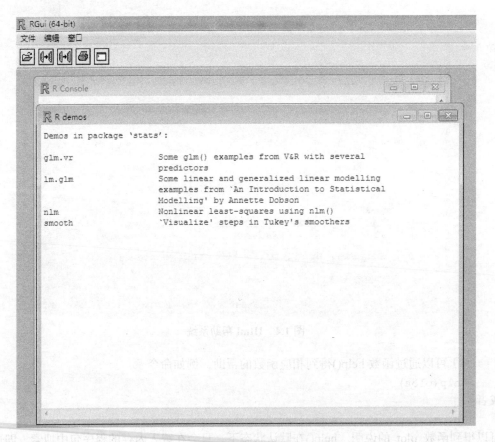

图 1.5　程序包 stats 的演示示例

1.3　R 程序包的安装使用

1.3.1　R 软件的下载与安装

前面曾经提及过，R 软件的安装程序包（base installation）可以从网站 http://www.r-project.org/上免费下载. 该网站列出了包括中国、美国、加拿大等全球主要国家的一些镜像点，我们可以选择最近的一个镜像点（需要说明的是，CRAN 的官方服务器位于奥地利的维也纳经济学院，全球的 R 使用者都可以从官方服务器下载，但下载速度比较慢，因此尽量避免从官方服务器下载），例如打开网址 http://ftp.ctex.org/mirrors/CRAN/，选择 Download R for Windows，在新打开的页面中（见图 1.6），选择 base 选项即可下载. R 软件核心小组每过一段时间就会推出更新版本，目前的版本是 R 3.2.3. R 软件的安装非常简单，双击下载的安装程序 R-3.2.3-win.exe，然后按照系统提示完成相应操作即可.

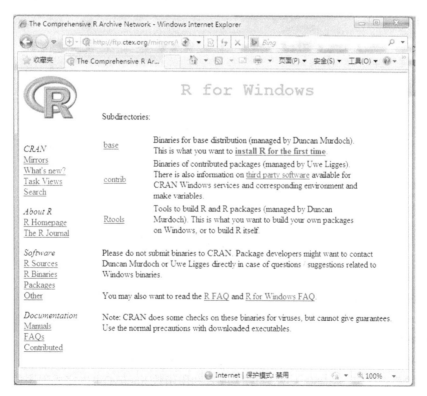

图 1.6　R 软件下载页面

1.3.2　程序包的安装与加载

程序包（package）可以理解为由函数、数据、预编译代码构成的集合，而存储程序包的文档称为库（library）. R 软件自带了一些基本的程序包，如 stats、datasets、graphics 等程序包，这些程序包可以直接使用. 除了基本的程序包外，CRAN 还提供了大量的其他程序包供我们下载使用. 截至 2016 年 8 月 27 日，CRAN 上现有 8960 个程序包可供下载，当然你也可以建立自己的程序包. 这些程序包下载安装以后，需要载入激活后才能使用.

在联网条件下，选择"程序包"|"安装程序包..."选项（见图 1.7）或者利用函数 install.packages() 可以完成程序包安装. 这里同下载 R 安装程序类似，也需要选择最近的镜像点（如果你想下载速度快一些），在出现的程序包列表中选择需要的程序包即可进行下载安装. 假若你已经知道自己需要安装的程序包的名字，例如，程序包 bayesGARCH，也可以直接利用命令

```
> install.packages("bayesGARCH")
```
完成程序包 bayesGARCH 的下载安装.

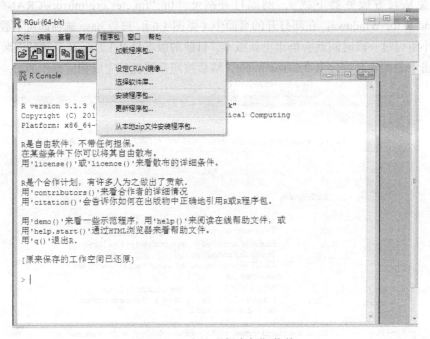

图 1.7 R 中的"程序包"菜单

程序包仅需安装一次即可一直使用. 同 R 的版本经常更新一样，程序包也经常被其发布者更新，选择"程序包"|"更新程序包..."命令或利用函数 updata.packages() 可以完成程序包的更新.

除了 R 自带的程序包外，其他新安装的 packages 在每次使用前必须先载入. 选择"程序包"|"加载程序包..."命令（见图 1.7）或者利用函数 library() 可以完成程序包载入. 例如，命令

```
> library(bayesGARCH).
```
即可完成程序包"bayesGARCH"的载入.

1.3.3 与程序包有关的一些函数

library()：显示已经安装的程序包列表.

.libPaths()：显示库所在的目录.

search()：显示已经加载可以使用的程序包列表.

data()：返回 R 的内置数据集. 例如：

```
> data()     #返回 datasets 程序包中的数据集
> data(package="bayesGARCH")   #返回程序包中的数据集
```

1.4　初识 R 语言

R 软件的默认命令提示符为"＞"，表示正在等待输入命令. 如果一个语句在一行中输不完，按回车键，系统会自动在续行中产生一个续行符"＋". 在同一行中，输入多个命令语句时，需要用分号将其隔开.

例如：

```
> n<-1     #给变量 n 赋值为 1
> n        #显示变量 n 的内容，同 print(n)
[1] 1
```

其中方括号[1]表示从变量 n 的第一个元素显示.

R 软件中的函数总是带有圆括号，即使括号中没有内容，例如 ls(). 如果直接输入函数名而不输入圆括号，R 则会自动显示该函数的一些具体内容.

例如：

```
> ls()  #列出当前工作空间中的对象（Object）
[1] "n"
> ls    #显示函数 ls()的内容
```

限于篇幅，这里函数 ls()的内容没有给出. R 软件中进行的所有操作都是针对存储活动内存（即当前工作空间）中的对象的. 所有能够使用的 R 函数都被包含在一个库（Library）中，该库存放在 R 安装文件下的 library 目录下.

1.4.1　对象的命名

R 中的对象是一个抽象的概念，可以理解成以不同形式存储的数据，如向量、矩阵、数据框等. R 中对象的命名必须以一个字母开头，其余可以是数字、字母、点号"."以及下划线. 以点号开头的变量名比较特殊，应该尽量避免. 在 R 语言中，字母大小写有区别，因此 Height 和 height 代表两个不同的对象.

在 R 语言中，有些变量名具有特定含义，例如 F 或 FALSE、T 或 TRUE 分别表示逻辑取值为"真"和"假"，若重新定义这些变量，容易引起歧义，命名过程中应尽量避免.

1.4.2　对象的赋值

一个对象可以直接由赋值来定义，也可以先定义对象，再进行赋值. 可以用"="或"<-"来赋值，也可以用命令 assign()实现赋值，例如：

```
> m1<-10              #定义对象 m1，并赋值为 10
```

```
> m1
[1] 10
> m2=20                          #定义对象 m2, 并赋值为 20
> m2
[1] 20
> assign("m3",100)    #定义对象 m3, 并赋值为 100
> m3
[1] 100
```

其中, "#"号及其后的内容为注释语句, 不进行运算. 在编写程序时, 为增加程序的可读性, 可添加必要的注释语句. 例如:

```
> math<-c(90,85,68,88,92)      #定义了一个对象, 即包含 5 个元素的向量
> math
[1] 90 85 68 88 92
```

1.4.3　一个实例

下面通过一个 R 软件内置的数据集 women 来说明 R 软件是如何进行统计分析的. 该数据集在 datasets 程序包中, 该程序包随着 R 的启动而自动加载, 因此不需要再次载入.

```
> women         #显示数据集 women 中的全部观测值
   height weight
1      58    115
2      59    117
3      60    120
4      61    123
5      62    126
6      63    129
7      64    132
8      65    135
9      66    139
10     67    142
11     68    146
12     69    150
13     70    154
14     71    159
15     72    164
```

该数据集共包含了 15 组数据, 记录的是 15 名年龄在 30 岁到 39 岁的美国妇女的身高和体重.

```
> head(women)
   height weight
1      58    115
2      59    117
3      60    120
4      61    123
5      62    126
6      63    129
```

即命令 head(women)仅显示数据集 women 中的前 6 个观测值. 类似地, tail(women)仅显示数据集 women 中的最后 6 个观测值.

```
> names(women)   #显示数据集 women 中的变量名
```

```
[1] "height" "weight"
> mean(women$height)
[1] 65
```

以上命令用于计算 15 名妇女的平均身高. 其中, 对象 women$height 表示 women 数据集中的 height 变量. 也可以先将数据集 women 激活, 使之成为当前的数据集, 此时, women 中的变量就可以直接被使用了. 例如:

```
> attach(women)     #激活 women 数据集，使之成为当前数据集
> mean(height)
[1] 65
> var(height)       #计算身高的方差
[1] 20
> var(weight)       #计算体重的方差
[1] 240.2095
> sd(weight)        #计算体重的标准差
[1] 15.49869
> summary(weight)
  Min.  1st Qu.  Median    Mean 3rd Qu.    Max.
 115.0   124.5   135.0   136.7   148.0   164.0
> plot(height,weight)   #画出 height 和 weight 的散点图（见图 1.8）
> detach(women)    #从活动内存中清除数据集
```

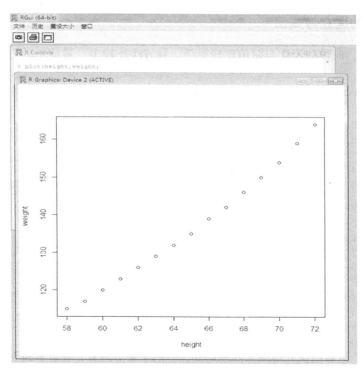

图 1.8　height 和 weight 的散点图

第 2 章

R 数据结构

在 1.4 节中，简单介绍了"对象"（object）的概念. 事实上，对象的概念在 R 语言中非常宽泛，例如，向量、矩阵、数据框、函数，甚至图形等都可以理解为对象. 本章将着重介绍一些存储数据的对象类型：向量、数组（矩阵）、数据框、列表以及时间序列. 为了便于初学者学习，我们将首先详细介绍数值型向量及其相关运算，然后再扩展到其他数据结构和数据类型.

2.1 向　　量

2.1.1　向量的建立与赋值

R 语言中，向量的建立与赋值比较灵活，且方法比较多，最简单的方法是利用函数 c( ). 例如：

```
> weight<-c(62,78,56,67,89,92,89)
> weight
[1] 62 78 56 67 89 92 89
> y<-c(78,84,weight)
> y
[1] 78 84 62 78 56 67 89 92 89
```

此外，字符　":"和函数 seq()及 rep()可以用于产生规则的序列. 例如：

```
> x1<-1:9; x1    #多个命令在同一行中需要用符号";"分开
[1] 1 2 3 4 5 6 7 8 9
> x2<-9:1; x2
[1] 9 8 7 6 5 4 3 2 1
> x3<-1:9-1; x3
[1] 0 1 2 3 4 5 6 7 8
> x4<-1:(9-1); x4
[1] 1 2 3 4 5 6 7 8
>x5<-1:9^(1/2);x5
[1] 1 2 3
```

可见，":"运算的优先级高于四则运算，但低于乘方运算. 在计算过程中，如果不能确定优先级，注意正确加括号.

函数 seq()常用的格式为

```
seq(from, to)、seq(from, to, by= )或 seq(from, to, length.out=)
```
其中，by 为步长；length.out 为生成向量的长度. 例如：

```
> seq(1,10)
[1]  1  2  3  4  5  6  7  8  9 10
> seq(0,1)
[1]  0  1
> seq(-3,1)
[1] -3 -2 -1  0  1
> seq(0, 1, by= 0.2)
[1] 0.0 0.2 0.4 0.6 0.8 1.0
> seq(0, 1, length.out = 11)
[1] 0.0 0.1 0.2 0.3 0.4 0.5 0.6 0.7 0.8 0.9 1.0
```

函数 rep( ) 常用的格式为

```
rep(x, times, length.out, each)
```

其中，times 表示向量 x 重复的次数；length.out 表示生成向量的长度；each 表示向量 x 中每个元素重复的次数. 例如：

```
> rep(1:4, 2)          # rep(1:4,times=2)
[1] 1 2 3 4 1 2 3 4
> rep(2:7,times=3,each=2)
 [1] 2 2 3 3 4 4 5 5 6 6 7 7 2 2 3 3 4 4 5 5 6 6 7 7 2 2 3 3 4 4 5 5 6
6 7 7
```

若 each 与其他两个参数 times/length.out 同时使用，首先使用 each 对 x 中的每个元素进行重复，而后再应用于其他参数.

```
> rep(c(3,4),c(2, 6))
[1] 3 3 4 4 4 4 4 4
> rep(2:5,each=3)
 [1] 2 2 2 3 3 3 4 4 4 5 5 5
> rep(1:10,length.out=6)
[1] 1 2 3 4 5 6
> rep(1:10,length.out=12)
 [1]  1  2  3  4  5  6  7  8  9 10  1  2
```

在某些软件中，只含有一个元素的变量（称为"标量"）与向量是不同的两个概念，但在 R 语言中，标量也是向量，是仅仅取值为一个元素的向量，这一点需要初学者注意. 例如：

```
> n<-1
> mode(n)
[1] "numeric"
> is.vector(n)
[1] TRUE
```

2.1.2　向量的运算

向量与向量之间可以作加 "+"，减 "−"，乘 "*"，除 "/" 四则运算，向量自身也可以作乘方 "^" 运算，其运算规则是对向量中的每个分量进行运算. 例如：

```
> x<-rep(1:5);x
 [1] 1 2 3 4 5
> x+1
 [1] 2 3 4 5 6
> y<-1:10;y
 [1]  1  2  3  4  5  6  7  8  9 10
> x+y
 [1]  2  4  6  8 10  7  9 11 13 15
```

R 软件向量的运算非常灵活，即使长度不等的两个向量之间也可以进行运算，其运算规律是循环使用短向量的元素参与运算. 虽然当长向量长度不是短向量长度的整数倍时，系统会出现警告信息，但该运算仍然能够按照上述规则进行. 例如：

```
> z<-1:7;z
[1] 1 2 3 4 5 6 7
> x+z
[1] 2 4 6 8 10 7 9
```

警告信息：

```
In x + z : 长的对象长度不是短的对象长度的整倍数
```

下面是乘方运算举例：

```
> x1<-x^2;x1
[1]  1  4  9 16 25
> (1:4)^c(2,3)
[1]  1  8  9 64
> c(2,3)^(1:4)
[1]  2  9  8 81
```

另外，"%/%"表示整除运算，"%%"表示求余运算，例如：

```
> 10%/%3
[1] 3
> 10%%3
[1] 1
> 10.12%%3
[1] 1.12
```

平时常用的一些函数，如取指数 exp()，取对数 log()，三角函数 sin()、cos()、 tan()，开根号 sqrt()等都可以直接作用于向量，其运算规律跟四则运算相似，即对向量中的每个分量进行运算. 例如：

```
> x<-1:9
> sqrt(x)
[1] 1.000000 1.414214 1.732051 2.000000 2.236068 2.449490 2.645751
2.828427
[9] 3.000000
```

2.1.3　向量的下标运算

类似于其他编程语言，访问向量的某一个分量可以采用下标访问模式，即可用 x[i]访问向量 x 的第 i 个分量，其中 i 可以理解为下标. 例如：

```
> x<-c(20,33,50,67)
> x[2]
[1] 33
```

利用下标，还可以对向量的某个分量重新赋值，例如：

```
> x[2]<-90
> x
[1] 20 90 50 67
```

类似地，还可以利用下标访问向量的某些分量. 例如：

```
> x[c(2,3)]
[1] 90 50
```

若下标取负整数值，则表示去掉向量相应位置的分量，需要注意的是，原来的向量本身的取值没有发生变化. 例如：

```
> z<-x[-c(2,3)]
```

```
> z
[1] 20 67
> x
[1] 20 90 50 67
```

访问向量的某些分量，还可以采用逻辑型的下标. 例如:

```
> x>20  #  逻辑型向量
[1] FALSE TRUE TRUE TRUE
> y<-x[x>20]; y
[1] 90 50 67
```

2.1.4　与向量有关的一些函数

表 2.1 列出了一些与向量有关的常用函数.

表 2.1　与向量有关的常用函数

函数	含义
length(x)	计算向量 x 的长度
min(x)	返回向量 x 中的最小分量
max(x)	返回向量 x 中的最大分量
which.min(x)	返回向量 x 中最小分量的下标
which.max(x)	返回向量 x 的最大分量的下标
range(x)	返回向量 x 的取值范围
sum(x)	计算 x 中所有分量的和
prod(x)	计算 x 中所有分量的乘积
median(x)	计算 x 中所有分量的中位数
mean(x)	计算 x 中所有分量的平均值
var(x)	计算 x 中分量的方差
sd(x)	计算 x 中分量的标准差
mad(x)	返回 x 的中位绝对离差
IQR(x)	计算 x 的四分位数极差
quantile(x)	计算 x 的五数概括值
quantile(x,probs)	计算 x 的概率为 probs 的分位数

例如:

```
> x<- 1:10; x
 [1]  1  2  3  4  5  6  7  8  9 10
> quantile(x)
   0%   25%   50%   75%  100%
  1.00   3.25   5.50   7.75  10.00
> quantile(x,0.3)
30%
3.7
```

2.2 R 的数据结构

2.2.1 对象及属性

对象（Object）是 R 语言的基本内容，每个对象都有其名字和属性，所有对象都有两个内在的属性，即类型（mode）和长度（length）. R 中的对象类型主要有四种：数值型（numeric）、字符型（character）、复数型（complex）以及逻辑型（logical）. 对象的数据类型和长度可以分别通过函数 mode() 和 length() 获得.

数值型对象在 R 中非常常见. 例如：

```
> x1<-10
> mode(x1)
[1] "numeric"
> length(x1)
[1] 1
> x2<-1:5; x2
[1] 1 2 3 4 5
> mode(x2)
[1] "numeric"
> length(x2)
[1] 5
```

输入字符型数据的值时需要加上双引号 "" 或单引号 ' '. 例如：

```
> y1<-"An Introduction to R ";y1
[1] "An Introduction to R "
> mode(y1)
[1] "character"
> length(y1)
[1] 1
> y2<-c(y1,"Frequently Asked Questions ");y2
[1] "An Introduction to R "        "Frequently Asked Questions "
> mode(y2)
[1] "character"
> length(y2)
[1] 2
```

逻辑型对象只取两个值，即 TRUE（或 T）和 FALSE（或 F），复数型对象需要有虚数单位 i. 例如：

```
> z1<-TRUE
> mode(z1)
[1] "logical"
> z2<-1+2i
> mode(z2)
[1] "complex"
```

在 R 语言中，还有一些特殊的符号需要注意，例如，缺失数据可以用 NA（Not Available 的简写）表示；Inf 和 -Inf 分别表示 $+\infty$ 和 $-\infty$；NaN（Not a Number 的简写）表示不是数字；pi 表示圆周率 π；e 可以用来表示科学计数法. 例如：

```
> pi
[1] 3.141593
> mode(pi)
[1] "numeric"
> 3.4e10
[1] 3.4e+10
```

除了上述四种基本类型外，R 语言还给出了一种特殊的类型，即 Null，它表示不存在对象值．需要注意的是，它与 NA 是不同的，NA 表示缺失值（Missing Values）．

2.2.2　数据对象的类别

R 语言中常见的数据对象主要有向量（vector），因子（factor），矩阵（matrix），数组（array），数据框（data frame），时间序列（ts）以及列表（list）等．

向量可以理解为某个变量的取值；因子是一个分类变量的取值；矩阵可以理解为多个变量的取值，从形式上来看是一个 2 维的数据表；数组是矩阵的一种推广，是一个 k 维的数据表，当 $k=2$ 时，数组即为矩阵．

向量、因子、数组（矩阵）可以取不同的数据类型．例如，数值型向量，字符型向量，复数型向量以及逻辑型向量等．2.4 节和 2.5 节将分别对因子和数组（矩阵）进行详细介绍．

数据框是一种复合型对象，它由多个等长度的向量或因子按列排放而构成的．从统计分析的角度来看，数据框通常可以采用矩阵的形式表示，每一列可以理解为某个变量的取值，每一行可以理解为一次观测．关于数据框问题将在 2.6 节作进一步介绍．

列表也是一种复合型对象，它的形式非常灵活，它的元素可以是任何一种类型的对象，甚至包括列表．列表与向量、因子、数组（矩阵）不同，它的元素可以取不同的数据类型．我们将在 2.7 节详细介绍列表的相关问题．

时间序列对象表示的是时间序列数据，可以由函数 ts()产生，一般格式为

```
ts(data , frequency, start,…)
```

其中，data 表示要产生的数据；frequency 表示频率；start 表示开始的时间节点．例如：

```
> ts(1:10, frequency = 4, start = c(2012, 1))
     Qtr1 Qtr2 Qtr3 Qtr4
2012    1    2    3    4
2013    5    6    7    8
2014    9   10
```

2.2.3　与对象有关的一些函数

表 2.2 列出了一些与对象有关的常用函数．

表 2.2　与对象有关的常用函数

函数	含义
is.numeric(x)	返回逻辑型结果，检验对象 x 是否为数值型
is.character(x)	检验对象 x 是否为字符型
as.numeric(x)	将对象 x 强制转化为数值型
as.character(x)	将对象 x 强制转化为字符型

函数	含义
objects()	显示所有内存中的对象，等同于 ls()
ls(pat="z")	显示名称中带有字符 "z" 的对象
ls.str()	显示所有内存中的对象的详细信息
rm(x)	删除内存中的对象 x，等同于命令 remove(x)
rm(list=ls())	删除内存中的所有对象

2.3　向量问题的扩展

我们在 2.1 节介绍了数值型向量的建立、赋值以及运算问题，下面对其他类型的向量的建立进行介绍.

2.3.1　字符型向量

字符型向量在输入时需要用单引号 ' ' 或双引号 " " 界定. 特别地，当字符串中包括双引号时，可以在双引号的前面加反斜杠 "\". 字符型向量也可以用函数 c() 定义，例如

```
> cha<-c("Statistical","Data","Analysis")
> cha
[1] "Statistical" "Data" "Analysis"
```

字符型向量在数据挖掘尤其是文本挖掘中具有重要作用，R 提供了许多关于字符型向量的运算函数，例如 paste()、grep()、grepl、substr()、nchar()、regexpr() 及 gregexpr() 等. 下面结合一些具体的例子来演示这些函数的具体用法.

1. paste() 函数

函数 paste() 将待连接对象强制成字符后按顺序连接成符串，形成字符串的长度与 R 对象中的最大长度相同，参数 sep 的作用是定义分隔符，默认状态下为空格. 例如：

```
>cha<-paste("Statistical","Data","Analysis"); cha
[1] "Statistical Data Analysis"
> paste(1:6)
[1] "1" "2" "3" "4" "5" "6"
> paste("X",1:6)
[1] "X 1" "X 2" "X 3" "X 4" "X 5" "X 6"
> paste("X",1:6,sep="")
[1] "X1" "X2" "X3" "X4" "X5" "X6"
> paste("X","Y",1:6,sep=".")
[1] "X.Y.1" "X.Y.2" "X.Y.3" "X.Y.4" "X.Y.5" "X.Y.6"
```

2. grep() 函数

函数 grep() 可以在给定的字符串向量中搜索某个子字符串，其调用格式为

```
grep(pattern, x, ignore.case = FALSE,…)
```

其中 pattern 为要搜索的子字符串或正则表达式（"regular expression"）x 为搜索的范围，通常为字符串向量；ignore.case 为逻辑型参数，表示搜索时是否区分字母的大小写，默认值为 FALSE，即区分字母的大小写；函数 grep() 的返回值是一个长度不超过 length(x) 的下

标向量，例如：

```
> grep("Data",c("Statistical","Data","Analysis"))
[1] 2
> grep("Data",c("Statistical","Data","Analysis Data"))
[1] 2 3
> grep("data",c("Statistical","Data","Analysis Data"))
integer(0)
> grep("data",c("Statistical","Data","Analysis Data"),ignore.case =T)
[1] 2 3
```

3. grepl()函数

函数 grepl()调用格式与函数 grep()完全相同，其意义也与函数 grep()类似，不同之处在于 grep()返回值为下标向量，而 grepl()返回值为逻辑向量，长度与对象 x 等长，例如：

```
> grepl("Data",c("Statistical","Data","Analysis"))
[1] FALSE  TRUE  FALSE
> grepl("Data",c("Statistical","Data","Analysis Data"))
[1] FALSE  TRUE  TRUE
```

4. regexpr()函数

函数 regexpr()的调用格式也与函数 grep()完全相同，其返回值是一个整数向量. 下面通过一个具体的例子来说明 regexpr()的用法与含义，例如：

```
> x<-c("Statistical","Data","Analysis Data")
> regexpr("Data",x)
[1] -1  1  10
```

从运行结果来看，函数 regexpr(pattern,x)返回值为一个整数值向量，其长度等于 length(x). 由于 x 中的第一个字符串中不含有字符串"Data"，函数的返回值为–1；x 中的第二个字符串含有"Data"，且起始字符位置为 1，返回值为 1；x 中的第三个字符串中含有 "Data"，且其起始字符位置为 10，返回值为 10.

函数 gregexpr()的调用格式与含义与 regexpr()类似，不同之处在于函数 gregexpr()的返回值是以列表的形式给出，列表的概念见 2.7 节.

5. substr()函数

函数 substr()可以用于抽取或替代某个字符串的子字符串，其调用格式为

substr(x, start, stop) 或 substr(x, start, stop) <- value

其中，x 为字符串向量；start 取整数值，为抽取或替代的首个字符位置；stop 也取整数值，为抽取或替代的最后一个字符位置；value 为替换后的子字符串. 例如：

```
> substr("Statistical",5,10)
[1] "istica"
> x<-c("Statistical","Data","Analysis Data")
> substr(x,5,10)
[1] "istica" ""       "ysis D"
> substr(x,2,5)<-"12345"
> x
[1] "S1234stical"  "D123"         "A1234sis Data"
```

6. nchar()函数

函数 nchar()用于返回字符串的长度，其调用格式为

```
nchar(x, type = "chars", allowNA = FALSE)
```

例如：

```
> x<-c("Statistical","Data","Analysis Data")
> nchar(x)
[1] 11  4 13
```

2.3.2 逻辑型向量

逻辑型向量主要利用条件或逻辑运算给出，例如：

```
> weight<-c(59,62,67,98,78,93,71,90)
> check<-weight<75
> check
[1] TRUE  TRUE  TRUE FALSE FALSE FALSE  TRUE FALSE
```

在 R 语言中，常用的逻辑运算符有大于 ">"，不小于 ">="，小于 "<"，不大于 "<="，等于 "= ="，不等于 "!="，符号 "&" 表示逻辑与，符号 "|" 表示逻辑或，符号 "!" 表示逻辑非．需要注意的是，R 语言中逻辑向量可以在普通的运算中使用，此时它们将转化为数值向量，其中 TRUE 转化为 1，FALSE 转化为 0．例如：

```
> (3>4)==0
[1] TRUE
> (3<4)==1
[1] TRUE
```

2.3.3 复数型向量

R 语言中的基本函数都支持复数运算．复数型向量可以直接利用复数形式创建，也可以由 complex()函数创建．例如：

```
> z1<--1+2i; z1
[1] 1+2i
> z2<--1:2+2i*c(2,5)
> z2
[1] 1+ 4i 2+10i
```

需要注意的是，在创建复数时，虚数单位 "i" 不能单独使用，例如：

```
> z3<--1+i
```

错误: 找不到对象"i". 正确的输入格式为

```
> z3<--1+1i; z3
[1] 1+1i
```

函数 complex()的一般调用格式如下：

```
complex(length.out = 0, real = numeric(), imaginary = numeric(),
 modulus = 1, argument = 0)
```

其中，length.out 表示输出向量的长度；real 表示实部向量；imaginary 表示虚部向量；modulus 表示复数的模；argument 表示辐角．例如：

```
> z4 <- complex(real = 1:100, imaginary =rnorm(100))
> plot(z4)
```

说明：函数 rnorm(100)表示产生了 100 个服从标准正态分布的随机数；plot(z4)表示画出横轴为 Re(z4)（复数 z4 的实部），纵轴为 Im(z4)（复数 z4 的虚部）的散点图，见图 2.1. 从图中可以看出，服从标准正态分布的随机数均匀地分布在直线 y=0 的两侧．

生成复数 z4 的命令也可以简写为

```
>z4<- complex(re = 1:100, im=rnorm(100))
```

下面给出几个与复数运算有关的常用函数:

as.complex(x): 将向量 x 转化为复数向量;

is.complex(x): 检验向量 x 是否为复数型;

Re(z): 返回复数 z 的实部;

Im(z): 返回复数 z 的虚部;

Mod(z): 返回复数 z 的模;

Arg(z): 返回复数 z 的辐角.

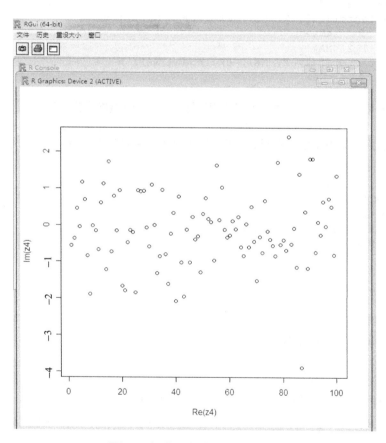

图 2.1　标准正态随机数的散点图

2.4　因子及其运算

2.4.1　因子的建立与赋值

在统计分析中, 经常遇到分类变量或枚举型变量, 在 R 中可以使用因子型变量或因子型向量来表示. 因子可以利用函数 factor( ) 来创建, 其调用格式为

```
factor(x = character(), levels, labels = levels,
```

```
exclude = NA, ordered = is.ordered(x), nmax = NA)
```
其中，x 为字符型或数值型向量；levels 为指定的因子水平，可以任意指定各个离散取值，默认时为向量 x 的不同取值；labels 可以给出不同水平的名称；exclude 表示要剔除的水平；ordered 表示因子的水平是否有次序；nmax 表示因子数目的上界. 例如：

```
> grade<-c(1,3,2,4,4,3,3,1,2,4,3,2,2,1,3)
> gf<-factor(grade); gf
 [1] 1 3 2 4 4 3 3 1 2 4 3 2 2 1 3
Levels: 1 2 3 4
> gf<-factor(grade,labels=c("A","B","C","D")); gf
 [1] A C B D D C C A B D C B B A C
Levels: A B C D
> x <- factor(c(1, 2, NA), exclude = NULL); x
[1] 1    2    <NA>
Levels: 1 2 <NA>
> x <- factor(c(1, 2, NA), exclude = NA); x
[1] 1    2    <NA>
Levels: 1 2
```

函数 gl()可以用来产生一些有规律的因子向量，其调用格式为

```
gl(n, k, length = n*k, labels = seq_len(n), ordered = FALSE)
```
其中，n 表示给定的因子水平数目；k 表示每个水平重复的次数；labels 用来给出因子水平的名称. 例如：

```
> gl(2,3,labels=c("F","M"))
[1] F F F M M M
Levels: F M
> gl(2,3,labels=c("F","M"),length=10)
 [1] F F F M M M F F F M
Levels: F M
> gl(4,3,labels=c("A","B","C","D"),length=10,ordered=T)
 [1] A A A B B B C C C D
Levels: A < B < C < D
```

在因子分析中，还有一个重要的函数 tapply()，该函数的作用在于针对因子的不同水平分别进行计算，其调用格式为

```
tapply(X, INDEX, FUN = NULL, ..., simplify = TRUE),
```
其中，X 为要分析的向量；INDEX 为一个或多个因子的列表，长度需与 X 的长度相同；FUN 为需要计算的函数，例如 sum、mean、quantile、range 等；simplify 是一个逻辑参数，默认状态为 TRUE，若函数 FUN 返回一个标量，则函数 tapply()以标量形式返回结果，若simplify 取值 FALSE，则函数 tapply()以列表形式返回结果.

例如，一火箭使用三种推进器作射程实验，其射程（单位：海里）分别为：① A 推进器：58.2, 56.2, 65.3；② B 推进器：54.3, 51.6；③ C 推进器：58.6, 68.9, 69.3, 72.2, 求各组的平均射程. 示例程序如下：

```
>x<-c(58.2,56.2,65.3,54.3,51.6,58.6,68.9,69.3,72.2)
>y<-c(1,1,1,2,2,3,3,3,3)
>yf<-factor(y,labels=c("A","B","C"));yf
[1] A A A B B C C C C
Levels: A B C
> tapply(x,yf,mean)
    A    B    C
```

```
59.90    52.95    67.25
> tapply(x,yf,mean,simplify=F)
$A
[1] 59.9
$B
[1] 52.95
$C
[1] 67.25
```

2.4.2　与因子运算有关的一些函数

as.factor(x)：将向量 x 转化为因子向量；

as.ordered(x)：将向量 x 转化为具有排序的因子向量；

is.factor(x)：检查向量 x 是否为因子向量；

is.ordered(x)：检查 x 是否为具有排序的因子向量；

levels(x)：返回因子向量 x 的因子水平；

table(x)：统计因子向量 x 各因子的频数.

2.5　数组与矩阵

2.2 节曾经指出，数组（array）可以理解为一个 k 维的数据表，当 k=2 时，数组即为矩阵(matrix)，因此数组可以理解为矩阵的推广，而矩阵可以理解为数组的特例.

2.5.1　数组的建立

要建立一个数组，首先需要一个维数向量 dim 来描述其维数属性. dim 是由一个或多个非负整数组成的向量，所有非负整数的乘积等于数组的长度. 一个向量只有定义其维数以后才能成为一个数组，例如：

```
> x<-1:10
> is.array(x)    #检验 x 是否为一个数组
[1] FALSE
> is.vector(x)
[1] TRUE
> dim(x)<-10    #定义其谁数后成为一个数组
> x
 [1]  1  2  3  4  5  6  7  8  9 10
> is.array(x)
 [1] TRUE
> dim(x)<-c(2,5)
> x
      [,1]  [,2]  [,3]  [,4]  [,5]
[1,]   1     3     5     7     9
[2,]   2     4     6     8    10
> is.array(x)
[1] TRUE
```

从上面的例子可以看出，一维的数组和向量从属性上来看是不同的，另外需要注意的是在默认情况下，数组（矩阵）中的元素是按列存放的. 下面再看一个例子：

```
> letters   #R语言中自带的一个字母数据集
 [1] "a" "b" "c" "d" "e" "f" "g" "h" "i" "j" "k" "l" "m" "n" "o" "p" "q"
"r"
[19] "s" "t" "u" "v" "w" "x" "y" "z"
> mode(letters)
[1] "character"
> is.vector(letters)
[1] TRUE
> dim(as.array(letters))
[1] 26
```

其中，函数 as.array(letters)是将向量 letters 转化为数组，这里转化为一维数组，函数 dim(x)
返回数组 x 的维数.

R 语言中一般采用函数 array()建立数组，其调用格式为

```
array(data = NA, dim = length(data), dimnames = NULL)
```

其中，**data** 为需要转化为数组的数据；**dim** 为数组的维数；**dimnames** 为数组维数的名称，
默认时为空. 例如：

```
> array(1:3, c(2,4))
     [,1] [,2] [,3] [,4]
[1,]   1    3    2    1
[2,]   2    1    3    2
> array(1:3, c(2,4,2))
, , 1

     [,1] [,2] [,3] [,4]
[1,]   1    3    2    1
[2,]   2    1    3    2
, , 2

     [,1] [,2] [,3] [,4]
[1,]   3    2    1    3
[2,]   1    3    2    1
```

本例中给的数据只有 3 个，R 语言中默认利用循环准则按列填充数据.

2.5.2　矩阵的建立

由于矩阵具有特殊性，R 语言中往往利用函数 matrix()建立矩阵，利用函数 diag()建立
对角矩阵. 函数 matrix()的调用格式为

```
matrix(data = NA, nrow = 1, ncol = 1, byrow = FALSE,dimnames = NULL)
```

其中，**data** 为给定的数据向量；**nrow** 为矩阵的行数；**ncol** 为矩阵的列数；**byrow** 为逻辑
参数，默认状态为 FALSE，即按列填充数据；**dimnames** 为矩阵维数的名称，默认时为
空. 例如：

```
> mat<-matrix(1:12, nrow = 3,ncol=4,byrow=F); mat
     [,1] [,2] [,3] [,4]
[1,]   1    4    7   10
[2,]   2    5    8   11
[3,]   3    6    9   12
> matt<-matrix(1:12,nr=3,byrow=T); matt
     [,1] [,2] [,3] [,4]
[1,]   1    2    3    4
[2,]   5    6    7    8
```

```
[3,]    9    10    11    12
> diag(3)   #产生 3 阶单位矩阵
      [,1]  [,2]  [,3]
[1,]    1    0    0
[2,]    0    1    0
[3,]    0    0    1
> aa<-c(1,2,3)
> diag(aa)
      [,1]  [,2]  [,3]
[1,]    1    0    0
[2,]    0    2    0
[3,]    0    0    3
```

2.5.3　数组（矩阵）的下标运算

同向量的下标运算类似，数组（矩阵）也可以通过下标对数组（矩阵）的某个或某些元素进行访问或运算. 例如：

```
> mat<-matrix(1:12, nr = 3,nc=4)
> mat
      [,1]  [,2]  [,3]  [,4]
[1,]    1    4    7    10
[2,]    2    5    8    11
[3,]    3    6    9    12
> mat[2,3]   #访问第 2 行第 3 列的元素
[1] 8
> mat[,2]     #访问第 2 列元素
[1] 4 5 6
> mat[3,]      #访问第 3 行元素
[1] 3 6 9 12
> mat[,-1]      #去掉第 1 列元素
      [,1]  [,2]  [,3]
[1,]    4    7    10
[2,]    5    8    11
[3,]    6    9    12
> mat[1,1]<-0   #修改元素的取值
> mat
      [,1]  [,2]  [,3]  [,4]
[1,]    0    4    7    10
[2,]    2    5    8    11
[3,]    3    6    9    12
```

2.5.4　数组（矩阵）的运算

与数值型向量的运算类似，相同维数的数组（矩阵）可以进行加"+"、减"−"、乘"*"、除"/"四则运算，其运算规则是对数组（矩阵）的每个对应元素进行相应运算. 例如：

```
> mat<-matrix(1:12, nr = 3,nc=4)
> mat
      [,1]  [,2]  [,3]  [,4]
[1,]    1    4    7    10
[2,]    2    5    8    11
```

```
[3,]    3    6    9    12
> mat1<-matrix(1,nr=3,nc=4)
> mat1
     [,1]  [,2]  [,3]  [,4]
[1,]   1    1    1    1
[2,]   1    1    1    1
[3,]   1    1    1    1
> mat+mat1
     [,1]  [,2]  [,3]  [,4]
[1,]   2    5    8    11
[2,]   3    6    9    12
[3,]   4    7    10   13
> mat-12*mat1
     [,1]  [,2]  [,3]  [,4]
[1,]  -11  -8   -5   -2
[2,]  -10  -7   -4   -1
[3,]  -9   -6   -3    0
```

2.5.5 矩阵的代数运算

1. 矩阵的转置

```
> mat2<-matrix(1:6,nr=2,nc=3)
> mat2
     [,1]  [,2]  [,3]
[1,]   1    3    5
[2,]   2    4    6
> t(mat2)      #矩阵的转置函数 t()
     [,1]  [,2]
[1,]   1    2
[2,]   3    4
[3,]   5    6
```

2. 矩阵的合并

```
> mat3<-cbind(mat,t(mat2))    #按列合并
> mat3
     [,1]  [,2]  [,3]  [,4]  [,5]  [,6]
[1,]   1    4    7    10   1    2
[2,]   2    5    8    11   3    4
[3,]   3    6    9    12   5    6
> mat4<-rbind(mat,mat1[1,])    #按行合并
> mat4
     [,1]  [,2]  [,3]  [,4]
[1,]   1    4    7    10
[2,]   2    5    8    11
[3,]   3    6    9    12
[4,]   1    1    1    1
```

3. 提取对角元素

```
> mat<-matrix(1:12, nr = 3,nc=4)
> mat
     [,1]  [,2]  [,3]  [,4]
[1,]   1    4    7    10
```

```
[2,]    2    5    8    11
[3,]    3    6    9    12
> diag(mat)
[1] 1 5 9
```

注意：mat 矩阵不是方阵，这里也可以提取对角元素.

4. 求方阵的行列式

```
> mat5<-matrix(c(1,3,6,7),nr=2); mat5
     [,1]  [,2]
[1,]   1    6
[2,]   3    7
> det(mat5)
[1] -11
```

5. 矩阵的代数乘积

矩阵 A 和 B 的代数乘积 A%*%B 只有在 A 的列数与矩阵 B 的行数相同的条件下才能够进行运算. 例如，mat2 为 2 行 3 列矩阵，mat 为 3 行 4 列矩阵，mat2%*%mat 得到的是一个 2 行 4 列矩阵，即

```
> mat2%*%mat
     [,1]  [,2]   [,3]   [,4]
[1,]   22   49     76    103
[2,]   28   64    100    136
```

6. 矩阵（向量）的交叉乘积（内积）

矩阵 A 和 B 的交叉乘积 crossprod(A,B)=t(A) %*%B，即表示 $A^T B$. 通常情况下，前者的运算速度比后者快，这里要求矩阵 A 的行数与矩阵 B 的行数相同. 例如：

```
> crossprod(t(mat2),mat)
     [,1]  [,2]   [,3]   [,4]
[1,]   22   49     76    103
[2,]   28   64    100    136
```

交叉乘积也适用于向量，一个 n 维向量可视为 n 行 1 列的矩阵进行运算. 例如：

```
> a<-1:5
> b<-2:6
> crossprod(a,b)
     [,1]
[1,]   70
```

注意，函数 tcrossprod(A,B)=A%*% t(B)，即表示 AB^T.

7. 矩阵（向量）的外积

设数组 C 为矩阵（向量）A 和矩阵（向量）B 的外积，则数组 C 的维数为 c(dim(A), dim(B))，数组 C 的元素 C[c(arrayindex.A, arrayindex.B)] = FUN(A[arrayindex.A], B[arrayindex.B])，这里 FUN 为给定的四则运算函数.

外积运算函数 outer() 的调用格式为

```
outer(A, B, FUN = "*")
```

其中，A 和 B 分别为函数 FUN 的第一个和第二个参数，可以为向量、矩阵或数组；函数 FUN 可以取加法"+"、减法"−"、乘法"*"、除法"/"，默认时为乘法，此时运算 outer(A,B) 与运算 A%o%B 等价. 例如：

```
> x<-1:4
> y<-1:3
> outer(x,y,"+")
     [,1] [,2] [,3]
[1,]   2    3    4
[2,]   3    4    5
[3,]   4    5    6
[4,]   5    6    7
> outer(x,y)
     [,1] [,2] [,3]
[1,]   1    2    3
[2,]   2    4    6
[3,]   3    6    9
[4,]   4    8   12
> mat5<-matrix(c(1,3,6,7),nr=2); mat5
     [,1] [,2]
[1,]   1    6
[2,]   3    7
> outer(x,mat5,"+")
, , 1

     [,1] [,2]
[1,]   2    4
[2,]   3    5
[3,]   4    6
[4,]   5    7
, , 2

     [,1] [,2]
[1,]   7    8
[2,]   8    9
[3,]   9   10
[4,]  10   11
```

8. 线性方程组的求解

函数 solve()可以用来给出线性方程组 $AX = b$ 的解，其调用格式为 solve(A, b)，其中，A 为数值型或复数型的方阵，若是逻辑型矩阵则强制转化为数值型；b 为数值型或复数型的向量或矩阵. 例如：

```
> mat5<-matrix(c(1,3,6,7),nr=2); mat5
     [,1] [,2]
[1,]   1    6
[2,]   3    7
> z<-c(1,1)
> X<-solve(mat5,z);X
[1] -0.09090909  0.18181818
```

另外，若矩阵 A 可逆，则命令 solve(A)返回矩阵 A 的逆矩阵. 例如：

```
> solve(mat5)
          [,1]         [,2]
[1,] -0.6363636   0.54545455
[2,]  0.2727273  -0.09090909
> mat5%*%solve(mat5)
          [,1]        [,2]
[1,]  1.000000e+00     0
[2,] -2.220446e-16     1
```

9. 矩阵的特征值与特征向量

矩阵的特征值与特征向量是统计应用的一个重要工具, 利用函数 eigen()可以对矩阵进行特征值分解, 其调用格式为

```
eigen(x, symmetric, only.values = FALSE)
```

其中, x 为数值型或复数型矩阵, 若 x 为逻辑型则强制转换为数值型; symmetric 为逻辑型参数, 若取值为 TRUE, 则假定矩阵是对称的 (若为复数型, 则为 Hermitian 矩阵), 此时只有下三角元素参与运算, 若默认, 则命令 eigen()需对矩阵 x 的对称性进行检验; only.values 为逻辑型参数, 若取值为 TRUE, 则仅返回特征值, 否则返回特征值和特征向量. 例如:

```
> sv<-eigen(mat5)
> sv
$values
[1]   9.196152 -1.196152
$vectors
             [,1]          [,2]
[1,]   -0.5906905   -0.9390708
[2,]   -0.8068982    0.3437238
```

需要说明的是, 上例中的 sv 是以列表(list)的形式给出来的, sv 的第一个分量\$values 给出了矩阵 mat5 的特征值, sv 的第二个分量\$vectors 给出的是特征向量组成的矩阵, 关于列表的概念将在 2.8 节进行详细介绍.

10. 矩阵的奇异值分解

矩阵的奇异值分解 (Singular Value Decomposition) 是线性代数中一种重要的矩阵分解形式, 在信号处理、统计分析等领域中有着重要作用. 矩阵的奇异值分解指的是矩阵 A(n 行 p 列)可以表示为 $A = UDV^T$ 的形式, 其中, U 的每一列为 A 的左特征向量, U 的维数为 c(n, nu), 其中 nu 为左特征向量的个数; V 的每一列为 A 的右特征向量, V 的维数为 c(n, nv), 其中 nv 为右特征向量的个数; D 是维数为 c(nu, nv)的对角矩阵, 对角线上的元素即为 A 的奇异值.

在 R 语言中, 可以利用函数 svd()给出矩阵的奇异值分解, 其调用格式为

```
svd(x, nu = min(n, p), nv = min(n, p))
```

其中, x 为 n 行 p 列的矩阵; nu 为左特征向量的个数, nu 一定介于 0 和 n 之间; nv 为右特征向量的个数, nv 一定介于 0 和 p 之间. 命令 svd()的返回值也以列表的形式给出. 例如:

```
> mat<-matrix(1:12, nr = 3,nc=4)
> mat
       [,1]  [,2]  [,3]  [,4]
[1,]    1     4     7     10
[2,]    2     5     8     11
[3,]    3     6     9     12
> svd(mat)
$d
[1]  2.546241e+01  1.290662e+00  1.716561e-15
$u
           [,1]           [,2]           [,3]
[1,]   -0.5045331   -0.76077568    0.4082483
```

```
[2,]  -0.5745157   -0.05714052   -0.8164966
[3,]  -0.6444983    0.64649464    0.4082483
$v
               [,1]          [,2]          [,3]
[1,]  -0.1408767    0.82471435   -0.4991558
[2,]  -0.3439463    0.42626394    0.4974744
[3,]  -0.5470159    0.02781353    0.5025186
[4,]  -0.7500855   -0.37063688   -0.5008372
```

11. 矩阵的 QR 分解

矩阵的 QR 分解是将矩阵分解成一个半正交矩阵与一个上三角矩阵的乘积, 即 $A = QR$, 这里 A 为实数矩阵, Q 为正交矩阵, R 为上三角矩阵, 该分解在求解线性最小二乘问题中具有重要作用. 在 R 语言中, 可以利用函数 qr() 给出矩阵的 QR 分解, 例如:

```
> matqr<-qr(mat)
> qr.R(matqr)        #获取 R 矩阵
           [,1]         [,2]          [,3]           [,4]
[1,] -3.741657  -8.552360  -1.336306e+01  -1.817376e+01
[2,]  0.000000   1.963961   3.927922e+00   5.891883e+00
[3,]  0.000000   0.000000   1.776357e-15   1.776357e-15
> qr.Q(matqr)        #获取 Q 矩阵
           [,1]         [,2]          [,3]
[1,] -0.2672612   0.8728716    0.4082483
[2,] -0.5345225   0.2182179   -0.8164966
[3,] -0.8017837  -0.4364358    0.4082483
```

从输出结果可以看到, 矩阵 R 为上三角矩阵, 下面再来验证矩阵 Q 的正交性, 即验证 $Q \cdot Q^{\mathrm{T}} = I$

```
> (qr.Q(matqr))%*%t(qr.Q(matqr))
              [,1]            [,2]             [,3]
[1,]  1.000000e+00   -1.110223e-16    2.775558e-17
[2,] -1.110223e-16    1.000000e+00   -5.551115e-17
[3,]  2.775558e-17   -5.551115e-17    1.000000e+00
```

可以看出, 对角元均为 1, 非对角元非常小, 为 10^{-16}, 近似为 0, 说明 QR 分解计算非常准确.

12. 矩阵的拉直

函数 as.vector() 可以将一个矩阵按列拉直转化为一个向量, 例如:

```
> mat<-matrix(1:12, nr = 3,nc=4); mat
     [,1] [,2] [,3] [,4]
[1,]    1    4    7   10
[2,]    2    5    8   11
[3,]    3    6    9   12
> as.vector(mat)
 [1]  1  2  3  4  5  6  7  8  9 10 11 12
```

2.5.6　与矩阵运算有关的一些函数

函数 max()、min()、median()、sum()、mean()、sd() 分别返回矩阵所有元素的最大值、最小值、中位数、和、均值以及标准差; var(A) 返回矩阵 A 的各列的协方差阵; cov(A,B) 和 cor(A,B) 分别返回矩阵 A 和矩阵 B 的各列的协方差阵和相关系数阵, 由定义 cov(a,a)= var(a). 看如下几个例子:

```
> x<-rnorm(10)      #生成 10 个标准正态随机数
> y<-rnorm(10)
> a<-matrix(x,nc=2,nr=5)
> b<-matrix(y,nc=2,nr=5)
> var(a)
           [,1]         [,2]
[1,]   0.4416403  -0.4989802
[2,]  -0.4989802   0.9335384
> cov(a,a)
           [,1]         [,2]
[1,]   0.4416403  -0.4989802
[2,]  -0.4989802   0.9335384
> cov(a,b)
            [,1]         [,2]
[1,]  -0.03785509   0.03486121
[2,]   0.01843173   0.17908889
> cor(a,b)
            [,1]         [,2]
[1,]  -0.09501426   0.05295682
[2,]   0.03181991   0.18711833
```

函数 cumsum()、cumprod()、cummax()、cummin()分别返回矩阵的（按列）累积求和、累积乘积、累积最大值以及累积最小值向量. 例如：

```
> cumsum(mat)
 [1]  1  3  6  10  15  21  28  36  45  55  66  78
> cumprod(mat)
 [1]     1       2       6        24      120      720     5040
 [8] 40320  362880  3628800  39916800  479001600
```

函数 max()、min()、median()、sum()、mean()、sd()只针对矩阵所有元素计算，若针对每一行或每一列进行上述计算，可以利用命令 apply()，其调用格式为

```
apply(X, MARGIN, FUN)
```

其中，X 为矩阵或数组；FUN 为上述函数；当 X 为矩阵时，参数 MARGIN=1，表示按行计算，MARGIN=2，表示按列计算，当 X 为三维数组时，MARGIN=c(1，2)表示按行列进行等，例如：

```
> apply(mat,MARGIN=2,sum)   #求矩阵 mat 的各列的和
[1]  6  15  24  33
```

另外，函数 dim()、nrow()以及 ncol()可以分别得到矩阵的维数、行数和列数；rownames()、colnames()给矩阵分别添加行名和列名；dimnames()返回矩阵的行名和列名.

2.6　数　据　框

2.6.1　数据框的建立

数据框(data frame)是 R 语言中一种非常重要的数据结构. 它是一种复合型对象，由多个等长度的向量和（或）因子组成. 通常可以采用矩阵的形式表述数据框，每一列可以理解为某个变量的取值，每一行可以理解为一次观测，因此数据框也有维数的属性. 如果数据是由多个向量或因子组成，则可以利用函数 data.frame()建立数据框，其调用格式如下：

```
data.frame(vec1,vec2,fac1,fac2, ...)
```
这里 vec1，vec2，fac1，fac2 等参数为等长的向量或因子，若长度不同，则应为整数倍，
长度短的向量按循环法则补齐数据. 例如：

```
> Index<-1:4
> Sex<-c("F","F","M","F")
> Height<-c(167,156,185,171)
> df<-data.frame(Index,Sex,Height);df
   Index Sex Height
1    1    F    167
2    2    F    156
3    3    M    185
4    4    F    171
> Height<-c(167,156)      #长度变短
> df<-data.frame(Index,Sex,Height);df
   Index Sex Height
1    1    F    167
2    2    F    156
3    3    M    167
4    4    F    156
```
利用函数 data.frame() 还可以将一个矩阵转化为数据框，若矩阵有列名，则列名将相应
地转换为数据框中的变量名；若矩阵没有列名，则系统将自动添加变量名. 例如：

```
> mat<-matrix(1:12, nr = 3,nc=4); mat
     [,1] [,2] [,3] [,4]
[1,]   1    4    7   10
[2,]   2    5    8   11
[3,]   3    6    9   12
> df_mat<-data.frame(mat)
> df_mat
  X1 X2 X3 X4
1  1  4  7 10
2  2  5  8 11
3  3  6  9 12
> colnames(mat)<-c("A","B","C","D")    #添加矩阵 mat 的列名
>mat
     A  B  C  D
[1,] 1  4  7 10
[2,] 2  5  8 11
[3,] 3  6  9 12
> df_mat<-data.frame(mat); df_mat
  A B C  D
1 1 4 7 10
2 2 5 8 11
3 3 6 9 12
```

2.6.2 数据框元素的引用

数据框元素的引用与向量、矩阵元素的引用类似，可以直接利用下标引用. 由于数据
框具有列名，因此对于列还可以使用变量名引用. 下面以系统自带的包含 15 名美国妇女
身高和体重的 women 数据集为例进行说明.

```
> head(women)    #仅显示数据的前 6 行
```

```
      height  weight
1      58     115
2      59     117
3      60     120
4      61     123
5      62     126
6      63     129
> is.data.frame(women)    #检验 women 是否为数据框
[1] TRUE
> women[2,1]    #利用下标提取元素
[1] 59
> women$height[2]    #利用变量名提取元素
[1] 59
> women$height    #提取多个元素
 [1] 58 59 60 61 62 63 64 65 66 67 68 69 70 71 72
```

需要说明的是，仅直接利用变量名 height 提取元素有时会出现错误，例如：

```
> height[2]
错误: 找不到对象'height'
```

这是因为 women 数据集不在内存中，可以用函数 attach() 将数据集 women 激活（即载入内存），这样就可以直接引用变量名了. 例如：

```
> attach(women)
> height[2]
[1] 59
```

利用函数 detach() 可以取消数据集的激活或连接，例如：

```
> detach()
> height[2]
错误: 找不到对象'height'
```

利用函数 subset() 也可以很方便地访问矩阵或数据框的某个或多个行或列，例如：

```
> mat<-matrix(1:12, nr = 3,nc=4)
> df_mat<-data.frame(mat);df_mat
    X1  X2  X3  X4
1    1   4   7   10
2    2   5   8   11
3    3   6   9   12
> subset(df_mat,select=c(X1,X4))
    X1  X4
1    1  10
2    2  11
3    3  12
> subset(df_mat,select=c(X1,X4),subset=(X1>2))
    X1  X4
3    3  12
```

2.6.3　数据框的编辑

数据框的编辑主要包括修改数据框的列名，添加新的变量，添加新的行，编辑数据框的数据等.

数据框包含一个 colnames 的属性，它是一个由列名构成的向量. 利用函数 colnames()

可以返回数据框的列名，也可以修改数据框的列名，例如：

```
> colnames(df_mat)
[1] "X1" "X2" "X3" "X4"
> colnames(df_mat)<-c("A","B","C","D")
> df_mat
  A B C D
1 1 4 7 10
2 2 5 8 11
3 3 6 9 12
```

在数据框中添加新的变量可以采用直接赋值的方式，例如：

```
> df_mat$E<-c(13,14,15); df_mat
  A B C D  E
1 1 4 7 10 13
2 2 5 8 11 14
3 3 6 9 12 15
```

也可以采用函数 with()或 transform()进行添加，其中 transform()可以同时添加多个变量，例如：

```
> df_mat$F<-with(df_mat,c(16,17,18)); df_mat
  A B C D  E  F
1 1 4 7 10 13 16
2 2 5 8 11 14 17
3 3 6 9 12 15 18
> df_mat<-transform(df_mat,G=1:3,H=4:6)
> df_mat
  A B C D  E  F G H
1 1 4 7 10 13 16 1 4
2 2 5 8 11 14 17 2 5
3 3 6 9 12 15 18 3 6
```

利用函数 rbind()可以在数据框中添加新的行，rbind()能按行合并两个列数相同的数据框，例如：

```
> mat<-matrix(1:12, nr = 3,nc=4)
> df_mat<-data.frame(mat);df_mat
  X1 X2 X3 X4
1 1  4  7  10
2 2  5  8  11
3 3  6  9  12
> df_temp<-data.frame(X1=1,X2=2,X3=3,X4=4)
> df_mat<-rbind(df_mat,df_temp) ; df_mat
  X1 X2 X3 X4
1 1  4  7  10
2 2  5  8  11
3 3  6  9  12
4 1  2  3  4
```

类似的，函数 cbind()可以按列合并两个行数相同的数据框.

需要注意的是，函数 rbind()不适合大数据框添加多个行，因为在给大数据框添加多行时，R 将反复地重新分配大的数据结构，计算量特别大，运算速度很慢. 若需要逐行构建数据框时，最好的办法是预先分配数据框，这样效率就会大大提高. 利用函数 numeric(n)、character(n)以及 factor(n)可以通过数值型向量、字符型向量或因子向量来创建数据框，这里的 n 为数据框的行数，其调用格式为

```
data.frame(colname1=numeric(n),colname2=character(n),colname3=factor
(n),...)
```
例如：
```
> df_new<-data.frame(A=numeric(10),B=character(10))
```
利用函数 data.entry() 可以打开数据编辑器，并可以在其中直接对向量、矩阵以及数据框进行编辑. 例如，输入命令 data.entry(df_mat)，将会打开数据编辑器，如图 2.2 所示. 在数据编辑器中，可以很方便地修改变量名，录入和修改数据等.

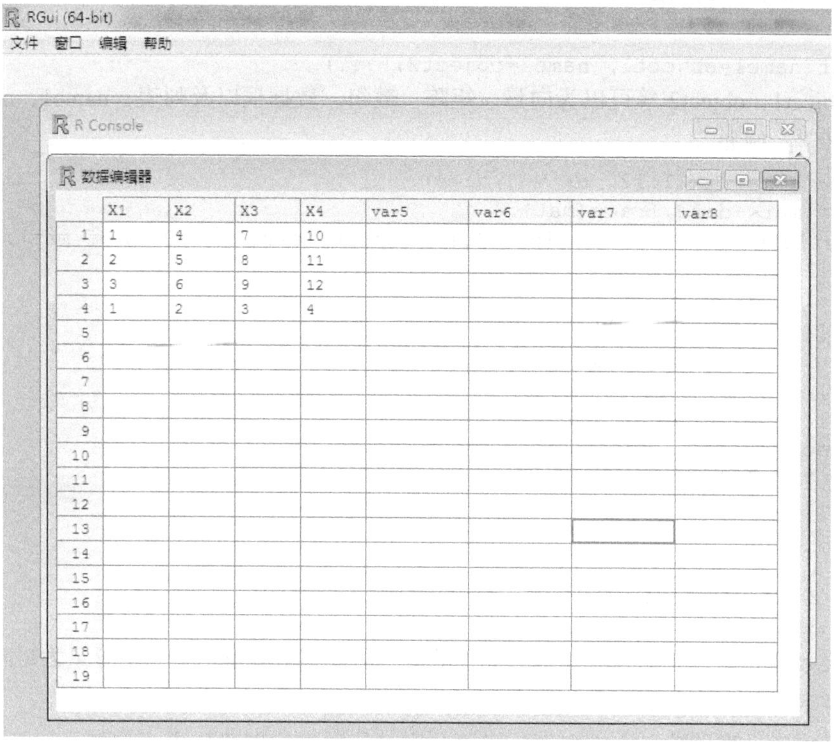

图 2.2 数据编辑器

2.6.4 与数据框有关的一些函数

对于数值型数据框，函数 max()、min()、median()、sum()、mean()、sd()、cumsum()、cumprod()、cummax()、cummin()、var()、cov()、cor() 同样适用，意义及性质与矩阵运算完全相同.

函数 is.data.frame() 用于检验一个对象是否为数据框，as.data.frame() 将对象强制转化为数据框.

2.7 列 表

列表也是一种复合型对象，其形式非常灵活，它的元素可以是任何一种类型的对象，甚至可以包括列表, 它的元素也可以取不同的数据类型. 很多 R 程序的运行结果都以列表的形式返回, 这一点将会在以后的各章节中陆续发现. 这些性质决定了列表在 R 语言中有着重要的作用.

2.7.1 列表的建立

列表可以通用函数 list() 建立, 其调用格式为

```
list(object1, object2, ...)
```

或

```
list(name1=object1, name2=object2, ...)
```

其中, object1, object2 等可以为向量、矩阵、数组、数据框以及列表; name1, name2 为对象的名字. 例如

```
> mat<-matrix(1:12, nr = 3,nc=4)
> df_mat<-data.frame(mat)
> mylist<-list(1:3,matrix(1:6,nrow=2),type=c("A","B"), df_mat); mylist
[[1]]
[1] 1 2 3
[[2]]
     [,1]   [,2]   [,3]
[1,]   1      3      5
[2,]   2      4      6
$type
[1] "A" "B"
[[4]]
   X1  X2  X3  X4
1   1   4   7   10
2   2   5   8   11
3   3   6   9   12
```

列表 mylist 包含 4 个分量, 第一个分量是一个数值型向量, 第二个分量为矩阵, 第三个分量为字符型向量, 第四个分量为数据框. 这里仅对第三个分量进行了命名.

也可以通过先创建一个空白列表, 再分别赋值的方式创建列表. 例如:

```
> MyList<-list()
> MyList[[1]]<-c(34,45)
> MyList$height<-c(167,182)
> MyList$sex<-c("F","M")
> MyList
[[1]]
[1] 34 45
$height
[1] 167 182
$sex
[1] "F" "M"
```

2.7.2 列表元素的引用

列表各分量可以通过"列表名[[下标]]"的方式引用, 与向量、矩阵不同的是, 这种方式每次只能引用一个分量. 例如:

```
> mylist[[3]]
```

```
[1] "A" "B"
> mylist[[4]]
   X1 X2 X3 X4
1  1  4  7  10
2  2  5  8  11
3  3  6  9  12
> mylist[[3:4]]
错误于mylist[[3:4]] ：下标出界
```

当然，若在创建列表时就已经给出各分量的名字，也可以通过分量的名字引用各分量. 例如：

```
> mylist$type    #等同于mylist[[3]]
[1] "A" "B"
> mylist[["type"]]  #等同于mylist[[3]]
[1] "A" "B"
```

值得注意的是，与"列表名[[n]]"不同的是，"列表名[n]"返回的是一个列表，该列表包含一个元素，对应的是原列表的第 n 个元素. 例如：

```
> mylist[1]
[[1]]
[1] 1 2 3
> mylist[2]
[[1]]
      [,1] [,2] [,3]
[1,]    1    3    5
[2,]    2    4    6
> mylist[3:4]      #这里可以引用多个分量
$type
[1] "A" "B"
[[2]]
   X1 X2 X3 X4
1  1  4  7  10
2  2  5  8  11
3  3  6  9  12
```

2.7.3　列表元素的相关运算

若需要将列表中的某个元素移除，只需要将 NULL 赋值给选定的元素即可. 例如：

```
> Lst<-list(1:3,matrix(1:6,nrow=2)); Lst
[[1]]
[1] 1 2 3
[[2]]
     [,1] [,2] [,3]
[1,]    1    3    5
[2,]    2    4    6
> Lst[[2]]<-NULL
> Lst
[[1]]
[1] 1 2 3
```

使用赋值语句可以对列表元素进行修改，例如：

```
> Lst[[1]]<-1:5; Lst
[[1]]
```

```
[1] 1 2 3 4 5
```
利用函数 c() 可以将多个列表合并为 1 个列表, 例如:
```
> Lst1<-list(1:3)
> Lst2<-list(c("Height","Weight"))
> Lst3<-c(Lst1,Lst2);Lst3
[[1]]
[1] 1 2 3
[[2]]
[1] "Height" "Weight"
```
最后, 我们简单介绍一下函数 attributes() 和函数 attr() 的作用. 2.2.1 节曾提到, 对象有两个内在的属性, 即类型 (mode) 和长度 (length), 而函数 attributes() 能以列表的形式返回对象的一些其他属性 (不包括类型和长度). 例如:
```
> Index<-c(1:4)
> Sex<-c("F","F","M","F")
> Height<-c(167,156,185,171)
> df<-data.frame(Index,Sex,Height);df
  Index Sex Height
1   1    F   167
2   2    F   156
3   3    M   185
4   4    F   171
> attributes(df)
$names
[1] "Index"  "Sex"    "Height"
$row.names
[1] 1 2 3 4
$class
[1] "data.frame"
```
利用函数 attr() 可以返回、修改或者添加对象的某个属性. 例如:
```
> attr(df,"names")        #返回 names 属性
[1] "Index"  "Sex"    "Height"
> attr(df,"group")<-"A group"   #添加 group 属性
> attributes(df)
$names
[1] "Index"  "Sex"    "Height"
$row.names
[1] 1 2 3 4
$class
[1] "data.frame"
$group
[1] "A group"
```

2.7.4 不同数据结构间的转换

在统计分析中, 经常需要将一个对象从一种结构类型转换为另一种结构类型. 本节将系统地总结向量、矩阵、数据框和列表间的转换问题.

在将列表和数据框转化为向量或矩阵时, 数据的类型有可能发生变化. 若列表和数据框中包含的都是数值型元素, 则将转换为数值型向量或矩阵; 若列表和数据框中包含的都是字符型元素, 则将转换为字符型向量或矩阵; 若列表和数据框中既有数值型元素又有字

符型元素，则将强制转换为字符型向量或矩阵.

1．向量转换为其他结构类型

cbind()或 as.matrix()：建立 1 列的矩阵；

rbind()：建立 1 行的矩阵；

matrix(vec,n,p)：利用向量 vec 建立 n 行 p 列的矩阵；

as.data.frame()：向量到数据框；

as.list()：向量到列表；

2．矩阵转换为其他结构类型

as.vector()：矩阵到向量；

as.data.frame()：矩阵到数据框；

as.list()：矩阵到列表；

3．数据框转换为其他结构类型

as.matrix()：数据框到矩阵；

as.vector(as.matrix())：数据框到向量；

as.list()：数据框到列表；

4．列表转换为其他结构类型

unlist()：列表到向量；

matrix(lst,n,p)：利用列表 lst 建立 n 行 p 列的矩阵；

as.data.frame()：列表到数据框.

第 3 章

数据的输入与输出

所有的统计分析工作都是建立在数据的基础之上的. 当数据量较小时, 利用键盘可以很方便地录入数据, 而当数据量较大时, 利用键盘直接录入数据已经变得不切实际, 显然从一些现有的文档中读取数据是数据输入的捷径. 当然, 运算结果不仅输出到屏幕上, 重要结果更需存储到文件中, 因此数据输出与存储也是统计分析的重要步骤. 本章将系统介绍数据的输入与输出问题.

3.1 数据的输入

3.1.1 利用键盘录入数据

对于数据量非常小的数据集, 可以利用函数 c()建立向量并赋值, 也可以建立一个空的矩阵或数据框, 然后利用函数 data.entry()、fix()或 edit(), 打开数据编辑器, 直接在数据编辑器中录入数据. 例如:

```
> mymatrix<-matrix()
> mymatrix <- edit(mymatrix)
```

在这个新打开的数据编辑器中, 不仅可以进行数据编辑, 同时也可以修改变量名等变量编辑.

需要说明的是, 利用函数 edit()编辑数据时, 它是在对象的一个副本上进行操作的, 原来的数据集没有发生任何变化. 因此需要将其赋值到一个新的对象, 否则修改结果将会丢失. 命令

```
> x<-edit(x)
```

可以修改原来的数据集. 另外, 命令 scan()可以接收键盘输入的数据, 例如输入命令

```
> mydata<-scan()
1: 56 89 74 56 23 12 59 35
9:
Read 8 items
>mydata
[1] 56 89 74 56 23 12 59 35
```

3.1.2 读取固定格式的文本文件

1. read.table()函数

利用函数 read.table()可以读取存储在文本文件(ACSII 格式)中的数据. 该函数主要用

来读取具有表格形式的数据并将其存储在一个数据框中. 其常用的调用格式为

```
read.table(file, header = FALSE, sep = "", dec = ".", skip = 0,
row.names, col.names,...)
```

其中，file 是要读入的带有分隔符的 ASCII 文本文件；header 是一个逻辑型参数，表示首行是否包含变量名，取值为 FALSE(默认值)，则表示首行不是变量名；sep 用来指定分隔数据的分隔符，默认值为空格；dec 表示数据所用的小数点的符号，通常为点号 "."；skip 表示跳过多少行后开始读取；row.names 是可选参数，给出行名；col.names 给出列名；其他参数可以参阅系统帮助.

例如，在工作目录下建立了一个 women1.txt 的文本文件（数据来源于 R 自带的数据集 women），文件的内容为

```
ID   height   weight
1      58      115
2      59      117
3      60      120
4      61      123
5      62      126
```

输入命令

```
> mydata<-read.table("women1.txt",header=T); mydata
  ID   height   weight
1  1     58      115
2  2     59      117
3  3     60      120
4  4     61      123
5  5     62      126
> mydata<-read.table("women1.txt", header=F)
> mydata
  V1      V2       V3
1 ID    height   weight
2  1     58      115
3  2     59      117
4  3     60      120
5  4     61      123
6  5     62      126
> is.data.frame(mydata)
[1] TRUE
```

从上例可以看到，read.table()返回的是一个数据框；若参数 header 取值为 FALSE，则 read.table()将数据的第一行（变量行）也作为数据读入，且系统自动给每列增加一个新的变量名. 若将数据存储为 women.dat 格式文件，read.table()读取方式也完全一样.

2. read.table()函数的变形

函数 read.csv()和 read.csv2()为函数 read.table()的两种变形，这两个函数除了一些默认值与 read.table()不同之外，其他的用法与 read.table()完全相同. 这两个函数的一般调用格式为

```
read.csv(file, header = TRUE, sep = "," dec = "."...)
read.csv2(file, header = TRUE, sep = ";" dec = ","...)
```

从调用格式中可以看到，与 read.table()不同，这两个函数默认参数都是 header = TRUE. 函数 read.table()默认值为：读取数据的分隔符为空格，小数点用点号 "."；函数 read.csv()

默认值为：读取数据的分隔符为逗号，小数点用点号"."；函数 read.csv2()默认值为：读取数据的分隔符为分号，小数点用逗号"，"，这些差异与一些国家的数据存储习惯有关.

类似地，read.delim()和 read.delim2()也是函数 read.table()的两种变形，其主要区别在于数据的分隔符采用 TAB 字符（制表符），其调用格式为

```
read.delim(file, header = TRUE, sep = "\t", dec = "." ...)
read.delim2(file, header = TRUE, sep = "\t", dec = "," ...)
```

3. read.fwf()函数

函数 read.fwf()主要用来读取具有固定宽度的数据，其返回值也是一个数据框，其调用格式为

```
read.fwf(file, widths, header = FALSE, sep = "\t", row.names,
col.names, ...)
```

其中，参数 widths 以向量形式指定读取数据的宽度；参数 sep 用来指定分隔数据的分隔符，默认值为 TAB 字符（制表符），其他参数与 read.table()类似.

例如，在工作目录建立了一个文本文件 fwf_data.txt，其内容为

```
1112234
2343463
3456635
```

输入命令

```
> data1<-read.fwf("fwf_data.txt",widths=c(2,2,3),sep="\t")    #分隔符为
制表符
> data1
  V1 V2  V3
1 11 12 234
2 23 43 463
3 34 56 635
>
data2<-read.fwf("fwf_data.txt",widths=c(2,2,3),col.names=c("X1","X2","X3"))
> data2
  X1 X2 X3
1 11 12 234
2 23 43 463
3 34 56 635
> data3<-read.fwf("fwf_data.txt",widths=c(2,2,3),sep="\n")    #分隔符为
回车键
> data3
   V1
1  11
2  12
3 234
4  23
5  43
6 463
7  34
8  56
9 635
```

3.1.3　读取复杂格式的文本文件

如果文本文件具有固定的格式,可以利用 read.table()、read.csv()或 read.fwf()进行读取,若要读取的文件格式比较复杂,可以利用函数 readLines()或 scan()函数进行读取.

1. readLines()函数

readLines()函数读取文件中的各行字符,并以字符串的形式返回,其调用格式为

```
readLines(file, n = -1L, ...)
```

其中,参数 n 表示读入数据的最大行数,默认值为数据集中的最后一行.

例如,在工作目录建立了一个 str_data.txt 文件,其内容为

```
1112234  data
2343463#
lines@3456635
```

输入命令

```
> mydata<-readLines("str_data.txt")
> mydata
[1] "1112234  data" "2343463#"  "lines@3456635"
> mydata<-readLines("str_data.txt",n=2)
> mydata
[1] "1112234  data" "2343463#"
```

2. scan()函数

scan()函数的使用非常灵活,其最大优势在于能够读取不同的数据类型,并可以用来创建不同的对象类型,如向量、矩阵、数组、数据框以及列表等. scan()函数的调用格式为

```
scan(file = "", what = double(), nmax = -1, n = -1, sep = "",dec = ".",
skip = 0, nlines = 0,...)
```

其中,file 为要读取数据的文件名;what 用于指定读取数据的类型,what 的取值比较复杂,例如,what=numetric(0),则读取数据为数值型,若 what=character(0),则读取数据为字符型,若 what=list(),则返回值为列表,例如,list(numeric(0),logical(0))返回的列表中,第一分量为数值型,第二分量为逻辑型. what 的默认值为数值型;nmax 取值为整数,表示读入数据的最大值;n 表示读取数据的最大个数,默认值为读取至文件末尾;nlines 表示读取多少行后停止读取,默认值为读取至文件末尾,其他参数与 read.table()类似,不再赘述.

例如,将数据 fwf_data.txt(见 3.1.2 节)保存到工作目录下,输入命令

```
> data1<-scan("fwf_data.txt",what=0)    #等同于 what=numeric(0)
Read 3 items
> data1
[1] 1112234 2343463 3456635
> mode(data1)
[1] "numeric"
> is.vector(data1)
[1] TRUE
```

下面来看一个返回字符型向量的例子. 将数据 str_data.txt(见 3.1.3 节)保存到工作目录下,输入命令

```
> data2<-scan("str_data.txt",what="")    #等同于 what=character(0)
Read 4 items
```

```
> data2
[1] "1112234"        "data"        "2343463#"        "lines@3456635"
> mode(data2)
[1] "character"
> is.vector(data2)
[1] TRUE
```

再看一个返回列表形式的例子. 将数据 women1.txt（见 3.1.1 节）保存到工作目录下，输入命令

```
> data3<-scan("women1.txt",what=list("",0,0),skip=1)    #返回列表
Read 5 records
> data3
 [[1]]
[1] "1" "2" "3" "4" "5"
[[2]]
[1] 58 59 60 61 62
[[3]]
[1] 115 117 120 123 126
```

给列表元素添加分量名，输入命令

```
>
data4<-scan("women1.txt",what=list(ID="",height=0,weight=0),skip=1)
Read 5 records
> data4
$ID
[1] "1" "2" "3" "4" "5"
$height
[1] 58 59 60 61 62
$weight
[1] 115 117 120 123 126
```

类似于上面的方法，利用 scan() 函数还可以返回矩阵和数据框结果，这时只需修改参数 what=matrix() 或 what=data.frame() 即可.

3.1.4 读取其他格式的数据文件

除了可以读取文本文件以外，R 软件还可以读取或导入其他格式的数据文件，如 Excel 数据、SPSS 数据、SAS 数据、Stata 数据、S-PLUS 数据等. 另外，R 软件也提供了利用连接(connection)来访问数据的方法，通过该方法可以直接从剪贴板、压缩文件甚至网络文件中获取数据.

1. Excel 数据的导入

从 Excel 文件读入数据的方法比较多，常用的方法是将 Excel 文件另存为一个逗号分隔文件(即.csv 文件)，使用 read.table() 或 read.csv() 读取即可.

若要导入 Excel 中的部分数据，也可以打开 Excel 文件，选中需要导入的部分，复制到剪贴板，这时再在 R 中输入命令

```
> data<-read.delim("clipboard")
```

即可将所选数据导入到 data 数据框中.

值得注意的是，Excel 数据导入时，数据的第一行默认为标题行，利用逻辑参数 header 可以更改默认值. 例如，在工作目录中建立了文件 Exc_data.xls，见图 3.1.

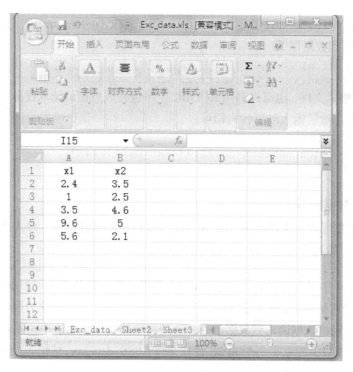

图 3.1　数据集 Exc_data.xls

首先将数据另存为.csv 格式文件，在 R 中输入命令

```
> mydata1<-read.csv("Exc_data.csv",header=T)
> mydata1
   x1   x2
1  2.4  3.5
2  1.0  2.5
3  3.5  4.6
4  9.6  5.0
5  5.6  2.1
```

另外，直接将 Exc_data.xls 中所有数据选中复制，然后在 R 中输入命令

```
> mydata2<-read.delim("clipboard",header=T)
> mydata2
   x1   x2
1  2.4  3.5
2  1.0  2.5
3  3.5  4.6
4  9.6  5.0
5  5.6  2.1
```

Excel 2007 版本使用的是.xlsx 格式文件，要导入该类型数据常用的简单方法是下载程序包 xlsx，利用该程序包中的 read.xlsx() 函数可以直接导入.xlsx 格式文件，其调用格式为

```
read.xlsx(file,n,header=TRUE, as.data.frame=TRUE)
```

其中，file 表示要导入的.xlsx 格式文件；n 表示要导入的工作表序号；header 为逻辑参数，默认值为 TRUE，表示数据的第一行为标题行；as.data.frame 也是逻辑参数，若取值为 TRUE 表示数据读入到数据框中，若取值为 FALSE，则将数据读入到列表中.

例如，在工作目录中创建了文件 Exc_data.xlsx，数据保存在 sheet1 中，则输入下述命令即可导入数据到数据框中.

```
> library(xlsx)
> mydata<-read.xlsx("Exc_data.xlsx",1)
```

对于.xlsx 格式文件，也可以利用 RODBC 程序包完成数据的读取任务，首先需要下载程序包 RODBC，然后输入以下代码即可.

```
> library(RODBC)
> channel<-odbcConnectExcel2007("Exc_data.xlsx")
> mydata<-sqlFetch(channel,"sheet1")
> odbcClose(channel)
```

2．SPSS 数据的导入

SPSS 数据集可以利用程序包 foreign 中的 read.spss()函数导入，导入之前需要先下载 foreign 程序包，然后再利用 read.spss()函数进行导入，其调用格式为

```
read.spss(file, use.value.labels = TRUE, to.data.frame = FALSE,...)
```

其中，file 为.sav 格式文件；use.value.labels 为逻辑参数，默认值为 TRUE，表示若 SPSS 文件中的变量带有值标签，则该变量自动转化为因子，否则，则不转化为因子；to.data.frame 取值为 TRUE，则将数据读入到数据框中，否则将数据读入到列表中，默认值为 FALSE.

例如，在工作目录建立了一个 SPSS 数据文件 SPSS_data.sav，见图 3.2，其中变量 Height 和 weight 为数值型向量，Sex 为字符型向量，且有值标签：1=M，2=F，在 R 中输入命令：

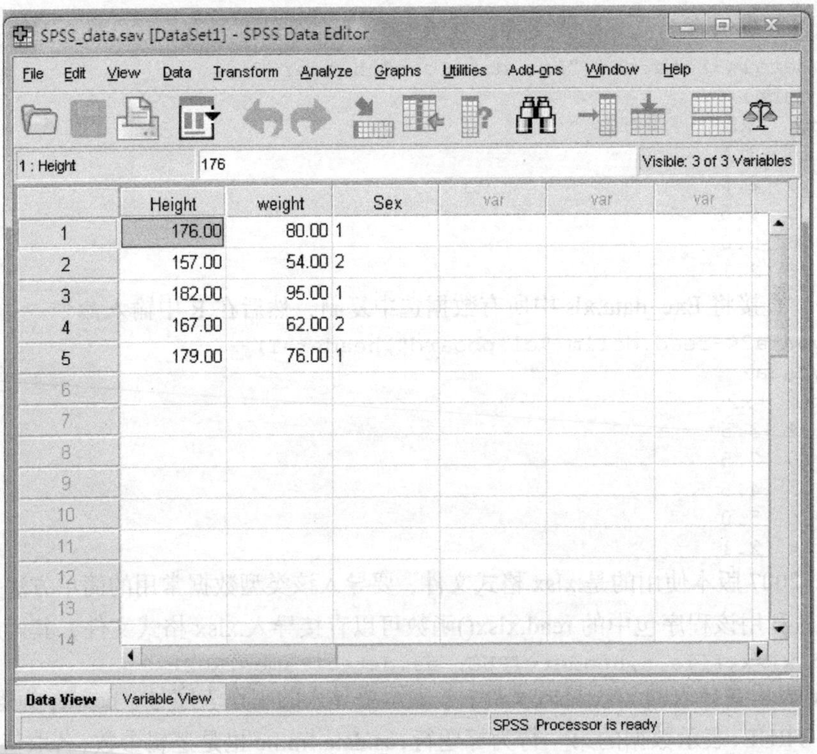

图 3.2　SPSS 文件 SPSS_data.sav

```
> library(foreign)
> mydata1<-read.spss("SPSS_data.sav",to.data.frame=T)
> mydata1
  Height  weight  Sex
1    176      80    M
2    157      54    F
3    182      95    M
4    167      62    F
5    179      76    M
```

利用程序包 Hmisc 中的 spss.get()函数也可以完成 SPSS 数据的导入，这时需要下载 Hmisc 程序包，spss.get()函数的调用格式为

```
spss.get(file, use.value.labels = TRUE, to.data.frame = TRUE,...)
```

例如，在 R 中输入命令：

```
> library(Hmisc)
> mydata2<-spss.get("SPSS_data.sav")
> mydata2
  Height  weight  Sex
1    176      80    M
2    157      54    F
3    182      95    M
4    167      62    F
5    179      76    M
```

3. SAS 数据的导入

从 SAS 文件读入数据的方法也比较多，常用且比较可靠的方法是将 SAS 文件另存为一个逗号分隔文件(即.csv 文件)，使用 read.table()或 read.csv()读取即可.

另外也可以利用 foreign 程序包中的 read.ssd()函数、read.xport()或 Hmisc 程序包中的 sas.get()函数进行读取.

4. Stata 数据的导入

利用程序包 foreign 中的函数 read.dta()可以将 Stata 数据导入到 R 中，其调用格式为

```
read.dta(file, convert.factors = TRUE,...)
```

其中，file 为要导入的 Stata 数据文件；逻辑参数 convert.factors 取值为 TRUE，表示若 Stata 文件中的变量带有值标签，则该变量自动转化为因子. 函数 read.dta()的返回值为数据框.

5. S-PLUS 数据的导入

对于由 32 位 Windows 操作系统上运行的 S-PLUS 较早版本创建的二进制数据文件，可以通过程序包 foreign 中的 read.S()函数进行读取；利用程序包 foreign 中的 data.restore()函数可以读取 S-PLUS 软件中由 data.dump 创建的数据(data dump). 如果能直接访问 S-PLUS，最好的办法是在 S-PLUS 导出（dump）数据文件，然后在 R 中利用函数 source()载入该文件即可.

3.1.5 R 中数据集的读取

R 软件的基本数据集包 datasets 提供了 100 多个数据集，可以利用这些数据集进行试验与学习. 数据包 datasets 包含在 R 基础包中，因此这些数据随着 R 的启动而自动载入. 键

入命令
```
>data()
```
将返回 datasets 数据包中包含的所有数据集列表，见图 3.3.

R 的其他程序包也可能包含数据集，也可以利用函数 data() 查看其他程序包中的数据集（前提是数据集存在）. 例如，MASS 程序包中包含了很多数据集，键入命令
```
> data(package="MASS")
```
将返回程序包 MASS 中所有数据集的列表.

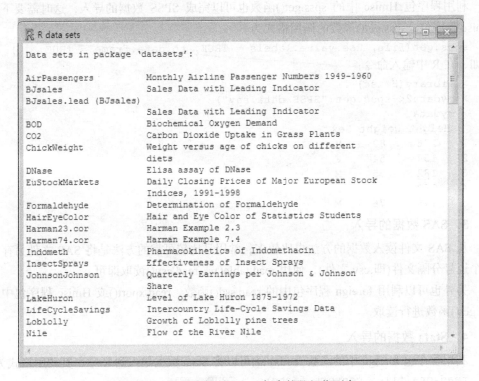

图 3.3　数据集包 datasets 包含的数据集列表

3.2　数据的输出

3.1 节讨论了数据的如何输入问题，本节将讨论数据的输出问题.

3.2.1　运行结果的定向输出

R 软件默认将运行的结果输出到屏幕上(运行窗口). 有些时候我们希望将结果输出到某个文件中，利用函数 cat() 或 sink() 可以完成运行结果的定向输出. cat() 函数的调用格式为
```
cat(... , file = "", sep = " ", fill = FALSE, append = FALSE,...)
```
其中，... 表示要输出的对象；file 为要写入数据的文件名；参数 sep 表示写入数据之间的分隔符，默认值为空格；fill 取值为 TRUE，表示下次写入数据时在新的一行中写入，默认值为 FALSE；append 取值为 TRUE，表示添加到文件中，取值为 FALSE 表示覆盖原文件.

例如，键入下述命令

```
> cat("Name","Johnson",sep=":",fill=T,file="cat_file.txt")
> cat("Age","24",sep=":",fill=T,file="cat_file.txt",append=T)
> cat("Height","185",sep=":",fill=T,file="cat_file.txt",append=T)
> cat("Weight","86",sep=":",fill=T,file="cat_file.txt",append=T)
```

则在工作目录中生成一个名为 cat_file.txt 的文件，其内容见图 3.4.

图 3.4 文件 cat_file.txt

又如，键入命令

```
> iter <-1
> cat("iteration = ", iter <- iter + 1, "\n",file="iter_data.txt")
```

在工作目录中将会创建一个名为 iter_data.txt 的文件，文件内容为：iteration = 2.

函数 sink() 的调用格式为

```
sink(file = NULL, append = FALSE, split = FALSE,...)
```

其中，file 为要写入的文件名；append 取值为 TRUE，表示添加到文件中，默认取值为 FALSE 表示覆盖原文件，split 取值为 TRUE 表示同时输出到屏幕和文件中，取值为 FALSE 表示仅输入到文件中. 输出完成后，调用不带任何参数命令 sink() 来关闭该文件，重新将输出定向到屏幕.

例如，键入命令

```
> sink("sink_file.txt")
> mat<-matrix(1:12, nr = 3,nc=4);mat
> df_mat<-data.frame(mat)
>df_mat
> sink()
```

则在工作目录中生成一个名为 sink_file.txt 的文件，其内容见图 3.5.

图 3.5 文件 sink_file.txt

3.2.2 数据的定向输出

1. write()函数

利用 write()函数可以将一个向量或矩阵定向输出到某个文件中，其调用格式为

```
write(x, file = "data", ncolumns = if(is.character(x)) 1 else 5,
      append = FALSE, sep = "")
```

其中，x 为要写入的数据，通常为向量或矩阵；file 为要写入数据的文件名或连接，若 file=""，则将结果定向到屏幕上；ncolumns 为写入数据的列数；append = TRUE 表示添加数据到原文件中，默认值为 FALSE，表示覆盖原文件；参数 sep 表示写入数据之间的分隔符，默认值为空格.

例如：

```
> mydata<- matrix(1:12, nr =2,nc=6);mydata
      [,1]  [,2]  [,3]  [,4]  [,5]  [,6]
[1,]    1     3     5     7     9    11
[2,]    2     4     6     8    10    12
> write(mydata,file="write_data.txt",ncolumns=6)
```

则在工作目录中创建了一个名为 write_data.txt 的文件，其内容为

```
1 2 3  4  5  6
7 8 9 10 11 12
```

容易发现，文件中数据的排列方式与矩阵 mydata 的排列方式不同，这时可以利用函数 t()进行修正，例如：

```
> write(t(mydata),file="write_data.txt",ncolumns=6)
```

则创建的文件内容为

```
1 3 5 7 9 11
2 4 6 8 10 12
```

这同矩阵 mydata 的排列方式完全一致. 再键入命令

```
> write(t(mydata),file="write_data.txt",ncolumns=10,sep=",",append=T)
```

则工作目录中的文件 write_data.txt 内容为

```
1 3 5 7 9 11
2 4 6 8 10 12
1,3,5,7,9,11,2,4,6,8
10,12
```

2. write.table()函数

函数 write.table()将对象写入到某个文件或连接中, 如果该对象不是矩阵或数据框, 则被强制转换为数据框. 其调用格式为

```
write.table(x, file = "", append = FALSE, quote = TRUE, sep = " ",
            eol = "\n", na = "NA", dec = ".", row.names = TRUE,
            col.names = TRUE, ...)
```

其中, x 为要写入的对象; file 为文件名或连接; quote 默认值为 TRUE, 表示变量名放到双引号中; append = TRUE 表示添加数据到原文件中, 默认值为 FALSE, 表示覆盖原文件; 参数 sep 表示写入数据之间的分隔符, 默认值为空格; eol 表示每一行的末尾要打印的字符, 默认值为回车键; na = "NA"表示缺失值用 NA 表示; row.names = FALSE 表示行名不写入文件, 默认值为 TRUE.

例如:

```
> mydata<- matrix(1:12, nr =2,nc=6);mydata
     [,1]  [,2]  [,3]  [,4]  [,5]  [,6]
[1,]   1    3    5    7    9    11
[2,]   2    4    6    8    10   12
> write.table(mydata,file="wt_data.txt",quote = F, sep = " ",eol="\n")
```

则在工作目录中创建名为 wt_data.txt 的文件, 其内容为

```
V1 V2 V3 V4 V5 V6
1 1 3 5 7 9 11
2 2 4 6 8 10 12
```

若键入命令

```
> write.table(mydata,file="wt_data.txt",quote = T, sep = " ",eol=
"\n",col.names=F)
```

则文件内容为

```
"1" 1 3 5 7 9 11
"2" 2 4 6 8 10 12
```

若键入命令

```
>write.table(mydata,file="wt_data.txt", sep = " ",eol="\n",col.names=F,
row.names=F)
```

则文件内容为

```
1 3 5 7 9 11
2 4 6 8 10 12
```

函数 write.csv()为函数 write.table()的变形, 它将数据存储为带有逗号分隔的.csv 格式文件, 其调用方式与 write.table()类似, 不再赘述.

3. save()函数

函数 save()将对象存储为 R 格式文件, 其后缀名为.Rdata.例如

```
> mydata<- matrix(1:12, nr =2,nc=6)
> n<-1:4
```

```
> save(mydata,n,file="save_data.Rdata")
```
则在工作目录中创建了一个 R 格式文件 save_data.Rdata，文件中包含了两个对象，矩阵 mydata 和向量 n. 利用函数 load() 可以将该文件再次载入到 R 中，例如：
```
> rm(list=ls(all=TRUE))        #删除所有对象
> ls()
character(0)
> load("save_data.Rdata")
> ls()
[1] "mydata" "n"
```
如果将工作空间中的所有对象都保存在文件 save_data.Rdata，可以利用命令
```
> save.image(file="save_data.Rdata")
```
或者
```
> save(list=ls(all=TRUE),file="save_data.Rdata")
```
若使用命令
```
>save.image()
```
则默认将工作空间映像保存在文件名为.Rdata 的文件中.

3.2.3   图形的定向输出

R 软件提供了一些函数可以将图形写入到文件中，例如，pdf()、png()、jpeg()、bmp()、postscript()、tiff()以及 win.metafile()可以将图形分别保存为 PDF 格式、PBG 格式、JPEG 格式、BMP 格式、PostScript、TIFF 格式以及 Windows 图元文件.

下面以函数 jpeg()为例，说明图形的定向输出问题. 在 R 中键入命令
```
> attach(women)     #激活数据集 women
> jpeg(file="myplot.jpg")
> plot(height,weight)
> dev.off()         #将输出再次返回到终端
```
则在工作目录中创建了一个名为 myplot.jpg 的图形文件，如图 3.6 所示.

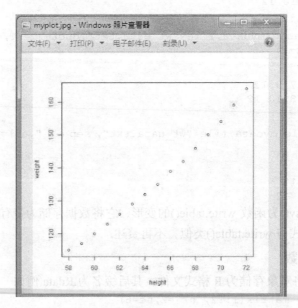

图 3.6   文件 myplot.jpg

第 4 章

数据管理与 R 编程

本章将主要介绍数据管理和 R 的编程问题. 在数据处理过程中, 经常会遇到诸如缺失值、日期值、变量的重新编码、数据的合并、排序等问题, 下面先对这些问题做一些简要介绍, 并在此基础上, 介绍 R 语言的编程问题.

4.1 缺失值问题

在统计分析中, 数据缺失的现象是非常普遍的. 例如, 在一项社会调查中, 被调查者可能拒绝回答自己的收入情况; 在一个工业实验中, 部分实验结果由于某种原因丢失等. 缺失数据的处理比较复杂, 要视实际情况而定. 对于数据量很大而缺失值较少的情况, 一种最简单的办法就是直接将缺失值移除, 但如果数据量较小而缺失部分包含有用信息时, 简单移除显然不是明智之举.

4.1.1 缺失值的识别

在 R 语言中, 缺失值用符号 NA(Not Available)来表示, 函数 is.na()可以用来检测数据是否存在缺失. 例如:

```
> x<-c(1,NA,5,7); x
[1]  1 NA  5  7
> is.na(x)
[1] FALSE  TRUE FALSE FALSE
```

函数 is.na(x)返回一个逻辑型向量, 其长度与向量 x 相同. 从返回的结果来看, 向量 x 的第 2 个元素缺失, 其他元素没有缺失.

在数据处理的过程中, 还会出现一些其他类型的数据, 例如, NaN(Not a Number)表示的是不确定性数据; Inf 表示数据为无穷大. 在 R 中, NaN 也被看作是缺失数据 NA, 利用函数 is.nan()可以检测数据是否为 NaN, 利用函数 is.infinite()可以检测数据是否为无穷大. 例如:

```
> y<-c(1,Inf,NaN,3); y
[1]   1 Inf NaN   3
> is.nan(y)
[1] FALSE FALSE  TRUE FALSE
> is.na(y)
[1] FALSE FALSE  TRUE FALSE
> z<-c(1/0,Inf/Inf,NaN,0/0); z
[1] Inf NaN NaN NaN
```

4.1.2　缺失值的处理

在 R 语言中，对 NA 的运算往往会返回 NA 值，即操作没有任何意义. 因此，在数据处理的过程中，首先需要对数据进行检测，看是否存在缺失，如果缺失存在，再采取相应的缺失数据处理方式.

处理缺失值的一种常用方法是对缺失值进行重新赋值或借补. 例如：

```
> x<-c(1,3,NA,8,NA,0);x
[1]  1  3 NA  8 NA  0
> x[is.na(x)]<-mean(x,na.rm=T)
> x
[1] 1 3 3 8 3 0
```

这里，利用 x 没有缺失部分的均值对 x 的缺失值进行了借补. 当然，也可以将向量中的非缺失部分直接提取出来. 例如：

```
> x<-c(1,3,NA,8,NA,0);x
[1]  1  3 NA  8 NA  0
> x_new<-x[!is.na(x)]; x_new
[1] 1 3 8 0
```

2.1.4 节和 2.5.6 节曾经介绍过，函数 max()、min()、median()、sum()、mean()、sd()分别返回矩阵或向量中所有元素的最大值、最小值、中位数、和、均值以及标准差. 直接用这些函数作用于带有缺失值的矩阵或向量时，其结果会失效. 此时，可以利用参数 na.rm=TRUE 将缺失值排除运算.

若矩阵或数据框中含有 NA 时，利用函数 na.omit()可以将含有 NA 的行直接移除. 该方法对向量也同样有效，但对列表不起作用. 例如：

```
> mat_NA<-matrix(c(1:6,10:14,NA),nr=3,nc=4,byrow=T)
> mat_NA
     [,1] [,2] [,3] [,4]
[1,]    1    2    3    4
[2,]    5    6   10   11
[3,]   12   13   14   NA
> mean(mat_NA)          #函数 mean()失效
[1] NA
> mean(mat_NA,na.rm=T)   #不考虑缺失值
[1] 7.363636
> mymat<-na.omit(mat_NA)     #删除 NA 所在的行
> mymat
     [,1] [,2] [,3] [,4]
[1,]    1    2    3    4
[2,]    5    6   10   11
attr(,"na.action")
[1] 3
attr(,"class")
[1] "omit"
> mean(mymat)
[1] 5.25
> is.matrix(mymat)          #检测对象 mymat 是否为矩阵
[1] TRUE
```

从上例中可以看到，函数 na.omit()移除的不仅仅是 NA，而是 NA 所在的行，这二者

间的差异有些时候是非常大的（这一点从数据的均值也可以看出）．因此在数据处理的过程中，有时不能简单地直接删除含有缺失数据的记录．

本书在 15.1 节中进一步介绍缺失数据处理的其他方法，该部分内容会涉及一些现代统计方法．

4.2　日期值问题

在数据分析中，经常遇到日期值问题．R 语言提供了一些关于日期值的函数．如函数 as.Date()可以将字符串形式的日期值转化为 Date 对象，其调用格式为

```
as.Date(x, format = "", ...)
```

其中，x 是要转换的字符串对象；参数 format 用于指定转换日期的格式（见表 4.1），其默认格式为 "%Y-%m-%d"，即 yyyy-mm-dd．例如：

```
> mydata<-as.Date("2014-09-04")
> mydata
[1] "2014-09-04"
> class(mydata)    #对象的 class 属性
[1] "Date"
> mode(mydata)    #日期值的类型
[1] "numeric"
```

表 4.1　日期格式代码

代码	含义
%d	日期(01~31)
%m	月份(00~12)
%y	年份(2 位数，例如 14)
%Y	年份(4 位数，例如 2014)

利用表 4.1 中的日期格式代码，可以指定其他形式的日期读入格式，需要注意的是，在 R 中文版系统中，只能够读入数字格式的数据，例如：

```
> data<-c("9/13/13","9/24/14")
> as.Date(data,format="%m/%d/%y")
[1] "2013-09-13" "2014-09-24"
> mydata<-as.Date("01 09 2014","%d %m %Y")
> mydata
[1] "2014-09-01"
```

R 系统中自带了两个特殊的函数，Sys.Date()和 date()，其中 Sys.Date()返回当天的日期，date()返回当前的日期和时间．例如：

```
> Sys.Date()
[1] "2014-09-05"
> date()
[1] "Fri Sep 05 11:57:18 2014"
```

在输出日期值时，可以利用 format()函数指定输出格式，其调用形式为

```
format(x,format)
```

其中 x 表示要输出的日期对象，参数 format 用来指定输出的格式，除了表 4.1 中的日期格式代码外，%b 和%B 也可以用来输出月份，%a 和%A 可以用来输出星期．例如：

```
> format(Sys.Date(),format="%Y-%m-%d, %a")
[1] "2014-09-05, 周五"
```

在 R 语言中，日期的存储是通过从 1970 年 1 月 1 日以来的天数来计算的，更早的日期则表示为负数．在 R 语言中，日期值的数据类型为数值型，因此日期值之间可以进行代数运算，例如：

```
> Sys.Date()-as.Date("1970-1-1")
Time difference of 16318 days
```

利用函数 as.numeric()可以将 Date 对象转换为 R 的内部存储形式，例如，下面分别看一下 1970 年 1 月 1 日和当前时间对应的数值为多少.

```
> as.numeric(as.Date("1970-1-1"))
[1] 0
> mydate<-as.numeric(Sys.Date())
> mydate
[1] 16318
```

也可以利用 class()函数将 R 的数值转换为相应的日期值，例如：

```
> class(mydate)<-"Date"
> mydate
[1] "2014-09-05"
```

4.3   变量的整理

4.3.1   变量的重新编码

在实际数据分析中，经常会遇到根据一个或多个原变量的取值创建新变量的情况，例如，根据学生的百分制成绩将成绩重新编码为优秀、良好、中等、及格和不及格 5 个等级，又如在职工运动会中，根据年龄大小将运动员分为老年组、中年组和青年组三个组别等.

在 R 语言中，有多种方法可以完成变量的重新编码，例如，利用逻辑关系式对变量值进行分组，利用函数 within()对数据框中的数据直接进行修改，利用函数 cut()将数值型变量切割成多个区间，并返回因子变量，利用程序包 car 中的 recode()函数对变量进行重新编码等．下面通过一些示例对上述方法进行一一阐释.

例如，建立名为 df 的数据框，其中包括学生的编号、性别和数学成绩，现在将数学成绩重新编码为优秀、良好、中等、及格和不及格 5 个等级.

```
> Index<-c(1:5)
> Sex<-c("F","F","M","F","M")
> Math<-c(67,56,85,71,90)
> df<-data.frame(Index,Sex,Math);df
  Index Sex Math
1    1   F   67
2    2   F   56
3    3   M   85
4    4   F   71
5    5   M   90
```

1．利用逻辑关系式完成数据的重新编码

代码如下：

```
> df$Math_grade[df$Math<60]<-"不及格"
> df$Math_grade[df$Math>=60&df$Math<70]<-"及格"
> df$Math_grade[df$Math>=70&df$Math<80]<-"中等"
> df$Math_grade[df$Math>=80&df$Math<90]<-"良好"
> df$Math_grade[df$Math>=90]<-"优秀"
> df
  Index  Sex   Math   Math_grade
1   1     F     67       及格
2   2     F     56      不及格
3   3     M     85       良好
4   4     F     71       中等
5   5     M     90       优秀
```

2．利用 within()函数完成数据的重新编码

within()函数的调用格式为：

within(data, expr, ...)

其中 data 为要进行分析的数据对象，expr 用于指定重新编码方法．

```
> Index<-c(1:5)
> Sex<-c("F","F","M","F","M")
> Math<-c(67,56,85,71,90)
> df<-data.frame(Index,Sex,Math)
> df<-within(df,{
+ Math_grade<-NA          #创建了一个名为 Math_grade 的新变量
+ Math_grade[Math<60]<-"不及格"
+ Math_grade[Math>=60&Math<70]<-"及格"
+ Math_grade[Math>=70&Math<80]<-"中等"
+ Math_grade[Math>=80&Math<90]<-"良好"
+ Math_grade[Math>=90]<-"优秀"
+ })
> df
  Index  Sex   Math   Math_grade
1   1     F     67       及格
2   2     F     56      不及格
3   3     M     85       良好
4   4     F     71       中等
5   5     M     90       优秀
```

3．利用 cut()函数完成数据的重新编码

cut()函数根据数值型对象 x 的取值将 x 分割成一些小的区间，落在不同的区间赋予不同的因子，返回的是一个因子型向量，其调用格式为

cut(x, breaks, labels = NULL, ...)

其中 x 为要重新编码的变量，breaks 可以是两个或多个数构成的向量（给出分割点），也可以是单个正整数（≥2，给出划分的区间的个数），labels 为分类的名称．例如：

```
> x<-c(15,9,32,12,30,43)
> cut(x,2)
[1] (8.97,26] (8.97,26] (26,43]  (8.97,26] (26,43]  (26,43]
Levels: (8.97,26] (26,43]
> cut(x,2,labels=c("A","B"))
[1] A A B A B B
Levels: A B
```

再看一下学生成绩重新编码的例子：

```
> df$Math_grade<-cut(df$Math,c(0,59.9,69.9,79.9,89.9,100),labels=c("
不及格","及格","中等","良好","优秀"))
> df
```

	Index	Sex	Math	Math_grade
1	1	F	67	及格
2	2	F	56	不及格
3	3	M	85	良好
4	4	F	71	中等
5	5	M	90	优秀

4. 利用 recode() 函数完成数据的重新编码

利用 car 程序包中的 recode() 函数可以非常方便地完成对数据的重新编码，其调用格式为

```
recode(var, recodes, ...)
```

其中 var 为要重新编码的对象，可以是数值型、字符型或因子型的向量，recodes 用来指定编码规则，以字符串的形式给定，可以为单个值、多个值、区间，特殊值 lo 和 hi 可以出现在区间中，表示最低或最高值，例如：

```
> x<-c(15,9,32,12,30,43,50)
> y<-recode(x,'c(9,12)="A";15="B";40:50="C";else="D"')
> y
[1] "B" "A" "D" "A" "D" "C" "C"
> z<-recode(x,'c(9,12)="A";15="B";40:hi="C";else="D"'); z
[1] "B" "A" "D" "A" "D" "C" "C"
```

再看一下学生成绩重新编码的例子：

```
> library(car)
> df$Math_grade<-recode(df$Math, '0:59.9="不及格";60:69.9="及格
";70:79.9="中等";80:89.9="良好";90:100="优秀";else=NA')
> df
```

	Index	Sex	Math	Math_grade
1	1	F	67	及格
2	2	F	56	不及格
3	3	M	85	良好
4	4	F	71	中等
5	5	M	90	优秀

4.3.2　变量的重新命名

R 提供了一个修改变量名字的函数 names()，利用该函数既可以获得对象中的变量名，又可以完成对变量名的修改，例如：

```
> Index<-c(1:5)
> Sex<-c("F","F","M","F","M")
> Math<-c(67,56,85,71,90)
>df<-data.frame(Index,Sex,Math)
> names(df)
[1] "Index" "Sex"   "Math"
> names(df)[3]<-"Stat"
> df
  Index  Sex  Stat
1   1    F    67
2   2    F    56
3   3    M    85
4   4    F    71
5   5    M    90
```

reshape 程序包也提供了一个函数 rename()用于数据框或列表中的变量的重新命名，其调用格式为

```
rename(x, replace)
```

其中 x 为命名的对象，replace 用于定义变量的新名，例如：

```
> library(reshape)
> Index<-c(1:5)
> Sex<-c("F","F","M","F","M")
> Math<-c(67,56,85,71,90)
>df<-data.frame(Index,Sex,Math)
> df<-rename(df,c(Index="编号",Sex="性别",Math="成绩"))
> df
  编号  性别  成绩
1   1    F    67
2   2    F    56
3   3    M    85
4   4    F    71
5   5    M    90
```

4.4　数据的整理

本节将主要讨论数据集的合并、排序以及数据的重构问题.

4.4.1　数据的合并

在数据分析之前，有时需要对数据进行合并整理，归并到一个数据框中，R 基本包中提供的 merge()函数可以很容易地完成数据框的合并. merge()的调用格式为

```
merge(x, y, by,by.x = by, by.y = by, all = FALSE,...)
```

其中 x 和 y 为要合并的数据框，by 用于指定合并的列，可以是单个列名，也可以是列名组成的向量，如果 x 和 y 没有共同的列名，则用参数 by.x 和 by.y 分别指定用于合并的列. all

是一个逻辑型参数，用于指定是否全部数据参与合并，默认值为 FALSE. 例如：

```
> Sex<-c("F","F","M","F","M")
> Names1<-c("Susan","Andy","Jack","Alisa","Roger")
> Math<-c(67,56,85,71,90)
> df1<-data.frame(Names1,Sex,Math)
> df1
  Names1  Sex  Math
1  Susan   F    67
2  Andy    F    56
3  Jack    M    85
4  Alisa   F    71
5  Roger   M    90
> Sex<-c("F","F","M","M","F","M")
> Names2<-c("Alisa","Andy","Jack","Alexander","Susan","Roger")
> Height<-c(170,156,187,192,175,182)
> df2<-data.frame(Names2,Sex,Height)
> df2
      Names2   Sex  Height
1     Alisa     F    170
2     Andy      F    156
3     Jack      M    187
4   Alexander   M    192
5     Susan     F    175
6     Roger     M    182
> df<-merge(df1,df2,by.x="Names1",by.y="Names2");df
  Names1  Sex.x  Math  Sex.y  Height
1  Alisa    F     71     F     170
2  Andy     F     56     F     156
3  Jack     M     85     M     187
4  Roger    M     90     M     182
5  Susan    F     67     F     175
```

从合并结果来看，性别栏多了一列，另外数据少了一行. 可以将两个数据框的姓名栏修改成相同列名，利用 by 参数进行合并. 利用逻辑参数 all 可以指定全部的数据参与合并，数据空缺的地方将会用 NA 补齐. 对上述数据进行重新合并，代码和结果如下.

```
> names(df1)<-c("Names","Sex","Math")
> names(df2)<-c("Names","Sex","Height")
> df<-merge(df1,df2,by=c("Names","Sex"),all=T)
> df
      Names    Sex  Math  Height
1     Alisa     F    71    170
2     Andy      F    56    156
3     Jack      M    85    187
4     Roger     M    90    182
5     Susan     F    67    175
6   Alexander   M    NA    192
```

2.5.5 节和 2.6.3 节曾提及，利用函数 rbind()和 cbind()也可以完成矩阵或数据框的合并工作.需要注意的是，使用这两个函数时，要合并的两个对象需要满足一定的结构.

4.4.2　数据的排序

在数据分析过程中，经常用到数据的排序问题.R 提供了两个函数，sort()和 order()函

数，都可以用于数据的排序问题，其中 sort(x)返回向量 x 从小到大排序后的结果向量，
order(x)返回 sort(x)的下标向量，两个函数的一般调用格式为

```
sort(x, decreasing = FALSE, na.last = NA, ...)
order(x, na.last = TRUE, decreasing = FALSE)
```

其中 x 为要排序的向量，参数 decreasing 为逻辑型参数，默认值为 FALSE，表示数据从小
到大升序排列. 在函数 order()中，na.last 取值为 TRUE 表示缺失值 NA 排到所有数据的最
后，取值为 FALSE 表示 NA 值排到所有数据的前面，在函数 sort()中，na.last 的默认值为
NA，表示缺失值在排序后的数据中不出现，若 na.last 取值为 TRUE 或 FALSE 的含义与 order()
中的相同. 例如：

```
> a<-c(20,33,60,12,NA,90,21); a
[1] 20 33 60 12 NA 90 21
> sort(a)
[1] 12 20 21 33 60 90
> sort(a,na.last=T)
[1] 12 20 21 33 60 90 NA
> order(a)
[1] 4 1 7 2 3 6 5
> a[order(a)]
[1] 12 20 21 33 60 90 NA
```

若要计算数据的秩(rank)，可以使用 rank()函数，其调用格式为

```
rank(x, na.last = TRUE,
     ties.method = c("average", "first", "random", "max", "min"))
```

其中 x 为向量；na.last 用于对缺失值的处理，默认取值为 TRUE，表示缺失值将排在数据
的最后，若取值为 FALSE，则将缺失值放到数据的最前面，若取值为 NA，则将缺失值直
接移除，若取值为"keep"，则缺失值的秩返回为 NA；ties.method 给出了结(tie)的处理方法.
例如：

```
> a<-c(40,25,67,NA,90,12)
> rank(a)
[1] 3 2 4 6 5 1
> rank(a,na.last="keep")
[1] 3 2 4 NA 5 1
```

4.4.3　数据的汇总与重构

aggregate()函数可以对不同的分组进行数据汇总，其调用格式为

```
aggregate(x, by, FUN, ...)
```

其中 x 为要进行汇总的数据对象，by 是一个分类变量的列表，用于指定汇总的组别，FUN
用于指定进行汇总的函数.

```
> Sex<-c("F","F","M","M","F","M")
> Height<-c(170,156,187,192,175,182)
> df<-data.frame(Sex,Height)
> aggregate(df,by=list(Sex),mean)        #会出现警告信息
  Group.1  Sex  Height
1    F      NA    167
2    M      NA    187
```

警告信息：

```
1: In mean.default(X[[1L]], ...) :
  argument is not numeric or logical: returning NA
2: In mean.default(X[[2L]], ...) :
  argument is not numeric or logical: returning NA
```

需要说明的是，aggregate()函数只适用于数值型或逻辑型的因子，对于字符型的因子，会出现警告信息，并且 Sex 一列会返回 NA 值. 例如，将变量 Sex 由字符型修改为数值型.

```
> df$Sex<-as.numeric(df$Sex)
> aggregate(df,by=list(Sex),mean)
  Group.1  Sex Height
1       F    1    167
2       M    2    187
```

还可以对组别进行自定义名字，例如：

```
> aggregate(df,by=list(组别=Sex),mean)
  组别  Sex Height
1    F    1    167
2    M    2    187
```

Hadley Wickham 开发的 reshape 包给出了数据重构与汇总的一系列方法，该程序包中提供了两个非常重要的函数 melt()和 cast(). 首先利用函数 melt()将数据"融化"（melt）成一定的标准格式，然后利用函数 cast()将数据"浇铸"（cast）成我们想要的格式.

在利用 melt()融化数据时，一般默认将因子型变量和整数值变量当成是"编码变量"（id variables），把其余变量作为"分析变量"，当然也可以用参数 id.var 和 measure.var 指定"编码变量"和"分析变量". 例如，R 中有个内置的数据集 sleep，该数据集包含三个变量，ID，group 和 extra，分别代表测试者代码，组别（使用两种不同的催眠剂）以及比控制组增加的额外睡眠时间，共 20 个观测.

```
> library(reshape)
> head(sleep)
  extra group  ID
1   0.7     1   1
2  -1.6     1   2
3  -0.2     1   3
4  -1.2     1   4
5  -0.1     1   5
6   3.4     1   6
> mydata<-melt(sleep)        #R 会自动显示哪些变量作为"编码变量"
Using group, ID as id variables
> head(mydata)
  group  ID variable  value
1     1   1    extra    0.7
2     1   2    extra   -1.6
3     1   3    extra   -0.2
4     1   4    extra   -1.2
5     1   5    extra   -0.1
6     1   6    extra    3.4
```

在这里，命令 melt(sleep)等同于命令 melt(sleep,id.var=c("ID","group"))，或命令 melt(sleep,id=c("ID","group")).从融化成的新数据来看，数据结构发生变化，每个观测值单独占一行，行中有唯一确定该观测的"编码变量"（id variables）.

利用 cast()函数可以将 melt()融化成的数据"浇铸"成我们需要的格式，其一般调用格

式为
```
cast(data, formula = ... ~ variable, FUN,...)
```
其中 data 为由 melt()函数融化成的数据框，formula 给出了我们需要的最后结果形式，FUN
为对数据进行汇总的函数，例如：
```
> cast(mydata,ID~variable,mean)
   ID  extra
1   1   1.30
2   2  -0.40
3   3   0.45
4   4  -0.55
5   5  -0.10
6   6   3.90
7   7   4.60
8   8   1.20
9   9   2.30
10 10   2.70
> cast(mydata,group~variable,mean)
  group extra
1   1   0.75
2   2   2.33
> newdata<-cast(mydata,ID+group~variable)   #又"浇铸"成最初格式的数据
> head(newdata)
   ID group  extra
1   1    1    0.7
2   1    2    1.9
3   2    1   -1.6
4   2    2    0.8
5   3    1   -0.2
6   3    2    1.1
```

4.5 控 制 结 构

同 C 语言、Python、MATLAB 等编程语言类似，R 语言也拥有标准的语句控制结构，
例如，循环结构、条件结构等，完全可以将 R 语言作为一种编程语言来使用.

4.5.1 循环结构

循环结构将重复地执行一条或多条语句，直到满足某个终止条件为止，在 R 语言中，
主要有三种类型的循环结构，即 for 结构，while 结构和 repeat 结构.

for 结构的语法形式为
```
for(var in seq) expr
```
其中 var 为循环变量，seq 为向量表达式，expr 为要执行的语句，可以是一条单独的 R 语
句，也可以是一组复合语句，复合语句需要包含在花括号"{}"中，且语句之间用换行符
或分号分隔. 例如：
```
> n<-0
> for(i in 1:100)  n=n+i    #单独语句不需要花括号
```

```
> n
[1] 5050
> n<-0
> for(i in 1:5){            #多个语句需要花括号
+   n=n+i
+   print(n)
+ }
[1] 1
[1] 3
[1] 6
[1] 10
[1] 15
```

while 结构的语法形式为

```
while(cond)  expr
```

其中 cond 为要终止的条件，expr 为要执行的语句，while 循环一直重复执行语句 expr，直到条件 cond 不真为止. 在 while 循环内部，也可以根据需要利用 break 语句跳出循环. 例如：

```
> x<-10
> i<-1
> while(i<=100){
+   x<-x/2
+   i=i+1
+   if(x<=0.0001) break
+ }
> x
[1] 7.629395e-05
> i
[1] 18
```

又如，我们想看一下 0 至 10 的整数中有哪些被 3 整除，代码如下：

```
> x<-10
> while(x>=0){
+   if(x%%3==0) print(x)
+   x<-x-1
+ }
[1] 9
[1] 6
[1] 3
[1] 0
```

repeat 结构的语法形式为

```
repeat  expr
```

其中 expr 为要执行的语句. 需要注意的是 repeat 结构没有循环终止条件，必须利用 break 语句跳出循环. 例如：

```
> x<-10
> repeat{
+   x<-x/2
+   if(x<=0.0001) break
+ }
> x
[1] 7.629395e-05
```

在循环结构中，空语句 next 语句也经常用到，它告诉系统需要跳过本次迭代的剩余部分，直接进行下一次迭代.

4.5.2　条件结构

条件结构主要有 if 结构和 switch 结构. if 结构的语法形式主要有

```
if(cond) expr
```

或者

```
if(cond) expr_1 else expr_2
```

或者

```
if(cond_1) {expr_1
}else if (cond_2) {expr_2
}else if(cond_3) { expr_3
}else expr_3
```

其中第一种语法结构的含义是，如果 cond 条件成立，就执行语句 expr；第二种语法结构的含义是如果 cond 条件成立，就执行语句 expr_1，否则就执行语句 expr_2；第三种语法结构可以支持多个条件分支，含义与第二种语法结构类似. 例如：

```
> x<-sample(1:10,1)      #从 1 到 10 中不放回随机抽取一个正整数
> if(x%%2==0) y=2*x+1 else y=2*x-1
> x
[1] 2
> y
[1] 5
```

再看一个例子：

```
> x<-sample(1:10,1)
>  if(x%%3==0) {y=2*x+0.1
+  }else if(x%%3==1){y=2*x+0.2
+  }else y=2*x+0.3
> x
[1] 2
> y
[1] 4.3
```

if-else 结构还有另外一种紧凑的形式 ifelse 结构：

```
ifelse(test, yes, no)
```

如果条件 test 为真，则执行语句 yes，否则执行语句 no，ifelse 结构还有一个很大的优势在于向量化运算，此时条件 test 为逻辑型向量，表达式 yes 和 no 也为向量，即当 test[i] 为真时，返回 yes[i]，否则返回 no[i]，例如：

```
> x <- c(-2:2)
> sqrt(ifelse(x >= 0, x, NA))
[1]  NA NA 0.000000  1.000000  1.414214
> y<-rnorm(5)            #生成 5 个标准正态随机数
> z<--10*x
> ifelse(x<=0,y,z)
[1] -0.4392091  1.2758605  -1.0868410  10.0000000  20.0000000
```

switch 结构的语法形式为

```
switch(EXPR, ...)
```

其中 EXPR 为某个表达式，...为可能的输出值，如果表达式为正整数，则返回该正整数对应位置的值，如果表达式为某个变量名，则返回变量名对应的值，下面通过一些例子来说明 switch 结构的具体用法：

```
> switch(1,"stat",sum(1:10),pi)
[1] "stat"
> switch(2,"stat",sum(1:10),pi)
[1] 55
> y<-switch(5,"stat",sum(1:10),pi);y
NULL
> x<-"math"
> switch(x,stat=80,math=90, econ=70)
[1] 90
```

4.6 定义自己的函数

R 软件的基础包和扩展包提供了大量功能强大的函数. 然而在很多时候, 我们还需要定义或编写自己的函数, 以实现特定的任务. 同其他编程语言一样, R 语言允许用户创建自己的函数.

在 R 中, 函数可以理解为一条或多条命令组成的集合. 其创建格式为

```
function_name<-function(arglist) expr
```

其中, function_name 为自定义的函数名; arglist 为一个或多个形式参数(formal argument), 形式参数之间用逗号分隔; expr 为函数体, 由一条或多条命令组成, 如果是多条命令, 则需要将它们用花括号 "{}" 括起来. 下面看一个简单的例子: 利用 R 自带的文本编辑器, 创建名为 myfunction 的函数, 并将其保存在工作目录中, 见图 4.1.

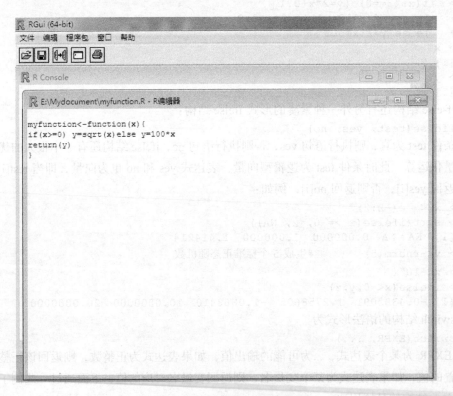

图 4.1 R 自带的文本编辑器

函数的内容为
```
myfunction<-function(x){
if(x>=0) y=sqrt(x)else y=100*x
return(y)
}
```
其中，x 为形式参数，函数 return(y)返回 y 的值. 要载入函数，可以使用 source()函数实现，例如：
```
> source("myfunction.R")    #这里 myfunction R 应放在当前工作目录中
> a<-10
> myfunction(a)
[1] 3.162278
> myfunction(-5)
[1] -500
```
关于函数的定义问题，下面作三方面说明：

1. 关于函数的返回值问题

函数的返回值的数据类型是任意的，可以是向量、矩阵（数组）、数据框、列表，甚至是函数. 在定义函数时，一般用 return()返回函数值，如果没有调用 return()，R 系统默认将最后执行的语句的值返回. 例如，将上述函数的内容改为
```
myfunction<-function(x){
if(x>=0) y=sqrt(x)
else y=100*x;y
}
```
函数也是返回 y 的值.

2. 关于变量的作用域问题

下面通过如下示例来说明变量的作用域问题.
```
> source("myfunction.R")
> a<-10
> myfunction(a)
[1] 3.162278
> ls()
[1] "a"          "myfunction"
```
可以看到，在 R 的工作空间中，只有两个对象，变量 a 和函数 myfunction（注意，函数也是对象）. 这里没有变量 y，因为变量 y 是在函数 myfunction 中定义的，该变量只能在函数内部使用，在函数外部不起作用，该变量称为"局部变量". 与局部变量相对应的是"全局变量". 全局变量可以在整个工作环境（包括函数内部）使用. 事实上，函数的内部还可以再定义函数，外层函数中的变量可以在内层函数中使用，从这个意义上来说，变量的作用域是分层的.

3. 变量的赋值问题

变量的作用域是分层的，利用普通的赋值符号"<–"，内层变量可以读取外层变量的值，但外层变量无法读取内层变量的值，也就是说内层变量无法通过赋值符号"<–"对外层变量进行赋值.

如果希望利用内层变量对外层变量赋值，可以利用赋值符号"<<–"，或者函数 assign()来实现. 例如，重新定义函数 myfunction 如下

```
myfunction<-function(x){
if(x>=0) y=sqrt(x)else y=100*x
b<<-2*y
assign("c",3*y,envir = .GlobalEnv)     #将变量 c 定义为全局变量
return(y)
}
```

执行命令

```
> rm(list=ls(all=TRUE))
> source("myfunction.R")
> a<-30
> myfunction(a)
[1] 5.477226
> ls()
[1] "a"  "b"  "c"    "myfunction"
> b
[1] 10.95445
> c
[1] 16.43168
```

从运行结果来看，R 工作空间中共有 4 个对象，其中全局变量有 3 个. 需要说明的是，在面向对象的编程语言中，尤其是在大型的程序设计中，一般不提倡使用内层变量对外层变量赋值的做法.

4.7 R 编程基础

同 C 语言等其他编程语言类似，R 编写的程序需要符合一定规范，具有较好的可读性和运行效率. 为了做到编程的规范化，我们在 R 语言学习之初就要养成良好的编程习惯. 例如，变量名要规范；尽量多加注释语句；尽量采用结构化、模块化的编程体系；能向量化、矩阵化运算就不要采用单值运算；养成良好的程序调试习惯等. 这里主要介绍程序的运行效率问题.

R 语言是一种解释性语言，其运行速度相对于编译型语言，如 C 语言、C++等要慢. 当然，R 中许多内置函数是用 C 语言编写的，速度运行较快，但大部分用户自编程序，运行速度就慢很多. 因此在内存较大的运行环境中，应尽量采用并行方式进行运算，尽量避免 for 循环结构和递推结构.

下面来看一个简单的例子：

```
> n<-100000
> x<-rnorm(n)     #产生 n 个标准正态随机数
> system.time(ifelse(x<=0,100*x,2*x))
用户 系统 流逝
0.03 0.00 0.03
> system.time(for (i in 1:n) if(x[i]<=0) y[i]<-100*x[i] else y[i]=2*x[i])
用户 系统 流逝
0.29 0.00 0.29
```

函数 system.time()返回的是系统运行时间. 从两种不同的运行方式容易看出，for 循环结构非常耗时.

第 5 章

R 图形管理

R 拥有功能强大的图形绘制系统，读者在不需要掌握太多技巧的情况下就可以绘制出非常精美的图形. 本章将重点介绍 R 基本绘图程序包 graphics 中的一些基本功能，并在此基础上，介绍另外一个程序包 lattice 的使用方法.

5.1 一个引例

在 1.4.2 节中，我们曾使用 plot() 函数绘制了一个简单的散点图，该函数是 graphics 程序包中的一个基本函数. 事实上，利用 graphics 包，可以很容易地绘制诸如折线图、直方图、箱线图、条形图等常见图形. 本节再次通过 plot() 函数来演示 R 的强大绘图功能. 众所周知，无论是描述趋势，还是寻找变量之间的关系，散点图都是非常重要的工具. 在 R 语言中，plot() 函数为绘制散点图提供了非常便捷的解决方案. 例如，要考察 2014 年我国 M2 货币总量同比增长情况，最直观的办法莫过于生成单变量散点图.

在 plot() 函数中以向量形式输入所要展示的数据，不设置任何参数，即所有参数均采用默认值. 代码如下：

```
> M2=c(13.3,12.1,13.2,13.4,14.7,13.5,12.8,12.9,12.6,12.3,12.2)
> plot(M2)
```

当输入完语句按回车键后，R 会弹出一个图形窗口，这个图形窗口也称为是**图形设备** (graphics device)，如图 5.1 所示.

通过图 5.1，可以很清晰地看到我国 2014 年 M2 货币总量同比增长情况. 我们也可以通过设置参数或利用其他函数来完善或改进该散点图. 例如，可以适当设置 plot() 函数，就会获得更为清晰的折线图，如图 5.2 所示.

代码如下：

```
>plot(M2,pch=20,cex=1.5,col="red", main="2014 年 M2 同比 增长率", xlab=
"期数", ylab="M2 同比增长率")
>lines(M2)
```

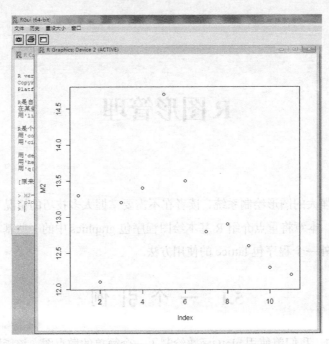

图 5.1   2014 年我国 M2 货币总量同比增长散点图

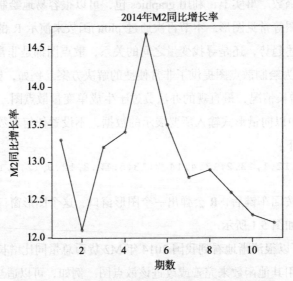

图 5.2   2014 年我国 M2 货币总量同比增长折线图

5.2   graphics 图形系统简介

graphics 图形系统是 R 语言中最基本的绘图系统，其功能相当强大．它可以生成简约而不简单的图形，满足我们观察与探索数据的需求．graphics 包是 R 的基础包，不需要单独安装即可使用.

5.2.1　绘图函数概述

在 R 中，绘图函数分为高级绘图函数和低级绘图函数两大类. 高级绘图函数将启动一个新的图形，而低级绘图函数不启动新的图形，仅对已有的图形进行修饰，如添加一些文字、线条等. 常用的高级绘图函数和低级绘图函数详见表 5.1 和表 5.2.

表 5.1　常用的高级绘图函数

函数名	功能说明
plot(x)	绘制向量 x 关于下标的散点图，若 x 为复向量，则绘制实部与虚部的散点图
plot(x,y)	绘制 y 关于 x 的散点图
hist(x)	绘制 x 的频率直方图
barplot(x)	绘制 x 的条形图
pie(x)	绘制 x 的饼形图
boxplot(x)	绘制 x 的箱线图
pairs(x)	若 x 为矩阵或数据框，绘制 x 的各列两两之间的散点图
qqnorm(x)	该函数在 stat 包中，绘制 x 的 Q-Q 图
qqplot(x,y)	该函数在 stat 包中，绘制 x 与 y 的 Q-Q 图，即分位数—分位数图
sunflowerplot(x,y)	绘制 y 关于 x 的 "太阳花" 散点图
curve()	绘制某个表达式在某个区间的图形，例如 curve(x^2+2*x,-2,2)绘制函数 x^2+2*x 在[-2,2]区间上的图形
contour(x,y,z)	绘制等高线图，其中 x,y 为向量，z 为矩阵
persp(x,y,z)	绘制三维透视图，其中 x,y 为向量，z 为矩阵

R 提供的绘图函数大多都有一些选项及缺省值，例如，选项 add=FALSE, xlab = NULL, ylab = NULL, main = NULL，等等，我们将在后面的函数使用中进行详细介绍，读者也可以通过 R 的帮助系统进行学习.

表 5.2　常用的低级绘图函数

函数名	功能说明
points(x,y)	添加点(x,y)
lines(x,y)	添加直线段
abline(a,b)	添加截距为 a,斜率为 b 的直线
segments（x0,y0,x1,y1）	添加(x0,y0)到（x1,y1）的线段，若 x0，y0，x1，y1 为向量，则添加多条线段
arrows（x0,y0,x1,y1）	添加(x0,y0)到（x1,y1）的带箭头的线段
polygon(x,y)	添加以 x,y 各分量所确定的点的多边形
rect(x0,y0,x1,y1）	添加左下角坐标为（x0,y0）、右上角坐标为(x1,y1）的矩形
text(x,y,labels)	在点(x,y)处添加文本 labels
legend(x,y,labels)	在点(x,y)处添加内容为 labels 的图例
title()	添加标题或副标题
axis()	添加坐标轴
box()	为当前图形区域绘制边框
mtext()	在当前图形的边空处添加文字
trans3d()	在透视图（由 persp 生成）中添加点和线

值得注意的是，在调用低级绘图命令之前，需要先调用高级图形命令，否则将会出现错误. 关于低级绘图函数的使用方法将在后面章节中详细介绍.

R 语言有一个重要的特点就是多态性. 一个多态函数或泛型函数会随着参数类型的不同而采用不同的处理方式. 例如，plot()就是多态函数或泛型函数，其输入参数 x 可以是向量、矩阵、因子、数据框等，根据 x 的不同类型，命令 plot(x)会输出不同的结果.

5.2.2 图形参数

利用图形参数(Graphical Parameters)可以对图形的多个特征，如字体大小、颜色、坐标轴、线条粗细等内容进行定制. 一方面，在调用绘图函数时可以利用图形参数对图形特征进行定制；另一方面，也可以通过函数 par()进行设定.

需要说明的是，利用 par()定制的图形特征具有永久性，即后来的图形都是按照 par()指定的图形参数来绘制，直至该图形设备关闭为止，除非利用 par()对图形参数再次进行设定. 另外，par()可以查询当前使用的所有图形参数值，也可以只查询某个图形参数值，这时需要用字符串来指定要查询的参数名称. 例如，参数 lwd 用于指定线条的宽度，其默认值为 1.

```
> par("lwd")
[1] 1
> par(lwd=2)
> par("lwd")
[1] 2
```

这样，后来绘制的所有图形，其线条宽度都为 2，直至该图形设备关闭或者通过 par()对图形参数 lwd 进行重新设定. 表 5.3 列举了一些常用的图形参数.

表 5.3　常用的图形参数

参数名称	功能说明
adj	设置文本的排列方式，adj=0 表示左对齐，adj=1 表示右对齐，adj=0.5 表示中间对齐，默认值为 0.5
bg	设置图形设备的背景颜色，默认值为 transparent；利用 colors()可以显示 657 种颜色的名称
bty	设置图形边框的类型，可取的值有"o"，"l"，"7"，"c"，"u"，"]". 例如 bty="o"表示四周都有边框，bty="l"表示左侧和下方有边框，bty="7"表示右侧和上方有边框等
cex	设置文字和符号的大小，cex=1 表示正常大小，cex=0.5 表示把文字和符号的大小缩小到正常大小的一半
cex.axis, cex.lab, cex.main, cex.sub	cex.axis, cex.lab, cex.main 以及 cex.sub 分别用来控制坐标轴的文字，x 轴和 y 轴的标签，主标题以及副标题的大小，其取值意义同 cex
col	设置绘图的颜色，类似地，还有 col.axis, col.lab, col.main 以及 col.sub
fg	设置绘图的前景色，默认值为 black
font	设置文字的字体，取值为整数，1 表示正常，2 表示加粗，3 表示斜体，4 表示加粗斜体，5 表示使用 Adobe Symbol 字体；类似地，还有 font.axis, font.lab, font.main, font.sub
las	设置坐标轴标签的风格，取值为整数，0 表示平行于坐标轴，1 表示横排，2 表示垂直于坐标轴，3 表示竖排

续表

参数名称	功能说明
lty	设置线条类型，取值可以为数字或字符，其中 0=blank, 1=solid（默认值），2=dashed, 3=dotted, 4=dotdash, 5=longdash, 6=twodash, 若用字符，则需要加双引号，例如"blank", "solid", "dashed", "dotted", "dotdash", "longdash", 或 "twodash",其中 blank 表示空白，即没有绘图
lwd	设置线条的宽度，取值为正数，默认值为 1
mai	设置边距的大小，取值为 4 维向量，即 c(bottom,left,top,right)，默认值为 1.02, 0.82, 0.82, 0.42, 单位为英寸
mar	设置边距的大小，取值为 4 维向量，即 c(bottom,left,top,right)，默认值为 c(5, 4, 4, 2) + 0.1, 单位为行数
mfcol, mfrow	将图形设备分割成多张图，参数为数值型向量，c(nr,nc)将图形窗口分成 nr 行 nc 列的矩阵布局，其中 mfcol 按列次序使用各子窗口，mfrow 按行使用各子窗口
pch	设置点的符号类型，取值为数字或字符，见图 5.3, 也可以用任意的字符作为绘制点的符号，例如 pch= "*", "a"等
pin	设置图形的尺寸，c(width, height)，单位为英寸，默认值为(5.697500, 5.087083)
ps	设置文字（不包括符号）的大小，取值为整数，默认值为 12
pty	设置绘图区域的类型，pty="s"为正方形，pty="m"为最大图形区域
xaxt	设置 x 轴的类型，"n"表示不绘制坐标轴，"s"表示绘制坐标轴，为了与 S 语言兼容，可以取"l"到"t"的字母，但意义都等同于"s"
yaxt	设置 y 轴的类型，详见 xaxt 的说明
xlog, ylog	逻辑值，表示 x 轴或 y 轴是否要取对数

表 5.3 仅列举了一些常用的图形参数，关于图形参数的详细说明读者也可以通过命令 help(par)进行查阅. R 的绘图符号如图 5.3 所示.

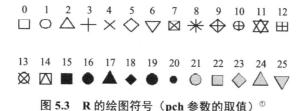

图 5.3　R 的绘图符号（pch 参数的取值）[1]

下面通过一个鸢尾花的例子来展示双变量散点图的绘制问题.

鸢尾花是法国的国花，由于其萼片和花瓣的长宽不同，人们将鸢尾花划分为 Setosa、Versicolour、Virginica 三个种类. 有趣的是，鸢尾花也成为了多元统计、数据挖掘上的一个非常经典的例子. R 语言自带的数据集 iris, 里面共有 150 个观测值，含有萼片的长、宽与花瓣的长、宽以及种类 5 个变量，每种鸢尾花分别有 50 个观测值. 以下是我们抽取的部分数据：

```
> iris[c(1:3,51:53,101:103),]
```

---

[1]　为显示清楚，图 5.3 的绘图符号放大到正常大小的 3 倍.

	Sepal.Length	Sepal.Width	Petal.Length	Petal.Width	Species
1	5.1	3.5	1.4	0.2	setosa
2	4.9	3.0	1.4	0.2	setosa
3	4.7	3.2	1.3	0.2	setosa
51	7.0	3.2	4.7	1.4	versicolor
52	6.4	3.2	4.5	1.5	versicolor
53	6.9	3.1	4.9	1.5	versicolor
101	6.3	3.3	6.0	2.5	virginica
102	5.8	2.7	5.1	1.9	virginica
103	7.1	3.0	5.9	2.1	virginica

我们分别用不同形状的符号代表不同的鸢尾花种类，其中圆形代表 setosa，方形代表 versicolor，三角形代表 virginica，画出鸢尾花萼片长度与宽度的散点图，如图 5.4 所示. 代码如下：

```
> attach(iris)
> plot(Sepal.Length,Sepal.Width, pch=c(rep(21,50),rep(22,50),rep(24,50)),
+ bg =c(rep(2,50),rep(3,50),rep(4,50)),xlab="萼片的长度",
+ ylab="萼片的宽度",main="鸢尾花萼片散点图")
```

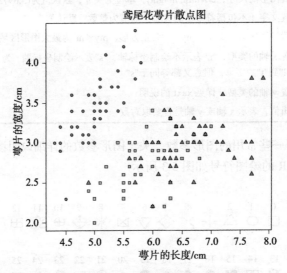

图 5.4　鸢尾花萼片长度与萼片宽度散点图

从图 5.4 中可以看到，三种不同种类的鸢尾花还是存在一定差异，尤其是 setosa 与其他两个种类存在较大差异，但仅从萼片的长宽来看，versicolor 与 virginica 的差异并不是特别明显. 接下来，对比三种不同种类的鸢尾花的花瓣是否存在较大差异，代码如下：

```
> plot(Petal.Length,Petal.Width, pch=c(rep(21,50),rep(22,50),rep(24,50)),
+ bg =c(rep(2,50),rep(3,50),rep(4,50)),xlab="花瓣的长度",
+ ylab="花瓣的宽度",main="鸢尾花花瓣散点图")
```

从图 5.5 中可以看到，三种不同种类的鸢尾花都存在明显的差异.

5.2.3　图形设备

R 中的图形都是在图形设备（graphics device）中输出的. 在交互式 R 运行环境中，默

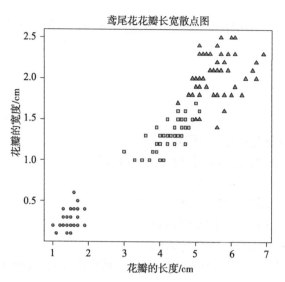

图 5.5　鸢尾花花瓣长度与宽度散点图

认的图形设备是屏幕. 也可以将图形输出到文件中, 生成 bmp, jpeg, tiff, png, pdf, postscript 等格式的图形文件. 例如, 以下代码会将图形输出到当前目录中一个名为 women_plot.jpeg 的 jpeg 格式的图形文件中:

```
> jpeg("women_plot.jpeg")
> attach(women)
> plot(height,weight)
> lines(height,weight)
> detach(women)
> dev.off()
```

需要注意的是, 在将图形写入到文件后, 需要调用命令 dev.off()及时关闭图形设备保存文件. 类似地, 还可以利用命令 bmp()、tiff()、png()、pdf()、postscript()、xfig()等生成相应格式的图形文件.

在通常情况下, 每次创建一个新的图形, 就会自动覆盖原来的图形. 如果需要保留原有图形内容的同时, 创建一个新的图形文件, 可以利用命令 win.graph()或 dev.new()在不关闭原有图形设备的同时打开一个新的图形设备, 其一般调用格式为

```
win.graph(width, height, pointsize)
dev.new(width, height, pointsize)
```

其中, 参数 width, height, pointsize 可以用来指定图形窗口的宽度、高度以及输出文字的大小, width 和 height 默认值均为 7, pointsize 的默认值为 "大的点" (big points), 1/72 英寸.

利用命令 win.graph()或 dev.new()创建一个新的图形设备后, 新的图形设备将成为当前活动窗口, 其他的图形设备将成为非活动窗口, 这就意味着当前所有的操作将在新窗口中输出.

利用命令 dev.cur()可以显示当前活动窗口, 而利用命令 dev.set()可以在不同的图形设备间切换. 例如:

```
> dev.list()
```

```
            windows   windows   windows   windows   windows   windows   windows
               2         3         4         5         6         7         8
> dev.cur()
windows
       4
> dev.set()
windows
     5
```

以下是与图形设备有关的一些函数：

（1）win.graph()或 dev.new()：创建新的图形设备；

（2）dev.cur()：显示当前活动设备；

（3）dev.list()：显示所有打开的图形设备；

（4）dev.next()：显示下一个图形设备；

（5）dev.prev()：显示上一个图形设备；

（6）dev.set()：不同的图形设备之间的切换，默认值为 dev.set(which = dev.next())，即切换到下一个图形设备；

（7）dev.off()：关闭图形设备，默认值为 dev.off(which = dev.cur())，即关闭当前图形设备.

5.3   基本图形的绘制

本节将主要介绍几种常见图形的绘制，包括散点图、折线图、直方图、箱线图、饼图以及三维数据图形等.

5.3.1   散点图

在 5.1 节，使用函数 plot()绘制了单变量的散点图，在 5.2.2 节，又进一步介绍了双变量散点图的绘制问题. 本小节将继续介绍其他形式散点图的绘制问题，仍以鸢尾花数据集 iris 为例，如果同时考查 4 个变量 Sepal.Length，Sepal.Width，Petal.Length 以及 Petal.Width 两两之间的关系，可用 plot()或 pairs()函数创建散点图矩阵，如图 5.6 所示，代码如下：

```
> plot(iris[1:4])  #或者pairs(iris[1:4])
```

图 5.6 包含了 4 个变量 Sepal.Length，Sepal.Width，Petal.Length 以及 Petal.Width 两两之间的二元关系. 需要说明的是，通过设置图形参数 upper.panel，lower.panel，可以只显示上三角或下三角的图形，例如

```
> plot(iris[1:4],upper.panel=NULL)#或 pairs(iris[1:4],upper.panel=NULL)
```

结果见图 5.7. 通过设置参数 lower.panel=NULL 可以绘制上三角散点图矩阵. pairs()函数还可以通过公式法进行调用，例如命令

```
>attach(iris)
> pairs(~Sepal.Length+Sepal.Width+Petal.Length+Petal.Width)
```

绘制的图形与图 5.6 完全相同.

R 软件还提供了三维散点图的绘制方法，使我们能够更直观地考查三维变量之间的关系. 利用 scatterplot3d 程序包中 satterplot3d()函数或者 rgl 程序包中的 plot3d()函数均可绘制三维散点图. 这两个程序包都需要单独下载安装后才能够使用.

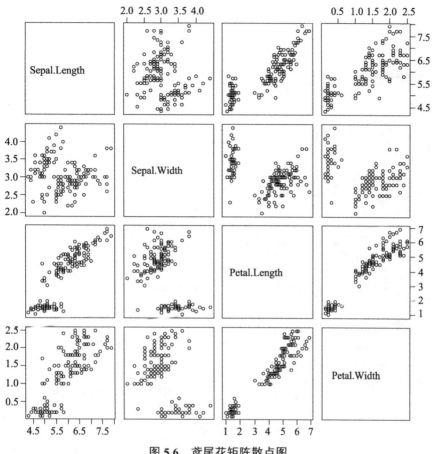

图 5.6　鸢尾花矩阵散点图

例如，R 中自带的数据集 trees 给出了 31 棵伐倒的黑樱桃树的树干周长、高度以及体积的数据，其中树干周长指的是离地面 4.6 英尺的高度测量的树干的直径数据，单位为英寸．我们感兴趣的是黑樱桃树的树干周长、高度以及体积之间的关系，这时可用函数 satterplot3d() 来绘制三维散点图，如图 5.8 所示，代码如下：

```
> library(scatterplot3d)
> scatterplot3d(trees)
```

为使图像更为清晰直观，可以通过图形参数设置图形的符号、颜色、线条、网格线等内容．例如，将点的符号类型换成实心，并且添加竖线，如图 5.9 所示．代码如下：

```
> scatterplot3d(trees,pch=20,type="h")
```

5.3.2　折线图

折线图一般用来描述时间序列数据的趋势，比散点图看起来更加直观、生动．在 5.1 节，通过利用函数 lines() 在散点图中添加连接线的方式完成了折线图的绘制．事实上，通过设置 plot() 中的 type 参数也可以完成折线图的绘制．表 5.4 给出了图形参数 type 的取值类型及其含义．

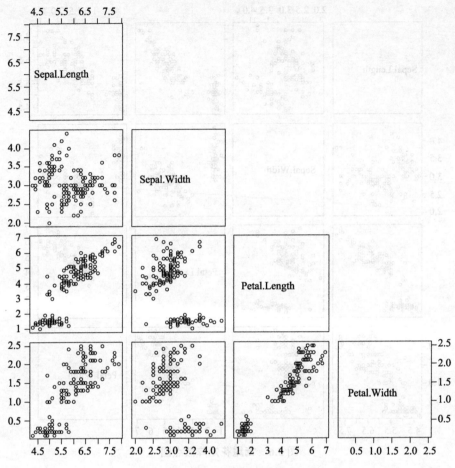

图 5.7　鸢尾花矩阵散点图（下三角）

识别，将少量比较突出的点添加标号，了解这些偏离主体范围的数据。利用识别图上点的位置，确定与之相对应的观察值的标号。identify 的用法同 scatterplot 基本相似，首先绘制基本的散点图，然后识别需要标号的点。图内用虚线表示 identify 所能识别的点的界限。在图中用黑点表示，如图 5.8 所示。代码如下：

```
scatterplot3d(trees)
library(scatterplot3d)
scatterplot3d(trees)
```

为在这种三维散点图上，可以很直观地看出变量间的相互关系，使之一目了然。然后，图 5.7 是对应的矩阵散点图，该图给出数据集，如图 5.8 所示。代码如下：

```
scatterplot3d(trees, pch=16, color=...)
```

5.5.2　气泡图

散点图分别用两维数据，……气泡图还可以……，如图 5.9 所示。气泡图中，主要通过使用 library 函数来……其中，点的大小……，并且可以用……面积来表示，其中，color 和 pch 参数可以设置点的颜色与字符，还可以使用……等参数美化图形。

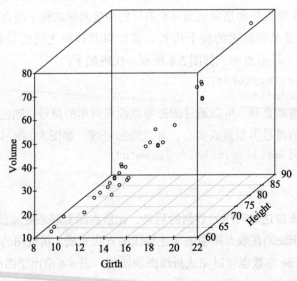

图 5.8　黑樱桃树的树干周长、高度以及体积的三维散点图

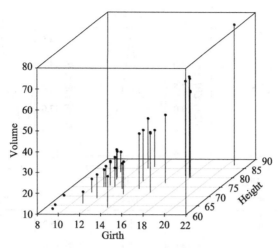

图 5.9　黑樱桃树的树干周长、高度以及体积的三维散点图（添加了竖线）

表 5.4　参数 type 的取值类型

取值类型	功能说明
"p"	绘制点，默认值为"p"
"l"	绘制线
"b"	同时绘制点和线
"o"	同时绘制点和线，点与线重合
"s"	绘制阶梯线
"S"	绘制其他类型的阶梯线
"h"	绘制垂直线
"n"	不绘制任何图，仅用来创建坐标轴

以 2014 年我国 M2 货币总量同比增长情况为例，说明参数 type 不同取值时的绘图效果. 为便于对比，将多个子图绘制于同一幅图中，如图 5.10 所示.

代码如下：

```
> par(mfrow=c(2,3))
> M2=c(13.3,12.1,13.2,13.4,14.7,13.5,12.8,12.9,12.6,12.3,12.2)
> plot(M2,pch=20,type="p",lwd=2,main='type="p"',xlab="期数",ylab="M2
同比增长率")
> plot(M2,pch=20,type="l",lwd=2,main='type="l"',xlab="期数",ylab="M2
同比增长率")
> plot(M2,pch=20,type="b",lwd=2,main='type="b"',xlab="期数",ylab="M2
同比增长率")
> plot(M2,pch=20,type="o",lwd=2,main='type="o"',xlab="期数",ylab="M2
同比增长率")
> plot(M2,pch=20,type="s",lwd=2,main='type="s"',xlab="期数",ylab="M2
同比增长率")
> plot(M2,pch=20,type="h",lwd=2,main='type="h"',xlab="期数",ylab="M2
同比增长率")
```

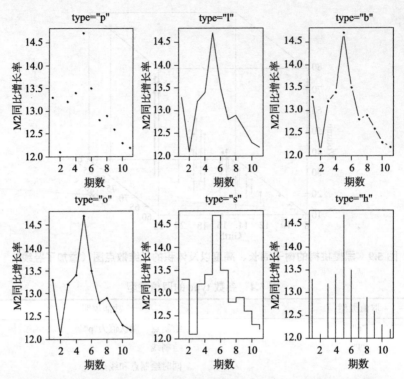

图 5.10   2014 年我国 M2 货币总量同比增长折线图（不同的 type 值）

在绘制折线图时，有时会遇到需要在同一张图上绘制多条曲线的情况．这时利用 points() 或 lines() 函数可以达到目的．

points() 或 lines() 函数的用法和 plot() 函数非常相似，但是它们又有根本的区别．plot() 属于高级绘图函数，运行 plot() 函数之后，会单独弹出一个窗口，而 points() 和 lines() 属于低级绘图函数，其作用是仅在已有的图形上添加点或线．如果需要在同一张图上绘制多条折线，通常的做法是先调用 plot() 函数，设置好整张图的名称、坐标轴，并任意绘制出其中的一根折线图，然后在弹出的窗口上再用 points() 或 lines() 函数分别绘制剩下的折线图．

例如，将 2014 年我国 M2 货币总量、CPI 以及 PPI 同比增长率的三条折线图绘制在同一张图上，如图 5.11 所示．代码如下：

```
> M2=c(13.3,12.1,13.2,13.4,14.7,13.5,12.8,12.9,12.6,12.3,12.2)
> CPI=c(2.0,2.4,1.8,2.5,2.3,2.3,2.0,1.6,1.6,1.4,1.5)
> PPI=c(-0.4,-0.39,0.63,1.46,1.63,1.43,0.43,-0.46,-0.75,-1.29,-1.99)
> plot(M2,main="绘制多条折线图",lwd=2,xlab="期数",ylab="", ylim=range
(M2,CPI,PPI),
+ type="b")
> points(CPI,lty=2,lwd=2,type="b")
> points(PPI,lty=4,lwd=2,type="b")
```

5.3.3   直方图

利用函数 hist() 可以实现直方图的绘制，其调用格式为

```
hist(x, freq, prob, breaks,...)
```

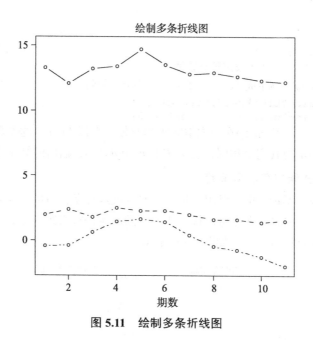

图 5.11　绘制多条折线图

其中，x 为数值型向量；参数 freq 为逻辑型，若 freq=TRUE 表示绘制频数直方图，若 freq=FALSE 表示绘制频率直方图，当参数 breaks 为等间距时，freq 的缺省值为 TRUE；prob 也为逻辑型参数，当 prob=TRUE 表示绘制频率直方图，prob=FALSE 表示绘制频数直方图；参数 breaks 用于控制组的数量，缺省值为等间距切分. 关于 breaks 参数的设置，R 提供了三种设置组间距离的方式.

1. 以整数值形式给出分组数

可以通过设置 breaks 为整数值的方式给出分组数，hist()函数会根据输入的分组数，输出合适的间断点，如图 5.12 所示.

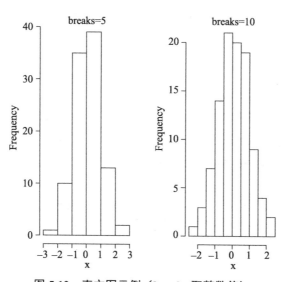

图 5.12　直方图示例（breaks 取整数值）

代码如下：

```
> par(mfrow=c(1,2))
> set.seed(1)    #用于设定随机数种子①
> x=rnorm(100)   #生成 100 个来自标准正态分布的随机数
> hist(x,main="breaks=5",breaks=5)
> hist(x,main="breaks=10",breaks=10)
```

需要说明的是，函数 hist()在考虑组间距的时候，会以 breaks 的参数值作为依据，但实际的分组数不一定与其完全相同，它会按照 pretty()函数②输出的结果进行修正.

2. 以向量形式给出各组间断点

在设置 breaks 参数时，也可以用向量形式对 breaks 赋值. 向量的各分量为直方图的间断点. 这种设置方法的好处在于可以按照所需的间断点进行组距划分，缺点是比较烦琐，需要对每一个间断点进行赋值. 如图 5.13 所示.

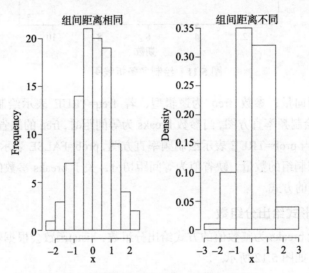

图 5.13   直方图示例（breaks 取向量值）

代码为：

```
> set.seed(1)
> x=rnorm(100)
> hist(x,main="组间距离相同")
> hist(x,main="组间距离不同",breaks=c(-3,-2,-1,0,1.5,3))
```

3. 通过算法设置组间距

还可以通过算法来对 breaks 的参数进行设置. hist()函数提供了三种算法，即 Sturges

---

① 一个特定的种子会产生同一个伪随机数序列，如果不设定种子，每次产生的随机数序列都不一样. 设定随机数种子，可以保证每次产生的伪随机数序列相同，便于结果的对比分析.

② pretty(x, n = 5)按照等间距方式给出 x 的 n 个区间的分段点，n 的默认值为 5. 例如：

```
> pretty(1:15,n=3)
[1]  0  5 10 15
> pretty(1:10,n=2)
[1]  0  5 10
```

算法、Scott 算法以及 FD 算法，其中缺省值为 Sturges 算法. 这里对算法的具体含义不做介绍，仅通过一个正态分布样本的例子给出一个简单结论：随着样本数增加，三种算法的分组数差距越来越大，其中，FD 算法分组数大于 Scott 算法的分组数，Scott 算法的分组数大于 Sturges 算法的分组数. 例如：

```
> set.seed(1)
> x1=rnorm(100)
> x2=rnorm(1000)
> x3=rnorm(10000)
> NC <- function(x) c(Sturges = nclass.Sturges(x),Scott = nclass.scott(x),
FD = nclass.FD(x))
> list("n=100"=NC(x1),"n=1000"=NC(x2),"n=10000"=NC(x3))
$`n=100`
  Sturges    Scott      FD
      8        7        10
$`n=1000`
  Sturges    Scott      FD
     11       19        24
$`n=10000`
  Sturges    Scott      FD
     15       49        64
```

为了更好地考查数据的分布情况，还可以在直方图中添加密度估计曲线，如图 5.14 所示.

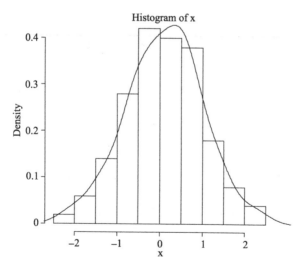

图 5.14　直方图示例（添加密度估计曲线）

代码为：

```
> set.seed(1)
> x=rnorm(100)
> hist(x,prob=TRUE)
> lines(density(x),lwd=2)        #density(x)给出 x 的概率密度估计曲线
```

最后关于 hist() 函数的返回值做一个简单的说明. hist() 函数可以将绘制直方图的信息以列表的形式存储起来，可以从这些信息中提取有用的资料，例：

```
> set.seed(1)
> x=rnorm(100,0,1)
> Myhist=hist(x,xlim=c(-3,3),ylim=c(0,0.5),freq=FALSE)
> Myhist
$breaks
[1] -2.5 -2.0 -1.5 -1.0 -0.5  0.0  0.5  1.0  1.5  2.0  2.5
$counts
[1]  1  3  7 14 21 20 19  9  4  2
$density
[1] 0.02 0.06 0.14 0.28 0.42 0.40 0.38 0.18 0.08 0.04
$mids
[1] -2.25 -1.75 -1.25 -0.75 -0.25  0.25  0.75  1.25  1.75  2.25
$xname
[1] "x"
$equidist
[1] TRUE
attr(,"class")
[1] "histogram"
```

可以看到, breaks 列出了绘制直方图每一个间断点的横坐标; counts 列出了每一组中含有的样本数; density 列出了每一组对应的概率密度; mid 列出了每一组对应的中点横坐标等.

例 5.3.1 表 5.5 列出了某种新型铝锂合金 40 个样本的压力强度数据, 单位为磅/平方英寸 (psi). 用 R 绘制直方图及核密度估计曲线.

表 5.5

40 个铝锂合金样本的压力强度						单位: 磅/平方英寸	
105	221	183	186	121	181	180	143
97	154	153	174	120	168	167	141
245	228	174	199	181	158	176	110
163	131	154	115	160	208	158	133
207	180	190	193	194	133	156	123

解 输入如下命令:
```
>x<-c(105,221,183,186,121,181,180,143,97,154,153,174,120,168,167,141,
245,228,174,199,181,158,176,110,163,131,154,115,160,208,158,133,207,180,
190,193,194,133,156,123)
>hist(x,freq=FALSE)
>d<-density(x, bw = "sj")
>lines(d,col="blue")
```
输出结果如图 5.15 所示. 其中, 核密度估计详见 15.1 节. 从直方图和估计的密度曲线可以认为数据来自正态总体.

5.3.4 箱线图

直方图主要用来展示数据的分布情况, 如果仅仅需要比较少量不同组别之间的数据分布时, 直方图仍然是一个好的选择, 但当需要比较的组别较多时, 箱线图就是一个非常好

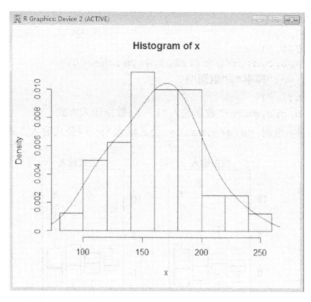

图 5.15　压力强度数据的直方图及核密度估计曲线

的选择，可以清晰地展示出不同组别之间的关系．当然，箱线图跟直方图还是有较大区别的，具体可以参见 7.2 节．

boxplot()函数可以用来绘制箱线图，其调用格式为

```
boxplot(x, ...)或者boxplot(formula, data = NULL, ...)
```

其中，x 为用于绘制直方图的数据；formula 通过符号"~"来连接数值型向量与分组因子（变量），并通过 data 参数将数据引入．箱线图中的常用参数设置见表 5.6.

表 5.6　箱线图中的常用参数设置

参数名称	功能说明
range	表示两条须的长度的最大范围，默认值为 1.5 倍的四分位数距
notch	逻辑型，notch=TRUE 表示箱体会变成沙漏形状，默认值为 FALSE
outline	逻辑型，outline = FALSE 表示不标注离群点，默认值为 TRUE；
add	逻辑型，add=TRUE 表示在已有的图形上添加箱线图，add = FALSE 表示重新绘制图形，默认值为 FALSE
subset	数据筛选接口，用于绘制带条件的箱线图
boxwex	设置箱体大小的比例系数，默认值为 0.8
boxlty, boxlwd, boxcol, boxfill	分别用于设置箱体的边线种类、边线宽度、边线颜色及箱体填充色
medlty, medlwd, medcol, medpch, medcex, medbg	设置箱线图的中位数线所对应的相应参数
outpch, outcex, outcol, outbg	设置离群点的种类、大小、颜色和背景色

boxplot()函数常用的数据输入方式有两种，一种是分别将每一组数据单独作为一个向量输入，另一种是采用公式方式进行输入，见图 5.16.

```
> set.seed(10)
> a=rnorm(200,1,1)
```

```
> b=rnorm(200,1,2)
> c=rnorm(200,1,3)
> d=rnorm(200,1,4)
> e=cbind(c(a,b,c,d),rep(c(1,2,3,4),each=200))
> colnames(e)=c("样本","组别")
> par(mfcol=c(1,2))
> boxplot(a,b,c,d,main="数据输入")   ##数据输入方式
> boxplot(样本~组别,data=e,main="公式输入")  ##公式输入方式
```

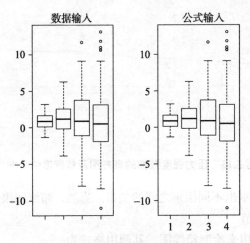

图 5.16   箱线图示例

可以看到，箱线图的设置参数比较多，容易造成混乱，因此，可以将绘图参数存储为列表，通过 pars 参数直接引用该列表以达到简化参数设置的目的.

在绘制箱线图时，有时会带有一定附加条件. R 自带的数据集 ToothGrowth 包含了维生素 C 对豚鼠牙齿生长发育效果的数据. 该数据集共有 60 个观测值和 3 个变量，其中 len 表示豚鼠牙齿的长度，supp 表示补充方式，共有 2 种，维生素 C（VC）或橘子汁（OJ），dose 表示药物的剂量，分别为 0.5，1 和 2 毫克. 想考察补充方式为 VC 的条件下，不同剂量对豚鼠牙齿长度的影响，可以新生成一个符合要求的数据，用该数据绘制箱线图，也可以通过 subset 参数进行数据筛选，如图 5.17 所示. 代码如下：

```
> boxplot(len~dose,data=ToothGrowth,subset=which(supp=="VC"),
+    xlab="dose",ylab="len",main="VC 条件下不同剂量对牙齿长度的影响")
```

例 5.3.2   用三种不同方法测量某种纸的光滑度数据如表 5.7 所示，请在同一坐标系中画出三个箱线图，从中可以看出什么？

解   输入如下命令：

```
> x<-c(38.7,41.5,43.8,44.5,45.5, 46.0,47.7,58.0)
> y<-c(39.2,39.3,39.7,41.4,41.8,42.9,43.3,45.8)
> z<-c(34.0,35.0,39.0,40.0,43.0,43.0,44.0,45.0)
> boxplot(x,y,z,names=c('A','B','C'),col=2:5)
```

输出的箱线图如图 5.18 所示.

从图 5.18 中可以看出，第一种方法测量偏差较大，第二种测量方法精确度最高.

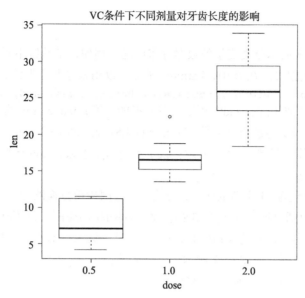

图 5.17　豚鼠牙齿生长发育效果箱线图

表　5.7

方法	光滑度							
A	38.7	41.5	43.8	44.5	45.5	46.0	47.7	58.0
B	39.2	39.3	39.7	41.4	41.8	42.9	43.3	45.8
C	34.0	35.0	39.0	40.0	43.0	43.0	44.0	45.0

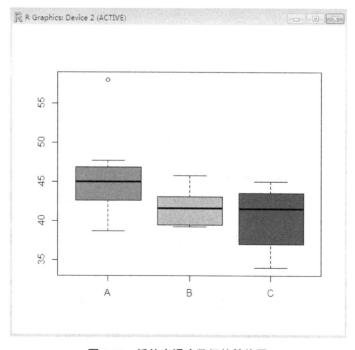

图 5.18　纸的光滑度数据的箱线图

5.3.5 条形图

条形图主要用来展示分类变量的数据分布情况，例如，某地区不同月份的平均气温，不同地区的 GDP 数据等. 在 R 中，barplot()函数可以用来绘制条形图，其调用格式为

```
barplot(height, width , names.arg, horiz, axes, add, ...)
```

其中，height 为向量或矩阵；width 用于设置条形的宽度；names.arg 为字符型向量，用于设置条形的名字；horiz 为逻辑型参数，horiz = FALSE 表示绘制垂直条形图，horiz = TRUE 表示绘制水平条形图，缺省值为 FALSE；axes 为逻辑型参数，axes = TRUE 表示绘制坐标轴，默认值为 TRUE.

数据集 euro 是包含 11 个值的向量，为欧元区各国货币兑换欧元（euro）的汇率（1998 年 12 月 31 日），包括奥地利先令（ATS）、比利时法郎（BEF）、德国马克（DEM）、西班牙比塞塔（ESP）、芬兰的马克（FIM）等共 11 个欧元国家的数据. 这里仅显示 5 种货币兑欧元的汇率的条形图，如图 5.19 所示. 代码如下：

```
> barplot(euro[1:5],main="欧元货币汇率")
```

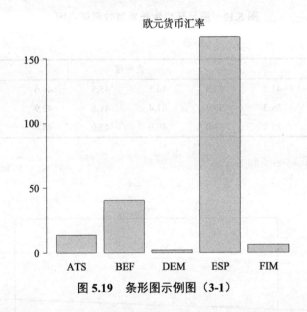

图 5.19　条形图示例图（3-1）

前面展示了利用 barplot()绘制简单条形图的过程. 有时，还会遇到绘制双因素的条形图的问题，即从两个维度对数据进行汇总. 如前所述，barplot()函数对数据有一定的限制，数据需要以矩阵形式输入. 另外，可以通过逻辑型参数 beside 设置条形图的排列形状，若 beside=TRUE，则输出并列式条形图，若 beside=FALSE，则输出堆砌式条形图，其默认值为 FALSE.

数据集 USPersonalExpenditure 是一个 5 行 5 列的矩阵，记录了美国居民在 1940，1945，1950，1955 以及 1960 年的消费类别数据（单位：亿美元）

```
> USPersonalExpenditure
                   1940      1945      1950    1955     1960
Food and Tobacco   22.200    44.500    59.60   73.2     86.80
```

```
Household Operation    10.500    15.500    29.00    36.5    46.20
Medical and Health      3.530     5.760     9.71    14.0    21.10
Personal Care           1.040     1.980     2.45     3.4     5.40
Private Education        0.341     0.974     1.80     2.6     3.64
```

现绘制 USPersonalExpenditure 的双因素条形图，如图 5.20 所示，代码如下[①]：

```
> barplot(USPersonalExpenditure,legend.text=rownames(USPersonalExpe-
nditure),args.legend = list(x="topleft"))
```

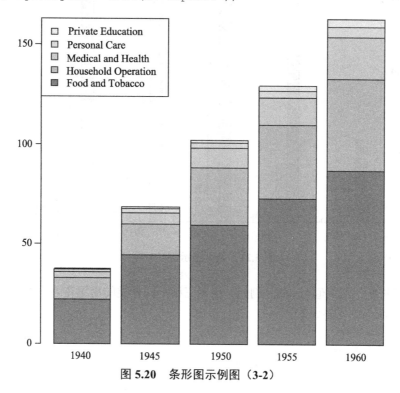

图 5.20　条形图示例图（3-2）

下述代码生成的图像如图 5.21 所示.

```
> barplot(USPersonalExpenditure,legend.text=rownames(USPersonalExpe-
nditure),
+    beside=TRUE,args.legend = list(x="topleft"))
```

需要说明的是，绘制双因素条形图时，将矩阵输入到 barplot() 函数中，barplot() 函数会自动以列作为分类组，汇总后的行数据为条形的高度，所以在数据输入时需要分清行和列，必要时可对矩阵做转置.

5.3.6　饼形图

函数 pie() 可以用来绘制饼形图，其调用格式为

```
pie(x,labels = names(x),radius,...)
```

其中，x 为非负数值型向量；labels 为字符型向量，用于标识扇形的标签；radius 用于设置

---

① 可以使用 legend.text 参数设置图例的名称，args.legend 参数设置图例的位置，barplot() 函数会自动对应相应的图形或颜色，来显示对应的图例.

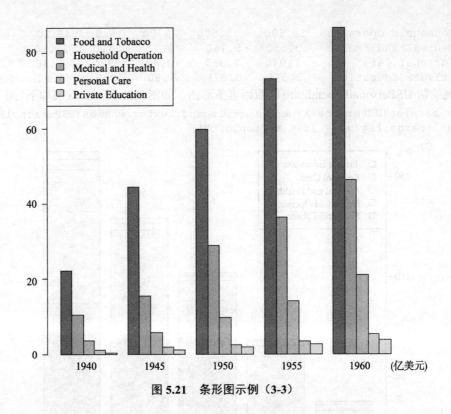

图 5.21　条形图示例（3-3）

扇形的半径长度，默认值为 0.8. 例如，绘制三种不同种类的鸢尾花萼片长度的饼图，结果如图 5.22 所示，代码如下：

```
> par(mfcol=c(1,2))
> attach(iris)
> a<-tapply(Sepal.Length,Species,mean)
> lbs<-paste(levels(Species),"",a)
> pie(a)
> pie(a,labels=lbs)
```

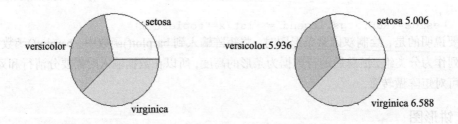

图 5.22　饼形图示例

其中,函数 levels(Species)返回因子向量 Species 的因子水平;paste()函数用来连接字符串.从图 5.22 第一幅图中可以看到, 饼形图对数据的大小不太敏感, 在第二幅饼形图中, 我们不但标识出了不同的种类, 同时还标识出了具体数值, 增强了对数据的认识.

使用 plotrix 程序包中的 pie3D()函数还可以创建三维饼形图. 这时需要先下载安装

plotrix 程序包. 仍以鸢尾花数据集 iris 为例, 创建三维饼形图, 如图 5.23 所示, 代码如下:

```
> par(mfcol=c(1,2))
> attach(iris)
> a<-tapply(Sepal.Length,Species,mean)
> pie3D(a,explode=0)
> pie3D(a,explode=0.05)
```

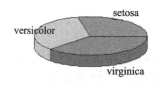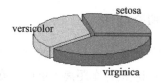

图 5.23　三维饼形图示例

5.3.7　透视图

利用函数 persp() 可以绘制 xy 平面上的三维透视图, 其调用格式为

```
persp(x = seq(0, 1, length.out = nrow(z)), y = seq(0, 1, length.out =
ncol(z)), z, ...)
```

其中, x、y 为平面网格点的坐标, 取值均为数值型向量, 且各分量要按升序排列; z 为矩阵, 其行数、列数分别等于向量 x、y 的维数.

下面来看一个简单的绘制三维透视图的例子, 代码如下:

```
> x<-seq(0,2*pi,length=100);y<-seq(0,4*pi,length=100)
> f<-function(x,y) sin(2*x)*cos(y)
> z<-outer(x,y,f)
> persp(x,y,z,theta = 30, phi =30,expand = 0.5,col = "lightblue")
```

其中, 参数 theta 和 phi 用于设置透视图的视角, theta 给出的是方位角 (azimuthal), phi 给出的是余纬角 (colatitude); expand 为 z 轴的扩展系数, 通常为 $0 < \text{expand} < 1$; 参数 col 用于设置曲面的颜色. 结果如图 5.24 所示.

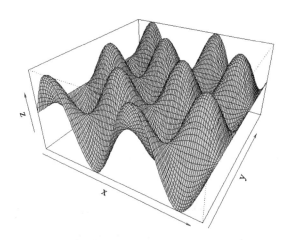

图 5.24　三维透视图示例

5.4 自定义图形

通过前三节的学习，我们已经基本掌握了一些常见图形的绘制方法，本节将进一步学习图形的绘制技巧，并介绍一些相关低级绘图函数的使用问题.

5.4.1 添加拟合曲线

R 自带的数据集 cars 包含了两个变量 speed 和 dist，给出了汽车的行驶速度（单位：英里/小时）和相应的停车距离（单位：英尺）. 该数据收集于 20 世纪 20 年代，共含有 50 行观测数据. 我们关心的是汽车的行驶速度与相应的停车距离是否存在一定的关系？是简单的比例关系，线性关系还是非线性关系？通过在散点图中添加拟合直线或曲线，可以很容易回答上述问题. 代码如下：

```
> attach(cars)
> plot(speed,dist)
> abline(lm(speed~dist),col="red",lwd=2,lty=1)①
> lines(lowess(speed,dist),col="blue",lwd=2,lty=2)②
> legend(locator(1),c("线性拟合","非参数拟合"),lty=c(1,2))③
```

通过图 5.25，容易看出随着汽车行驶速度的增加，停车距离显著增加，二者呈现一定的正向非线性关系.

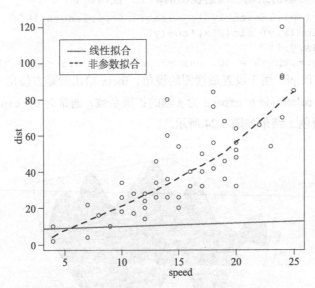

图 5.25   汽车的行驶速度与相应的停车距离的散点图

---

① lm()是线性拟合函数，可以用来做线性回归，其调用格式为 lm(formula, data)，返回值为线性模型结果的对象.

② lowess()用于局部加权多项式回归，是一种非参数回归方法.

③ 函数 legend()用于添加图例，具体见 5.4.3 节.

5.4.2　绘制多图

在 5.2.2 节，分别绘制了鸢尾花萼片长宽和花瓣长宽的散点图，为便于对比分析，可以利用 par() 函数在一个绘图区域上画出多个图，其调用格式为

```
par(mfrow=c(m,n))或者par(mfcol=c(m,n))
```

表示将当前的绘图窗口分割为 $m \times n$ 个子窗口，每绘制一个新图，R 就会从左上角开始，按照行或列将其绘制在子窗口中. 其中，mfrow 是按照行绘图，即从第一行开始，先填满第一行，再填第二行，以此类推；mfcol 则按列绘图，即先填满第一列，再填第二列. 例如，可将鸢尾花萼片长宽和花瓣长宽的散点图绘制在同一幅图中，如图 5.26 所示.

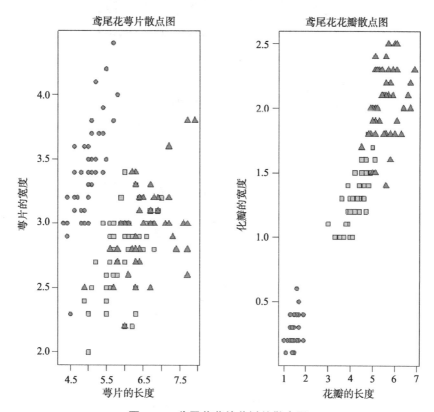

图 5.26　鸢尾花萼片花瓣的散点图

代码如下：

```
> attach(iris)
> par(mfrow=c(1,2))
> plot(Sepal.Length,Sepal.Width, pch=c(rep(21,50),rep(22,50),rep(24,50)),
+   bg =c(rep(2,50),rep(3,50),rep(4,50)),xlab="萼片的长度",
+   ylab="萼片的宽度",main="鸢尾花萼片散点图" )
> plot(Petal.Length,Petal.Width, pch=c(rep(21,50),rep(22,50),rep(24,50)),
+   bg =c(rep(2,50),rep(3,50),rep(4,50)),xlab="花瓣的长度",
+ ylab="花瓣的宽度",main="鸢尾花花瓣散点图" )
```

5.4.3 添加图例和标注

在绘图时, 有时需要添加一些图例或标注, 使得图形看上去更加清晰. 利用 legend()、text() 函数以及 locator() 函数可以轻松实现这些要求. 需要注意的是, legend()、text()、locator() 函数都属于低级绘图函数, 都是在已有的图形界面中进行新元素的添加, 所以在运行这些命令前, 必须已经打开某个绘图窗口. 例如, 为对比 2014 年 CPI 和 PPI 的波动, 绘制了如图 5.27 所示的 CPI 和 PPI 折线图.

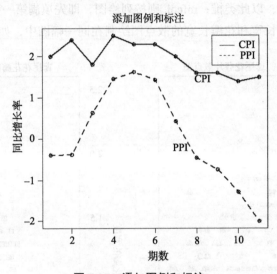

图 5.27 添加图例和标注

代码如下:
```
> CPI=c(2.0,2.4,1.8,2.5,2.3,2.3,2.0,1.6,1.6,1.4,1.5)
> PPI=c(-0.4,-0.39,0.63,1.46,1.63,1.43,0.43,-0.46,-0.75,-1.29,-1.99)
> plot(CPI,lwd=2,type="o",main="添加图例和标注", xlab="期数",ylab="同比增
长率", ylim=range(CPI,PPI))
> points(PPI,lwd=2,lty=2,type="o")
> legend(locator(1),c("CPI","PPI"),lty=c(1,2))   ##在图像上单击确定图例的
左上角
> text(locator(2),c("CPI","PPI"))     ##在图像上单击确定不同的标注地方
```
其中, locator() 函数在图例和标注的标识位置上起到了精确的定位作用. locator() 的输入参数为需要定位的点的个数. 在运行 locator() 函数后, 鼠标将会变成十字形状, 当在图上单击所输入的次数时, 被单击过的点的坐标将以列表形式输出. 例如:
```
> plot(CPI)
>locator(5)
$x
[1] 4.100483  6.094778  4.949539  2.698552  7.062308
$y
[1] 2.183289  2.081119  1.835423  1.896239  1.704061
```
legend() 函数可以用来添加图例. 在确定图例的位置时, 可以直接用 locator() 函数, 通过单击的方式来确定位置, 也可以通过直接输入坐标的方式来确定位置. 无论采用哪一种

方式，一般都是在选择图形右上角的位置，R 会根据图例中的内容自动调整图例的大小. legend()的一般调用格式为

```
legend(x, y = NULL, legend, fill = NULL, lty, lwd, pch,ncol,...)
```

其中，x，y 为图例的位置坐标；legend 为要显示的字符串或字符串向量；fill 用于设置图例盒子的填充颜色，缺省值为 NULL.

图例的内容分为左右两个部分，左边是图形，右边是解释说明. 图形部分可通过参数 lty 设置线条的形状，通过参数 lwd 设置线条的粗细，通过参数 pch 设置符号的类型等. 还可通过 ncol 参数设置每行有多少个图例. 另外，一些常用的参数设置，如 cex、col 等，其用法与 plot()中参数设置类似. 图 5.28 展示了不同的图例.

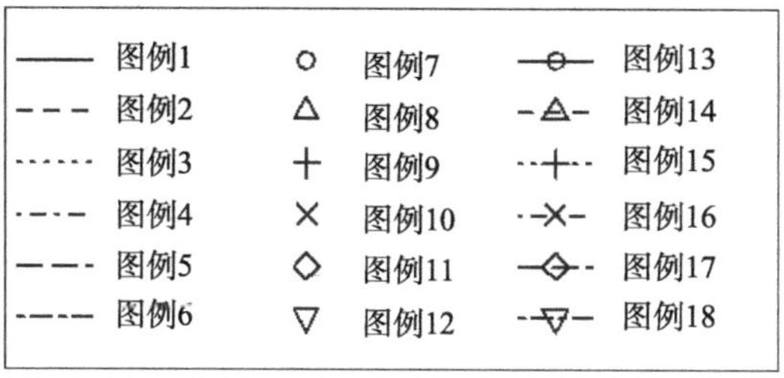

图 5.28　图例的使用

代码如下：
```
> plot(0,xlab="",ylab="",type="n")
>legend("center",paste("图例",1:18,sep=""),lty=c(1:6,rep(NA,6),1:6),
lwd=2, pch=c(rep(NA,6), 1:6,1:6), ncol=3,cex=1.5)
```

text()函数可以在图形上加标注. 确定标注的位置时，同 legend()函数类似，既可以采用 locator()函数点出标注的中心位置，又可以通过设置坐标确定标注的位置，同样也可以用 cex、col 等参数对标注进行设置.

5.4.4　添加多边形及填充颜色

利用 polygon()函数可以添加任意形状的多边形. 仅需按一定的顺序(顺时针或逆时针)以向量的形式输入多边形上每一点所对应的横、纵坐标，polygon()函数便会用直线连接这些点，绘制出相应的多边形. 如果需要填充颜色，只需设置 col 参数即可. Polygon 的调用格式 Polygon (x, y, …)其中，x,y 分别为横坐标向量与纵坐标向量.

值得一提的是，polygon()函数绘制多边形的原理实际上也是描点画图. 如果绘制的多边形带有曲边，为了保持图形平滑，则需要设置点的数量足够多. 例如，绘制标准正态分布的密度曲线，并对上 α 分位数部分进行填充，如图 5.29 所示. 代码如下：
```
>    plot(seq(-3,3,by=0.01),dnorm(seq(-3,3,by=0.01)),type="l",xlab="",
ylab="",main="正态分布的上分位数")
>    polygon(c(1.96,seq(1.96,3,by=0.01),3),c(0,dnorm(seq(1.96,3,by=0.01)),
0),col="red")
```
再如，绘制了数据的直方图，如何将频数最大的一组标识出来呢？利用 polygon()可以很容易地达到这一目的. 如图 5.30 所示，代码如下：

```
> set.seed(1)
> x=rnorm(100,0,1)
> Myhist=hist(x,xlim=c(-3,3),ylim=c(0,0.5),freq=FALSE)
> a<-which.max(Myhist$counts)
> polygon(c(Myhist$breaks[a:(a+1)], Myhist$breaks[(a+1):a]), c(0,0,
Myhist$density[a],Myhist$density[a]), col="red")
```

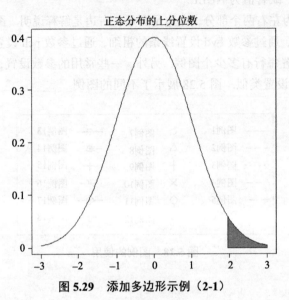

图 5.29　添加多边形示例（2-1）

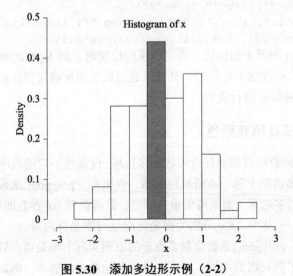

图 5.30　添加多边形示例（2-2）

5.5　lattice 绘图系统

目前，R 软件共有 4 种独立的图形绘制系统，即 graphics 图形系统（也称为基本图形系统）、grid 图形系统、lattice 图形系统以及 ggplot2 图形系统. 4 种图形系统各有特点.

graphics 图形系统是由 R 核心团队和全世界的参与者共同开发的最早、最基础的图形系统，前面介绍的图形绘制方法大都属于该系统.

grid 是一个低水平的绘图系统. 该系统可以很容易地控制绘图单元，为图形的创作提供了极大的灵活性. 然而，grid 系统没有提供直接生成图形的高级绘图工具，所有实际数据分析者很少直接采用 grid 图形系统.

lattice 图形系统是网格绘图（Trellis graphics）思想在 R 中的实现，是一个强大、简洁而又全面的数据（尤其是多元数据）可视化图形系统. 利用 lattice 既可以轻松地绘制一些典型的统计图形，如散点图，直方图，密度图，条形图等，又可以用来绘制一些 graphics 包难以实现的定制图形. 这里所说的网格绘图最早是由贝尔实验室的 R. A. Becker 和 W. S. Cleveland 等人为 S 和 S-PLUS 开发的一种数据可视化图形系统. 该思想来源于 W. S. Cleveland 1993 年的专著 *Visualizing Data*. 关于网格绘图的详细信息可以参考网址：http://cm.bell-labs. com/cm/ ms/ departments /sia/project/trellis/.

相对于上述 3 种比较成熟的图形系统而言，ggplot2 图形系统开发的最晚（最早开发于 2005 年），目前还处在进一步开发阶段. 该图形系统是一种基于语法的全面而又连贯的绘图系统. 它融合了 graphics 包和 lattice 包的绘图优势，目前已经成为最受欢迎的图形用户系统之一. 关于 ggplot2 图形系统的详细内容可以参考 ggplot2 的网址：http://ggplot2.org, https://github. com/hadley/ggplot2.

需要说明的是，4 种图形绘制系统的载入方式不同. graphics 包已经包含在基础安装包中，可以直接调用使用；grid 包和 lattice 包虽然也包含在基础安装包中，但使用时需要提前载入(例如 library(gird)，library(lattice))；ggplot2 包则在使用时，需要提前下载安装程序包，载入后方可使用.

本节将主要介绍 lattice 包的使用.

5.5.1　lattice 包简介

lattice 图形系统是由 Deepayan Sarkar 在网格绘图的基础上开发的一个可视化图形系统. 其主要特点是能够方便地绘制出数值型变量在指定分类变量不同水平下的各种统计图形，便于不同组别之间数据分布关系的比较.

lattice 图形是由一个或多个称之为面板(panel)的矩形区域构成，形似网格，因此也称为网格绘图. R 通过调用 lattice 高级绘图函数生成面板图形. 每个高级绘图函数都有默认的面板图形输出设置，也可以通过 panel 参数自定义面板函数，绘制自定义图形，这使得 lattice 图形输出相对于 graphics 包而言具有极大的灵活性.

lattice 图形具有较强的程式化. 虽然各种高级绘图函数的输出结果有所不同，但它们都存在一定的共性，例如，其调用方式服从相同的模式，大多数高级绘图函数以相同的方式共用相同的参数等.

与传统的 R 绘图函数不同的是，调用 lattice 绘图函数时，并没有绘制相应图形. 实际上，它们返回的仅仅是一个类型为 "trellis" 的对象. 只有调用 plot 或者 print 命令时，才会绘制图形. 在 R 交互命令窗口运行 lattice 函数时，R 会自动调用 print 函数（R 具有自动输出功能），但是在其他情形，例如 for 循环或 while 循环、脚本程序中调用 lattice 函数，都不会自动绘制图形，除非单独调用 plot 或者 print 命令.

5.5.2 lattice 绘图函数

lattice 绘图函数也分为高级绘图函数和低级绘图函数两大类. 高级 lattice 绘图函数将生成一个新的"trellis"对象，而低级 lattice 绘图函数将对已有"trellis"对象进行图形输出修饰，例如，添加一些文字、线条等. 常用的高级绘图函数见表 5.8.

表 5.8 常用的高级 lattice 绘图函数

lattice 函数名	功能说明	表达式示例[①]
xyplot()	绘制散点图	y~x|a
barchart()	绘制条形图	x~a 或 a~x
bwplot()	绘制箱线图	x~a 或 a~x
dotplot()	绘制点图	~x|a
histogam()	绘制直方图	~x
densityplot()	绘制密度估计图	~ x|a
qqmath()	绘制 QQ 图	~ x|a
qq()	绘制 x 和 y 的 Q-Q 图，即分位数—分位数图	x~y|a
splom()	绘制散点图矩阵	数据框
contourplot()	绘制三维等高线图	z~x*y
cloud()	绘制三维散点图	z~x*y
wireframe()	绘制三维透视图	z~x*y

lattice 高级绘图函数的调用格式基本是一致的，都服从以下形式：

```
lattice_graph_function(x,data=,...)
```

其中，lattice_graph_function 为 lattice 高级绘图函数，x 为要绘制的对象，一般为公式，也可以是数值型矩阵或向量，当 x 为表达式时，data 为指定的一个数据框. 下面以 xyplot()为例，介绍 lattice 绘图函数的使用方法. 例如：

```
> library(lattice)
> xyplot(Sepal.Length~Sepal.Width|Species,data=iris,main="鸢尾花萼片散
点图")
```

代码中的 Sepal.Length 和 Sepal.Width 分别为鸢尾花萼片的长度和宽度，Species 为因子变量，共有 3 个水平，分别代表了鸢尾花的三个不同种类，Species 称为条件变量（conditioning variable），上述代码按照鸢尾花的三个不同种类分别创建了萼片长度与宽度的散点图，结果如图 5.31 所示. 在 lattice 图中，根据条件变量的不同水平分别创建面板图形，如果指定了多个条件变量，则面板图形将按照各个因子水平的组合来创建.

下面再来看一个绘制 lattice 三维透视图的例子. 代码如下：

```
> library(lattice)
```

---

① 其中 x, y, z 为数值型，a 为因子型.

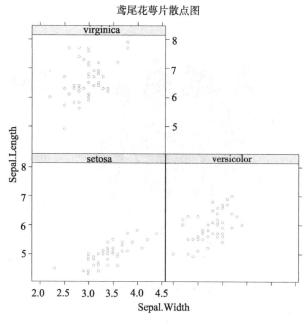

图 5.31　lattice 散点图示例

```
> g <- expand.grid(x=seq(0,2*pi,length=60), y=seq(0,4*pi,length=80), gr =
1:2)
> g$z <- sin(2*g$x)*cos(g$y)
> wireframe(z ~ x * y, data = g, groups = gr,
+           scales = list(arrows = FALSE),
+           drape = TRUE, colorkey = TRUE,
+           screen = list(z = 30, x = -60))
```

上述代码中，函数 expand.grid() 的作用是将所给的向量、因子转换为数据框；参数 groups 用于设置分组变量，它将不同组别的数据以叠加的方式绘制在一个面板图形中；参数 scales 为列表，用于设置坐标轴的绘制方式；arrows = FALSE 表示绘制出坐标轴的刻度，但不绘制坐标轴的箭头方向；drape = TRUE 表示用颜色来区分曲面的高度；colorkey = TRUE 表示需要在图形的右侧单独绘制一个色基条，参数 screen 用于设置透视图的视角，结果如图 5.32 所示.

在 lattice 高级绘图函数中，有很多参数选项是通用的，利用这些参数，可以很容易修改 lattice 图形. 表 5.9 列出了 lattice 高级绘图函数和面板函数（详见 5.5.3 节）中的一些常用参数及其含义.

lattice 低级绘图函数可以用来修改或替换面板函数（panel 函数）中的原有默认设置，也可以与高级绘图函数一起使用，为面板图形的自由定制提供了极大的便利. 表 5.10 列出了一些常用的低级 lattice 绘图函数.

5.5.3　lattice 图形的定制

1. 条件变量与分组变量

在前面曾经提及过，lattice 图形的主要特点是能够很方便地绘制出数值型变量在指定

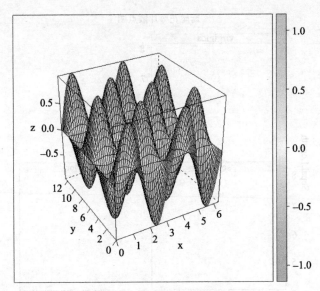

图 5.32　lattice 透视图示例

表 5.9　lattice 高级绘图函数和面板函数的常用选项

参数名称	功能说明
allow.multiple	逻辑型,默认值为 TRUE,用于对扩展公式的解释,例如 y1 + y2 ~ x|a,若 allow. multiple=TRUE,表示在同一面板中绘制 y1 ~ x	a 和 y2 ~ x|a,若 allow.multiple=FALSE,则绘制 I(y1+y2) ~ x	a,即将 y1 + y2 作为一个整体,解释为 y1 和 y2 的和
outer	逻辑型,用于对扩展公式的解释,用于指定是否绘制叠加图形,例如 allow.multiple=TRUE 时,绘制多个图形,若同时设置 outer=TRUE,则在不同的面板中绘制,否则绘制叠加图,默认值为 FALSE
box.ratio	应用于 barchart()和 bwplot(),设置内部矩形空间的大小
horizontal	用于函数 bwplot(), dotplot(), barchart()以及 stripplot(),设置图形的方向,水平或垂直,默认值为 FALSE
panel	lattice 高级绘图函数都有一个默认的面板函数,用户也可以通过 panel 参数指定自己的面板函数,绘制自定义图形
aspect	用于设定面板图形的长宽比例,默认值为 "fill",表示填充整个面板
groups	用于设定分组变量(该变量为因子型)
auto.key	逻辑型或者列表,用于设定是否添加分组变量的图例;默认值为 FALSE,即不添加分组变量的图例;auto.key=TRUE 与 auto.key=list()含义相同,添加图例;又如 auto.key=list(columns = 2)表示分两列添加图例
strip	逻辑型,strip=TRUE 绘制面板标签,strip=FALSE 不绘制面板标签,默认值为 TRUE
xlab, ylab	字符型,设置 x 轴和 y 轴的标签
scales	列表,用于设置坐标轴的绘制方式
subset	用于指定数据 data 的某个子集来绘制图形,默认值为所有数据
xlim, ylim	长度为 2 的数值型向量,用于设定坐标轴的最小值和最大值
main, sub	设置面板图形的主标题和副标题
layout	两元素数值型向量,用于设定面板的行数与列数

表 5.10　常用的低级 lattice 绘图函数

Lattice 函数名	功能说明
Llines，panel.lines	绘制直线，二者功能相同，建议使用后者，因为后者的可读性强，下同
lpoints，panel.points	绘制点
lsegments，panel.segments	绘制线段
ltext，panel.text	添加文本
lrect，panel.rect	绘制矩形
larrows，panel.arrows	绘制带有箭头的线段
lpolygon，panel.polygon	绘制多边形
panel.axis	设置坐标轴

分类变量不同水平下的各种统计图形. 绘制 lattice 图时，只要添加一个条件变量（conditioning variable），则该条件变量的每个水平都会创建一个面板；若添加两个条件变量，则两个变量不同水平的每一个组合都会创建一个面板. 在高级绘图函数中，表达式通常的形式为

$$y \sim x \mid a*b,$$

其中，竖线"|"左边的变量为主要变量；右边的变量为条件变量，上述表达式则在条件变量 a 和 b 的每一个水平组合下创建 y~x 的统计图形. 需要注意的是，条件变量为因子型向量.

如果不想分组显示，而是将所有结果在同一个面板图形中显示，可以设定分组变量 (grouping variable). 例如：

```
> library(lattice)
> xyplot(Sepal.Length~Sepal.Width,groups=Species,
+ data=iris,main="鸢尾花萼片散点图", pch=c(20,19,22))
```

上述代码的结果见图 5.33，这里分组变量为鸢尾花的种类 Species，其中参数 pch 用于设置分组变量不同水平的绘制符号.

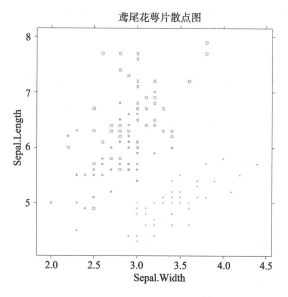

图 5.33　分组变量的使用示例图

2. 面板函数的定制

每个 lattice 高级绘图函数都调用了一个默认的面板函数来绘制面板图形. 一方面可以使用默认的面板函数绘制图形；另一方面，也可以自定义面板函数，替代默认设置，绘制自己需要的面板图形. 仍以 xyplot()为例，下列三条命令是等同的.

```
xyplot(Sepal.Length~Sepal.Width|Species, data=iris,main="鸢尾花萼片散
点图",pch=22)
xyplot(Sepal.Length~Sepal.Width|Species, data=iris,main="鸢尾花萼片散点
图",pch=22,
    panel = lattice.getOption("panel.xyplot"))
xyplot(Sepal.Length~Sepal.Width|Species, data=iris,main="鸢尾花萼片散点
图",pch=22,
panel = panel.xyplot)
```

也就是说函数 xyplot()调用了一个名为 panel.xyplot 的面板函数，利用 help(panel.xyplot) 可以查看关于该函数的详细信息. 例如：

```
> library(lattice)
> mypanel<-function(x,y){
+    panel.grid(h= -1,v= -1)
+    panel.rug(x,y)
+    panel.xyplot(x,y,pch=22)
+    panel.loess(x,y,lwd=2,lty=1,col="red")
+    panel.lmline(x,y,lwd=2,lty=2)
+  }
> xyplot(Sepal.Length~Sepal.Width|Species, data=iris,main="鸢尾花萼片散
点图",
+ panel = mypanel)
```

上述代码生成的图形见图 5.34. 其中，panel.grid()用于添加网格线，h=−1 和 v=−1 表示网格线与坐标轴标签对齐；panel.rug()用于添加须线；panel.xyplot()用于绘制散点图；panel.loess()用于添加平滑的拟合曲线；panel.lmline()用于添加回归直线.

3. 图形参数的设置

在 graphics 图形系统中，利用 par()函数可以查看、修改相应的图形参数. 在 lattice 图形系统中，默认的图形参数包含在一个列表对象中（该列表很大，包含了很多的参数）. 利用函数 trellis.par.get()可以获取默认的图形参数，也可以查看获取其中的某个参数值；利用函数 trellis.par.set()可以对图形参数进行修改. 例如：

```
> trellis.par.get("fontsize")
$text
[1] 12
$points
[1] 8
```

又如，利用函数 show.settings()可以面板图形的方式展示当前的图形参数值，读者也可以尝试执行如下代码，查看运行结果.

```
> mysettings<-trellis.par.get()
> mysettings$fontsize$text<-15
> mysettings$fontsize$points<-10
```

```
> trellis.par.set(mysettings)
> show.settings()
```

需要注意的是，利用函数 trcllis.par.set()所做的图形参数设置将一直有效，除非关闭当前图形设备或利用 trellis.par.set()进行重新设定.

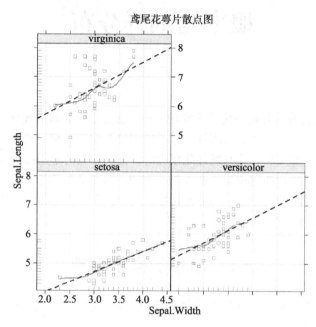

图 5.34　面板图形的定制示例图

第 6 章

概率与抽样分布

概率分布是进行统计分析与统计研究的基础. 统计推断的基本观点认为, 样本 (即数据) 是来自于某个未知的总体, 而统计工作者的主要工作就是利用样本去合理推断与这个未知总体相关的一些重要特征. 与统计建模和统计推断相关的常用标准分布都已经嵌入到 R 软件中, 我们可以通过调用相应的 R 函数来获得与其相关的伪随机数、概率分布 (分布律或密度)、分布函数和分位数等 4 项基本内容. 本章主要介绍 R 软件中常用的内置概率分布及其相应函数的调用方法.

6.1 常用的概率分布

为方便读者查找和使用, 现将 R 软件中常用的概率分布及其数字特征列出, 具体的分布意义可查阅相关概率统计书籍.

6.1.1 离散分布的分布律

1. 伯努利分布

$X \sim b(1, p)$ 表示随机变量 X 服从参数为 p 的伯努利 (Bernoulli) 分布, 伯努利分布也称为两点分布, 其分布律为

$$p(x; p) = p^x (1-p)^{1-x}, \ x = 0, 1$$

其中 $0 < p < 1$, X 的数学期望为 $E(X) = p$, 方差为 $\mathrm{Var}(X) = p(1-p)$.

2. 二项分布

$X \sim b(n, p)$ 表示随机变量 X 服从参数为 n 和 p 的二项 (Binomial) 分布, 其分布律为

$$p(x; n, p) = C_n^x p^x (1-p)^{n-x}, \ x = 0, 1, \cdots, n$$

其中 $0 < p < 1$, X 的数学期望为 $E(X) = np$, 方差为 $\mathrm{Var}(X) = np(1-p)$. 特别地, 伯努利分布 $b(1, p)$ 即为 $n = 1$ 时的二项分布.

3. 多项分布

$X = (X_1, X_2, \cdots, X_k)^{\mathrm{T}} \sim multinom(n, p_1, p_2, \cdots, p_k)$ 表示随机变量 X 服从参数为 n 和 $(p_1, p_2, \cdots, p_k)$ 的多项 (Multinomial) 分布, 其分布律为

$$p(x_1, x_2, \cdots, x_k; n, p_1, p_2, \cdots, p_k) = \frac{n!}{x_1! x_2! \cdots x_k!} p_1^{x_1} p_2^{x_2} \cdots p_k^{x_k}, \ 0 \leqslant x_i \leqslant n, \ \sum_{i=1}^{k} x_i = n$$

其中 $p_i > 0, \sum_{i=1}^{k} p_i = 1$. X_i 的数学期望为 $E(X_i) = np_i$ ，方差为 $\mathrm{Var}(X_i) = np_i(1-p_i)$. X_i 与 X_j 的协方差为 $\mathrm{Cov}(X_i, X_j) = -np_i p_j$.

4. 负二项分布

设在伯努利试验中，成功的概率为 p ，若伯努利试验重复进行下去直至成功次数为 r ，则失败次数 X 服从参数为 r 和 p 的负二项（Negative binomial）分布，其分布律为

$$p(x; r, p) = \frac{\Gamma(r+x)}{\Gamma(r)\Gamma(x+1)} p^r (1-p)^x, \quad x = 0, 1, \cdots$$

其中 $0 < p < 1$ ， $\Gamma(\alpha) = \int_0^{+\infty} x^{\alpha-1} \mathrm{e}^{-x} \mathrm{d}x$ 为 Γ 函数，记为 $X \sim nbinom(r, p)$. X 的数学期望为

$E(X) = \frac{r(1-p)}{p}$ ，方差为 $\mathrm{Var}(X) = \frac{r(1-p)}{p^2}$.

5. 几何分布

$X \sim geom(p)$ 表示随机向量 X 服从参数为 p 的几何（Geometric）分布，其分布律为

$$p(x; p) = p(1-p)^x, \quad x = 0, 1, \cdots$$

其中 $0 < p < 1$. X 的数学期望为 $E(X) = \frac{1-p}{p}$ ，方差为 $\mathrm{Var}(X) = \frac{1-p}{p^2}$.

6. 超几何分布

$X \sim hyper(N, M, k)$ 表示随机变量 X 服从参数为 N ， M 和 k 的超几何（Hypergeometric）分布，其分布律为

$$p(x; N, M, k) = \frac{C_N^x C_M^{k-x}}{C_{N+M}^k}, \quad x = 0, 1, \cdots, \min\{N, k\} .$$

X 的数学期望和方差分别为

$$E(X) = \frac{kN}{N+M}, \quad \mathrm{Var}(X) = \frac{kNM(N+M-k)}{(N+M)^2(N+M-1)} .$$

7. 泊松分布

$X \sim \pi(\lambda)$ 表示随机变量 X 服从参数为 λ 的泊松（Poisson）分布，其分布律为

$$p(x; \lambda) = \frac{\lambda^x}{x!} \mathrm{e}^{-\lambda}, \quad x = 1, 2, \cdots$$

其中 $\lambda > 0$. X 的数学期望为 $E(X) = \lambda$ ，方差为 $\mathrm{Var}(X) = \lambda$.

6.1.2　连续分布的密度函数

1. 均匀分布

$X \sim U(a, b)$ 表示随机变量 X 服从参数为 a, b 的均匀（Uniform）分布，其密度函数为

$$p(x; a, b) = \frac{1}{b-a}, \quad a \leqslant x \leqslant b.$$

X 的数学期望为 $E(X) = \dfrac{a+b}{2}$ ，方差为 $\mathrm{Var}(X) = \dfrac{(b-a)^2}{12}$.

2. 指数分布

$X \sim exp(\lambda)$ 表示随机变量 X 服从参数为 λ 的指数（Exponential）分布，其密度函数为

$$p(x;\lambda) = \lambda e^{-\lambda x}, \quad x > 0,$$

其中 $\lambda > 0$. X 的数学期望为 $E(X) = \dfrac{1}{\lambda}$ ，方差为 $\mathrm{Var}(X) = \dfrac{1}{\lambda^2}$.

3. 正态分布

$X \sim N(\mu, \sigma^2)$ 表示随机变量 X 服从参数为 μ, σ^2 的正态（Normal）分布，其密度函数为

$$p(x;\mu,\sigma^2) = \frac{1}{\sqrt{2\pi}\sigma} e^{\frac{(x-\mu)^2}{2\sigma^2}},$$

其中 $\mu \in R$，$\sigma > 0$ 为未知参数，X 的数学期望为 $E(X) = \mu$ ，方差为 $\mathrm{Var}(X) = \sigma^2$.

4. 柯西分布

$X \sim cauchy(a,b)$ 表示随机变量 X 服从参数为 a,b 的柯西（Cauchy）分布，其密度函数为

$$p(x;a,b) = \frac{1}{\pi b \left[1 + \left(\dfrac{x-a}{b} \right)^2 \right]},$$

其中 $a > 0$，$b > 0$ 为未知参数. X 的数学期望和方差都不存在.

5. t 分布

$X \sim t(n)$ 表示随机变量 X 服从自由度为 n 的 t 分布，其密度函数为

$$p(x;n) = \frac{\Gamma\left(\dfrac{n+1}{2}\right)}{\sqrt{n\pi}\,\Gamma\left(\dfrac{n}{2}\right)} \left(1 + \frac{x^2}{n} \right)^{-\frac{n+1}{2}}.$$

X 的数学期望为 $E(X) = 0$ ，方差为 $\mathrm{Var}(X) = \dfrac{n}{n-2}$，$n > 2$.

6. 卡方分布

$X \sim \chi^2(n)$ 表示随机变量 X 服从自由度为 n 的 χ^2 分布，其密度函数为

$$p(x;n) = \frac{1}{2^{n/2}\Gamma(n/2)} x^{\frac{n}{2}-1} e^{-\frac{x}{2}}, \quad x > 0,$$

X 的数学期望为 $E(X) = n$ ，方差为 $\mathrm{Var}(X) = 2n$.

7. F 分布

$X \sim F(n,m)$ 表示随机变量 X 服从自由度为 n 和 m 的 F 分布，其密度函数为

$$p(x;n,m) = \left[B\left(\frac{n}{2}, \frac{m}{2}\right) \right]^{-1} \left(\frac{n}{m}\right)^{\frac{n}{2}} x^{\frac{n}{2}-1} \left(1 + \frac{n}{m}x \right)^{-\frac{n+m}{2}}, \quad x > 0,$$

其中 $B(a,b) = \dfrac{\Gamma(a)\Gamma(b)}{\Gamma(a+b)}$ 为 Beta 函数，X 的数学期望为

$$E(X) = \frac{m}{m-2}, m > 2,$$

方差为

$$\mathrm{Var}(X) = \frac{2m^2(n+m-2)}{n(m-2)^2(m-4)}, \quad n > 2.$$

8. 伽马分布

$X \sim Ga(\alpha, \lambda)$ 表示随机变量 X 服从参数为 α，λ 的伽马(Gamma)分布，其密度函数为

$$p(x; \alpha, \lambda) = \frac{\lambda^\alpha}{\Gamma(\alpha)} x^{\alpha-1} \mathrm{e}^{-\lambda x}, \quad x > 0,$$

其中 $\alpha > 0$ 为形状参数，$\lambda > 0$ 为尺度参数. X 的数学期望为 $E(X) = \dfrac{\alpha}{\lambda}$，方差为 $\mathrm{Var}(X) = \dfrac{\alpha}{\lambda^2}$.

特别地，有 $Ga(1, \lambda) \overset{\mathrm{d}}{=\!=} exp(\lambda)$，$Ga\left(\dfrac{n}{2}, \dfrac{1}{2}\right) \overset{\mathrm{d}}{=\!=} \chi^2(n)$.

9. 威布尔分布

$X \sim weibull(a, b)$ 表示随机变量 X 服从参数为 a，b 的威布尔(Weibull)分布，其密度函数为

$$p(x; a, b) = \frac{a}{b}\left(\frac{x}{b}\right)^{a-1} \exp\left\{-\left(\frac{x}{b}\right)^a\right\}, \quad x > 0,$$

其中 $a > 0$，$b > 0$，威布尔分布的分布函数为

$$F(x; a, b) = 1 - \exp\left\{-\left(\frac{x}{b}\right)^a\right\}, \quad x > 0,$$

X 的数学期望和方差分别为

$$E(X) = b\Gamma\left(1 + \frac{1}{a}\right), \quad \mathrm{Var}(X) = b^2\left\{\Gamma\left(1 + \frac{2}{a}\right) - \left[\Gamma\left(1 + \frac{1}{a}\right)\right]^2\right\}.$$

特别地，$weibull\left(1, \dfrac{1}{\lambda}\right) \overset{\mathrm{d}}{=\!=} exp(\lambda)$.

10. 对数正态分布

$X \sim LN(\mu, \sigma^2)$ 表示随机变量 X 服从参数为 μ，σ^2 的对数正态(Log-normal)分布，即 $\ln X \sim N(\mu, \sigma^2)$，$X$ 的密度函数为

$$p(x; \mu, \sigma^2) = \frac{1}{\sqrt{2\pi}\sigma x} \mathrm{e}^{-[\ln(x)-\mu]^2}, \quad x > 0.$$

X 的数学期望为 $E(X) = \exp\left(\mu + \dfrac{\sigma^2}{2}\right)$，方差为 $\mathrm{Var}(X) = \mathrm{e}^{\sigma^2}(\mathrm{e}^{\sigma^2} - 1)\mathrm{e}^{2\mu}$.

11. 逆正态分布

$X \sim IN(\mu, \sigma^2)$ 表示随机变量 X 服从参数为 (μ, σ^2) 的逆正态(Inverse normal)分布，即 $X^{-1} \sim N(\mu, \sigma^2)$. X 的数学期望为 $E(X) = \mu$，方差为 $\mathrm{Var}(X) = \mu^3 / \sigma^2$.

12. 逆伽马分布

$X \sim IGa(\alpha, \lambda)$ 表示随机变量 X 服从参数为 α, λ 的逆伽马(Inverse gamma)分布，即 $X^{-1} \sim Ga(\alpha, \lambda)$. X 的数学期望和方差分别为

$$E(X) = \frac{1}{\lambda(\alpha-1)}, \alpha > 1, \quad \mathrm{Var}(X) = \frac{1}{\lambda^2(\alpha-1)^2(\alpha-2)}, \alpha > 2.$$

13. 逆卡方分布

$X \sim ichisq(n)$ 表示随机变量 X 服从参数为 n 的逆卡方分布，即

$$X^{-1} \sim \chi^2(n).$$

X 的数学期望和方差分别为

$$E(X) = \frac{1}{n-2}, \ n > 2, \quad \mathrm{Var}(X) = \frac{2}{(n-2)^2(n-4)}, n > 4.$$

14. logistic 分布

$X \sim logis(a, b)$ 表示随机变量 X 服从参数为 a, b 的 logistic 分布，其密度函数为

$$p(x; a, b) = \left(1 + e^{-\frac{x-a}{b}}\right)^{-1},$$

X 的数学期望为 $E(X) = a$，方差为 $\mathrm{Var}(X) = \frac{\pi^2 b^2}{3}$.

15. 贝塔分布

$X \sim Be(a, b)$ 表示随机变量 X 服从参数为 (a, b) 的贝塔(Beta)分布，其密度函数为

$$p(x; a, b) = \frac{1}{B(a, b)} x^{a-1}(1-x)^{b-1}, \quad 0 < x < 1,$$

其中 $a > 0$, $b > 0$, X 的数学期望和方差分别为

$$E(X) = \frac{a}{a+b}, \quad \mathrm{Var}(X) = \frac{ab}{(a+b)^2(a+b+1)}.$$

特别地，$Be(1, 1) \overset{\mathrm{d}}{=\!=} U(0, 1)$.

此外，R 中常见的分布还有：$rayl(b)$ 表示参数为 b 的瑞利（Rayleigh）分布；$chisq(n, \mu)$ 表示自由度为 n，非中心参数为 μ 的非中心卡方分布，特别地，$\chi^2(n, 0) = \chi^2(n)$；类似的还有 $t(n, \mu)$ 表示自由度为 n，非中心参数为 μ 的非中心 t 分布；$f(n, m, \mu)$ 表示自由度为 n, m，非中心参数为 μ 的非中心 F 分布；$dirichlet(\alpha_1, \alpha_2, \cdots, \alpha_k)$ 表示可以作为多项分布的共轭先验的 Dirichlet 分布等，此处不再一一赘述.

为方便读者查阅，现以列表形式给出 R 的统计分析软件包 stats 中内嵌的分布及其相

应 R 函数表示（其中函数名中下划线位置为前缀，实际应用中可根据实际需要选择 d，p，q，r 四个字母中的一个，详见 6.2 节）.

6.2 与分布相关函数的 R 实现

在 R 中，通常有 4 个基本函数对应于一个概率分布，分别是概率密度函数(连续分布对应密度函数，离散分布对应分布律)、（累积）分布函数、分位数函数、随机数（产生）函数.

6.2.1 概率密度函数

在 R 函数名下划线位置加上前缀"d"即得到 R 的密度(density)函数，其调用格式为
$$\text{dfunname}(x，p1，p2，\cdots，log = FALSE),$$
其中 x 为数值向量；p1，p2，…为分布参数值，对于某些分布参数默认值对应的取值可参见表 6.1；log 为逻辑值，当 log=TRUE，则返回密度的对数值，其默认值为 FALSE.

表 6.1 R 中内嵌概率分布及其对应的 R 函数

序号	分布名称	参数表示（默认值）	R 函数名	程序包
1	贝塔分布	$Be(a,b)$	_beta	stats
2	二项分布	$b(n,p)$	_binom	stats
3	柯西分布	$cauchy(a,b)$（$a=0,b=1$）	_cauchy	stats
4	卡方分布	$\chi^2(n,\mu)$	_chisq	stats
5	指数分布	$exp(\lambda)$	_exp	stats
6	F 分布	$f(n,m,\mu)$	_f	stats
7	伽马分布	$Ga(\alpha,\lambda)$（$\lambda=1$）	_gamma	stats
8	几何分布	$geom(p)$	_geom	stats
9	超几何分布	$hyper(m,n,k)$	_hyper	stats
10	Logistic 分布	$logis(a,b)$（$a=0,b=1$）	_logis	stats
11	对数正态分布	$LN(\mu,\sigma^2)$（$\mu=0,\sigma^2=1$）	_lnorm	stats
12	多项分布	$multinom(n,p_1,\cdots,p_k)$	_mulitinom	stats
13	负二项分布	$nbinom(k,p)$	_nbinom	stats
14	正态分布	$N(\mu,\sigma^2)$（$\mu=0,\sigma^2=1$）	_norm	stats
15	泊松分布	$pois(\lambda)$	_pois	stats
16	t 分布	$t(n)$	_t	stats
17	均匀分布	$U(a,b)$（$a=0,b=1$）	_unif	stats
18	威布尔分布	$weibull(a,b)$	_weibull	stats
19	Wilcoxon 统计量	$wilcox(m,n)$	_wilcox	stats
		$signrank(n)$	_signrank	stats
20	Dirichlet 分布	$dirichlet(\alpha_1,\alpha_2,\cdots,\alpha_k)$	_dirichlet	MCMCpack
21	逆伽玛分布	$IGa(\alpha,\lambda)$	_invgamma	MCMCpack

注：$wilcox(m,n)$ 为 Wilcoxon 秩和统计量，$signrank(n)$ 为 Wilcoxon 符号秩统计量.

例如，画出–3 到 3 的标准正态分布的密度曲线，如图 6.1 所示，可由如下命令实现：

```
> x<-seq(-3,3,0.01)
> plot(x,dnorm(x),type="l")
```

其中，dnorm(x)的返回值为 x 对应的标准正态分布密度值向量，相当于 dnorm（x，mean=0，sd=1），即 _norm()函数中 mean 和 sd 选择默认则表示标准正态分布（注：type= "l" 中的符号 "l" 为 lines 的首字母）.

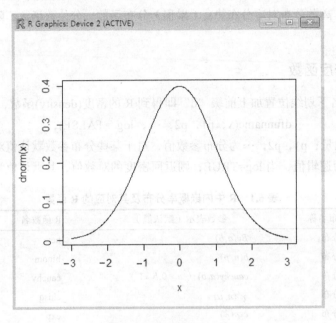

图 6.1 标准正态分布密度

6.2.2 分布函数

在 R 函数名下划线位置加上前缀 "p"（probability）即得到 R 的分布函数，其调用格式为

pfunname(q，p1，p2，…，lower.tail = TRUE，log.p = FALSE)，

其中，q 为数值向量；p1，p2，…为分布参数值，对于某些分布参数缺省值对应的取值可参见表 6.1；lower.tail=TRUE 表示计算随机变量取值≤q 的概率，否则，计算大于 q 的概率，其默认值为 TRUE；若 log.p = TRUE，则返回概率的对数值，缺省值为 FALSE.

例如，已知某元件的使用寿命服从参数为 $\lambda=1200$（小时）的指数分布，计算任一元件寿命超过 1000 小时的概率，可由如下命令实现：

```
> 1-pexp(1000,1/1200)
[1] 0.4345982
```

其中，pexp(1000，1/1200)表示寿命不超过 1000 小时的概率. 特别地，pexp(q)表示参数 rate 默认，此时 $\lambda=1$.

又如，在假设检验问题中，经常需要计算检验的 p 值，比如要计算自由度为 3，检验

统计量值为 $\chi^2 = 7.85$ 的 χ^2 检验的 p 值，可由如下命令实现：

```
> 1-pchisq(7.85,3)
[1] 0.04921564
```

其中，pchisq(7.85,3)等价于 pchisq(7.85,df=3)，返回值为自由度为 3 的 χ^2 分布函数在 7.85 的值.

6.2.3　分位数函数

分位数函数可以理解为分布函数的反函数. 在 R 函数名下划线位置加上前缀"q"（quantile）即得到 R 的分位数函数，其调用格式为

$$\text{qfunname}(p,\ p1,\ p2,\ \cdots,\ \text{lower.tail} = \text{TRUE}, \log.p = \text{FALSE}),$$

其中，p 为由概率构成的向量，p1，p2，…为分布参数值，对于某些分布参数默认值对应的取值可参见表 6.1；lower.tail = TRUE 表示计算下 p 分位点，否则计算上 p 分位点，默认值为 TRUE；log.p = TRUE 则返回分位数的对数值，缺省值为 FALSE.

例如，计算自由度为 8 的 t 分布的上 0.01，0.05 和 0.10 分位数，可由如下命令实现：

```
> p<-c(0.01,0.05,0.10)
> qt(1-p,8)
[1] 2.896459  1.859548  1.396815
```

其中，qt(1-p, 8)等价于 qt(1-p, df=8)，返回值为自由度为 8 的 t 分布的 0.99、0.95 和 0.90 分位数，亦即自由度为 8 的 t 分布的上 0.01，0.05 和 0.10 分位数.

6.2.4　随机数产生函数

利用随机数产生函数可以产生相应分布的"伪随机数"，用以创建模拟数据集. 在 R 函数名下划线位置加上前缀"r"即得到 R 的随机数（random number）产生函数，其调用格式为

$$\text{rfunname}(n,\ p1,\ p2,\ \cdots),$$

其中，n 为生成数据的个数，p1，p2，…为分布参数值，对于某些分布参数默认值对应的取值可参见表 6.1.

例如产生 500 个（0,1）上均匀分布随机数，并画出散点图，可由如下命令实现：

```
> R<-runif(500)
> plot(R)
```

其中，runif(500)等价于 runif(500, min=0, max=1)或 runif(500，0，1). 所得散点图如图 6.2 所示.

类似地，可由如下命令产生 10000 个标准正态分布随机数，散点图如图 6.3 所示.

此外，前述所有的 pfunname(分布)函数和 qfunname(分位数)函数都具有逻辑参数 lower.tail 和 log.p，而所有的 dfunname(概率密度)函数都具有参数 log. 如果 lower.tail=TRUE（为默认值），则计算的概率形式为 $P(X \leqslant x)$，否则为 $P(X > x)$；如果 log.p 或 log= TRUE(默认值为 FALSE)，则返回的是概率 p（或分位数，或概率密度）的对数值 log(p).

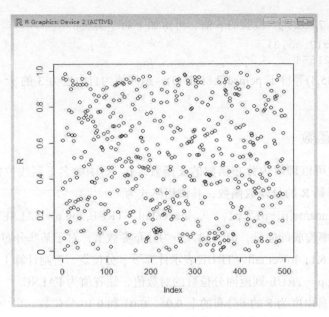

图 6.2 $(0,1)$ 区间上的均匀分布随机数散点图

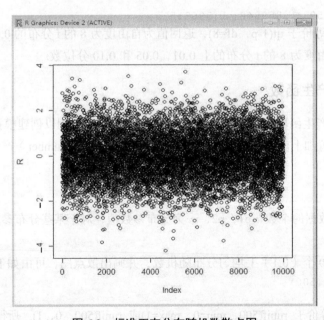

图 6.3 标准正态分布随机数散点图

6.3 随机抽样

在古典概型的学习中,我们知道,随机抽样包括有放回抽样和无放回抽样两种情况. 下面介绍在 R 中如何实现随机抽样以及与排列组合有关的概率计算问题.

在 R 中, sample()函数可以用来实现有放回或无放回的随机抽样,其调用格式为

$$\text{sample(x, size, replace = FALSE, prob = NULL)}$$

其中，x 为被抽样集组成的向量，也可以是一个正整数（表示被抽样集为从 1 到 x 的所有整数）；size 为非负整数，表示抽样个数，默认值为被抽样集的元素个数（注意：在无放回抽样时，size 取值不能大于被抽样集的元素个数）；replace=TRUE 表示有放回抽样，而 replace = FALSE 为默认值，表示无放回抽样；prob 为概率权向量，给出每个样本被抽中概率，默认值为 prob=NULL，表示等可能抽样.

例如，可以由下面命令实现自然数 1 到 10 的一个全排列.

```
> x <- 1:10
> sample(x)
 [1] 10  3  9  7  5  4  1  2  8  6
```

进一步地，下面的命令：

```
> sample(x,replace = TRUE)
 [1] 9 4 3 2 2 9 6 8 6 5
```

则得到自然数 1 到 10 的一个样本量为 10 的有放回抽样，等价于

$$\text{sample(x,length(x),replace = TRUE).}$$

而由如下命令可得到 20 次伯努利试验的样本：

```
> sample(c(0,1),10,replace = TRUE)
 [1] 1 0 0 1 1 0 0 1 1 0 0 0 1 1 0 1 1 0 1 0
> sample(c(0,1), 20, replace = TRUE,prob=c(1/3,2/3))
 [1] 0 1 1 0 0 1 1 1 0 0 1 1 1 0 1 0 1
```

其中，在 prob=NULL 默认时，对 0 和 1 等可能抽样，相当于抛掷一枚均匀硬币等可能地出现正反面；而 prob=c(1/3, 2/3)表示 0 和 1 被抽到的概率分别为 1/3 和 2/3.

在古典概型的概率计算中，经常会遇到排列数和组合数的计算. R 软件中的函数 prod() 和 choose() 可以分别用来计算排列数和组合数，其中 prod() 的参数为一个数值型或逻辑型向量，其返回值为向量中所有元素的乘积；而 choose(n,k)表示从 n 个个体中任取 k 个的组合数.

例 6.3.1   一个班共有 32 名学生，设每个学生的生日随机落在 365 天中的一天，求这 32 个学生的生日互不相同的概率.

解   由古典概率的知识可得所求概率为 $p = \dfrac{A_{365}^{32}}{(365)^{32}}$，其中，

$$A_{365}^{32} = 365 \times 364 \times \cdots \times 334$$

为从 365 个中取出 32 个的排列数，其结果可由如下 R 命令获得：

```
> prod(seq(length=32,from=365,by=-1))/365^32
    [1] 0.2466525
```

即这 32 个学生的生日互不相同的概率约为 24.67%.

例 6.3.2   从一副扑克牌的 52 张（去掉大、小王）中任取 3 张，求这三张牌同花色的概率.

解   由古典概率的知识可得所求概率为 $p = C_4^1 C_{13}^3 / C_{52}^3$，其中 C_n^m 表示从 n 个个体中任取 m 个的组合数，所求概率可由如下 R 命令获得：

```
> choose(4,1)*choose(13,3)/choose(52,3)
    [1] 0.05176471
```

第 7 章

探索性数据分析

探索性数据分析又称为描述性统计分析，是指对调查、观察得来的一些初步的数据，在尽量少的假定条件下通过作图、制表、方程拟合、计算特征量等手段来探索数据的结构和规律的一种数据分析方法. 本章主要介绍描述性统计方法在 R 上的实现问题.

7.1　常用描述统计量

在进行探索性数据分析时，可从以下三个方面进行：

（1）对数据分布集中程度的描述，反映了数据的中心位置；

（2）对数据分布的离散程度的描述，反映了各数据值远离中心位置的程度；

（3）对数据分布的分布形状的描述，反映了数据分布的偏斜程度和陡峭程度，其主要用偏度和峰度来刻画.

7.1.1　数据集中程度的描述

一般用平均值（mean）、众数（mode）、中位数(median)、总和（sum）来表示数据的集中程度.

1. 平均值

平均值（mean）是衡量数据的中心位置的重要指标，可以分为简单算术平均值、加权算术平均值、调和平均值以及几何平均值，最常用的是简单算术平均值和加权算术平均值.

设 $x_1, x_2, \cdots, x_n$ 是一组观测数据，则其简单算术平均值为 $\bar{x} = \dfrac{1}{n}\sum_{i=1}^{n} x_i$. 在 R 中可以用 mean()函数计算. 加权算术平均值一般情况下是根据分组数据计算出来的算术平均值，设原始数据被分成 k 组，每组出现的频数或者频率是 f_i，则加权算术平均值为

$$\bar{x} = \frac{\sum_{i=1}^{k} f_i x_i}{\sum_{i=1}^{k} f_i}.$$

例 7.1.1 已知 15 位男生的身高（单位：cm）如下：

180，173，167，178，175，179，187，182，170，172，176，174，169，181，168

若要计算其平均身高则通过如下命令实现：
```
> x<-c(180,173,167,178,175,179,187,182,170,172,176,174,169,181,168)
> mean(x)
  [1] 175.4
```
如果需要求解矩阵中各行或各列的均值，可调用 rowMeans()，colMeans()或 apply()函数来实现.

例 7.1.2　如下是 6 位同学的成绩，计算每个学生的平均成绩及每个科目的平均成绩.

No	数学	语文	外语
1	65	61	72
2	84	81	77
3	77	76	64
4	70	67	63
5	49	65	67
6	80	69	75

每个学生的平均成绩也就是行均值，而各科的平均成绩即为列均值，可输入如下命令：
```
>x<-matrix(c(65,61,72,84,81,77,77,76,64,70,67,63,49,65,67,80,69,75),
6,3,byrow=T)
> x
      [,1]  [,2]  [,3]
[1,]  65    61    72
[2,]  84    81    77
[3,]  77    76    64
[4,]  70    67    63
[5,]  49    65    67
[6,]  80    69    75
> rowMeans(x)
[1] 66.00000 80.66667 72.33333 66.66667 60.33333 74.66667
> colMeans(x)
[1] 70.83333 69.83333 69.66667
```
或者调用 apply()函数求解上述问题如下：
```
> apply(x,1,mean)
  [1] 66.00000  80.66667  72.33333  66.66667  60.33333  74.66667
> apply(x,2,mean)
  [1] 70.83333  69.83333  69.66667
```
其中 apply()用于将一个函数作用在一个矩阵或列表的边缘，其调用格式为
```
apply(X, MARGIN, FUN,…)
```
其中，X 为矩阵列表；MARGIN=1 表示行边缘，MARGIN=2 表示列边缘；Fun 为要作用的函数.

例 7.1.3　表 7.1 是某社区志愿者的年龄分布情况，计算他们的平均年龄.

表　7.1

年龄	16	17	18	19	20
人数	1	8	14	5	2

此时可以调用 weighted.mean()函数计算上述平均年龄如下：
```
> x<-c(16:20)
```

```
> f<-c(1,8,14,5,2)
> weighted.mean(x,f)
  [1] 17.96667
```
即平均年龄约为 18 岁.

2. 中位数

中位数(median)是另外一种反映数据的中心位置的指标, 其确定方法是将所有数据以由小到大的顺序排列, 位于中间位置的数据就是中位数, 即

$$m_d = \begin{cases} x_{(k+1)}, & n = 2k+1, \\ \dfrac{1}{2}[x_{(k)} + x_{(k+1)}], & n = 2k. \end{cases}$$

其中 $x_{(i)}$ 表示样本的第 i 个次序统计量的取值. 在有极端值和异常值的情况下, 中位数比均值更具有稳健性. 对于对称分布的数据来说, 均值与中位数比较接近, 但是对于非对称数据来说, 均值和中位数往往差距较大.

在 R 中可以调用 median()函数求中位数, 其调用格式为

median（x, na.rm = FALSE）

其中, na.rm 为逻辑值, 若取值为 FALSE, 则不处理缺失值.

例 7.1.4 下面是某篮球队的 9 位篮球运动员的体重（kg）：

78　　76　　84　　85.4　　90　　83　　73　　76　　80

求该样本的中位数. 可输入如下命令：

```
> x<-c(78, 76, 84, 85.4, 90, 83, 73, 76, 80)
> median(x)
  [1] 80
```
即所给数据的中位数为 80.

3. 众数

众数（mode）是指在数据中出现频率最高（或出现次数最多）的数据. 众数在一定程度上反映了全部数据的一般水平或集中趋势. 然而众数通过利用原始数据中的一个数值描述整体水平, 因此代表性相对较差. 在 R 中没有现成的求解众数的函数, 我们可以用 table()函数描述因子出现的次数, 并设定 max(table(x))条件来获取众数.

例如, 求数据 1, 1, 2, 3, 4, 5, 1, 2, 3, 4, 5, 6, 7, 8, 10 的众数, 代码如下：

```
> x<-c(1,1,2,3,4,5,1,2,3,4,5,6,7,8,10)
> as.numeric(names(table(x))[table(x)==max(table(x))])
  [1] 1
```
从运行结果可以看到, 即该组数据的众数为 1. 这里 as.numeric(x)是将对象 x 强制转化为数值型, 因为 names(table())返回的是字符型变量, table(x)==max(table(x))来进行筛选出现次数最多的观测.

4. 总和

总和（sum）是对所有的数据进行加总求和. R 中的求和函数 sum()和均值函数的用法相似, 对于向量或者数组求和是一个数, 而对于矩阵可以借助 rowSums（行求和）函数和 colSums（列求和）函数或者 apply()函数求边缘和, 其用法和平均值函数 mean()相同.

7.1.2 数据离散程度的描述

在描述性统计中，通常使用样本方差，样本标准差，样本极差，样本分位数等来刻画数据的离散程度.

1. 样本方差及样本标准差

样本方差 $s^2 = \dfrac{1}{n-1}\sum_{i=1}^{n}(x_i - \bar{x})^2$ 是对总体方差的估计，样本标准差 $s = \sqrt{s^2}$ 是对总体标准差的估计，均可以用来衡量数据的离散程度. 此外，变异系数 $\mathrm{cv} = \dfrac{s}{\bar{x}}$ 是消除计量单位影响的离散程度指标.

在 R 中可以利用 var() 和 sd() 函数分别计算样本方差及样本标准差. 以例 7.1.4 中的 9 位篮球运动员的体重数据为例，计算其样本均值、样本标准差和变异系数，可以输入如下命令：

```
> x<-c(78, 76, 84, 85.4, 90, 83, 73, 76, 80)
> var(x)
 [1] 29.49
> sd(x)
 [1] 5.43047
> sd(x)/mean(x)
 [1] 0.06737555
```

2. 最大值、最小值及极差

极差又称为全距，指的是样本数据的最大值与最小值之差. 极差是评价数据的离散程度的一个重要指标，其值越大，说明数据越分散.

在 R 中可以利用 max()，min() 函数分别计算样本的最大值、最小值. 此外，也可以利用 range() 函数同时给出样本的最小值与最大值. 如计算例 7.1.4 中 9 名运动员的最低、最高体重及极差，可输入：

```
> x<-c(78, 76, 84, 85.4, 90, 83, 73, 76, 80)
> min(x)
[1] 73
> max(x)
[1] 90
> range(x)
[1] 73 90
> max(x)-min(x)
[1] 17
```

3. 分位数

对给定的 $p(0 < p < 1)$，样本 $x_1, x_2, \cdots, x_n$ 的 p 分位数 m_p 为

（1）至少有 np 个 x_i 小于或等于 m_p；

（2）至少有 $n(1-p)$ 个 x_i 大于或等于 m_p.

在实际使用中，样本 p 分位数可以通过多种方式进行定义，例如：

（1）$m_p^{(1)} = \begin{cases} x_{([np]+1)}, & np\text{不是整数}, \\ \dfrac{1}{2}(x_{(np)} + x_{(np+1)}), & np\text{是整数}. \end{cases}$

（2）$m_p^{(2)} = x_{([np])} + (n+1)\left(p - \dfrac{[np]}{n+1}\right)(x_{([np]+1)} - x_{([np])})$

（3）$m_p^{(3)} = \inf\{x : F_n(x) \geqslant p\}$，其中，$F_n(x)$ 为经验分布函数.

上述几种样本分位数的定义虽有所不同，但都可以用某个次序统计量的取值 $x_{(k)}$ 表示，其中 k 与 np 的距离一般不会超过 1. 在一些实际问题中，当样本容量 n 较大时，样本 p 分位数 m_p 甚至简单地表示为 $x_{(k)}$，其中 $k = [np] + 1$ 或者 $k = [(n+1)p]$.

特别地，$\dfrac{1}{2}$ 分位数称为**样本中位数**，通常记为 $m_{0.5}$ 或 m_d；$\dfrac{1}{4}$ 分位数也称为**第一四分位数**（或下四分位数），通常记为 Q_1；$\dfrac{3}{4}$ 分位数称为**第三四分位数**（上四分位数），通常记为 Q_3. 这三个分位数同最小值、最大值一起构成样本的**五数概括**.

四分位差也称为四分位数间距，是根据四分位数计算的. 其定义为

$$Q_d = Q_3 - Q_1,$$

即四分位差 Q_d 等于上四分位数与下四分位数之差. 四分位差反映了中间 50%数据的离散程度，相对于极差而言，四分位差不受极端值的影响，具有较高的稳定性.

在 R 中，可以用 quantile()函数来计算观测数据的分位数，其调用格式为

```
quantile(x, probs = seq(0,1,0.25),na.rm = FALSE, names = TRUE, type = 7,…)
```

其中，probs 为概率 p 的取值，若 probs 缺省，则给出五数概括的五个分位数；Type 取 1 到 9 的整数值，对应 9 种不同的分位数算法.

R 中的 fivenum()函数也可以给出五数概括，其调用格式为

```
fivenum(x, na.rm = TRUE)
```

其中 na.rm=TRUE 表示计算前将所有的 NA 和 NaN 先去掉.

对于单个样本可以用 summary()函数给出五数概括的值及均值. 仍以例 7.1.4 中 9 位篮球运动员的体重数据为例，计算其分位数如下：

```
> x<-c(78, 76, 84, 85.4, 90, 83, 73, 76, 80)
> quantile(x,0.35)
  35%
  77.6
> quantile(x)
  0%  25%  50%  75% 100%
  73   76   80   84   90
> fivenum(x)
[1] 73 76 80 84 90
> summary(x)
   Min. 1st Qu.  Median    Mean 3rd Qu.    Max.
   73.0    76.0    80.0    80.6    84.0    90.0
```

7.1.3 数据分布形状的描述

在统计分析中，通常要假设样本的分布属于正态分布，因此通常用偏度（skewness）和峰度（Kurtosis）两个指标来检查样本是否符合正态分布.

1. 样本偏度（系数）

样本偏度系数主要用来描述统计数据分布偏斜方向和程度，是统计数据分布非对称程度的特征数，其定义为

$$sk = \frac{B_3}{s^3},$$

其中 s 为样本标准差，$B_3 = \frac{1}{n}\sum_{i=1}^{n}(x_i - \bar{x})^3$ 为样本 3 阶中心矩. 若保证偏度系数具有无偏性，样本的偏度系数可以定义为

$$sk = \frac{n^2 B_3}{(n-1)(n-2)s^3},$$

对于对称数据来说，偏度系数接近于 0，左偏的数据偏度系数为负，右偏的数据偏度系数为正。

2. 样本峰度（系数）

峰度系数是用来表征概率密度分布曲线在平均值处峰值高低的特征数. 直观上看来，峰度反映了尾部的厚度，其定义为

$$ku = \frac{B_4}{s^4} - 3,$$

其中 p 为样本标准差，$B_4 = \frac{1}{n}\sum_{i=1}^{n}(x_i - \bar{x})^4$ 为样本 4 阶中心矩. 若保证峰度系数具有无偏性，样本的峰度系数可以定义为

$$ku = \frac{n^2(n+1)B_4}{(n-1)(n-2)(n-3)s^4} - \frac{3(n-1)^2}{(n-2)(n-3)},$$

当数据来自正态分布时，其峰度系数接近于 0，当分布较正态分布的尾部更加分散时，其峰度系数为负，此时两侧极端数据较多；否则峰度系数为正，两侧极端数据较少.

利用程序包 timeDate 中的函数 skewness()和 kurtosis()来求解数据的偏度与峰度。具体的调用格式为

```
skewness(x, na.rm = FALSE, method = c("moment", "fisher"),…)
kurtosis(x, na.rm = FALSE, method = c("excess", "moment", "fisher"),…)
```

其中 na.rm 为逻辑型参数，若 na.rm=TRUE 可以处理带有缺失值的数据，若 na.rm= FALSE，则不能处理带有缺失值的数据，默认值为 FALSE。参数 method 用于指定计算方法，具体参见 R 的帮助文件。例如

```
> library(timeDate)
> x<-c(78,76,84,85.4,90,83,73,76,80)
> skewness(x)
```

```
[1] 0.2378851
attr(,"method")
[1] "moment"
> skewness(x,method="fisher")
[1] 1.219556
attr(,"method")
[1] "fisher"
> kurtosis(x)
[1] -1.366836
attr(,"method")
[1] "excess"
> kurtosis(x,method="fisher")
[1] -2.635587
attr(,"method")
[1] "fisher"
```

此外，在数据分析过程中，我们有时会对样本进行排序，R 中的 sort() 函数可以实现数据排序，order() 函数可以给出排序后的下标，rank() 可以给出样本的秩次. 具体参见 4.4.2 节.

7.1.4 两组样本相关性分析

两组样本的样本协方差和样本相关系数可以用来衡量两组样本的相关程度. 设 $(x_1,y_1),\cdots,(x_n,y_n)$ 为来自总体 (X,Y) 的成对样本. Peason 相关系数的定义为

$$r = \frac{\sum_{i=1}^{n}(x_i-\overline{x})(y_i-\overline{y})}{\sqrt{\sum_{i=1}^{n}(x_i-\overline{x})^2 \sum_{i=1}^{n}(y_i-\overline{y})^2}}.$$

Peason 相关系数用来刻画两总体的线性相关程度，对于两个正态总体，可以用来度量两总体相关性.

Spearman 秩相关又称等级相关，主要用于不服从正态分布的数据、原始数据为等级数据、一侧开口数据、总体分布类型未知的数据的相关性的度量. Spearman 相关系数即计算将 $x_1,x_2,\cdots,x_n$ 和 $y_1,y_2,\cdots,y_n$ 分别排序后对应的秩的 Pearson 相关系数.

Kendall 秩相关系数度量了两个样本的秩的相似性. 设 $(x_1,y_1),(x_2,y_2),\cdots,(x_n,y_n)$ 是来自于总体 (X,Y) 的样本观测值，对任意的 (x_i,y_i)，(x_j,y_j)，$i \neq j$，若 $x_i > x_j$，有 $y_i > y_j$，或者若 $x_i < x_j$，有 $y_i < y_j$，则称这对观测值是协同的（concordant）；若 $x_i > x_j$，有 $y_i < y_j$，或者若 $x_i < x_j$，有 $y_i > y_j$，则称该对观测值是非协同的（discordant）；如果 $x_i = x_j$ 或 $y_i = y_j$，则称该对观测值既不是协同的，又不是非协同的.

Kendall 秩相关系数定义为

$$\tau = \frac{\text{协同的对数} - \text{非协同的对数}}{C_n^2},$$

其中 $C_n^2 = \frac{1}{2}n(n-1)$.

R 中函数 cov() 和 cor() 可用于计算两成对样本的样本协方差和样本相关系数，其调用

格式为

```
cov(x, y = NULL, use = "everything", method = c("pearson", "kendall",
"spearman"))
cor(x, y = NULL, use = "everything", method = c("pearson", "kendall",
"spearman"))
```

其中，x 为向量或矩阵；y 为向量或矩阵，或当 x 为矩阵时，y 可缺省；use 表示对于带有缺失数据样本的协方差或相关系数的计算方法，可以取值为："everything"，"all.obs"，"complete.obs"，"na.or.complete"，"pairwise.complete.obs"；method 用于指定计算哪种类型的协方差或相关系数.

此外，R 中的 cor.test() 函数还可以用于检验两成对样本是否相关，其调用格式为

```
cor.test(x, y,
         alternative = c("two.sided", "less", "greater"),
         method = c("pearson", "kendall", "spearman"),
         exact = NULL, conf.level = 0.95, continuity = FALSE, ...)
```

其中，alternative 指定检验的类型；exact 表示是否计算精确 p 值；conf.level 给定置信区间的水平；continuity 指定是否进行连续修正.

例 7.1.4　某班 15 名学生期末考试的数学成绩与统计学成绩如表 7.2 所示.

表　7.2

	1	2	3	4	5	6	7	8	9	10	11	12	13	14	15
数学	72	40	60	50	62	49	85	65	82	70	76	80	68	90	91
统计学	80	50	82	65	75	60	88	68	95	55	85	77	72	87	96

试分析学生的数学成绩与统计学成绩的相关性.

解　计算样本的 Pearson 相关系数，可输入如下命令：

```
>x<-c(72,40,60,50,62,49,85,65,82,70,76,80,68,90,91)
>y<-c(80,50,82,65,75,60,88,68,95,55,85,77,72,87,96)
>cor(x,y)
[1] 0.8181314
```

即 Pearson 相关系数为 0.818，认为数学成绩与统计学成绩有很强的正相关性.

若计算 Spearman 相关系数，可输入如下命令：

```
> cor(x,y,method="spearman")
[1] 0.825
```

即 Spearman 相关系数为 0.825，同样可认为数学成绩与统计学成绩有很强的正相关性.

若检验两样本是否具有相关性，可输入如下命令：

```
>cor.test(x,y)
```

得到 Pearson 相关性检验的输出结果为

```
        Pearson's product-moment correlation
data:  x and y
t = 5.1298, df = 13, p-value = 0.0001934
alternative hypothesis: true correlation is not equal to 0
95 percent confidence interval:
 0.5265410 0.9374927
sample estimates:
      cor
0.8181314
```

从运行结果可以看到，p 值为 0.000<0.05，故拒绝原假设，认为二者具有很强的相关性. 类似地，输入如下命令：

```
> cor.test(x,y,method="spearman")
```

可得 Spearman's 相关性检验的输出结果为

```
        Spearman's rank correlation rho
data:  x and y
S = 98, p-value = 0.0002216
alternative hypothesis: true rho is not equal to 0
sample estimates:
  rho
0.825
```

结果显示，p 值为 0.000<0.05，故拒绝原假设，认为二者具有很强的相关性.

例 7.1.5　表 7.3 给出了 10 个国家和地区 1999 年国际化程度和国际竞争力排名情况.

表 7.3　10 个国家和地区 1999 年国际化程度和国际竞争力排名

	美国	新加坡	中国香港	卢森堡	英国	荷兰	爱尔兰	德国	比利时	法国
国际化	1	2	3	4	5	6	7	8	9	10
竞争力	1	2	3	9	12	4	11	14	23	21

试分析国际化程度与国际竞争力的相互关系.

解　计算样本的 Kendall 相关系数，可输入如下命令：

```
> x<-c(1, 2,3,4,5,6,7,8,9,10)

> y<-c(1, 2,3,9,12,4,11,14,23,21)
> cor(x,y,method="kendall")
   [1] 0.8222222
```

即 Kendall 相关系数为 0.822，说明国际化程度与国际竞争力具有很强的相关性.

若检验两样本是否具有相关性，可输入如下命令：

```
> cor.test(x, y, method="kendall")
```

输出结果为

```
        Kendall's rank correlation tau
data:  x and y
T = 41, p-value = 0.0003577
alternative hypothesis: true tau is not equal to 0
sample estimates:
    tau
0.8222222
```

由输出结果可以看到，p 值 0.000<0.05，故拒绝原假设，认为国际化程度与国际竞争力具有很强的相关性.

7.2　图　形　描　述

数据的可视化对于直观分析数据的分布情况具有重要作用. R 软件提供了众多的可视

化函数，能够帮助我们更好地理解数据中蕴含的信息. 5.3.3 节介绍了直方图、箱线图、饼形图等图形的使用方法，本节主要介绍茎叶图、Q-Q 图以及经验函数分布图在刻画数据分布方面的用法.

7.2.1 茎叶图

茎叶图又称"枝叶图"，最初是由统计学家约翰托奇（Arthur Bowley）设计的. 茎叶图（Stem-and-leaf plot）与直方图类似，也是用来描述数据分布情况的一种统计图形，与直方图不同的是，茎叶图用数据代替矩形条，因此茎叶图不仅能够用来描述数据的分布情况，同时也保留了数据的原始信息.

茎叶图将数据分成"茎"和"叶"两部分，通常将该组数据的高位数值作为"茎"，而"叶"的部分只保留该数值的最后一位数字，其中"茎"和"叶"用符号"|"分开. 这样就可以清楚地看到每个主干后面的几个数，每个数具体是多少. 例如 112 分为 11|2，其中 11 为"茎"，2 为"叶"，又如 53 分为 5|3，其中 5 为"茎"，3 为"叶". 下面通过一个例子来说明一下茎叶图的作法及在 R 语言中的实现.

R 软件内置的数据集 women，该数据集共包含了 15 组数据，表示的是 15 名年龄在 30 岁到 39 岁之间的美国妇女的身高和体重.该数据集在 datasets 程序包中，当然该程序包随着 R 的启动而自动加载，因此不需要单独载入. 利用命令 head(women)可以显示数据集 women 中的前 6 个观测值. 例如

```
> head(women)
      height  weight
1       58     115
2       59     117
3       60     120
4       61     123
5       62     126
6       63     129
```

在 R 语言中，利用 stem()函数可以作出茎叶图，其代码及结果如下：

```
> stem(women$height)
    The decimal point is 1 digit(s) to the right of the |
    5 | 89
    6 | 01234
    6 | 56789
    7 | 012
```

从结果中可以看到，妇女身高在 60 英寸到 69 英寸之间最为集中，共有 10 人，低于 60 英寸的有 2 人，70 英寸及以上有 3 人.

值得注意的是，R 软件自动将个位上的数据分成两段，0~4 为一段，5~9 为一段. 有时候，当数据容量 n 过大时，茎叶图的横行上就会出现叶子过多的情况，这时可以增加行数来改善茎叶图的效果，相反，若数据容量 n 较小，横行上的叶子太少时，茎叶图看上去过于分散，这时可以适当减少茎叶图的行数. 利用参数 scale 可以实现茎叶图的行数的控制. 函数 stem（）的一般调用格式为

```
stem(x, scale = 1, width = 80, atom = 1e-08)
```

其中 x 为数值型向量，参数 scale 用于控制茎叶图的行数，默认值为 1，width 用于设置茎

叶图的宽度，默认值为 80. 例如：

```
> stem(women$height,scale=0.5)
The decimal point is 1 digit(s) to the right of the |
5 | 89
6 | 0123456789
7 | 012
```

7.2.2　Q-Q 图

Q-Q 图用于直观验证一组数据是否来自某个分布，或者验证某两组数据是否来自同一分布（族）. 若数据来自某正态分布，则其散点图大致呈现为一条直线.

R 中的 qqnorm() 和 qqline() 函数可以画出 Q-Q 图及相应直线. 其调用格式为

```
qqplot(x, y, plot.it = TRUE, xlab = deparse(substitute(x)),
                ylab = deparse(substitute(y)), ...)
qqline(y, datax = FALSE, distribution = qnorm,
                probs = c(0.25, 0.75), qtype = 7, ...)
```

仍以例 7.2.1 中数据为例，绘出其 Q–Q 图，可以输入如下命令：

```
>x<-c(105,221,183,186,121,181,180,143,97,154,153,174,120,168,167,141,
245,228,174,199,181,158,176,110,163,131,154,115,160,208,158,133,207,180,
190,193,194,133,156,123)
> qqnorm(x)
> qqline(x)
```

输出结果如图 7.1 所示.

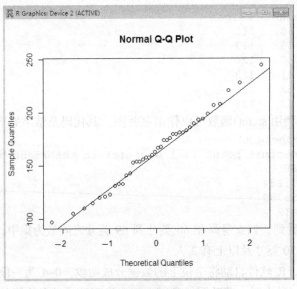

图 7.1　压力强度数据的 Q-Q 图

从 Q-Q 图的输出结果可以看出，该数据可以认为是来自正态总体的.

7.2.3　经验分布函数图

样本的经验分布函数是对总体分布函数的近似，对连续总体而言，当样本量较大时，从经验分布函数图形可以得到总体分布函数的大致形状.

R 中可以用函数 ecdf() 和 plot() 绘制经验分布函数图. 其调用格式为

```
ecdf(x)
plot(x, ..., ylab="Fn(x)", verticals = FALSE,col.01line = "gray70", pch =
19)
```

仍以例 7.2.1 中数据为例, 绘出其经验分布函数图, 可以输入如下命令:

```
>x<-c(105,221,183,186,121,181,180,143,97,154,153,174,120,168,167,141,
245,228,174,199,181,158,176,110,163,131,154,115,160,208,158,133,207,180,
190,193,194,133,156,123)
> plot(ecdf(x),verticals=T,do.p=F)
> t<-c(min(x):max(x))
> lines(t,pnorm(t,mean(x),sd(x)),col=2)
```

输出结果如图 7.2 所示.

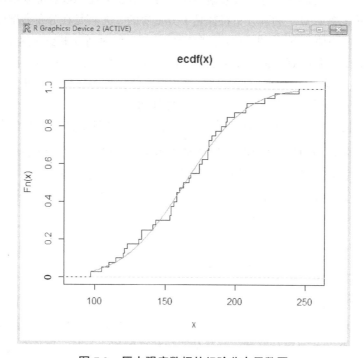

图 7.2　压力强度数据的经验分布函数图

其中, 阶梯曲线即为经验分布函数, 其与正态总体分布函数曲线非常接近, 故可认为数据来自正态总体.

第 8 章

参 数 估 计

在很多实际问题中，人们通常假设数据来自于某个真实分布，然而在大多数情况下，真实分布是未知的. 我们的目标是从数据中提取有用信息去还原或者部分地还原未知的真实分布. 分布中的参数对于刻画分布特征是十分重要的，尤其是在分布类型已知（可以凭借以往经验获得）的情况下，如果能够得到参数的真实值，就等于找到了这个真实分布. 尽管从逻辑上来说，参数的真实值是不可能找到的（因为即便找到我们也无法判断它就是参数真值），但是如果能利用数据信息得到与参数真实值接近的估计值，也可以更好地了解真实分布. 统计推断的一个基本问题就是参数估计问题.

参数估计问题包括点估计和区间估计：由样本数据估计总体分布所含未知参数的真值，所得到的值，称为估计值；区间估计是通过两个统计量 $\hat{\theta}_L = \hat{\theta}_L(\boldsymbol{X})$ 和 $\hat{\theta}_U = \hat{\theta}_U(\boldsymbol{X})$（也有适当的优良性准则）给出未知参数 θ 的估计，并使覆盖概率 $P_\theta\{\hat{\theta}_L \leqslant \theta \leqslant \hat{\theta}_U\}$ 达到一定的水平，如 $\geqslant 95\%$，$\geqslant 90\%$ 等. 本章将重点介绍点估计和区间估计的主要方法、基本思想，以及常见分布参数的估计问题如何在 R 上实现.

8.1 点 估 计

点估计方法在实际问题中有着广泛的应用. 点估计主要目的是利用样本 $\boldsymbol{X} = (X_1, X_2, \cdots, X_n)^\mathrm{T}$ 估计总体分布所含的未知参数 θ（或参数向量[①]）或 θ 的函数 $g(\theta)$. 有些时候，参数 θ 或 $g(\theta)$ 是总体的某个特征值，如数学期望、方差、相关系数等. 点估计的方法有很多，常用方法主要有矩估计法、最大似然估计法、最小二乘估计法等.

8.1.1 矩估计

矩估计法是由英国统计学家卡尔·皮尔逊（K. Pearson）在 1900 年提出的，它的基本思想就是利用样本矩去估计总体矩，其理论依据是大数定律，即样本矩依概率收敛到总体矩，样本矩的连续函数收敛到总体矩的连续函数. 这一性质同时也说明矩估计具有相合性.

一般地，设总体 $X \sim F(x; \boldsymbol{\theta})$，其中 $\boldsymbol{\theta} = (\theta_1, \theta_2, \cdots, \theta_k)^\mathrm{T}$ 为未知参数向量，F 的形式已知或者完全未知，$\mu_l = E(X^l)$，$l = 1, 2, \cdots, k$. 通常情况下，μ_l 是 $\theta_1, \theta_2, \cdots, \theta_k$ 的函数，不妨记为

---

① 参数向量一般用黑体字母表示，例如记为 $\boldsymbol{\theta}$.

$$\begin{cases} \mu_1 = \mu_1(\theta_1, \theta_2, \cdots, \theta_k), \\ \mu_2 = \mu_2(\theta_1, \theta_2, \cdots, \theta_k), \\ \quad\cdots\qquad\qquad\cdots \\ \mu_k = \mu_k(\theta_1, \theta_2, \cdots, \theta_k). \end{cases} \tag{8.1.1}$$

若通过求解以上方程组可得

$$\begin{cases} \theta_1 = \theta_1(\mu_1, \mu_2, \cdots, \mu_k), \\ \theta_2 = \theta_2(\mu_1, \mu_2, \cdots, \mu_k), \\ \quad\cdots\qquad\qquad\cdots \\ \theta_k = \theta_k(\mu_1, \mu_2, \cdots, \mu_k). \end{cases} \tag{8.1.2}$$

用样本的 l 阶样本矩 A_l 代替总体矩 μ_l，即得 θ_l 的估计

$$\hat{\theta}_l = \theta_l(A_1, A_2, \cdots, A_k) , \quad l = 1, \cdots, k .$$

这里，也可以用样本中心矩代替总体中心矩，方法完全类似.

需要注意的是，能用低阶矩估计的参数，尽量不用高阶矩估计，因为用低阶矩估计的结果更精确. 例如，参数为 λ 的指数分布的均值为 $1/\lambda$，方差为 $1/\lambda^2$，故基于样本均值 $\overline{x}$ 的 λ 的矩估计为 $1/\overline{x}$，而基于样本方差 s_n^2 的 λ 的矩估计为 $1/s_n$. 由于 $1/\overline{x}$ 估计精确度更高，应选择 $1/\overline{x}$ 作为 λ 的矩估计.

例 8.1.1　设 $x_1, x_2, \cdots, x_n$ 是来自均匀分布 $U(\theta_1, \theta_2)$ 的一组样本值，试求 θ_1, θ_2 的矩估计值.

解　由总体 $X \sim U(\theta_1, \theta_2)$ 得

$$\mu = E(X) = \frac{\theta_1 + \theta_2}{2}, \quad \sigma^2 = \mathrm{Var}(X) = \frac{(\theta_2 - \theta_1)^2}{12}.$$

由上述方程可解得

$$\begin{cases} \theta_1 = \mu - \sqrt{3\sigma^2}, \\ \theta_2 = \mu + \sqrt{3\sigma^2}, \end{cases}$$

用 $\overline{x} = \dfrac{1}{n}\sum_{i=1}^{n} x_i$ 和 $s_n^2 = \dfrac{1}{n}\sum_{i=1}^{n}(x_i - \overline{x})^2$ 分别代替 μ 和 σ^2 即可得到 θ_1, θ_2 的矩估计值为

$$\hat{\theta}_1 = \overline{x} - \sqrt{3}s_n, \quad \hat{\theta}_2 = \overline{x} + \sqrt{3}s_n.$$

若从均匀分布 $U(\theta_1, \theta_2)$ 获得样本容量为 5 的样本如下：

$$4.5, \ 5.0, \ 4.7, \ 4.0, \ 4.2.$$

则由如下 R 命令可算得 θ_1, θ_2 的矩估计值：

```
> x<-c(4.5, 5.0, 4.7, 4.0, 4.2)
> xbar<-mean(x)
> sn2<-4*var(x)/5
> theta1<-xbar-sqrt(3*sn2)
> theta2<-xbar+sqrt(3*sn2)
> theta1
      [1] 3.86616
> theta2
      [1] 5.09384
```

即 $\hat{\theta}_1 = 3.87$，$\hat{\theta}_2 = 5.09$ 分别是 θ_1 和 θ_2 的矩估计值. 注意，R 中的 var()函数计算的是无偏估

计形式的样本方差，即 $s^2 = \dfrac{1}{n-1}\sum_{i=1}^{n}(x_i - \overline{x})^2$，而样本二阶中心矩 $s_n^2 = \dfrac{n-1}{n}s^2$，故在上面命令行中有

```
sn2<-4*var(x)/5.
```

在实际应用中，当由式（8.1.1）不能得到形如式（8.1.2）的解析表达式时，可以通过先将样本矩带入式（8.1.1）进行数值求解即可得到相应的矩估计.

下面仍以例 8.1.1 为例演示用牛顿法对非线性方程组进行数值求解的 R 实现. 首先，给出计算非线性方程组的牛顿法的程序[①]：

```
Newtons<-function (fun, x, ep=1e-5, it_max=150){
    index<-0;  k<-1
    while(k<=it_max){
        x1<-x;  obj<-fun(x);
        x<-x-solve(obj$J, obj$f);
        dist<-sqrt((x-x1)%*%(x-x1))
        if(dist<ep){
            index<-1; break
        }
        k<-k+1
    }
    obj<-fun(x);
    list(root=x, it=k, index=index, FunVal=obj$f)
}
```

其中，fun 为非线性方程组 $f(x) = 0$ 中的由 R^n 映射到 R^n 的连续函数 f；x 是变量初始值；ep 是求解的精度；it_max 为最大迭代次数. 为方便起见，可以将此函数保存为 R 文件 Newtons.R，以后即可直接调用.

接下来，由已知样本算得 $\overline{x}$ 和 s_n^2 的具体值，分别替换

$$\mu = \frac{\theta_1 + \theta_2}{2},\quad \sigma^2 = \frac{(\theta_2 - \theta_1)^2}{12}$$

中的 μ 和 σ^2 得

$$\begin{cases} \dfrac{\theta_1 + \theta_2}{2} = \overline{x}, \\ \dfrac{(\theta_2 - \theta_1)^2}{12} = s_n^2, \end{cases} \qquad \begin{cases} \dfrac{\theta_1 + \theta_2}{2} - \overline{x} = 0, \\ \dfrac{(\theta_2 - \theta_1)^2}{12} - s_n^2 = 0. \end{cases}$$

进而可编写以上方程组的 R 函数如下：

```
myfun<-function(t){
    f<-c((t[1]+t[2])/2-xbar, (t[2]-t[1])^2/12-sn2)
    J<-matrix(c(1/2,1/2,-(t[2]-t[1])/6, (t[2]-t[1])/6),
            nrow=2,byrow=T)
list(f=f,J=J)
}
```

取样本的最小值和最大值作为初始值，输入如下命令即可得到方程组的解[②].

[①] Newtons 函数中用到了 solve()函数，该函数的用法见 2.5.5 节.

[②] 若 Newtons 函数已经被保存为 Newtons.R 文件，在输入如下命令之前需用形式如 source("c:/Rfile/Newtons.R")调入内存，其中"c:/Rfile/Newtons.R"为 Newtons.R 的保存路径，特别值得注意的是 R 中的路径使用"/"分隔，而非"\".

```
> Newtons(myfun,c(4.2,5.0))
     $root
     [1] 3.86616 5.09384
     $it
     [1] 4
     $index
     [1] 1
     $FunVal
     [1] 0.000000e+00 7.708528e-12
```

从上面的返回值易见由数值法得到的解为 3.86616 和 5.09384，与直接计算的结果相同. 此外，R 的强大软件包中也有各种求解方程组的函数，读者可自行查阅.

8.1.2 极大似然估计

极大似然估计（也称为最大似然估计）针对总体分布形式已知情况下的常用方法，极大似然估计的思想首先由德国数学家高斯（C. F. Gauss）在 1821 年提出，1922 年，英国数学家费希尔（R. A. Fisher）重新研究了极大似然估计方法，并获得了极大似然估计的一些优良性质，使得该方法得到广泛应用.

极大似然估计的基本思想就是利用极大似然原理，即概率大的事件在一次观测中更容易发生. 因此，求极大似然估计首先应写出关于待估参数的似然函数.

设 $x_1, x_2, \cdots, x_n$ 是来自某分布 $f(x, \theta)$（密度函数或者分布律）的一个样本值，则参数 θ 的似然函数为

$$L(\theta) = \prod_{i=1}^{n} f(x_i; \theta) \,,$$

若在参数空间 Θ 上存在 $\hat{\theta}$，使得 $L(\theta)$ 达到最大，即

$$L(\hat{\theta}) = \max_{\theta \in \Theta} L(\theta) \,,$$

则 $\hat{\theta}$ 为 θ 的极大似然估计（maximum likelihood estimation），简记为 MLE. 用极大似然方法来估计参数的方法称为极大似然法.

求解极大似然估计的常用方法是求解似然方程或对数似然方程. 如果似然函数对参数不能求导，则可根据似然函数直接求解其数值解.

例 8.1.2 设 $x_1, x_2, \cdots, x_n$ 是来自两点分布 $b(1, \theta)$ 的一个样本，$\theta \in (0, 1)$ 为成功概率，求参数 θ 的极大似然估计.

解 参数 θ 似然函数为

$$L(\theta) = \prod_{i=1}^{n} \theta^{x_i} (1-\theta)^{1-x_i} = \theta^{\sum_{i=1}^{n} x_i} (1-\theta)^{n-\sum_{i=1}^{n} x_i} \,,$$

对数似然函数为

$$l(\theta) = \ln L(\theta) = \sum_{i=1}^{n} x_i \ln \theta + \left(n - \sum_{i=1}^{n} x_i \right) \ln(1-\theta) \,.$$

对数似然方程为

$$\frac{\partial l(\theta)}{\partial \theta} = \frac{\sum\limits_{i=1}^{n} i}{\theta} - \frac{n - \sum\limits_{i=1}^{n} x_i}{1 - \theta} = 0 \,,$$

解似然方程得 θ 的极大似然估计为 $\hat{\theta} = \frac{1}{n}\sum\limits_{i=1}^{n} x_i = \overline{x}$. 若给定 $n = 10$，$\sum\limits_{i=1}^{n} x_i = 7$，则 θ 的极大似然估计为 $\hat{\theta} = 0.7$.

利用 R 中的 uniroot()函数可以求参数 θ 的数值解. uniroot()函数主要用于求解一元方程（尤其是方程不存在显示解时）的数值解，其调用格式为

```
uniroot(f, interval, ..., lower = min(interval), upper = max(interval),
        tol = .Machine$double.eps^0.25, maxiter = 1000)
```

其中，f 为所求似然方程的函数；interval 为二维向量，表示包含方程根的初始区间；省略号"..."部分是对 f 的变量的附加说明，若似然函数 f 中有其他变量，需要在此处先对这些变量进行赋值；lower 和 upper 分别为求根区间的左、右端点（缺省值为初始区间的左、右端点）；tol 表示计算精度；maxiter 为最大迭代次数（默认值为 1000）.

利用 uniroot()函数求例 8.1.2 中未知参数 θ 的数值解，代码如下：

```
> f<-function(p,n,s) s/p-(n-s)/(1-p)
>sol<-uniroot(f,n=10,s=7,c(0,1))
```

第一条语句写出对数似然方程对应的函数，该函数有三个变量；第二条语句用 uniroot()求解似然方程在区间（0,1）内的根，其中，n=10，s=7 即为对 f 函数变量的附加说明. 输出结果为

```
> sol
  $root
  [1] 0.6999996
  $f.root
  [1] 1.682237e-05
  $iter
  [1] 7
  $estim.prec
  [1] 6.103516e-05
```

在输出结果中，$root 为方程的近似解，即极大似然估计值为 $\hat{\theta} = 0.6999996 \approx 0.70$；$f.root 为近似值点的函数值；$iter 为迭代次数；$estim.prec 为近似解的绝对误差估计值.

需要注意的是，选取合适的求根区间能够减少迭代次数，如输入

```
> sol<-uniroot(f,n=10,s=7,c(0.01,0.99))
> sol
  $root
  [1] 0.7
  $f.root
  [1] -7.105427e-15
  $iter
  [1] 2
  $estim.prec
  [1] 6.103516e-05
```

可见迭代次数由 7 次减少到 2 次.

此外，在单参数情况下，也可以直接调用 R 中的 optimize()函数来求极大似然估

计. optimize()函数别名 optimise()，用来搜索一元函数在某个区间上的最大值或最小值，其调用格式为

```
optimize(f = , interval = , ..., lower = min(interval),
                upper = max(interval), maximum = FALSE,
                tol = .Machine$double.eps^0.25)
```

其中，f 为似然函数；interval 为二维向量，表示参数 θ 的取值范围；省略号"..."部分是对 f 中变量的附加说明，若似然函数 f 中有其他变量，需要在该选项中先对这些变量进行赋值；lower 和 upper 分别为搜索区间的最小值和最大值，缺省值即为 interval 的左端点和右端点；maximum 为逻辑值，maximum =TRUE 表示求最大值，缺省值为 maximum = FALSE，表示求最小值；tol 用来给出求值的精度. Optimize()的返回值为极值点和极值.

下面仍以例 8.1.2 为例，利用 optimize()函数求解例 8.1.2 中的极大似然估计， R 命令实现如下：

```
> likelihood<-function(p,n,s)  p^s*(1-p)^(n-s)
> optimize(likelihood,n=10,s=7,c(0,1),maximum=TRUE)    #likelihood 为似
然函数
$maximum
[1] 0.6999843
$objective
[1] 0.002223566
```

其中，$maximum 为最大值点，结果显示，极大似然估计值为 $\hat{\theta} = 0.6999843 \approx 0.70$；$objective 为目标函数在近似解点的函数值. 另外，也可以基于对数似然函数求解极大似然估计，如

```
>loglike<-function(p,n,s)  s*log(p)+(n-s)*log(1-p)
> optimize(loglike,n=10,s=7,c(0,1),maximum=TRUE)
   $maximum
[1] 0.7000058
$objective
[1] -6.108643
```

从运行结果可以看到，上述三种不同的求解方法估计效果都很好.

例 8.1.3　设某机床加工的轴的直径与图纸规定的尺寸的偏差服从 $N(\mu, \sigma^2)$，其中 μ, σ^2 均未知. 为估计 μ 和 σ^2，随机抽取了 n 个样本，测得其偏差为 $x_1, x_2, \cdots, x_n$. 试求 μ, σ^2 的极大似然估计.

解　μ, σ^2 的似然函数为

$$L(\mu, \sigma^2) = \prod_{i=1}^{n} \frac{1}{\sqrt{2\pi\sigma^2}} \exp\left\{-\frac{(x_i - \mu)^2}{2\sigma^2}\right\} \propto (\sigma^2)^{-n/2} \exp\left\{-\frac{1}{2\sigma^2}\sum_{i=1}^{n}(x_i - \mu)^2\right\},$$

对数似然函数为

$$l(\mu, \sigma^2) = -\frac{n}{2}\ln(\sigma^2) - \frac{1}{2\sigma^2}\sum_{i=1}^{n}(x_i - \mu)^2,$$

对数似然方程为

$$\begin{cases} \dfrac{\partial l}{\partial \mu} = \dfrac{1}{\sigma^2}\sum_{i=1}^{n}(x_i - \mu) = 0, \\[3mm] \dfrac{\partial l}{\partial \sigma^2} = -\dfrac{n}{2\sigma^2} + \dfrac{1}{2\sigma^4}\sum_{i=1}^{n}(x_i - \mu)^2 = 0, \end{cases}$$

求解似然方程得 μ, σ^2 的极大似然估计值为

$$\hat{\mu} = \frac{1}{n}\sum_{i=1}^{n} x_i = \overline{x}, \qquad \hat{\sigma}^2 = \frac{1}{n}\sum_{i=1}^{n}(x_i - \overline{x})^2 = s_n^2.$$

若从 $n = 100$ 个正态样本观测值算得 $\sum_{i=1}^{100} x_i = 26$（单位：mm），$\sum_{i=1}^{100} x_i^2 = 7.04$，可算得 μ, σ^2 的极大似然估值为

$$\hat{\mu} = \overline{x} = \frac{1}{100}\sum_{i=1}^{100} x_i = \frac{26}{100} = 0.26,$$

$$\hat{\sigma}^2 = s_n^2 = \frac{1}{100}\left[\sum_{i=1}^{n} x_i^2 - \frac{1}{100}\left(\sum_{i=1}^{n} x_i\right)^2\right] = \frac{1}{100}\left(7.04 - \frac{26^2}{100}\right) = 0.0028.$$

类似于例 8.1.1 用牛顿法进行数值求解. 编写对数似然方程的 R 函数如下:

```
funeqlike<-function(t){
  f<-c(sx-n*t[1],n*t[2]-(ssx+n*t[1]^2-2*sx*t[1]))
  J<-matrix(c(-n,0,2*(sx-n*t[1]),n),nrow=2,byrow=T)
 list(f=f,J=J)
 }
```

调用 8.1.1 节给出的求解非线性方程组的牛顿法的程序如下:

```
>source("c:/Rfile/Newtons.R")
> n=100
> sx=26
> ssx=7.04
>Newtons(funeqlike,c(0.5,0.01))
    $root
    [1] 0.2600 0.0028
    $it
    [1] 3
    $index
    [1] 1
    $FunVal
    [1] 0.000000e+00 5.551115e-17
```

即 μ, σ^2 的极大似然估值为 $\hat{\mu} = 0.26, \hat{\sigma}^2 = 0.0028$，与直接求解得到相同的估计值.

此外，在多参数情况下，还可以用 R 函数 optim()或 nlm()来求解极大似然估计. 二者都是求解多元函数极小值的函数，其中 nlm()仅使用 Newton-Raphson 算法，它是 R 中处理非线性回归问题的函数；而 optim()提供五种优化方法可供选择.

optim()的调用格式为

```
optim(par, fn, gr = NULL, ...,
      method = c("Nelder-Mead", "BFGS", "CG", "L-BFGS-B", "SANN","Brent"),
      lower = -Inf, upper = Inf, control = list(), hessian = FALSE)
```

其中,par 为参数的初值；fn 为求最值的优化函数；gr 为返回"BFGS", "CG" 和 "L-BFGS-B" 三种方法的梯度的函数, gr=NULL 将使用有限微分近似；method 为优化时可选用的方法，具体方法说明请读者参见 R 帮助文件；lower 和 upper 分别表示变量的搜索下界和上界(只适用于 L-BFGS-B(或 Brent)方法)，默认值为-Inf 和 Inf；hessian 表示是否返回海赛矩阵的

值，默认值为不返回.

nlm()函数的调用格式为

```
nlm(f, p, ..., hessian = FALSE, typsize = rep(1, length(p)),
       fscale = 1, print.level = 0, ndigit = 12, gradtol = 1e-6,
       stepmax = max(1000 * sqrt(sum((p/typsize)^2)), 1000),
       steptol = 1e-6, iterlim = 100, check.analyticals = TRUE)
```

其中，f 为优化函数；p 为参数初值；hessian 表示是否返回海赛矩阵的值；其他参数的意义请读者参见 R 帮助文件.

下面仍以例 8.1.3 为例，分别利用 optim()函数和 nlm()函数求解 μ, σ^2 的极大似然估计.

首先编写对数似然函数 $l(\mu, \sigma^2) = -\dfrac{n}{2}\ln(\sigma^2) - \dfrac{1}{2\sigma^2}\sum_{i=1}^{n}(x_i - \mu)^2$ 的 R 函数如下[①]

```
loglike<-function(t) {
  n*log(t[2])/2+(ssx+n*t[1]^2-2*t[1]*sx)/(2*t[2])
}
```

调用 optim()函数及其部分输出结果如下：

```
>sx=26
>ssx=7.04
> optim(c(0,1),loglike)
$par
[1] 0.260001086 0.002799987
$value
[1] -243.9068
```

调用 nlm()函数及其部分输出结果如下.

```
> nlm(loglike,c(0,1))
$minimum
[1] -243.9068
$estimate
[1] 0.260000022 0.002800006
$iterations
[1] 17
```

由以上两个函数得到的 μ, σ^2 的极大似然估值均为 $\hat{\mu} = 0.26$，$\hat{\sigma}^2 = 0.0028$，与直接求解及牛顿法得到的结果相同.

8.2　区　间　估　计

对于给定的样本 $\boldsymbol{X} = (X_1, X_2, \cdots, X_n)^{\mathrm{T}}$ 及样本的一个观测值 $\boldsymbol{x} = (x_1, x_2, \cdots, x_n)^{\mathrm{T}}$，点估计只给出了参数的一个估计值，从该数值无法看出估计的精度或可信度. 而区间估计则是通过两个统计量 $\hat{\theta}_L = \hat{\theta}_L(\boldsymbol{X})$ 和 $\hat{\theta}_U = \hat{\theta}_U(\boldsymbol{X})$ 给出未知参数 θ 的估计，并使覆盖概率 $P_\theta\{\hat{\theta}_L \leqslant \theta \leqslant \hat{\theta}_U\}$ 达到一定的水平，其中置信区间的平均长度 $E_\theta[\hat{\theta}_U(\boldsymbol{X}) - \hat{\theta}_L(\boldsymbol{X})]$ 反映了估计精度，覆盖概率反映了区间估计的可靠度.

---

① 此处定义的优化函数为 $-l(\mu, \sigma^2)$，即求极大似然估计等价于求 $-l(\mu, \sigma^2)$ 的极小值.

8.2.1　区间估计的定义

参数的置信区间及置信限的具体定义如下：

定义 8.2.1　设 $\boldsymbol{X} = (X_1, X_2, \cdots, X_n)^{\mathrm{T}}$ 是来自某总体 $F_\theta(x)$ 的一个样本，$\hat{\theta}_L = \hat{\theta}_L(\boldsymbol{X})$ 和 $\hat{\theta}_U = \hat{\theta}_U(\boldsymbol{X})$ 是在参数空间 Θ 上取值的两个统计量，且 $\hat{\theta}_L < \hat{\theta}_U$ 以概率 1 成立，则称随机区间 $[\hat{\theta}_L, \hat{\theta}_U]$ 为参数 θ 的一个区间估计. 称该区间覆盖参数 θ 的概率 $P_\theta(\hat{\theta}_L \leqslant \theta \leqslant \hat{\theta}_U)$ 为**置信度**，称 $\inf\limits_{\theta \in \Theta} P_\theta(\hat{\theta}_L \leqslant \theta \leqslant \hat{\theta}_U)$ 为**置信系数**.

定义 8.2.2　设 $\boldsymbol{X} = (X_1, X_2, \cdots, X_n)^{\mathrm{T}}$ 是来自某总体 $F_\theta(x)$ 的一个样本，对给定的 α $(0 < \alpha < 1)$，若统计量 $\hat{\theta}_L = \hat{\theta}_L(\boldsymbol{X})$ 和 $\hat{\theta}_U = \hat{\theta}_U(\boldsymbol{X})$ 满足 $P_\theta(\hat{\theta}_L \leqslant \theta \leqslant \hat{\theta}_U) \geqslant 1 - \alpha$，$\forall \theta \in \Theta$，则称随机区间 $[\hat{\theta}_L, \hat{\theta}_U]$ 为 θ 的置信水平为 $1 - \alpha$ 的置信区间，简称为 θ 的 $1 - \alpha$ 的置信区间，$\hat{\theta}_L$ 和 $\hat{\theta}_U$ 分别称为 θ 的 $1 - \alpha$ 双侧置信下限和置信上限.

若 $P_\theta(\theta \geqslant \hat{\theta}_L) \geqslant 1 - \alpha$，$\forall \theta \in \Theta$，则称 $\hat{\theta}_L$ 为 θ 的 $1 - \alpha$ 单侧置信下限；若 $P_\theta(\theta \leqslant \hat{\theta}_U) \geqslant 1 - \alpha$，$\forall \theta \in \Theta$，则称 $\hat{\theta}_U$ 为 θ 的 $1 - \alpha$ 单侧置信上限.

下面只介绍双侧置信区间及其在 R 上的实现方法，对于单侧置信限求解与双侧置信区间求解方法类似，请读者自己完成.

8.2.2　正态总体参数的区间估计

正态分布 $N(\mu, \sigma^2)$ 是应用最广泛的分布，寻求正态总体的两个参数 μ 和 σ^2 的置信区间是实际中经常遇到的问题.

1. 一个正态总体的情况

设 $\boldsymbol{X} = (X_1, X_2, \cdots, X_n)^{\mathrm{T}}$ 是来自正态总体 $X \sim N(\mu, \sigma^2)$ 的一个样本，$\overline{X} = \dfrac{1}{n}\sum\limits_{i=1}^{n} X_i$ 和 $S^2 = \dfrac{1}{n-1}\sum\limits_{i=1}^{n}(X_i - \overline{X})^2$ 分别是样本均值和样本方差. 表 8.1 列出了单个正态总体均值与方差的估计公式.

表 8.1　单个正态总体均值与方差的区间估计

参数	条件	置信水平为 $1-\alpha$ 的双侧置信区间	置信水平为 $1-\alpha$ 的单侧置信限
μ	σ^2 已知	$\left(\overline{X} - \dfrac{\sigma}{\sqrt{n}}z_{\frac{\alpha}{2}}, \overline{X} + \dfrac{\sigma}{\sqrt{n}}z_{\frac{\alpha}{2}}\right)$	$\overline{\mu} = \overline{X} + \dfrac{\sigma}{\sqrt{n}}z_\alpha$，$\underline{\mu} = \overline{X} - \dfrac{\sigma}{\sqrt{n}}z_\alpha$
	σ^2 未知	$\left(\overline{X} \pm \dfrac{S}{\sqrt{n}}t_{\frac{\alpha}{2}}(n-1)\right)$	$\overline{\mu} = \overline{X} + \dfrac{S}{\sqrt{n}}t_\alpha(n-1)$，$\underline{\mu} = \overline{X} - \dfrac{S}{\sqrt{n}}t_\alpha(n-1)$
σ^2	μ 未知	$\left(\dfrac{(n-1)S^2}{\chi_{\frac{\alpha}{2}}^2(n-1)}, \dfrac{(n-1)S^2}{\chi_{1-\frac{\alpha}{2}}^2(n-1)}\right)$	$\overline{\sigma^2} = \dfrac{(n-1)S^2}{\chi_{1-\alpha}^2(n-1)}$，$\underline{\sigma^2} = \dfrac{(n-1)S^2}{\chi_\alpha^2(n-1)}$

注：$\underline{\mu}$ 和 $\underline{\sigma^2}$ 为单侧置信下限，$\overline{\mu}$ 和 $\overline{\sigma^2}$ 为单侧置信上限.

例 8.2.1　某公司生产的滚珠的直径 X 服从正态分布 $N(\mu,\sigma^2)$，其中 $\sigma^2 = 0.04$．某天从生产线上随机抽取 6 个滚珠，测得其直径（单位：mm）如下：

$$14.93 \quad 15.10 \quad 14.98 \quad 14.85 \quad 15.15 \quad 15.01$$

若取 $\alpha = 0.05$，求滚珠平均直径 μ 的 $1-\alpha$ 双侧置信区间．

解　由观测数据计算得 $\bar{x} = 15.00$，查表可知[①]，标准正态分布分位点 $z_{\frac{\alpha}{2}} = z_{0.025} = 1.96$，故

$$\bar{x} \pm \frac{\sigma}{\sqrt{n}} z_{\frac{\alpha}{2}} = 15.00 \pm 1.96 \times 0.2 / \sqrt{6} = 15.00 \pm 0.16,$$

因此即 μ 的 0.95 双侧置信区间为（14.84, 15.16）．

R 代码如下：

```
> x<-c(14.93, 15.10, 14.98, 14.85, 15.15, 15.01)
> n<-length(x)
> sigma<-0.2
> xbar<-mean(x)
> alpha<-0.05
> q<-qnorm(1-alpha/2)
> inverval<-c(xbar-q*sigma/sqrt(n), xbar+q*sigma/sqrt(n))
> inverval
```

运行结果为

```
[1] 14.84330 15.16336
```

从运行结果可以看到，μ 的 0.95 双侧置信区间为（14.84, 15.16）．

我们也可以编写自己的 R 函数，计算方差已知时正态总体均值的置信区间．例如：

```
interval.mean<-function(x, sigma, alpha){
    n<-length(x)
    xbar<-mean(x)
    q<- qnorm(1-alpha/2,mean=0,sd=1)
    interval<-c(xbar-sigma*q/sqrt(n), xbar+sigma*q/sqrt(n))
    data.frame(mean=xbar,low_limit=interval[1], up_limit=interval[2])
        }
```

利用函数 interval.mean() 求解例 8.2.1 中未知参数 μ 的 95% 的置信区间．R 命令及结果如下：

```
> x<-c(14.93, 15.10, 14.98, 14.85, 15.15, 15.01)
> interval.mean(x,0.2,0.05)
       Mean     low_limit    up_limit
1   15.00333    14.8433      15.16336
```

由输出结果可知，样本均值 $\bar{x} = 15.00$，μ 的 0.95 双侧置信区间为（14.84, 15.16）．

例 8.2.2　用仪器间接测量炉子的温度，其测量值 X 服从正态分布 $N(\mu,\sigma^2)$，现重复测量 5 次，结果（单位：℃）为

$$1250 \quad 1265 \quad 1245 \quad 1260 \quad 1275$$

若取 $\alpha = 0.05$，求炉子平均温度 μ 的 $1-\alpha$ 双侧置信区间．

解　由观察数据计算得

[①]　也可以利用 R 命令 qnorm(0.975) 进行求解 $z_{0.025} = 1.96$．

$$\bar{x} = 1259, \quad s = \sqrt{\frac{1}{n-1}\sum_{i=1}^{n}(x_i - \bar{x})^2} = \sqrt{\frac{570}{5-1}} = 11.94,$$

查表可知①，自由度为 4 的 t 分布的上 $\alpha/2$ 分位点 $t_{\alpha/2}(4) = t_{0.025}(4) = 2.776$，故

$$\bar{x} \pm \frac{s}{\sqrt{n}} t_{1-\alpha/2}(n-1) = 1259 \pm 2.776 \times 11.94 / \sqrt{5} = 1259 \pm 14.82,$$

即 μ 的 0.95 双侧置信区间为（1244.18, 1273.82）.

上述求解过程的 R 代码如下：

```
> x<-c(1250, 1265, 1245, 1260, 1275)
> n<-length(x)
> xbar<-mean(x)
> sd<-sd(x)
> alpha<-0.05
> q<-qt(1-alpha/2,n-1)
> interval<-c(xbar-q*sd/sqrt(n), xbar+q*sd/sqrt(n))
> inverval
```

运行结果为

```
[1] 1244.178    1273.822
```

从运行结果可以看到，μ 的 0.95 双侧置信区间为（1244.18, 1273.82）.

类似地，可编写自己的 R 函数，计算方差未知正态总体均值的置信区间. 例如：

```
t.mean<-function(x, alpha){
    n<-length(x)
    xbar<-mean(x)
    sd<-sd(x)
    q<-qt(1-alpha/2,n-1)
    interval<-c(xbar-q*sd/sqrt(n), xbar+q*sd/sqrt(n))
    data.frame(mean=xbar,low_limit=interval[1], up_limit=interval[2])
        }
```

利用函数 t.mean()求解例 8.2.1 中未知参数 μ 的 95% 的置信区间，R 代码如下：

```
> x<-c(1250, 1265, 1245, 1260, 1275)
> t.mean(x, 0.05)
```

运行结果为

```
 mean    low_limit    up_limit
1 1259    1244.178    1273.822
```

由输出结果可知，样本均值 $\bar{x} = 1259$，μ 的 0.95 双侧置信区间为（1244.18, 1273.82）.

此外，R 自带函数 t.test()可以用来计算方差未知正态总体均值的置信区间，其调用格式为

```
t.test(x, y = NULL, alternative = c("two.sided", "less", "greater"),
    mu = 0, paired = FALSE, var.equal = FALSE, conf.level = 0.95, ...)
```

其中 x 和 y 为两正态样本，若 y=NULL 则为单样本问题；alternative="two.sided" 表示双侧置信区间，alternative="less" 表示单侧置信上限，alternative="greater"表示单侧置信下限；paired=TRUE 表示成对样本问题；var.equal=TRUE 表示双样本问题中的等方差假设；conf.level 表示置信水平.

---

① 也可以利用 R 命令 qt(0.975,4)进行求解 $t_{0.025}(4) = 2.776$.

利用函数 t.test() 求解例 8.2.2 中的 μ 的 0.95 双侧置信区间，代码及结果为

```
x<-c(1250, 1265, 1245, 1260, 1275)
> t.test(x)
        One Sample t-test
data: x
t = 235.8323, df = 4, p-value = 1.939e-09
alternative hypothesis: true mean is not equal to 0
95 percent confidence interval:
 1244.178   1273.822
sample estimates:
mean of x
      1259
```

由输出结果可知，样本均值 $\bar{x} = 1259$，μ 的 0.95 双侧置信区间为（1244.18，1273.82）．

例 8.2.3　从自动车床加工的一批零件中随机抽取 10 只，测得其直径（单位：cm）为

$$15.2 \quad 15.1 \quad 14.8 \quad 15.3 \quad 15.2 \quad 15.4 \quad 14.8 \quad 15.5 \quad 15.3 \quad 15.4$$

若零件直径服从正态分布 $N(\mu, \sigma^2)$，取 $\alpha = 0.05$，求零件直径的随机误差 σ^2 的双侧置信区间．

解　由观测数据计算得 $\bar{x} = 15.2$，$(n-1)s^2 = 0.52$，查表可知[①]，$\chi^2_{0.025}(9) = 2.70$，$\chi^2_{0.975}(9) = 19.02$，故

$$\left(\frac{(n-1)s^2}{\chi^2_{1-\alpha/2}(n-1)}, \frac{(n-1)s^2}{\chi^2_{\alpha/2}(n-1)} \right) = \left(\frac{0.52}{19.02}, \frac{0.52}{2.70} \right) = (0.027, 0.193),$$

即 σ^2 的 0.95 双侧置信区间为（0.027，0.193）．

R 实现代码如下：

```
> x<-c(15.2, 15.1, 14.8, 15.3, 15.2, 15.4, 14.8, 15.5, 15.3,
15.4)
> n<-length(x)
> sd2<-sd(x)^2
> alpha<-0.05
> q1=qchisq(alpha/2,n-1)
> q2=qchisq(1-alpha/2,n-1)
> interval<-c((n-1)*sd2/q2,(n-1)*sd2/q1)
> interval
[1] 0.02733566 0.19256481
```

由输出结果可知，σ^2 的 0.95 双侧置信区间为（0.027，0.193）．当然也可以编写自己的 R 函数，用于求解正态总体方差的置信区间．

```
interval.var<-function(x, alpha){
 n<-length(x)
 sd2<-sd(x)^2
  q1=qchisq(alpha/2,n-1)
  q2=qchisq(1-alpha/2,n-1)
interval<-c((n-1)*sd2/q2,(n-1)*sd2/q1)
data.frame(lower_limit=interval[1], upper_limit=interval[2])
}
```

调用函数 interval.var() 求解例 8.2.3 中 σ^2 的 0.95 双侧置信区间的代码及结果为

---

① 也可以利用 R 命令 qchisq(0.025,9) 和 qchisq(0.975,9) 求解 $\chi^2_{0.025}(9) = 2.70$ 和 $\chi^2_{0.975}(9) = 19.02$．

```
> x<-c(15.2, 15.1, 14.8, 15.3, 15.2, 15.4, 14.8, 15.5, 15.3, 15.4)
> interval.var(x,0.05)
    lower_limit    upper_limit
1   0.02733566     0.1925648
```

即 σ^2 的 0.95 双侧置信区间为 (0.027, 0.193).

2. 两个正态总体的情况

假设有两个独立正态总体 $X \sim N(\mu_1, \sigma_1^2)$ 和 $Y \sim N(\mu_2, \sigma_2^2)$, $X_1, X_2 \cdots, X_m$ 为来自 X 的一个样本, $Y_1, Y_2, \cdots, Y_n$ 为来自 Y 的一个样本, $\overline{X}, \overline{Y}, S_1^2, S_2^2$ 分别为总体 X 与 Y 的样本均值与样本方差, $S_w^2 = \dfrac{(m-1)S_1^2 + (n-1)S_2^2}{m+n-2}$, $S_w = \sqrt{S_w^2}$. 表 8.2 给出了两个正态总体均值与方差的区间估计公式.

表 8.2 两个正态总体均值与方差的区间估计

参数	条件	置信水平为 $1-\alpha$ 的双侧置信区间	置信水平为 $1-\alpha$ 的单侧置信限	
$\mu_1 - \mu_2$	σ_1^2, σ_2^2 已知	$\left((\overline{X} - \overline{Y}) \pm z_{\frac{\alpha}{2}} \cdot \sqrt{\dfrac{\sigma_1^2}{m} + \dfrac{\sigma_2^2}{n}} \right)$	$\underline{\mu_1 - \mu_2} = \overline{X} - \overline{Y} - z_\alpha \cdot \sqrt{\dfrac{\sigma_1^2}{m} + \dfrac{\sigma_2^2}{n}}$	$\overline{\mu_1 - \mu_2} = \overline{X} - \overline{Y} + z_\alpha \cdot \sqrt{\dfrac{\sigma_1^2}{m} + \dfrac{\sigma_2^2}{n}}$
	$\sigma_1^2 = \sigma_2^2 = \sigma^2$, σ^2 未知	$\left((\overline{X} - \overline{Y}) \pm t_{\frac{\alpha}{2}}(m+n-2) \cdot S_w \cdot \sqrt{\dfrac{1}{m} + \dfrac{1}{n}} \right)$	$\underline{\sigma^2} = \overline{X} - \overline{Y}$ $- t_\alpha(m+n-2) \cdot S_w \cdot \sqrt{\dfrac{1}{m} + \dfrac{1}{n}}$	$\overline{\sigma^2} = \overline{X} - \overline{Y}$ $+ t_\alpha(m+n-2) \cdot S_w \cdot \sqrt{\dfrac{1}{m} + \dfrac{1}{n}}$
σ_1^2/σ_2^2	μ_1, μ_2 未知	$\left(\dfrac{S_1^2}{S_2^2} \dfrac{1}{F_{\frac{\alpha}{2}}(m-1, n-1)}, \dfrac{S_1^2}{S_2^2} \dfrac{1}{F_{1-\frac{\alpha}{2}}(m-1, n-1)} \right)$	$\underline{\sigma_1^2/\sigma_2^2} = \dfrac{S_1^2}{S_2^2} \dfrac{1}{F_\alpha(m-1, n-1)}$	$\overline{\sigma_1^2/\sigma_2^2} = \dfrac{S_1^2}{S_2^2} \dfrac{1}{F_{1-\alpha}(m-1, n-1)}$

例 8.2.4 某厂铸造车间为了提高钢体的耐磨性,试制了一种镍合金铸件以取代一种铜合金铸件. 先从两种铸件中各取一个样本进行硬度测试(代表耐磨性的一种考核指标),其结果如下.

含镍合金铸件 X: 72.0 69.5 74.0 7.5 71.8

含铜合金铸件 Y: 69.8 70.0 72.0 68.5 73.0 70.0

根据以往的经验知, 硬度 $X \sim N(\mu_1, \sigma_1^2)$, $Y \sim N(\mu_2, \sigma_2^2)$, 且 $\sigma_1^2 = \sigma_2^2 = 0.2$. 取 $\alpha = 0.05$, 求 $\mu_1 - \mu_2$ 的 $1-\alpha$ 双侧置信区间.

解 根据测量数据可计算得 $\overline{x} = 71.56$, $\overline{y} = 70.55$, $\overline{x} - \overline{y} = 1.01$, 查表可知 $u_{1-\alpha/2} = u_{0.975} = 1.69$, 故 $\mu_1 - \mu_2$ 的 $1-\alpha$ 双侧置信区间为

$$(1.01 - 1.96\sqrt{0.2/5 + 0.2/6}, \ 1.01 - 1.96\sqrt{0.2/5 + 0.2/6}) = (0.479, \ 1.541).$$

该置信区间可在 R 上的实现如下:

```
> x<-c(72.0, 69.5, 74.0, 70.5, 71.8)
```

```
> y<-c(69.8,  70.0,  72.0,  68.5,  73.0,  70.0)
> n1=length(x)
> n2=length(y)
> alpha<-0.05
> q=qnorm(0.975)
> mean<-mean(x)-mean(y)
> var<-0.2
> interval=c(mean-q*sqrt(var*(1/n1+1/n2)), mean+q*sqrt(var*(1/n1+1/n2)))
> interval
```
运行结果为
```
[1] 0.4792392   1.5407608
```
从运行结果可以看到，$\mu_1 - \mu_2$ 的 95% 双侧置信区间为 $(0.479, 1.541)$.

例 8.2.5　半导体生产中，蚀刻是重要工序，其蚀刻率是重要特征，并知其服从正态分布. 现有两种不同的蚀刻方法，为比较其蚀刻率的大小，特对每种方法各在 10 个晶片上进行蚀刻，记录的蚀刻率（单位：mils/min）数据如下.

　　方法 1：　9.9　9.4　9.3　9.6 10.2　10.6　10.3　10.0　10.3　10.1

　　方法 2：　10.2　10.6　10.7　10.4　10.5　10.0　10.2　10.4　10.3　10.2

在等方差假设下，求平均蚀刻率差的 95% 的置信区间.

解　由测量数据可计算得

$$\bar{x} = 9.97，\quad \bar{y} = 10.35，\quad \bar{x} - \bar{y} = -0.38，\quad s_1^2 = 0.178，\quad s_2^2 = 0.045，$$

进而得 $s_\omega = \sqrt{\dfrac{9(s_1^2 + s_2^2)}{18}} = 0.3338$，查表得 $t_{0.975}(18) = 2.101$，故平均蚀刻率差的 95% 的置信区间为

$$(-0.38 - 2.101 \times 0.3338 \times \sqrt{1/10 + 1/10}，\quad -0.38 + 2.101 \times 0.3338 \times \sqrt{1/10 + 1/10})$$
$$= (-0.694，-0.066).$$

R 自带函数 t.test() 求解置信区间的代码如下：
```
>x<-c(9.9,  9.4,  9.3,  9.6,  10.2,  10.6,  10.3,  10.0,  10.3,  10.1)
>y<-c(10.2,  10.6,  10.7,  10.4,  10.5,  10.0,  10.2,  10.4,  10.3,
10.2)
> t.test(x,y,var.equal=TRUE)
```
输出结果为
```
        Two Sample t-test
data:  x and y
t = -2.5453,  df = 18,  p-value = 0.0203
alternative hypothesis: true difference in means is not equal to 0
95 percent confidence interval:
 -0.6936564   -0.0663436
sample estimates:
mean of x mean of y
    9.97      10.35
```
从输出结果可以看到，平均蚀刻率差的 95% 的置信区间为 $(-0.694，-0.066)$.

例 8.2.5（续）　在无等方差假设条件下求平均蚀刻率差的 95% 的置信区间. 直接调用 R 自带 t.test() 函数如下：

```
> t.test(x, y)
```
输出结果为
```
        Welch Two Sample t-test
data:  x and y
t = -2.5453,  df = 13.28,  p-value = 0.02409
alternative hypothesis: true difference in means is not equal to 0
95 percent confidence interval:
 -0.70184263   -0.05815737
sample estimates:
     mean of x     mean of y
        9.97          10.35
```
即在无等方差假设条件下平均蚀刻率差的 95% 的置信区间为 $(-0.702, -0.058)$.

针对以上正态总体均值差的区间估计的三种不同情况，也可以编写自己的 R 函数如下：
```
diff.mean.ci<-function(x,y,sigma=c(-1,-1),var.equal
=FALSE,alpha=0.05){
   n1<-length(x); n2<-length(y)
   xbar<-mean(x); ybar<-mean(y); d=xbar-ybar
   if (all(sigma>=0)){
     tmp<-qnorm(1-alpha/2)*sqrt(sigma[1]^2/n1+sigma[2]^2/n2)
     df<-n1+n2
    }
   else{
     if (var.equal==TRUE){
       df<-n1+n2-2
       sw<-((n1-1)*var(x)+(n2-1)*var(y))/df
       tmp<-sqrt(sw*(1/n1+1/n2))*qt(1-alpha/2, df)
       }
     else{
        s1<-var(x);s2<-var(y)
        df<-(s1/n1+s2/n2)^2/(s1^2/n1^2/(n1-1)+s2^2/n2^2/(n2-1))
        tmp<-qt(1-alpha/2,df)*sqrt(s1/n1+s2/n2)
        }
 }
   data.frame(mean=d, df=df,  lower_limit=d-tmp, upper_limit=d+tmp)
}
```
将以上程序保存为"c:\Rfile\diff.mean.ci.R"，该函数的调用格式为
```
diff.mean.ci (x, y, sigma=c(-1, -1), var.equal =FALSE, alpha=0.05)
```
其中，x 和 y 为两个正态样本；若总体方差已知，则将方差值赋值给 sigma，否则取 sigma 的默认值；在总体方差未知的情况下，若假设方差相等，则 var.equal=TRUE，否则取其默认值 FALSE；1-alpha 为置信水平，默认值为 0.95.

对例 8.2.4 的问题可以调用 diff.mean.ci() 函数，如下：
```
> x<-c(72.0,  69.5,  74.0,  70.5,  71.8)
> y<-c(69.8,  70.0,  72.0,  68.5,  73.0,  70.0)
>source("c:/Rfile/ diff.mean.ci.R")
> diff.mean.ci(x,y,sigma=c(sqrt(0.2),sqrt(0.2)))
    mean   df   lower_limit    upper_limit
1   1.01   11   0.4792392      1.540761
```
即 $\mu_1 - \mu_2$ 的 $1-\alpha$ 双侧置信区间为 (0.479, 1.541).

对例 8.2.5 及例 8.2.5（续）的问题可以调用 diff.mean.ci() 函数如下：

```
> x<-c(9.9, 9.4, 9.3,  9.6,  10.2,  10.6,  10.3,  10.0,  10.3,  10.1)
> y<-c(10.2,  10.6,  10.7,  10.4,  10.5,  10.0,  10.2,  10.4,  10.3,
10.2)
> diff.mean.ci(x,y,var.equal=TRUE)
    mean   df   lower_limit    upper_limit
1  -0.38   18   -0.6936564     -0.0663436
> diff.mean.ci(x,y)
    mean     df      lower_limit       upper_limit
1  -0.38   13.27955   -0.7018426       -0.05815737
```

从运行结果可以看到，在等方差假设下平均蚀刻率差的 95% 的置信区间为 $(-0.694, -0.066)$，在无等方差假设下，平均蚀刻率差的 95% 的置信区间为 $(-0.702, -0.058)$.

例 8.2.6 为考察两个实验室在测水中含氯量的差异，特在该厂废水中每天取样，共取 11 个样品，每个样品均分两份，分别送至两个实验室测定其中氯的含量，具体数据如表 8.3 所示.

表 **8.3**

样品号	1	2	3	4	5	6	7	8	9	10	11
实验室 A	1.15	1.86	0.76	1.82	1.14	1.65	1.90	1.01	1.12	0.90	1.40
实验室 B	1.00	1.90	0.90	1.80	1.20	1.70	1.95	1.02	1.23	0.97	1.52

若假设各实验室测定水中含氯量都服从正态分布，求其均值差的 0.95 置信区间.

解 从观测数据计算得 $\bar{d} = -0.0416$，$s_d = 0.0796$，查表得 $t_{0.975}(10) = 2.228$，从而得氯含量均值差的 0.95 置信区间为

$$\left(\bar{d} - \frac{s_d}{\sqrt{11}}t_{0.025}(10), \bar{d} + \frac{s_d}{\sqrt{11}}t_{0.025}(10)\right) = (-0.0971, 0.0098).$$

直接调用 t.test() 函数计算该置信区间，代码如下：

```
> x<-c(1.15,1.86,0.76,1.82,1.14,1.65,1.90,1.01,1.12,0.90,1.40)
> y<-c(1.00,1.90,0.90,1.80,1.20,1.70,1.95,1.02,1.23,0.97,1.52)
> t.test(x,y,paired=TRUE)
```

这里 paired=TRUE 表示成对样本，默认值为 FALSE. 输出结果为

```
        Paired t-test
data:  x and y
t = -1.8197, df = 10, p-value = 0.09883
alternative hypothesis: true difference in means is not equal to 0
95 percent confidence interval:
 -0.097067176  0.009794449
sample estimates:
mean of the differences
        -0.04363636
```

即氯含量均值差的 0.95 置信区间为 $(-0.0971, 0.0098)$.

例 8.2.5（再续） 半导体生产中，蚀刻是重要工序，其蚀刻率是重要特征，并知其服从正态分布. 现有两种不同的蚀刻方法，为比较其蚀刻率的大小，特对每种方法各在 10 个晶片上进行蚀刻，记录的蚀刻率（单位：mils/min）数据如下：

方法 1： 9.9　9.4　9.3　9.6　10.2　10.6　10.3　10.0　10.3　10.1

方法 2： 10.2　10.6　10.7　10.4　10.5　10.0　10.2　10.4　10.3　10.2

求两种方法蚀刻率方差比的 95% 的置信区间.

解　由测量数据可计算得，$s_1^2 = 0.178$，$s_2^2 = 0.045$，查表得

$$F_{0.975}(9,9) = 4.03, \quad F_{0.025}(9,9) = 1/F_{0.975}(9,9) = \frac{1}{4.03} = 0.248,$$

故两种方法蚀刻率方差比的 0.95 置信区间为

$$\left(\frac{s_1^2/s_2^2}{F_{0.025}(9,\ 9)}, \ \frac{s_1^2/s_2^2}{F_{0.975}(9,\ 9)} \right) = \left(\frac{0.178/0.045}{4.03}, \ \frac{0.178/0.045}{1/4.03} \right) = (0.98,\ 15.92).$$

以上区间估计的 R 实现如下：

```
> x<-c(9.9, 9.4, 9.3, 9.6, 10.2, 10.6, 10.3, 10.0, 10.3, 10.1)
> y<-c(10.2, 10.6, 10.7, 10.4, 10.5, 10.0, 10.2, 10.4, 10.3, 10.2)
> s12<-var(x); s22<-var(y)
> n1<-length(x); n2<-length(y)
> alpha<-0.05
> q1<-qf(1-alpha/2,n1-1,n2-1); q2<-qf(alpha/2,n1-1,n2-1)
> interval<-c(s12/s22/q1,s12/s22/q2)
> interval
```

输出结果为

```
[1]  0.9818907  15.9151028
```

因此，两种方法蚀刻率方差比的 0.95 置信区间为 (0.9827, 15.915).

可以直接调用 R 中的 var.test() 函数计算该置信区间，其调用格式为

```
var.test(x, y, ratio = 1,
    alternative=c("two.sided","less","greater"),conf.level=0.95,...)
```

其中 x 和 y 为两正态样本；ratio 表示检验问题的方差比；alternative 表示计算双侧置信区间或上下置信限；conf.level 表示置信水平.

调用 var.test() 计算上述置信区间如下：

```
> x<-c(9.9, 9.4, 9.3, 9.6, 10.2, 10.6, 10.3, 10.0, 10.3, 10.1)
> y<-c(10.2, 10.6, 10.7, 10.4, 10.5, 10.0, 10.2, 10.4, 10.3, 10.2)
> var.test(x,y)
```

输入结果为

```
        F test to compare two variances
data: x and y
F = 3.9531, num df = 9, denom df = 9, p-value = 0.05288
alternative hypothesis: true ratio of variances is not equal to 1
95 percent confidence interval:
  0.9818907  15.9151028
sample estimates:
ratio of variances
        3.953086
```

结果显示，两种方法蚀刻率方差比的 0.95 置信区间为 (0.9827, 15.915).

8.2.3　比率 p 的区间估计

1. 单个总体比率 p 的区间估计

设 $\boldsymbol{X} = (X_1, X_2, \cdots, X_n)^{\mathrm{T}}$ 是来自两点分布 $b(1, p)$ 的一个样本，$\boldsymbol{x} = (x_1, x_2, \cdots, x_n)^{\mathrm{T}}$ 为样本观测值，其中比率 $0 < p < 1$.

当样本量 n 较小时，由单调函数法可得 p 的 $1 - \alpha$ 置信区间为

$$\left(\frac{v_1' F_{1-\alpha/2}(v_1', v_2')}{v_2' + v_1' F_{1-\alpha/2}(v_1', v_2')}, \ \frac{v_1 F_{\alpha/2}(v_1, v_2)}{v_2 + v_1 F_{1-\alpha/2}(v_1, v_2)} \right),$$

其中，$v_1' = 2n\overline{x}$，$v_2' = 2(n - n\overline{x} + 1)$，$v_1 = 2(n\overline{x} + 1)$，$v_2 = 2n(1 - \overline{x})$，$F_\alpha(v_1, v_2)$ 表示自由度为 v_1 和 v_2 的 F 分布的上 α 分位点.

当样本量 n 较大时，令 $\hat{p} = \overline{x}$，则 $\hat{p}$ 为 p 的极大似然估计，由中心极限定理得：

$$\frac{\hat{p} - p}{\sqrt{p(1-p)/n}} \xrightarrow{L} N(0, 1),$$

用 $\hat{p}$ 代替分母中的 p，由 Slutsky 定理可知：

$$\frac{\hat{p} - p}{\sqrt{\hat{p}(1-\hat{p})/n}} \xrightarrow{L} N(0, 1),$$

由此得 p 的近似 $1 - \alpha$ 置信区间为

$$\left(\hat{p} - z_{\alpha/2} \sqrt{\frac{\hat{p}(1-\hat{p})}{n}}, \ \hat{p} + z_{\alpha/2} \sqrt{\frac{\hat{p}(1-\hat{p})}{n}} \right).$$

例 8.2.7　从一批产品中随机抽取 63 件，发现有 3 件不合格品，求不合格品率 p 的 0.90 置信区间.

解　由已知得

$$n = 63，\quad n\overline{x} = 3，\quad \alpha = 0.1，\quad v_1' = 2n\overline{x} = 6，\quad v_2' = 2(n - n\overline{x} + 1) = 122，$$
$$v_1 = 2(n\overline{x} + 1) = 8，\quad v_1 = 2n(1 - \overline{x}) = 120，$$

查表得

$$F_{0.95}(8, 120) = 2.016，\quad F_{0.05}(6, 122) = 1/F_{0.95}(122, 6) = 1/3.704，$$

故不合格品率 p 的 0.90 置信区间为

$$\left(\frac{6/3.704}{122 + 6/3.704}, \ \frac{8 \times 2.02}{120 + 8 \times 2.02} \right) = (0.013, \ 0.118).$$

R 的实现代码及结果如下：

```
> n<-63; x<-3; alpha=0.1
> nu1<-2*x; nu2<-2*(n-x+1); nu3<-2*(x+1); nu4<-2*(n-x)
> q1<-qf(alpha/2,nu1,nu2); q2<-qf(1-alpha/2,nu3,nu4)
> interval<-c(nu1*q1/(nu2+nu1*q1), nu3*q2/(nu4+nu3*q2))
> interval
[1] 0.01310334 0.11849878
```

结果显示，不合格品率 p 的 0.90 置信区间为 $(0.013, 0.118)$.

利用 R 中的 binom.test() R 函数可以计算 p 的置信区间，其调用格式为

```
binom.test(x, n, p = 0.5, alternative = c("two.sided", "less",
"greater"),conf.level = 0.95)
```

其中，x 为观测频数；n 为试验次数，p 为检验问题的取值；alternative 用来选择计算双侧置信区间、置信上限或置信下限；conf.level 表示置信水平.

调用 binom()函数及输出结果如下：

```
> binom.test(3, 63, conf.level=0.90)
          Exact binomial test
data:  3 and 63
number of successes = 3, number of trials = 63, p-value = 9.048e-15
alternative hypothesis: true probability of success is not equal to 0.5
90 percent confidence interval:
   0.01310334   0.11849878
sample estimates:
      probability of success
          0.04761905
```

即不合格品率 p 的 0.90 置信区间为 (0.013, 0.118).

可以利用函数 prop.test()计算 p 的近似置信区间，其调用格式为

```
prop.test(x, n, p = NULL, alternative = c("two.sided", "less",
"greater"),
      conf.level = 0.95, correct = TRUE)
```

其中，x 为观测频数；n 为试验次数，p 为检验问题的取值；alternative 用来选择计算双侧置信区间、置信上限或置信下限；conf.level 表示置信水平，correct 是逻辑值，表示是否对估计进行连续修正，默认值为 TRUE.

输入如下命令：

```
> n<-63; x<-3;
> prop.test(3, 63, conf.level=0.90,correct=FALSE)
```

输出结果为

```
       1-sample proportions test without continuity correction
data: 3 out of 63, null probability 0.5
X-squared = 51.5714, df = 1, p-value = 6.904e-13
alternative hypothesis: true p is not equal to 0.5
90 percent confidence interval:
 0.01918907   0.11330422
sample estimates:
        p
    0.04761905
```

即不合格品率 p 的近似 0.90 置信区间为 (0.019, 0.113).

若对参数估计进行连续修正，输入如下命令：

```
> prop.test(3, 63, conf.level=0.90)
```

输出结果为

```
       1-sample proportions test with continuity correction
data: 3 out of 63, null probability 0.5
X-squared = 49.7778, df = 1, p-value = 1.722e-12
alternative hypothesis: true p is not equal to 0.5
90 percent confidence interval:
 0.01472307   0.12381063
sample estimates:
```

```
            p
      0.04761905
```
即不合格品率 p 的近似 0.90 置信区间为 (0.015, 0.124).

函数 binom.test() 与 prop.test() 相近，只不过 prop.test() 用的是近似计算，binom.test() 用的是精确计算. 不过 prop.test() 的功能适用性更强更广.

2. 两个总体比率差 $p_1 - p_2$ 的区间估计

设有两独立总体 $X \sim b(1, p_1)$ 和 $Y \sim b(1, p_2)$，$x_1, x_2, \cdots, x_{n_1}$ 和 $y_1, y_2, \cdots, y_{n_2}$ 分别为来自总体 X 和 Y 的样本值，其中比率 $0 < p_i < 1$，$i = 1, 2$，记 $\overline{x} = \dfrac{1}{n_1} \sum_{i=1}^{n_1} x_i$，$\overline{y} = \dfrac{1}{n_2} \sum_{i=1}^{n_2} y_i$.

下面仅考虑 $p_1 - p_2$ 的近似正态置信区间. 令 $\hat{p}_1 = \overline{x}$，$\hat{p}_2 = \overline{y}$，则近似地有

$$\frac{(\hat{p}_1 - \hat{p}_2) - (p_1 - p_2)}{\sqrt{\hat{p}_1(1 - \hat{p}_1)/n_1 + \hat{p}_2(1 - \hat{p}_2)/n_2}} \sim N(0, 1).$$

由此得 $p_1 - p_2$ 的近似 $1 - \alpha$ 置信区间为

$$\left((\hat{p}_1 - \hat{p}_2) \mp z_{\alpha/2} \sqrt{\frac{\hat{p}_1(1 - \hat{p}_1)}{n_1} + \frac{\hat{p}_2(1 - \hat{p}_2)}{n_2}} \right).$$

例 8.2.8　某饮料厂对该厂某产品受欢迎度进行市场调查，在地区 A 调查了 1000 人，其中有 478 人喜欢该产品，在地区 B 调查了 750 人，其中有 246 人喜欢该产品，试估计两个地区人们喜欢该产品比例差的 0.95 置信区间.

解　由题意知

$$n_1 = 1000, \quad n_2 = 750, \quad \hat{p}_1 = \overline{x} = 0.478, \quad \hat{p}_2 = \overline{y} = 0.328,$$

计算得

$$\sqrt{\frac{\hat{p}_1(1 - \hat{p}_1)}{n_1} + \frac{\hat{p}_2(1 - \hat{p}_2)}{n_2}} = 0.023,$$

查表的标准正态分布的 0.975 分位点为 $z_{0.975} = 1.96$，故 $p_1 - p_2$ 的近似 0.95 置信区间为

$$(0.104, \ 0.196),$$

即两个地区人们喜欢该产品比例差的 0.95 置信区间为 (0.104, 0.196).

以上区间估计在 R 上的实现如下：
```
> n1<-1000;  n2<-750;  x<-478;  y<-246
> p1<-x/n1;  p2<-y/n2
> sd<-sqrt(p1*(1-p1)/n1+p2*(1-p2)/n2)
> alpha=0.05
> q=qnorm(1-alpha/2)
> interval<-c(p1-p2-q*sd, p1-p2+q*sd)
> interval
```
输出结果为
```
[1] 0.1043112  0.1956888
```
即两个地区人们喜欢该产品比例差的 0.95 置信区间为 (0.104, 0.196).

以上过程也可以通过直接调用 prop.test() 函数来实现：
```
> n1<-1000;  n2<-750;  x<-478;   y<-246
```

```
> prop.test(c(x,y), c(n1,n2), correct=FALSE)
```

输出结果为

```
        2-sample test for equality of proportions without continuity
correction
    data:  c(x, y) out of c(n1, n2)
    X-squared = 39.7554,  df = 1,  p-value = 2.878e-10
    alternative hypothesis: two.sided
    95 percent confidence interval:
     0.1043112 0.1956888
    sample estimates:
    prop 1   prop 2
     0.478    0.328
```

如果采用估计的连续修正，则可输入如下命令：

```
> prop.test(c(x,y), c(n1,n2))
```

输出结果如下：

```
        2-sample test for equality of proportions with continuity cor-
rection
    data:  c(x, y) out of c(n1, n2)
    X-squared = 39.1394,  df = 1,  p-value = 3.946e-10
    alternative hypothesis: two.sided
    95 percent confidence interval:
     0.1031446 0.1968554
    sample estimates:
    prop 1   prop 2
     0.478    0.328
```

即两个地区人们喜欢该产品比例差的 0.95 置信区间为 $(0.103,\ 0.197)$.

第 9 章

假 设 检 验

在总体的分布函数完全未知或只知其形式、但不知其参数的情况下，为了推断总体的某些性质，提出某些关于总体的论断或猜测，这些论断或猜测称为**统计假设**，人们根据样本所提供的信息对所提出的假设作出接受或拒绝的决策的过程称为**假设检验**. 假设检验的基本原理是小概率事件在一次试验中基本上不会发生.

假设检验的一般步骤为：根据实际问题，提出原假设 H_0 和备择假设 H_1；给定显著性水平 α 和样本容量 n；选取适当的检验统计量，并在 H_0 为真的条件下确定检验统计量的分布；确定拒绝域或计算检验的 p 值；根据样本是否落入拒绝域或 p 值是否小于显著性水平对原假设进行判断，若样本落入拒绝域或 p 值小于显著性水平，则拒绝原假设，否则不能拒绝原假设.

假设检验主要分为参数的假设检验和非参数的假设检验两大类，下面分别介绍两类假设检验中常见的问题及其在 R 上的实现方法.

9.1 参数假设检验

在已知总体分布类型的情况下，对总体参数的检验问题称为参数的假设检验. 参数的假设检验与参数的置信区间具有对偶关系，由检验的拒绝域可以解出参数的双侧置信区间或单侧置信限. 故 R 中用于检验参数的函数不但给出了检验的结果，还会同时给出置信区间. 正态总体是最常用的分布，本节将主要介绍单个正态总体均值、方差、两个正态总体均值差、方差比的检验方法及 R 实现. 此外，还将介绍单个总体比率以及两个总体比率差的检验方法及 R 实现.

我们知道，小概率事件在一次试验中几乎是不可能发生的. 但几乎是不可能发生不等于不发生，因而假设检验所作出的结论有可能是错误的. 表 9.1 给出了可能出现的两类错误.

表 9.1 假设检验的两类错误

类型	含义	犯错误的概率
第一类错误	H_0 为真，拒绝了 H_0，即弃真的错误	$P\{$拒绝 $H_0 \mid H_0$ 为真$\}$
第二类错误	H_0 不真，接受了 H_0，即取伪的错误	$P\{$接受 $H_0 \mid H_0$ 不真$\}$

只对犯第一类错误的概率加以控制，而不考虑犯第二类错误的概率的检验，称为**显著**

性检验. 当样本容量 n 一定时，若减少犯第一类错误的概率，则犯第二类错误的概率往往增大. 若要使犯两类错误的概率都同时减小，除非增加样本容量. 在进行显著性检验时，由于犯第一类错误的概率是可以控制的，因此原假设 H_0 和备择假设 H_1 的地位是不对等的. 在选择 H_0 和 H_1 时，要使得两类错误中后果更严重的错误成为第一类错误，最大程度地降低因犯错误造成的不良影响. 如果两类错误造成的后果严重程度差不多，则常常取 H_0 为维持现状，以减少不必要的经济损失.

根据原假设 H_0 和备择假设 H_1 的形式不同，参数假设检验又分为双边假设检验和单边假设检验，如表 9.2 所示.

表 9.2　假设检验的类型

类型		H_0	H_1
双边检验		$\theta=\theta_0$	$\theta \neq \theta_0$
单边检验	右边检验	$\theta \leqslant \theta_0$	$\theta > \theta_0$
	左边检验	$\theta \geqslant \theta_0$	$\theta < \theta_0$

9.1.1　单个正态总体的参数检验

设 $\boldsymbol{X}=(X_1,X_2,\cdots,X_n)^{\mathrm{T}}$ 是来自正态分布 $N(\mu,\sigma^2)$ 的一个样本，$\boldsymbol{x}=(x_1,x_2,\cdots,x_n)^{\mathrm{T}}$ 为样本的观测值，$\overline{X}=\dfrac{1}{n}\sum_{i=1}^{n}X_i$，$S^2=\dfrac{1}{n-1}\sum_{i=1}^{n}(X_i-\overline{X})^2$. 表 9.3 给出了单个正态总体的参数检验情况.

表 9.3　正态总体均值与方差的检验（显著性水平为 α）

原假设 H_0	备择假设 H_1	条件	检验统计量	拒绝域
$\mu=\mu_0$	$\mu \neq \mu_0$			$|z| \geqslant z_{\alpha/2}$
$\mu \leqslant \mu_0$	$\mu > \mu_0$	σ^2 已知	$Z=\dfrac{\overline{X}-\mu_0}{\sigma/\sqrt{n}}$	$z \geqslant z_\alpha$
$\mu \geqslant \mu_0$	$\mu < \mu_0$			$z \leqslant -z_\alpha$
$\mu=\mu_0$	$\mu \neq \mu_0$			$|t| \geqslant t_{\alpha/2}(n-1)$
$\mu \leqslant \mu_0$	$\mu > \mu_0$	σ^2 未知	$t=\dfrac{\overline{X}-\mu_0}{S/\sqrt{n}}$	$t \geqslant t_\alpha(n-1)$
$\mu \geqslant \mu_0$	$\mu < \mu_0$			$t \leqslant -t_\alpha(n-1)$

例 9.1.1　微波炉在炉门关闭时的辐射量是一个重要的质量指标. 某厂生产的微波炉该指标服从正态分布 $N(\mu,\sigma^2)$，长期以来 $\sigma=0.1$，且均值都符合要求，不超过 0.12. 为了检查近期产品的质量，抽查了 25 台，得其炉门关闭时辐射量的均值 $\overline{x}=0.1203$. 试问在 $\alpha=0.05$ 水平上该厂生产的微波炉炉门关闭时辐射量是否升高了？

解　根据题意建立假设为

$$H_0:\mu \leqslant 0.12 \quad vs \quad H_1:\mu > 0.12,$$

在显著水平 $\alpha=0.05$ 下，$z_\alpha=z_{0.05}=1.645$，拒绝域为 $\{z \geqslant 1.645\}$，由观测数据得

$$z_0 = \frac{0.1203 - 0.12}{0.1/\sqrt{25}} = 0.015 < 1.645,$$

或等价地计算 p 值得

$$p = 1 - \Phi(z_0) = 1 - \Phi(0.015) \approx 1 - 0.51 = 0.49 > 0.05,$$

故在 $\alpha = 0.05$ 下,不能拒绝 H_0,即认为该厂生产的微波炉炉门关闭时辐射量无明显升高.

R 中没有内置函数可以直接做方差已知时均值的检验.我们可以自己编写 R 程序如下:

```
mean.test<-function(x, n, sigma, alpha=0.05, mu0=0, alternative="two.
sided"){
    mean<-mean(x)
    u0<- (mean-mu0)/(sigma/sqrt(n))
    result<-list()
    result$mean<-mean
    result$u<-u0
    if (alternative=="two.sided")
        result$p.value<-2*pnorm(abs(u0), lower.tail=FALSE)
    else if (alternative=="greater")
    result$p.value<-pnorm(u0, lower.tail=FALSE)
    else if (alternative=="less")
        result$p.value<-pnorm(u0)
result
 }
```

调用该函数求解例 9.1.1 如下:

```
>mean.test(x=0.1202, n=25,sigma=0.1,alpha=0.05,mu0=0.12,alternative=
"greater")
```

输出结果为

```
$mean
[1] 0.1202
$u
[1] 0.01
$p.value
[1] 0.4960106
```

结果显示,检验的 p 值为 0.496>0.05,故不能拒绝原假设.

例 9.1.2 根据某地环境保护法规定,倾入河流的废水中某种有毒化学物质的平均含量不得超过 3 ppm. 该地区环保组织对沿河各厂进行检查,测定每日倾入河流的废水中该物质的含量(单位:ppm)为

$$\begin{array}{cccccccccc} 3.1 & 3.2 & 3.3 & 2.9 & 3.5 & 3.4 & 2.5 & 4.3 & 3.0 & 3.4 \\ 2.9 & 3.6 & 3.2 & 3.0 & 2.7 & 3.5 & 2.9 & 3.3 & 3.3 & 3.1 \end{array}$$

假定废水中有毒物质含量 $X \sim N(\mu, \sigma^2)$,试在显著性水平 $\alpha = 0.05$ 下判断该厂是否符合环保规定.

解 由题意建立假设为

$$H_0: \mu \leqslant 3 \quad vs \quad H_1: \mu > 3.$$

由于 σ^2 未知,故采用 t 检验. 在显著性水平 $\alpha = 0.05$ 下,$t_\alpha(n-1) = t_{0.05}(19) = 1.729$,拒绝域为 $\{t \geqslant 1.729\}$,由观测数据得 $\bar{x} = 3.205$,$s = 0.3817$,因此

$$t_0 = \frac{3.205 - 3}{0.3817/\sqrt{20}} = 2.40185 > 1.729 ,$$

或等价地计算 p 值得

$$p = P\{t(19) \geqslant 2.40185\} = 0.01335 < 0.05 ,$$

故在 $\alpha = 0.05$ 下，拒绝 H_0，即认为在 $\alpha = 0.05$ 下该厂废水中有毒物质含量显著超标.

对于总体方差未知时的总体均值的检验问题，可以直接调用 R 中的 t.test() 函数进行求解，调用格式为

```
t.test(x, y = NULL,alternative = c("two.sided", "less", "greater"),
       mu = 0, paired = FALSE, var.equal = FALSE, conf.level = 0.95, ...)
```

其中，x 和 y 为两个正态样本，若 y 缺省则表示单样本问题；alternative 用来表示检验的类型，alternative="two-sided"表示双边检验问题，alternative="less"表示检验参数小于等于某个常量的单侧检验问题，alternative="greater"表示检验参数大于等于某个常量的单侧检验问题；mu 表示检验问题中的参数的取值；paired 表示是否为成对样本；var.equal 表示双样本检验中是否有等方差假设；conf.levle 为（1−显著性水平）的值.

调用函数 t.test() 求解例 9.1.2 的检验代码如下：

```
> x<-c(3.1, 3.2, 3.3, 2.9, 3.5, 3.4, 2.5, 4.3, 3.0, 3.4, 2.9, 3.6, 3.2,
3.0, 2.7, 3.5, 2.9, 3.3, 3.3, 3.1)
> t.test(x,mu=3,alternative="greater",conf.level=0.95)
```

输出结果为

```
        One Sample t-test
data:  x
t = 2.4013,  df = 19,  p-value = 0.01337
alternative hypothesis: true mean is greater than 3
95 percent confidence interval:
 3.057383    Inf
sample estimates:
mean of x
    3.205
```

从输出结果可以看到，p 值为 0.01337，小于 $\alpha = 0.05$，拒绝原假设，认为该厂废水中有毒物质含量显著超标. 此外，总体均值 μ 的置信水平为 95% 的置信下限为 3.057.

例 9.1.3　设某机床加工某种机械轴的直径服从正态分布 $X \sim N(\mu, \sigma^2)$，对该机床加工精度的要求是加工直径的方差不超过 0.1. 先从其加工的轴中随机抽取 8 根测量其直径（单位：mm），结果如下：

$$20.5 \quad 19.8 \quad 19.7 \quad 20.4 \quad 20.1 \quad 20.0 \quad 19.0 \quad 19.9$$

在 $\alpha = 0.05$ 下，检验该机床的加工精度是否符合要求.

解　根据题意，该检验问题的假设为

$$H_0: \sigma^2 \leqslant 0.1 \qquad vs \qquad H_1: \sigma^2 > 0.1 .$$

在显著水平 $\alpha = 0.05$ 下，$\chi_{1-\alpha}^2(n-1) = \chi_{0.95}^2(7) = 14.07$，拒绝域为 $\{\chi^2 \geqslant 14.07\}$，由观测数据得 $s^2 = 0.2164$，从而得

$$\chi_0^2 = \frac{(n-1)s^2}{\sigma_0^2} = \frac{7 \times 0.2164}{0.1} = 15.15 > 14.07 ,$$

或等价地计算 p 值得

$$p = P(\chi^2(7) > 15.15) = 0.034 < 0.05 \,,$$

故在 $\alpha = 0.05$ 下，拒绝 H_0，即认为该机床的加工精度不符合要求.

在单个总体均值已知或未知的情况下，对总体方差的检验问题，可以编写自己的 R 程序如下：

```
var0.test<-function(x,mu=Inf,var0,alpha=0.05,alternative="two.sided"){
result<-list()
if (mu<Inf) { df<-length(x); var<-mean((x-mu)^2); chisq<-df*var/var0 }
else { df<-length(x)-1; var<-var(x); chisq<-df*var/var0}
    result$var<-var; result$df<-df; result$chisq<-chisq;
if (alternative=="less"){
    result$p.value<-pchisq(chisq, df)}
else if (alternative=="greater"){
    result$p.value<-pchisq(chisq, df, lower.tail=F)}
else {
    result$p.value<-2*min(pchisq(chisq, df, lower.tail=F), pchisq(chisq,
df))}
    result
    }
```

对例 9.1.3，调用 var0.test() 进行求解的代码及结果如下：

```
>x<-c(20.5,  19.8,  19.7,  20.4,  20.1,  20.0,  19.0,  19.9)
> var0.test(x,var0=0.1,alpha=0.05,alternative="greater")
$var
[1] 0.2164286
$df
[1] 7
$chisq
[1] 15.15
$p.value
[1] 0.03412398
```

结果显示，p 值为 $0.034 < 0.05$，故在显著性水平 $\alpha = 0.05$ 的条件下，拒绝原假设 H_0，即认为该机床的加工精度不符合要求.

9.1.2 两个正态总体参数的检验

假设有两个独立正态总体 $X \sim N(\mu_1, \sigma_1^2)$ 和 $Y \sim N(\mu_2, \sigma_2^2)$，$\boldsymbol{X} = (X_1, X_2, \cdots, X_{n_1})^{\mathrm{T}}$ 是来自总体 X 的样本，样本值为 $\boldsymbol{x} = (x_1, x_2, \cdots, x_{n_1})^{\mathrm{T}}$；$\boldsymbol{Y} = (Y_1, Y_2, \cdots, Y_{n_2})^{\mathrm{T}}$ 是来自总体 Y 的样本，$\boldsymbol{y} = (y_1, y_2, \cdots, y_{n_2})^{\mathrm{T}}$ 为样本值，$\overline{X} = \frac{1}{n_1}\sum_{i=1}^{n_1} X_i$ 和 $\overline{Y} = \frac{1}{n_2}\sum_{i=1}^{n_2} Y_i$ 分别为 X 和 Y 的样本均值，$S_1^2 = \frac{1}{n_1-1}\sum_{i=1}^{n_1}(X_i - \overline{X})^2$ 和 $S_2^2 = \frac{1}{n_2-1}\sum_{i=1}^{n_2}(Y_i - \overline{Y})^2$ 分别为 X 和 Y 的样本方差，$S_w^2 = \frac{(n_1-1)S_1^2+(n_2-1)S_2^2}{n_1+n_2-2}$. 表 9.4 列出了两个正态总体均值与方差的检验情形.

例 9.1.4　灌装某种液体有两条生产线，规定每瓶装该液体 1 磅（为 16 盎司），其标准差分别为 $\sigma_1 = 0.020$ 盎司，$\sigma_2 = 0.025$ 盎司. 现在从两条生产线各抽取 10 瓶，测得各瓶净装液体重量如下.

表 9.4 两个正态总体均值与方差的检验（显著性水平为 α）

$\mu_1-\mu_2=\delta$ $\mu_1-\mu_2\leqslant\delta$ $\mu_1-\mu_2\geqslant\delta$	$\mu_1-\mu_2\neq\delta$ $\mu_1-\mu_2>\delta$ $\mu_1-\mu_2<\delta$	σ_1^2,σ_2^2 已知	$Z=\dfrac{\overline{X}-\overline{Y}-\delta}{\sqrt{\dfrac{\sigma_1^2}{n_1}+\dfrac{\sigma_2^2}{n_2}}}$	$\lvert z\rvert\geqslant z_{\alpha/2}$ $z\geqslant z_\alpha$ $z\leqslant -z_\alpha$
$\mu_1-\mu_2=\delta$ $\mu_1-\mu_2\leqslant\delta$ $\mu_1-\mu_2\geqslant\delta$	$\mu_1-\mu_2\neq\delta$ $\mu_1-\mu_2>\delta$ $\mu_1-\mu_2<\delta$	$\sigma_1^2=\sigma_2^2$ 未知	$t=\dfrac{\overline{X}-\overline{Y}-\delta}{S_w\sqrt{\dfrac{1}{n_1}+\dfrac{1}{n_2}}}$	$\lvert t\rvert\geqslant z_{\alpha/2}(n_1+n_2-2)$ $t\geqslant t_\alpha(n_1+n_2-2)$ $t\leqslant -t_\alpha(n_1+n_2-2)$
$\sigma_1^2=\sigma_0^2$ $\sigma_1^2\leqslant\sigma_0^2$ $\sigma_1^2\geqslant\sigma_0^2$	$\sigma_1^2\neq\sigma_0^2$ $\sigma_1^2>\sigma_0^2$ $\sigma_1^2<\sigma_0^2$	μ 未知	$\chi^2=\dfrac{(n-1)S^2}{\sigma_0^2}$	$\chi^2\geqslant\chi^2_{\alpha/2}(n-1)$ 或 $\chi^2\geqslant\chi^2_{1-\frac{\alpha}{2}}(n-1)$ $\chi^2\geqslant\chi^2_\alpha(n-1)$ $\chi^2\leqslant\chi^2_{1-\alpha}(n-1)$
$\sigma_1^2=\sigma_2^2$ $\sigma_1^2\leqslant\sigma_2^2$ $\sigma_1^2\geqslant\sigma_2^2$	$\sigma_1^2\neq\sigma_2^2$ $\sigma_1^2>\sigma_2^2$ $\sigma_1^2<\sigma_2^2$	μ_1,μ_2 未知	$F=\dfrac{S_1^2}{S_2^2}$	$F\geqslant F_{\alpha/2}(n_1-1,n_2-1)$ 或 $F\leqslant F_{1-\frac{\alpha}{2}}(n_1-1,n_2-1)$ $F\geqslant F_\alpha(n_1-1,n_2-1)$ $F\leqslant F_{1-\alpha}(n_1-1,n_2-1)$
$\mu_D=0$ $\mu_D\leqslant 0$ $\mu_D\geqslant 0$	$\mu_D\neq 0$ $\mu_D>0$ $\mu_D<0$	成对数据	$t=\dfrac{\overline{D}-0}{S_D/\sqrt{n}}$	$\lvert t\rvert\geqslant t_{\alpha/2}(n-1)$ $t\geqslant t_\alpha(n-1)$ $t\leqslant -t_\alpha(n-1)$

注：对于成对数据 $(X_i,Y_i),i=1,2,\cdots,n$，$\overline{D}=\dfrac{1}{n}\sum\limits_{i=1}^{n}D_i$，$S_D^2=\dfrac{1}{n-1}\sum\limits_{i=1}^{n}(D_i-\overline{D})^2$，其中 $D_i=X_i-Y_i$，$i=1,2,\cdots,n$.

生产线 1: 16.03 16.04 15.98 16.05 16.02 16.01 15.96 16.05 16.02 15.99
生产线 2: 16.02 15.97 16.02 16.01 15.99 16.03 16.04 15.96 16.01 16.00
若各瓶净装液体重量（盎司）服从正态分布，在显著性水平 $\alpha=0.05$ 下检验：

$$H_0:\mu_1=\mu_2 \quad vs \quad H_1:\mu_1\neq\mu_2.$$

解 有观测数据可算得 $\overline{x}=16.015$，$\overline{y}=16.005$，$n_1=n_2=10$，$\sigma_1^2=0.020^2$，$\sigma_2^2=0.025^2$，查表得 $z_{\alpha/2}=z_{0.025}=1.96$，拒绝域为 $\{\lvert z\rvert\geqslant 1.96\}$，而

$$z=\frac{\overline{x}-\overline{y}}{\sqrt{\sigma_1^2/n_1+\sigma_2^2/n_2}}=\frac{16.015-16.005}{\sqrt{0.020^2/10+0.025^2/10}}=0.9877<1.96,$$

或等价地计算 p 值得

$$p=P\{\lvert Z\rvert>0.9877\}=0.3233>0.05,$$

故不能拒绝 H_0，认为两生产线均值无显著差别.

对独立正态总体均值差的检验问题（两个方差已知）可以编写自己的 R 函数来实现.

```
u.diff.test<-function(x,y,var1,var2,alpha=0.05,alternative="two.side
d"){
result<-list()
result$mean<-c(mean(x) , mean(y))
```

```
u=(mean(x)-mean(y))/sqrt(var1/length(x)+var2/length(y))
result$u<-u
if (alternative=="less"){
    result$reject.region<-c(-Inf, qnorm(alpha))
    result$p.value<-pnorm(u) }
else if (alternative=="greater"){
    result$p.value<-pnorm(u, lower.tail=F)}
else {
    result$p.value<-2*(1-pnorm(abs(u)))}
    result
}
```

调用 **u.diff.test()** 求解例 9.1.4，代码及结果如下：

```
> x<-c(16.03,  16.04,  15.98,  16.05,  16.02,  16.01,  15.96,  16.05,
16.02,  15.99)
> y<-c(16.02,  15.97,  16.02,  16.01,  15.99,  16.03,  16.04,  15.96,
16.01,  16.00)
> u.diff.test(x,y,var1=0.020^2,var2=0.025^2,alpha=0.05)
$mean
[1] 16.015 16.005
$u
[1] 0.9877296
$p.value
[1] 0.3232851
```

结果显示，p 值为 $0.3233 > 0.05$ ，故不能拒绝 H_0 ，认为两生产线均值无显著差别.

对于两正态总体均值差的 t 检验问题，表 9.4 给出了 σ_1^2 和 σ_2^2 未知但相等（ $\sigma_1^2 = \sigma_2^2 = \sigma^2$ ）时的检验方法. 对于总体方差 σ_1^2 和 σ_2^2 未知且不相等时的情形，则可利用近似方法进行检验. 此时，在 $\mu_1 = \mu_2$ 下，近似地有

$$t = \frac{\overline{X} - \overline{Y}}{\sqrt{\dfrac{S_1^2}{n_1} + \dfrac{S_2^2}{n_2}}} \sim t(\nu) ,$$

其中

$$\nu = \left(\frac{S_1^2}{n_1} + \frac{S_2^2}{n_2} \right)^2 \cdot \left(\frac{S_1^4}{n_1^2(n_1-1)} + \frac{S_2^4}{n_2^2(n_2-1)} \right)^{-1} .$$

对于如下三种检验问题：

（1） $H_0 : \mu_1 - \mu_2 = 0$ 　 vs 　 $H_1 : \mu_1 - \mu_2 \neq 0$ ；

（2） $H_0 : \mu_1 - \mu_2 \leqslant 0$ 　 vs 　 $H_1 : \mu_1 - \mu_2 > 0$ ；

（3） $H_0 : \mu_1 - \mu_2 \leqslant 0$ 　 vs 　 $H_1 : \mu_1 - \mu_2 > 0$.

对应的拒绝域分别为

$$W_1 = \{ |t| \geqslant t_{\alpha/2}(\nu) \} , \quad W_2 = \{ t \geqslant t_\alpha(\nu) \} , \quad W_3 = \{ t \leqslant t_{1-\alpha}(\nu) \} .$$

若统计量 t 的实际观测值落入拒绝域，则拒绝相应原假设. 若统计量 t 的实际观测值为 t_0 ，则上述三个检验问题的 p 值依次为

$$p_1 = P(|t(n_1+n_2-2)| \geqslant |t_0|) = 2P\{ t(n_1+n_2-2) \geqslant |t_0| \} ,$$

$$p_2 = P\{t(n_1 + n_2 - 2) \geqslant t_0\},$$
$$p_3 = P\{t(n_1 + n_2 - 2) \leqslant t_0\}.$$

若检验的 p 值小于等于预先给定的显著性水平 α ，则拒绝原假设.

例 9.1.5　某公司的生产中正在使用催化剂 A，现有另外一种便宜新品催化剂 B 可供使用. 该公司认为：使用催化剂 B 如果不能使受益明显提高就继续使用催化剂 A. 公司受益大小可用回收率表示. 试验车间为此选取 8 个样品分别进行试验，其回收率分别记录如下：

催化剂 A：　91.50　94.18　92.18　95.39　91.79　89.07　94.72　89.21

催化剂 B：　　89.19　90.95　90.46　93.21　97.19　97.04　91.07　92.75

请在 $\alpha = 0.05$ 下，试分别在两总体方差相等、不相等两种情况下对两种催化剂平均回收率是否相等做出检验.

解　由题意，建立假设为

$$H_0: \mu_1 = \mu_2 \quad vs \quad H_1: \mu_1 \neq \mu_2.$$

根据观测数据可得

$$n_1 = n_2 = 8, \quad \bar{x} = 92.2550, \quad \bar{y} = 92.7325, \quad s_1^2 = 5.688, \quad s_2^2 = 8.901.$$

（1）若两种催化剂回收率的方差相等，由

$$t_{\alpha/2}(n_1 + n_2 - 2) = t_{0.025}(14) = 2.149,$$

得拒绝域为 $\{|t| > 2.149\}$. 又由

$$s_\omega^2 = \frac{(n_1-1)s_1^2 + (n_2-1)s_2^2}{n_1 + n_2 - 2} = \frac{(8-1)\times 5.688 + (8-1)\times 8.901}{8+8-2} = 7.295,$$

可知：

$$t = \frac{\bar{x} - \bar{y}}{s_\omega \sqrt{\frac{1}{n_1} + \frac{1}{n_2}}} = \frac{92.2550 - 92.9325}{\sqrt{7.295}\sqrt{\frac{1}{8} + \frac{1}{8}}} = -0.3536.$$

由于 $|t| = 0.3536 < 2.149$ ，或等价地计算 p 值为

$$p = 2P\{t(14) \geq 0.3536\} = 0.7289,$$

故不能拒绝原假设，即没有足够证据说明催化剂 B 能给公司带来更高平均收益.

对于该种情况，可以直接调用 R 函数 t.test() 进行求解如下：

```
> x<-c(91.50, 94.18, 92.18, 95.39, 91.79, 89.07, 94.72, 89.21)
> y<-c(89.19, 90.95, 90.46, 93.21, 97.19, 97.04, 91.07, 92.75)
> t.test(x,y,var.equal=T)
```

运行结果为

```
        Two Sample t-test
data: x and y
t = -0.3536, df = 14, p-value = 0.7289
alternative hypothesis: true difference in means is not equal to 0
95 percent confidence interval:
 -3.373886  2.418886
sample estimates:
mean of x mean of y
  92.2550   92.7325
```

即 p 值 $= 0.7289 > 0.05$，故不能拒绝原假设，没有足够证据说明催化剂 B 能给公司带来更高的平均收益.

（2）若假设两种催化剂回收率的方差不相等，则

$$\nu = \left(\frac{s_1^2}{n_1} + \frac{s_2^2}{n_2}\right)^2 \cdot \left(\frac{s_1^4}{n_1^2(n_1-1)} + \frac{s_2^4}{n_2^2(n_2-1)}\right)^{-1}$$

$$= \left(\frac{5.688}{8} + \frac{8.901}{8}\right)^2 \cdot \left(\frac{5.688^2}{8^2 \times (8-1)} + \frac{8.901^2}{8^2 \times (8-1)}\right)^{-1} = 13.352,$$

而 $t_{0.025}(13.35) = 2.155$，故拒绝域为 $\{|t| > 2.155\}$，检验统计量的取值为

$$t = \frac{\bar{x} - \bar{y}}{\sqrt{s_1^2/n_1 + s_2^2/n_2}} = \frac{92.2550 - 92.7325}{\sqrt{5.688/8 + 8.901/8}} = -0.3536,$$

由于 $|t| = 0.3536 < 2.155$，或等价地计算 p 值为

$$p = 2P\{t(13.35) \geq 0.3536\} = 0.7292,$$

故不能拒绝原假设，即没有足够证据说明催化剂 B 能给公司带来更高的平均收益.

对于该种情况，可以直接调用 R 函数 t.test()进行求解如下：

```
> x<-c(91.50, 94.18, 92.18, 95.39, 91.79, 89.07, 94.72, 89.21)
> y<-c(89.19, 90.95, 90.46, 93.21, 97.19, 97.04, 91.07, 92.75)
> t.test(x,y)
```

输出结果为

```
        Welch Two Sample t-test
data: x and y
t = -0.3536, df = 13.353, p-value = 0.7292
alternative hypothesis: true difference in means is not equal to 0
95 percent confidence interval:
 -3.387118  2.432118
sample estimates:
mean of x mean of y
  92.2550   92.7325
```

结果显示，p 值为 $0.7292 > 0.05$，故不能拒绝原假设，没有足够证据说明催化剂 B 能给公司带来更高的平均收益.

例 9.1.6 甲、乙两台机床分别加工某种机械轴，轴的直径分别服从正态分布 $X \sim N(\mu_1, \sigma_1^2)$ 和 $Y \sim N(\mu_2, \sigma_2^2)$. 为比较两台机床的加工精度有无显著差异，从各自加工的轴中分别抽取若干轴测其直径（单位：mm），其结果如下.

机床甲： 20.5 19.8 19.7 20.4 20.1 20.0 19.0 19.9
机床乙： 20.7 19.8 19.5 20.8 20.4 19.6 20.2

试在 $\alpha = 0.05$ 下，检验两台机床的加工精度是否有显著差异.

解 根据题意，该检验问题的假设为

$$H_0: \sigma_1^2 = \sigma_2^2 \quad vs \quad H_1: \sigma_1^2 \neq \sigma_2^2 \ .$$

在显著性水平 $\alpha = 0.05$ 下，有

$$F_{\alpha/2}(8-1, 7-1) = F_{0.025}(7, 6) = 5.70 ,$$

$$F_{1-\alpha/2}(8-1, 7-1) = F_{0.975}(7, 6) = \frac{1}{F_{0.025}(6,7)} = \frac{1}{5.12} = 0.195 ,$$

故拒绝域为 $\{F \geqslant 5.70$ 或 $F \leqslant 0.195\}$，由观测数据得 $s_1^2 = 0.2164$，$s_2^2 = 0.2729$，从而得

$$F = \frac{s_1^2}{s_2^2} = \frac{0.2164}{0.2729} = 0.793 ,$$

在 $\alpha = 0.05$ 水平下样本未落入拒绝域，或等价地计算 p 值得

$$p = 2\min[P\{F(7,6) \leqslant 0.793\}, P\{F(7,6) \geqslant 0.793\}] = 0.76 > 0.05 ,$$

故在 $\alpha = 0.05$ 下，不能拒绝 H_0，即认为两台机床的加工精度没有显著差异.

对于该种情况，可以直接调用 R 函数 var.test()进行求解，其调用格式为

```
var.test(x, y, ratio = 1, alternative = c("two.sided", "less", "greater"),
conf.level = 0.95, ...)
```

其中 x，y 为两组样本向量，ratio 表示两总体方差的比，默认值为 1，其他同 t.test()类似，此处不再赘述.

调用 var.test()函数求解例 9.1.6 的代码及输出结果如下：

```
> x<-c(20.5,  19.8,  19.7,  20.4,  20.1,  20.0,  19.0,  19.9)
> y<-c(20.7,  19.8,  19.5,  20.8,  20.4,  19.6,  20.2)
> var.test(x,y)
        F test to compare two variances
data:  x and y
F = 0.7932,  num df = 7,  denom df = 6,  p-value = 0.7608
alternative hypothesis: true ratio of variances is not equal to 1
95 percent confidence interval:
 0.1392675 4.0600387
sample estimates:
ratio of variances
        0.7931937
```

结果显示，p 值为 $0.7608 > 0.05$，在 $\alpha = 0.05$ 下，不能拒绝 H_0，即认为两台机床的加工精度没有显著差异.

9.1.3 单总体比率的检验

比率 p 可以看作是伯努利分布 $b(1, p)$ 中的一个参数，若 $X \sim b(1, p)$，则 $E(X) = p$，$\mathrm{Var}(X) = p(1-p)$. 设 $X = (X_1, X_2, \cdots, X_n)^{\mathrm{T}}$ 是来自分布 $b(1, p)$ 的一个样本，$x = (x_1, x_2, \cdots, x_n)^{\mathrm{T}}$ 为样本的观测值. 其中比率 $0 < p < 1$. 关于比率 p 的检验问题有如下三种形式：

（1）$H_0 : p = p_0$ vs $H_1 : p \neq p_0$；

（2）$H_0 : p \leqslant p_0$ vs $H_1 : p > p_0$；

（3）$H_0 : p \geqslant p_0$ vs $H_1 : p < p_0$；

其中 p_0 是一个已知常数.（1）为双边检验问题，（2）和（3）为单边检验问题. 当样本量较小时，可利用精确检验方法，取检验统计量 $T = \sum_{i=1}^{n} X_i$，上述三个检验问题的拒绝域的形

式分别为

$$W_1 = \{t \leq c_1 \text{ 或 } x \geq c_2\}, \quad W_2 = \{t \geq c\}, \quad W_3 = \{t \leq c'\},$$

这里 c_1 为满足如下不等式的最大正整数：

$$P\{T \leq c_1\} = \sum_{i=0}^{c_1} C_n^i p_0^i (1-p_0)^{n-i} \leq \frac{\alpha}{2};$$

c_2 为满足如下不等式的最小正整数：

$$P\{T \geq c_2\} = \sum_{i=c_2}^{n} C_n^i p_0^i (1-p_0)^{n-i} \leq \frac{\alpha}{2};$$

c 为满足如下不等式的最小正整数：

$$P\{T \geq c\} = \sum_{i=c}^{n} C_n^i p_0^i (1-p_0)^{n-i} \leq \alpha;$$

c' 为满足如下不等式的最大正整数：

$$P\{T \leq c'\} = \sum_{i=0}^{c'} C_n^i p_0^i (1-p_0)^{n-i} \leq \alpha.$$

若统计量 T 的实际观测值落入拒绝域，则拒绝相应原假设. 若统计量 T 的实际观测值为 x_0，则上述三个检验问题的 p 值依次为

$$p_1 = \begin{cases} 2P\{T \leq x_0\}, & x_0 \leq n/2 \\ 2P\{T \geq x_0\}, & x_0 > n/2 \end{cases}, \quad p_2 = P\{T \geq x_0\}, \quad p_3 = P\{T \leq x_0\}.$$

若检验的 p 值小于等于预先给定的显著水平 α，则拒绝原假设.

在大样本的情况下，当 $p = p_0$ 时，近似地有

$$Z = \frac{\sum_{i=1}^{n} X_i - np_0}{\sqrt{np_0(1-p_0)}} \sim N(0,1).$$

由此可得前述三个检验问题对应的拒绝域分别为

$$W_1 = \{|z| \geq z_{\alpha/2}\}, \quad W_2 = \{z \geq z_\alpha\}, \quad W_3 = \{z \leq -z_\alpha\}.$$

若统计量 Z 的实际观测值落入拒绝域，则拒绝相应原假设. 若统计量 Z 的实际观测值为 z_0，则上述三个检验问题的 p 值依次为

$$p_1 = P\{|Z| \geq |z_0|\} = 2[1-\Phi(|z_0|)],$$
$$p_2 = P\{Z \geq z_0\} = 1-\Phi(z_0),$$
$$p_3 = P\{Z \leq z_0\} = \Phi(z_0).$$

若检验的 p 值小于等于预先给定的显著水平 α，则拒绝原假设.

例 9.1.7 某厂生产的产品不合格品率不超过 3%，在一次例行检查中随机抽检 200 个产品，发现有 8 个不合格，试问：在 $\alpha = 0.05$ 下能否认为不合格品率不超过 3%?

解 根据题意，该检验问题的假设为

$$H_0: p \leq 0.03 \quad vs \quad H_1: p > 0.03,$$

利用大样本 Z 检验，拒绝域为 $\{z \geq z_\alpha\} = \{z \geq 1.645\}$，由 $n = 200$，$p_0 = 0.03$，得

$$z = \frac{T - np_0}{\sqrt{np_0(1 - p_0)}} = \frac{8 - 200 \times 0.03}{\sqrt{200 \times 0.03 \times (1 - 0.03)}} = 0.829 < 1.645 \; ,$$

相应的 p 值为

$$p = P\{Z \geqslant z_0\} = 1 - \Phi(z_0) = 1 - \Phi(0.829) = 0.204 > 0.05 \; ,$$

故在 $\alpha = 0.05$ 下不能拒绝原假设 H_0，即认为该产品的不合格品率不超过 3%.

可以直接调用 R 中的 prop.test()函数对上述问题进行检验，其调用格式为

```
prop.test(x, n, p = NULL, alternative = c("two.sided", "less", "greater"),
          conf.level = 0.95, correct = TRUE)
```

对例 9.1.7 的检验问题，调用 prop.test()函数进行求解，代码如下：

```
> prop.test(8, 200, 0.03, alternative="greater", correct=FALSE)
```

输出结果为

```
        1-sample proportions test without continuity correction
data:  8 out of 200, null probability 0.03
X-squared = 0.6873, df = 1, p-value = 0.2035
alternative hypothesis: true p is greater than 0.03
95 percent confidence interval:
 0.02268278 1.00000000
sample estimates:
   p
 0.04
```

结果显示，p 值为 0.2035>0.05，不能拒绝原假设 H_0，认为该产品的不合格品率不超过 3%. 也可以调用带有连续修正的 prop.test()函数及其输出如下：

```
> prop.test(8, 200, 0.03, correct=F, alternative="greater")
        1-sample proportions test with continuity correction
data:  8 out of 200, null probability 0.03
X-squared = 0.3866, df = 1, p-value = 0.267
alternative hypothesis: true p is greater than 0.03
95 percent confidence interval:
 0.02087272    1.00000000
sample estimates:
   p
 0.04
```

即 p 值为 0.267>0.05，不能拒绝原假设 H_0，认为该产品的不合格品率不超过 3%.

利用 binom.test()函数可以进行二项分布的精确检验，该函数的调用格式为

```
binom.test(x, n, p = 0.5,alternative = c("two.sided", "less", "greater"),
conf.level = 0.95)
```

需要注意的是，binom.test()函数只能用于单个比率的检验及区间估计，而 prop.test()可用于两个或多个比率的检验.

输入如下命令即得精确检验的结果：

```
> binom.test(8, 200, 0.03, alternative="greater")
```

输出结果为

```
        Exact binomial test
data:  8 and 200
number of successes = 8, number of trials = 200, p-value = 0.2539
```

```
alternative hypothesis: true probability of success is greater than 0.03
95 percent confidence interval:
 0.02005676    1.00000000
sample estimates:
probability of success
                  0.04
```

即 p 值为 0.2539，与带有连续修正的近似 Z 检验的 p 值很接近，也大于 0.05，故不能拒绝原假设 H_0，认为该产品的不合格品率不超过 3%.

9.1.4 两个总体比率的检验

设有两独立总体 $X \sim b(1, p_1)$ 和 $Y \sim b(1, p_2)$，$X_1, X_2, \cdots, X_{n_1}$ 和 $Y_1, Y_2, \cdots, Y_{n_2}$ 分别为来自总体 X 和 Y 的一个样本，其中比率 $0 < p_i < 1$，$i = 1, 2$，记 $\overline{X} = \dfrac{1}{n_1}\sum_{i=1}^{n_1} X_i$，$\overline{Y} = \dfrac{1}{n_2}\sum_{i=1}^{n_2} Y_i$.

关于两总体比率 p_1 与 p_2 的比较的检验问题有如下 3 种形式：

（1）$H_0: p_1 = p_2$ vs $H_1: p_1 \neq p_2$；

（2）$H_0: p_1 \leqslant p_2$ vs $H_1: p_1 > p_2$；

（3）$H_0: p_1 \geqslant p_2$ vs $H_1: p_1 < p_2$.

令

$$\hat{p}_1 = \overline{X}, \quad \hat{p}_2 = \overline{Y}, \quad \hat{p} = \frac{n_1 \hat{p}_1 + n_2 \hat{p}_2}{n_1 + n_2}.$$

在大样本情况下，当 $p_1 = p_2$ 时，近似地有

$$Z = \frac{\hat{p}_1 - \hat{p}_2}{\sqrt{(1/n_1 + 1/n_2)\hat{p}(1 - \hat{p})}} \sim N(0, 1).$$

由此可得上述三个检验问题对应的拒绝域分别为

$$W_1 = \{|Z| \geqslant z_{\alpha/2}\}, \quad W_2 = \{Z \geqslant z_\alpha\}, \quad W_3 = \{Z \leqslant -z_\alpha\}.$$

若统计量 Z 的实际观测值落入拒绝域，则拒绝相应原假设. 若统计量 Z 的实际观测值为 z_0，则上述三个检验问题的 p 值依次为：

$$p_1 = P\{|Z| \geqslant |z_0|\} = 2[1 - \Phi(|z_0|)],$$

$$p_2 = P\{Z \geqslant z_0\} = 1 - \Phi(z_0),$$

$$p_3 = P(Z \leqslant z_0) = \Phi(z_0).$$

若检验的 p 值小于等于预先给定的显著水平 α，则拒绝原假设.

例 9.1.8 甲、乙两厂生产同一种产品，为比较两厂产品质量是否一致，现随机从甲厂的产品中抽取 300 件，发现有 14 件不合格品，在乙厂的产品中抽取 400 件，发现有 25 件不合格品. 在 $\alpha = 0.05$ 水平下检验两厂的不合格品率有无显著差异.

解 设甲、乙两厂的不合格品率分别为 p_1 和 p_2. 根据题意，该检验问题的假设为

$$H_0: p_1 = p_2 \quad vs \quad H_1: p_1 \neq p_2.$$

利用大样本正态近似，在 $\alpha = 0.05$ 下的拒绝域为 $\{|z| \geqslant z_{\alpha/2}\} = \{z \geqslant 1.96\}$. 由已知有 $n_1 = 300$，$n_2 = 400$，从而得

$$\hat{p}_1 = \frac{x}{n_1} = \frac{14}{300}, \quad \hat{p}_2 = \overline{y} = \frac{25}{400}, \quad \hat{p} = \frac{n_1\hat{p}_1 + n_2\hat{p}_2}{n_1 + n_2} = \frac{14+25}{300+400} = \frac{39}{700},$$

故

$$z = \frac{\hat{p}_1 - \hat{p}_2}{\sqrt{(1/n_1 + 1/n_2)\hat{p}(1-\hat{p})}} = \frac{14/300 - 25/400}{\sqrt{(1/300 + 1/400) \times 39 \times (700-39)/700^2}} = -0.904,$$

由于 $|-0.904| < 1.96$，相应的 p 值为

$$p = 2 \times [1 - \Phi(0.904)] = 2 \times (1 - 0.817) = 0.366 > 0.05,$$

故不能拒绝原假设，即认为在 $\alpha = 0.05$ 水平下两厂的不合格品率无显著差异.

调用 prop.test() 函数求解如下:

```
> n<-c(300, 400);x<-c(14, 25)
> prop.test(x, n)
        2-sample test for equality of proportions with continuity
correction
    data: x out of n
    X-squared = 0.5436, df = 1, p-value = 0.4609
    alternative hypothesis: two.sided
    95 percent confidence interval:
    -0.05240097  0.02073430
    sample estimates:
        prop 1     prop 2
    0.04666667  0.06250000
```

由输出结果可以看到，p 值为 0.4609>0.05，故不能拒绝原假设，即认为在 $\alpha = 0.05$ 水平下两厂的不合格品率没有显著差异.

9.2 非参数假设检验

非参数检验是统计检验方法的重要组成部分，它与参数检验共同构成统计推断的基本内容. 参数检验是在总体分布形式已知的情况下，对总体分布的参数如均值、方差等参数进行检验的方法. 在很多实际问题中，由于种种原因，人们无法对总体分布形态作简单假定，这时参数检验的方法就不再适用了. 非参数检验正是基于这种考虑，是在总体分布形式完全未知的情形下，利用样本数据对总体分布形态等进行推断的方法.

9.2.1 单个样本的非参数检验

1. 总体分布的 Pearson 卡方检验

Pearson 卡方拟合检验方法是根据样本数据对总体分布与期望分布或某一理论分布是否存在显著差异进行检验，该检验通常适于对有多项分类值的总体分布的分析. 它的原假设是：样本来自的总体分布与期望分布或某一理论分布不存在差异.

设 $\boldsymbol{X} = (X_1, X_2, \cdots, X_n)^{\mathrm{T}}$ 是来自总体 X 的一个样本，$\boldsymbol{x} = (x_1, x_2, \cdots, x_n)^{\mathrm{T}}$ 为样本观测值，考虑检验问题：

$$H_0 : F(x) = F_0(x) \quad vs \quad H_1 : F(x) \neq F_0(x)$$

其中 $F(x)$ 为样本来自总体 X 的分布，$F_0(x)$ 为已知的某个期望分布或理论分布.

Pearson 卡方拟合检验的基本思想与方法为：将数轴 $(-\infty, +\infty)$ 分成 m 个区间：

$$I_1 = (-\infty, a_1], \quad I_2 = (a_1, a_2], \quad \cdots, \quad I_m = (a_{m-1}, +\infty),$$

记这些区间的理论概率分布分别为

$$p_1, p_2, \cdots, p_m,$$

其中 $p_i = P\{X \in I_i\}$，n_i 为样本 $X_1, X_2, \cdots, X_n$ 落入区间 I_i 内的个数，$i = 1, 2, \cdots, m$. 在原假设成立下，n_i 的期望值为 np_i，二者的差距可衡量理论与观测之间的偏离程度. 且在原假设成立的条件下，当 $n \to \infty$ 时，有

$$\chi^2 = \sum_{i=1}^{m} \frac{(n_i - np_i)^2}{np_i} \xrightarrow{L} \chi^2(m-1)$$

给定显著性水平 α，拒绝域为 $\{\chi^2 \geqslant \chi_\alpha^2(m-1)\}$. 若检验统计量的实现值 χ_0^2 落在拒绝域中，则拒绝原假设. 进一步地，还可计算出 p 值为

$$p = \{\chi^2(m-1) \geqslant \chi_0^2\}$$

该 p 值也称为观测数据与原假设的拟合优度，p 值越大，支持原假设的证据就越强. 当 p 值小于显著性水平 α 时，拒绝原假设.

在 R 中，可以利用 chisq.test() 函数求解该类问题，其调用格式为

```
chisq.test(x, y = NULL, correct = TRUE,
           p = rep(1/length(x), length(x)), rescale.p = FALSE,
           simulate.p.value = FALSE, B = 2000)
```

其中，x 为向量或矩阵；若 y=NULL，且 x 为向量，则可检验单样本问题，若 x 为矩阵或 x 和 y 均为向量则可检验两样本或多样本问题；correct 表示是否进行连续修正的逻辑值，默认值为 TRUE；p 为长度与 x 相同的概率向量；rescale.p 为逻辑值，如果为 TRUE，则将 p 重新尺度化，使其各分量和为 1，缺省值为 FALSE；simulated.p.value 为表示是否通过蒙特卡罗模拟计算 p 值的逻辑值，缺省值为 FALSE；B 的取值为正整数，表示蒙特卡罗检验重复抽样次数，默认为 2000 次.

例 9.2.1 某企业开发了一种新型的食品，初步设想出五种不同的包装方式，现欲了解消费者对这些不同包装方式的偏好是否存在差异，经过市场实验，得到销售数据如表 9.5 所示.

表 9.5

包装方式	A	B	C	D	E	合计
销售量	325	384	320	326	345	1700

试在 $\alpha = 0.05$ 下，检验五种包装的产品在销量上是否存在显著差异？

解 根据题意，该检验问题的假设为

H_0：对不同包装的喜好无差异   *vs* H_1：对不同包装的喜好有差异

由

$$\chi_\alpha^2(m-1) = \chi_{0.05}^2(4) = 9.488,$$

故拒绝域为 $\{\chi^2 \geqslant 9.488\}$. 在 H_0 下，理论概率为 $p_i = \dfrac{1}{5}$，期望频数为 $n_i = \dfrac{1700}{5} = 340$，故统计量的值为

$$\chi^2 = \frac{(325-340)^2}{340} + \frac{(384-340)^2}{340} + \frac{(320-340)^2}{340} + \frac{(326-340)^2}{340} + \frac{(345-340)^2}{340}$$

$$= 8.1824 < 9.488 ,$$

相应的 p 值为

$$p = P\{\chi^2(4) \geqslant 8.1824\} = 0.08512 > 0.05 ,$$

故不能拒绝原假设，即不能认为消费者对五种包装的喜欢存在显著差异.

调用 chisq.test() 函数及其结果如下：

```
> x<-c(325, 384, 320, 326, 345)
> chisq.test(x)
        Chi-squared test for given probabilities
data:  x
X-squared = 8.1824, df = 4, p-value = 0.08512
```

结果显示，p 值为 $0.08512 > 0.05$，故不能拒绝原假设，不能认为消费者对五种包装的喜欢存在显著差异.

例 9.2.2 某学期非参数统计考试成绩如下：

25 45 50 54 55 61 64 68 72 75 75 78 79 81 83 84 84 84 85 86 86 86 87 89 89 89 90 91 91 92 100

试检验学生成绩是否符合正态分布.

解 该检验问题的原假设为学生成绩符合正态分布，输入如下命令：

```
>X<-scan()
25 45 50 54 55 61 64 68 72 75 75 78 79 81 83 84 84 84 85 86 86 86 87 89
89 89 90 91 91 92 100
>A<-table(cut(X, br=c(0, 69, 79, 89, 100)))
>p<-pnorm(c(70, 80, 90, 100), mean(X), sd(X))
>p<-c(p[1], p[2]-p[1], p[3]-p[2], 1-p[3])
>chisq.test(A, p=p)
```

输出结果为

```
        Chi-squared test for given probabilities
data:  A
X-squared = 8.334, df = 3, p-value = 0.03959
```

可见，检验的 p 值为 $0.039 < 0.05$，故拒绝原假设，认为该成绩不服从正态分布.

2. Kolmogorov-Smirnov 检验

Kolmogorov-Smirnov 检验又称 K-S 检验，该检验方法也能够利用样本数据推断该样本来自的总体是否服从某一理论分布，该方法适用于连续型随机变量分布的检验问题，其检验的假设与 Pearson 卡方检验相同，即

$$H_0 : F(x) = F_0(x) \quad vs \quad H_1 : F(x) \neq F_0(x)$$

其中 $F(x)$ 为样本来自的总体 X 的分布，$F_0(x)$ 为一已知的理论分布.

根据格里汶科定理：

$$P\left\{\lim_{n\to\infty}\sup_{-\infty<x<+\infty}|F_n(x)-F(x)|=0\right\}=1,$$

可知经验分布函数是总体分布函数的一个非常合理的估计,因此,当经验分布函数与特定理论分布差距很小时,可以推断该样本取自某特定的分布族. 定义:

$$D_n=\max_{1\le i\le n}|F_n(x_{(i)})-F_0(x_{(i)})|,$$

若 $D_n\ge D_\alpha$,则拒绝原假设.

K-S 检验在 R 中相应的函数为 ks.test(),其调用格式为

```
ks.test(x, y, ..., alternative = c("two.sided", "less", "greater"),exact
= NULL)
```

其中,x 为观测向量;y 为观测向量或累计分布函数的字符串,只对连续分布有效,如 pnorm;alternative 选项给出备择假设形式;exact 表示是否计算精确 p 值.

例 9.2.3 对一台电子设备进行寿命检验,记录十二次无故障操作时间,并按从小到大的次序排列如下:

350　430　510 930　1370　1500　1640　1750　2110　2310　2340　2350

试在 $\alpha=0.05$ 下,用 K-S 检验方法检验此设备无故障工作时间是否符合参数为 1/1500 的指数分布.

解 输入如下命令:

```
> x<-c(350,430,510, 930, 1370, 1500,1640, 1750, 2110, 2310, 2340,2350)
> ks.test(x, "pexp", 1/1500)
```

输出结果为

```
        One-sample Kolmogorov-Smirnov test
data: X
D = 0.3015,  p-value = 0.2654
alternative hypothesis: two-sided
```

结果显示,p 值 0.2654> 0.05,故不能拒绝原假设,认为此设备无故障工作时间符合参数为 1/1500 的指数分布.

3. Shapiro-Wilk 正态性检验

Shapiro-Wilk 检验主要用于检验数据是否来自正态总体. 该检验方法主要基于样本的顺序统计量 $X_{(1)},X_{(2)},\cdots,X_{(n)}$. 该检验方法的主要特点是,计算简单,灵敏度较高,需要的样本量较小. Shapiro-Wilk 正态性检验在 R 中相应的函数为 shapiro.test(),其调用格式为

```
shapiro.test(x)
```

其中 x 为样本数据向量.

例 9.2.4 随机抽取 11 个样本的体重数据为:148 154 158 160 161 162 166 170 182 195 236. 在 $\alpha=0.05$ 下,检验体重数据是否符合正态分布?

解 输入如下命令:

```
> k<-c(148 , 154, 158, 160, 161, 162, 166, 170, 182, 195, 236)
> shapiro.test(k)
```

输出结果为

```
Shapiro-Wilk normality test
data:  k
```

```
W = 0.7888, p-value = 0.006704
```

其 p 值小于 0.05，故拒绝原假设，即该数据不符合正态分布.

例 9.2.5　shapiro.test() 函数举例.

```
>shapiro.test(rnorm(100, mean = 5, sd = 3))
```

输出结果为

```
Shapiro-Wilk normality test
data:rnorm(100, mean = 5, sd = 3)
W = 0.9926, p-value = 0.863
>shapiro.test(runif(100, min = 2, max = 4))
```

输出结果为

```
Shapiro-Wilk normality test
data:runif(100, min = 2, max = 4)
W = 0.9561, p-value = 0.00214
```

第一个命令是检验一个随机生产的 100 个数据，该数据集服从均值为 5、标准差为 3 的正态分布，其 p 值显著大于 0.05，故不能拒绝其符合正态分布. 第二个命令检验一个随机产生的 100 个数据，该数据服从最小值为 2，最大值为 4 的均匀分布，其 p 值小于 0.05，所以有足够理由拒绝其符合正态分布.

K-S 检验用的是大样本近似计算，在小样本情况下精确度较差，而 Shapiro-Wilk 检验适用于小样本情况下的正态性检验.

4. 单样本随机游程检验

游程检验也称为"连贯检验"，它是通过对样本数据的分析，检验数据的出现是否带有随机性. 其原假设为：数据的出现是随机的. 在给出检验方法之前，下面通过一个例子说明一下相关概念. 例如，有一个由 0 和 1 构成的序列：

$$11001111001111000111011.$$

通常，将连续出现的 0（或 1）构成的数串称为一个**游程**，每个游程中含有的数据的个数称为**游程的长度**. 用 R 表示一个 0/1 序列中游程的总个数，R 的大小表征了 0 和 1 交替轮换的频繁程度. 例如在上述序列中，总共有 23 个数，其中 0 的总个数为 $n_0 = 8$，1 的总个数为 $n_1 = 15$. 有 4 个 0 游程，5 个 1 游程，共有 9 个游程，即 $R = 9$.

单样本的游程检验基本方法为：将取自某一总体的样本观察值进行数据转换，将大于中位数的数据都记为 1，小于中位数的数据都记为 0，因此样本数据分为大于中位数的数据与小于中位数的数据两大类，如果样本数据的出现是随机的，则游程的个数不能太大或太小；反之，若游程的个数太大或太小，我们有理由怀疑数据的出现不具有随机性. 因此对于双侧检验，游程个数大于 Lb 表临界值或小于 La 表临界值，则拒绝原假设. 而对于单侧检验，游程个数小于（或大于）La 表（Lb 表）临界值，则拒绝原假设.

在 R 中可以利用 runs.test() 函数来进行游程检验，该函数在 tseries 程序包中，使用之前请先安装并加载该软件包. runs.test() 函数的调用格式为

```
runs.test(x, alternative = c("two.sided", "less", "greater"))
```

其中，x 为两值因子；alternative 为备择假设形式，其缺省值为"two.sided".

例如，输入如下命令：

```
> x <- factor(sign(rnorm(100)))
> runs.test(x)
```
输出结果为
```
        Runs Test
data: x
Standard Normal = -1.1169, p-value = 0.264
alternative hypothesis: two.sided
```
结果显示，检验的 p 值为 0.264>0.05，故不能拒绝原假设，认为样本数据具有随机性.

再如，输入如下命令：
```
> x <- factor(rep(c(-1,1),50))
> runs.test(x)
```
输出结果为
```
        Runs Test
data:  x
Standard Normal = 9.8499, p-value < 2.2e-16
alternative hypothesis: two.sided
```
从输出结果可以看到，p 值<2.2e−16，故认为样本数据不具有随机性.

9.2.2　两样本的独立性检验

两样本的独立性检验主要检验两个总体之间是否相互独立，其假设为
$$H_0: 两总体独立 \ v.s. \ H_1: 两总体相关.$$
该类检验问题多见于列联表的独立性检验中. 设 X 和 Y 均为离散型随机变量，其取值的各种情况可以用 $r \cdot s$ 的频数分布二维列联表表示，n_{ij} 表示 n 次试验中落入 (x_i, y_j) 位置格中的频数，$i = 1, 2, \cdots, r$，$j = 1, 2, \cdots, s$.

列联表的独立性检验问题主要有两类检验方法，分别为 Pearson 卡方检验和 Fisher 精确检验.

1. Pearson 卡方检验

类似于 9.2.1 节中总体分布的 Pearson 卡方检验的思想，构造统计量为
$$\chi^2 = \sum_{i=1}^{r} \sum_{j=1}^{s} \frac{(n_{ij} - n_{i+}n_{+j} / n)^2}{n_{i+}n_{+j} / n},$$
其中 $n_{i+} = \sum_{j=1}^{s} n_{ij}$，$n_{+j} = \sum_{i=1}^{r} n_{ij}$，$n_{i+}n_{+j} / n$ 为 H_0 下的期望频数. 在大样本的情况下，近似地有 $\chi^2 \sim \chi^2((r-1)(s-1))$. 故检验的拒绝域为
$$\{\chi^2 \geqslant \chi^2_\alpha((r-1)(s-1))\}.$$
相应的 p 值为
$$p = P\{\chi^2((r-1)(s-1)) \geqslant \chi^2_0\},$$
其中 χ^2_0 为统计量的实现值. 在二维列联表检验的实际问题中，只允许 20%以下的格子的期望频数小于 5，否则检验结果不可靠.

若检验两个连续型随机变量 X 和 Y 的独立性，也可以借用上述思想，只需将二者的取

值分成 r 和 s 个互不相交的小区间，n_{ij} 表示 n 次试验中"X 落入第 i 个小区间、Y 落入第 j 个小区间中"的频数，$i=1,2,\cdots,r$，$j=1,2,\cdots,s$. 从而将 X 和 Y 的独立性检验转化成列联表的独立性检验问题.

在 R 中，仍可以用 chisq() 函数来求解此类独立性检验问题，其调用格式为

```
chisq.test(x, y = NULL, correct = TRUE,
            p = rep(1/length(x), length(x)), rescale.p = FALSE,
            simulate.p.value = FALSE,  B = 2000)
```

其中各参数意义详见 9.2.1 节.

例 9.2.6 某医疗机构为了解患肺癌与吸烟是否有关，进行了一次抽样调查，共调查了 9965 个成年人，其中吸烟者 2148 人，不吸烟者 7817 人，调查结果是：吸烟的 2148 人中 49 人患肺癌，2099 人不患肺癌；不吸烟的 7817 人中 42 人患肺癌，7775 人不患肺癌. 根据这些数据能否断定：患肺癌与吸烟有关?

解 根据样本数据，可得如表 9.6 所示的列联表.

表 9.6

	不患肺癌	患肺癌	总计
不吸烟	7775	42	7817
吸烟	2099	49	2148
总计	9874	91	9965

检验问题的假设：

H_0：吸烟和患肺癌独立 *vs* H_1：吸烟和患肺癌不独立.

取 $\alpha = 0.05$ 得拒绝域为 $\{\chi^2 \geq \chi^2_{0.025}(1) = 5.02\}$. 由观测数据得统计量为

$$\chi^2 = \frac{(7775 - 9874 \times 7817/9965)^2}{9874 \times 7817/9965} + \frac{(2099 - 9874 \times 2148/9965)^2}{9874 \times 2148/9965} +$$
$$\frac{(42 - 91 \times 7817/9965)^2}{91 \times 7817/9965} + \frac{(49 - 91 \times 2148/9965)^2}{91 \times 2148/9965}$$
$$= 56.63 > 5.02$$

或相应的 p 值为

$$p\{\chi^2((r-1)(s-1)) \geq 56.63\} < 0.001,$$

故拒绝原假设，认为吸烟和患肺癌不相互独立.

调用 chisq() 函数求解例 9.2.6 的检验问题，代码如下：

```
> x<-matrix(c(7775, 2099, 42, 49), nr=2)
> chisq.test(x, correct=F)
```

输出结果为

```
        Pearson's Chi-squared test
data: x
X-squared = 56.6319,  df = 1,  p-value = 5.255e-14
```

利用带连续修正的 Pearson 卡方检验及其输出结果如下：

```
> chisq.test(x)
      Pearson's Chi-squared test with Yates' continuity correction
data: x
  X-squared = 54.721, df = 1, p-value = 1.389e-13
```

从输出结果可以看到，其 p 值均很小，且 p 值 < 0.05 ，故拒绝原假设，认为吸烟和患肺癌显著相关.

2. Fisher 精确检验

在样本量较小的情况下，对二维列联表的检验问题多采用 Fisher 精确检验. Fisher 精确检验建立在超几何分布的基础上，特别适用于单元频数小的列联表的检验. 其基本思想是：给定边缘分布的条件下，基于独立性条件计算落入格子中的频数的精确分布的临界值.

R 中的 fisher.test() 函数可以求解 Fisher 精确检验问题. 其调用格式为

```
fisher.test(x, y = NULL, workspace = 200000, hybrid = FALSE,
            control = list(), or = 1, alternative = "two.sided",
            conf.int = TRUE, conf.level = 0.95,
            simulate.p.value = FALSE, B = 2000)
```

其中，x 为二维列联表的矩阵形式或因子名；若 x 为因子名，y 也为因子名，若 x 为矩阵，则省略 y；workspace 的取值为正整数，指定工作空间的数量；hybrid 为逻辑值，只用于大于 2×2 的列联表，指定计算精确概率或近似概率，其默认值为 FALSE，表示计算近似概率；control 为算法列表；or 为"odds ratio"的缩写，用于指定假设的 odds ratio，只适用于 2×2 的列联表. conf.int 为逻辑值，表示是否给出 2×2 表的 odds ratio 的置信区间；如果 conf.int=TRUE，则 conf.level 给定上述置信区间的置信水平；simulate.p.value 给出对于大于 2×2 的表是否利用蒙特卡罗法计算 p 值；B 指定蒙特卡罗法的重复抽样次数.

例 9.2.7 某医师研究乙肝免疫球蛋白防止子宫内胎儿感染 HBV 的效果，将 33 例 HBsAg 阳性孕妇随机分为预防注射组和对照组，结果如表 9.7 所示.

表 9.7

	阳性	阴性	合计
预防注射组	4	18	22
对照组	5	6	11

问两组新生儿 HBV 总体感染率有无差别？

解 根据题意，检验两组新生儿 HBV 总体感染率有无差别等价于检验如下问题：

H_0：预防注射与新生儿感染 HBV 独立 *vs* H_1：预防注射与新生儿感染 HBV 相关. 可输入如下 R 命令：

```
> x<-c(4, 5, 18, 6); dim(x)<-c(2,2)
> fisher.test(x)
```

输出结果为

```
      Fisher's Exact Test for Count Data
data: x
p-value = 0.121
alternative hypothesis: true odds ratio is not equal to 1
95 percent confidence interval:
 0.03974151   1.76726409
```

```
sample estimates:
odds ratio
 0.2791061
```

从输出结果可以看到, Fisher 精确检验的 p 值为 0.121>0.05, 故不能拒绝原假设, 即认为两组新生儿 HBV 总体感染率无显著差别.

9.2.3 两样本的非参数检验

本小节将介绍两个样本的比较问题、给出 6 种相应的检验方法及其在 R 上的实现.

1. McNemar 检验

McNemar 检验将研究对象自身作为对照者检验其 "前后" 的变化是否显著, 其原假设是: 两配对样本来自的两总体的分布无显著差异. McNemar 检验分析的变量应为二值变量, 其结果对应于一个 2×2 的列联表. 在实际应用中, 如果变量不是二值变量, 应进行数据转换后方可采用该方法, 因而它在应用范围方面有一定的局限性.

设配对样本数据对应的 2×2 的列联表如表 9.8 所示.

表 9.8

前 \ 后	0	1
0	a	b
1	c	d

类似于 Pearson 卡方检验的思想, McNemar 检验统计量为 $\chi^2 = \dfrac{(b-c)^2}{b+c}$. Edwards 给出了带有连续修正的卡方统计量:

$$\chi^2 = \frac{(|b-c|-1)^2}{b+c}.$$

在大样本的情况下, 近似地有 $\chi^2 \sim \chi^2(1)$, 检验的拒绝域为 $\{\chi^2 \geqslant \chi_\alpha^2(1)\}$, 相应的 p 值为 $p = P\{\chi^2(1) \geqslant \chi_0^2\}$, 其中 χ_0^2 为统计量的实现值.

R 中的 mcnemar.test() 函数可以用来进行 McNemar 检验, 其调用格式为

```
mcnemar.test(x, y = NULL, correct = TRUE)
```

其中, x 为列联表形式的 2 维矩阵或一个因子; 若 x 为因子, 则 y 也为因子, 若 x 为矩阵, 则省略 y; correct 指定是否使用连续修正.

例 9.2.8 某高校欲研究某专业学生对专业态度的变化情况, 从整个专业 100 名新生中随机抽取 80 名学生进行调查: 在刚入学时记录学生对本专业的态度 (喜欢或不喜欢). 经过三个月的专业教育, 再对这 80 名学生进行调查, 两次调查结果如表 9.9 所示.

表 9.9

		入学后三个月	
		不喜欢	喜欢
入学初	不喜欢	20	40
	喜欢	6	14

检验该专业教育对专业态度是否有显著影响?

解 根据题意,该检验问题的假设为 H_0:学生专业态度前后无明显变化. 在 $\alpha = 0.05$ 下,其拒绝域为 $\{\chi^2 \geqslant \chi^2_{0.95}(1) = 3.841\}$. 由观测数据得修正卡方统计量的值为

$$\chi^2 = \frac{(|6 - 40 - c| - 1)^2}{6 + 40} = 23.674 > 3.814.$$

或计算相应的 p 值为

$$p = P\{\chi^2(1) \geqslant 23.674\} < 0.001.$$

故拒绝原假设,认为该专业教育对学生专业态度有显著影响.

调用 mcnemar.test() 函数进行求解,代码如下:

```
> x<-matrix(c(20, 6, 40, 14),nr=2)
> mcnemar.test(x)
```

输出结果为

```
        McNemar's Chi-squared test with continuity correction
data: x
McNemar's chi-squared = 23.6739, df = 1, p-value = 1.141e-06
```

采用不带修正的 McNemar 检验如下:

```
> mcnemar.test(x, correct=F)
        McNemar's Chi-squared test
data: x
McNemar's chi-squared = 25.1304, df = 1, p-value = 5.358e-07
```

从输出结果可以看到,p 值均 <0.05,故拒绝原假设,认为该专业教育对学生专业态度有显著影响.

2. Wilcoxon 秩和检验（Mann-Whitney-Wilcoxon 检验）

设 $X_1, X_2, \cdots, X_{n_1}$ 和 $Y_1, Y_2, \cdots, Y_{n_2}$ 是分别来自两个独立总体 X 和 Y 的一个样本. 在小样本的情况下,若已知总体分布为正态分布,如前所述,我们可以用 t 检验对两总体均值进行比较. 但在总体分布类型不是正态分布,或总体分布类型未知的情况下,t 检验不再适用,此时可以考虑使用 Wilcoxon 秩和检验.

Wilcoxon 秩和检验的基本方法与思想为:将 $X_1, X_2, \cdots, X_{n_1}$ 和 $Y_1, Y_2, \cdots, Y_{n_2}$ 两组样本放在一起,按照从小到大的顺序排列,某样本在该排列中的次序号称为该样本的秩. 若两总体的均值 μ_1 和 μ_2 相等,则从这两个个体中取出的样本的秩是随机的;若 $\mu_1 < \mu_2$,则从第二个样本 Y 中取出的样本在合样本中的秩会偏高. Wilcoxon 提出了的秩和检验统计量为

$$R = \sum_{i=1}^{n_2} R_i ,$$

其中,R_i 为 Y_i 在合样本中的秩. 在原假设下,可以计算 R 的概率分布为

$$P(R = d) = t_{N, n_2}(d) / C_N^{n_2} ,$$

其中 $t_{N, n_2}(d)$ 表示从 $1, 2, \ldots, N$ 中任取 n_2 个数,其和为 d 的组合数,这里 $N = n_1 + n_2$. 由此可

计算出检验的拒绝域及 p 值，但计算量很大. 在大样本的情况下，可以利用渐近分布，即近似地有

$$Z = \frac{R - n_2(N+1)/2}{\sqrt{n_1 n_2 (N+1)/12}} \sim N(0,1),$$

从而可得近似分布下的拒绝域及 p 值.

在 R 中可以利用 wilcox.test()函数进行 Wilcoxon 秩和检验，其调用格式为

```
wilcox.test(x, y = NULL, alternative = c("two.sided", "less", "greater"),
            mu = 0, paired = FALSE, exact = NULL, correct = TRUE,
            conf.int = FALSE, conf.level = 0.95, ...)
```

其中，mu 为原假设对应的最优参数，单样本时对应于检验的中心，两样本时对应于两均值的差值；paired 为逻辑值，表示数据是否为配对样本，默认值为 FALSE，即非配对样本，此时给出的是 Wilcoxon 秩和检验的结果，而 paired=TRUE，则给出的是 Wilcoxon 符号秩检验的结果（见 Wilcoxon 符号秩检验）；exact 表示是否计算精确 p 值（当数据有结时，无法计算精确 p 值）；其他参数的含义同 Fisher.test()，此处不再赘述.

例 9.2.9 对两个单位职工工资进行抽查，所得数据如下：

单位 1： 1960 2240 1710 2410 1620 1930
单位 2： 2110 2430 2070 1710 2500 2840 2880

问单位 1 的职工工资是否比单位 2 的职工工资低？

解 根据题意，该检验问题的假设为

$$H_0: \mu_1 = \mu_2 \quad vs \quad H_1: \mu_1 < \mu_2,$$

其中，μ_1 和 μ_2 分别为单位 1 和单位 2 的平均工资. 可以算得第二个样本的秩和 $R = 66$，而查表可得 $\alpha = 0.05$ 下的临界值为 62，故拒绝原假设，认为单位 1 的职工工资显著低于单位 2 的职工工资.

利用 wilcox.test()函数求解例 9.2.7，代码如下：

```
> x<-c(1960, 2240, 1710, 2410, 1620, 1930)
> y<-c(2110, 2430, 2070, 1710, 2500, 2840, 2880)
```

运行结果为

```
        Wilcoxon rank sum test with continuity correction
data:  x and y
W = 8.5, p-value = 0.04302
alternative hypothesis: true location shift is less than 0
```

警告信息：

```
In wilcox.test.default(x, y, alternative = "less") :
```

无法精确计算带连结的 p 值.

结果显示，检验的 p 值为 0.04302<0.05，故拒绝原假设，认为单位 1 的职工工资显著低于单位 2 的职工工资.

3. 符号检验

符号检验法是通过两个成对相关样本的每对数据之差的符号进行检验，从而比较两个样本差异的显著性. 若两个样本差异不显著，正差值与负差值的个数应大致各占一半. 设

$(X_1, Y_1), (X_2, Y_2), \ldots, (X_n, Y_n)$ 为成对样本，在总体分布类型非正态或未知的情况下，检验两组样本是否存在显著差异，可以用符号检验. 令 $U_i = \text{sign}(X_i - Y_i)$，$i = 1, 2, \cdots, n$，其中 $\text{sign}(x)$ 为符号函数，即

$$\text{sign}(x) = \begin{cases} 1, & x > 0 \\ 0, & x = 0 \\ -1, & x < 0 \end{cases}.$$

符号检验统计量 U_i^+ 为所有 U_i 中取值为 1 的个数. 令 m 为所有 U_i 中取值非零的个数，则在两总体无显著差异下，有 $U_i^+ \sim b(m, 0.5)$，从而由二项分布可得检验的拒绝域及 p 值. 在大样本的情况下（ $m > 30$ ），近似地有

$$\frac{U_i^+ - m/2}{\sqrt{m/4}} \sim N(0, 1) ,$$

从而可得到近似分布下的拒绝域及相应的 p 值.

R 中没有直接用于符号检验的函数，读者可尝试利用 binom.test() 或利用大样本正态近似编写符号检验函数.

例 9.2.10 为比较甲、乙两种药物对某种肿瘤的治疗效果，随机选取 28 只患该肿瘤的小白鼠进行试验，将其随机平均分为 A 和 B 两组，分别注射甲药物和乙药物一段时间后，记录小白鼠的增重情况如下：

A 组： 25   20   24   13   17   25   20   18   22   19   20   20   21   6

B 组： 9   22   16   12   16   21   21   16   20   15   18   21   15   8

检验这两种药物在治疗该类肿瘤上有无显著差异.

解 该检验问题的原假设 H_0 为两种药物的疗效无显著差异. 可输入如下命令：

```
> x<-c(25,20, 24, 13, 17, 25, 20, 18, 22, 19, 20, 20, 21, 6)
> y<-c(9,22, 16, 12, 16, 21, 21, 16, 20, 15, 18, 21, 15, 8)
> binom.test(sum(x<y), length(x))
```

输出结果为

```
 Exact binomial test
data:  sum(x < y) and length(x)
number of successes = 4, number of trials = 14, p-value = 0.1796
alternative hypothesis: true probability of success is not equal to 0.5
95 percent confidence interval:
 0.08388932  0.58103526
sample estimates:
     probability of success
           0.2857143
```

从输出结果可以看到，p 值为 0.1796 > 0.05，故不能拒绝原假设，认为这两种药物疗效无显著差异.

4. Wilcoxon 符号秩检验

符号检验只利用了观测样本差值的符号进行检验，而没有利用差值的大小所包含的信息. Wilcoxon 符号秩检验把二者结合起来，因而得到的检验比符号检验更有效. Wilcoxon 符号秩检验的统计量为

$$W^+ = \sum_{i=1}^{n} I(u_i = 1) R_i ,$$

其中 $I(\cdot)$ 为示性函数，R_i 为 $|X_i - Y_i|$ 在 $|X_1 - Y_1|, ..., |X_n - Y_n|$ 中的秩. 类似地，在大样本情形下可以利用标准正态极限分布进行求解.

可以利用 R 中的 wilcox.test() 函数进行符号秩和检验，其调用格式为

```
wilcox.test(x, y = NULL, alternative = c("two.sided", "less", "greater"),
            mu = 0, paired = FALSE, exact = NULL, correct = TRUE,
            conf.int = FALSE, conf.level = 0.95, ...)
```

对符号秩检验，参数 paired 的取值应为 TRUE. 其他参数的意义参见前面的 Wilcoxon 秩和检验.

利用 Wilcoxon 符号秩检验对例 9.2.10 的检验问题进行求解，代码如下：

```
> x<-c(25,20, 24, 13, 17, 25, 20, 18, 22, 19, 20, 20, 21, 6)
> y<-c(9,22, 16, 12, 16, 21, 21, 16, 20, 15, 18, 21, 15, 8)
> wilcox.test(x,y,paired=TRUE)
```

输出结果为

```
        Wilcoxon signed rank test with continuity correction

data:  x and y
V = 86, p-value = 0.03683
alternative hypothesis: true location shift is not equal to 0
```

警告信息：

```
In wilcox.test.default(x, y, paired = TRUE):无法精确计算带连结的 p 值
```

从输出结果可以看到，p 值为 0.03683<0.05，故拒绝原假设，认为这两种药物疗效存在显著差异.

例 9.2.11 为检验两种小麦种子的产量，将现有麦地分为十块，再将每一块分为两部分，一半播种种子 A，一半播种种子 B，所得产量数据如表 9.10 所示.

表 9.10

地号	1	2	3	4	5	6	7	8	9	10
种子 A	559	467	403	492	410	442	521	546	530	512
种子 B	514	406	421	543	381	401	453	491	505	490

问种子 A 是否比种子 B 高产？

解 根据题意，该检验问题的假设为

$$H_0: \mu_1 = \mu_2 \quad vs \quad H_1: \mu_1 > \mu_2 ,$$

其中，μ_1 和 μ_2 分别为两种种子对应的平均产量. 此检验问题为配对样本问题，输入如下命令：

```
> x<-c(559, 467, 403, 492, 410, 442, 521, 546, 530, 512)
> y<-c(514, 406, 421, 543, 381, 401, 453, 491, 505, 490)
> wilcox.test(x, y, alternative = "greater", paired = TRUE)
```

输出结果为

```
            Wilcoxon signed rank test
```

```
data:  x and y
V = 47, p-value = 0.02441
alternative hypothesis: true location shift is greater than 0
```

从输出结果可以看到，p 值为 0.024<0.05，故拒绝原假设，认为种子 A 比种子 B 高产. 需要说明的是，命令

```
>wilcox.test(x-y, alternative="greater")
```

将得到与上面相同的输出结果.

5. 两样本 K-S 检验

基于经验分布的 K-S 检验也可以用来比较两组样本的经验分布是否存在显著差异. 其检验问题的假设为

$$H_0 : F(x) = G(x) \quad vs \quad H_1 : F(x) \neq G(x) ,$$

其中，$F(x)$ 和 $G(x)$ 分别为两个总体的分布.

K-S 两样本检验，只能用于理论分布为一维连续分布，且分布完全已知的情形. K-S 检验可用的情况下，功效一般优于 Pearson 卡方检验，因而 Pearson 卡方检验多用于分类变量情形.

在 R 中可以用 ks.test()函数进行 K-S 检验，其调用格式为

```
ks.test(x, y, ..., alternative =c("two.sided", "less", "greater"),exact =
NULL)
```

其中参数的意义见单参数 K-S 检验部分.

例 9.2.12 为比较甲、乙两厂生产的同一种元件的使用寿命，分别从两厂生产的产品中随机抽取 10 个产品进行寿命试验，其结果如下.

甲：137.0， 140.0， 138.3， 139.0， 144.3， 139.1， 141.7， 137.3， 133.5， 138.2

乙：141.1， 139.2， 136.5， 136.5， 135.6， 138.0， 140.9， 140.6， 136.3， 134.1

检验两厂生产的元件寿命是否服从相同的分布？

解 该检验问题的原假设为：两厂生产的元件寿命服从相同的分布. 利用 K-S 检验，输入如下命令：

```
> x<-c(137.0,140.0,138.3,139.0,144.3,139.1,141.7,137.3,133.5,138.2)
> y<-c(141.1,139.2,136.5,136.5,135.6,138.0,140.9,140.6,136.3,134.1)
> ks.test(x,y)
```

输出结果为

```
      Two-sample Kolmogorov-Smirnov test
data:  x and y
D = 0.4, p-value = 0.4005
alternative hypothesis: two-sided
```

可见，p 值为 0.4005>0.05，故不能拒绝原假设，认为两厂生产的元件寿命没有差异.

6. Ansari-Bradley 检验

Ansari-Bradley 检验用于检验两样本（或多样本）尺度参数差异的非参数检验问题. 原假设是两个样本的尺度参数相同. 其统计量是用两样本混合秩到两个极端值中最近的一个的秩的距离来构造. 该统计量近似地服从自由度为 $n-1$ 的卡方分布.

R 中可以用 ansari.test()函数实现上述检验，其调用格式为

```
ansari.test(x, y, alternative = c("two.sided", "less", "greater"),
            exact = NULL, conf.int = FALSE, conf.level = 0.95, ...)
```

其中，x，y 为两个数值向量，若 x 为因子向量，则可省略 y. 其他参数如前述.

例 9.2.13 （类似于例 9.1.6）甲、乙两台机床分别加工某种机械轴，轴的直径分别为 X 和 Y. 为比较两台机床的加工精度有无显著差异，从各自加工的轴中分别抽取若干轴测其直径（单位：mm），其结果如下.

机床甲：   20.5   19.8   19.7   20.4   20.1   20.0   19.0   19.9

机床乙：   20.7   19.8   19.5   20.8   20.4   19.6   20.2

试在 $\alpha = 0.05$ 下，检验两台机床的加工精度是否有显著差异？

解   根据题意，该检验问题的假设为

$$H_0 : \sigma_1^2 = \sigma_2^2 \quad vs \quad H_1 : \sigma_1^2 \neq \sigma_2^2 \quad ,$$

其中，σ_1^2 和 σ_2^2 分别是两总体的方差. 由于该问题中对轴的直径没有做正态性假设，故可以用非参数的 Ansari-Bradley 检验. 输入如下 R 命令：

```
> x<-c(20.5, 19.8,19.7,20.4,20.1,20.0,19.0,19.9)
> y<-c(20.7,19.8,19.5,20.8,20.4,19.6,20.2)
> ansari.test(x,y)
```

输出结果为

```
        Ansari-Bradley test
data:  x and y
AB = 40,  p-value = 0.1743
alternative hypothesis: true ratio of scales is not equal to 1
```

从输出结果可以看到，p 值为 0.1743>0.05，故不能拒绝原假设，认为两机床加工精度没有显著差异，这与例 9.1.6 的结论一致.

对于具有相同位置参数的两个样本的总体差异检验可以用 Mood 检验，其调用格式为

```
mood.test(x, y, alternative = c("two.sided", "less", "greater"), ...)
```

9.2.4 多样本的非参数检验

本小节将讨论多个总体的非参数检验问题，主要包括 Kruskal-Wallis 秩和检验法，Friedman 检验法，Cochran Q 检验法以及 Ansari-Bradley 检验法.

1. Kruskal-Wallis 秩和检验（K-W 检验）

Kruskal-Wallis 秩和检验是两个独立样本 Mann-Whitney- Wilcoxon 检验的推广，用于检验 $K(\geqslant 3)$ 个独立样本是否来自相同分布. K-W 检验的前提假设是总体为连续型分布，且除位置参数不同外，分布相似.

R 中的 kruskal.test()可以进行多样本 K-W 检验，其调用格式为

```
kruskal.test(x, g, ...)
```

其中，x 为一向量或列表；g 为对 x 分类的因子，当 x 为列表时，g 可以省略.

例 9.2.14   在一项健康试验中，有 3 种生活方式，它们的减肥效果如表 9.11 所示.

表 9.11

	一个月后减少的体重（单位:500g）				
方式 1	3.7	3.7	3.0	3.9	2.7
方式 2	7.3	5.2	5.3	5.7	6.5
方式 3	9.0	4.9	7.1	8.7	

试问在 0.05 的水平下能否认为这三种生活方式的减肥效果相同？

解 该检验问题的原假设为：三种生活方式的减肥效果相同，输入如下命令：

```
> x<-c(3.7, 3.7, 3.0, 3.9, 2.7)
> y<-c(7.3, 5.2, 5.3, 5.7, 6.5)
> z<-c(9.0,4.9, 7.1, 8.7)
> kruskal.test(list(x, y, z))
```

运行结果为

```
        Kruskal-Wallis rank sum test
data: list(x, y, z)
Kruskal-Wallis chi-squared = 9.4322, df = 2, p-value = 0.00895
```

可见，p 值为 $0.00895 < 0.05$，故拒绝原假设，认为三种生活方式的减肥效果存在显著差异.

2. Friedman 检验

同 K-W 检验类似，Friedman 检验也用于检验 $K(\geqslant 3)$ 个样本是否来自相同的分布. 要求 K 个样本是配对的，例如可以由 K 个条件下同一组受试者的测试结果构成. 基于各组秩和的组间平方和构造检验统计量，Friedman 统计量近似地服从自由度为 $K-1$ 的卡方分布.

在 R 中，可以利用 friedman.test() 函数进行 Friedman 检验，其调用格式为

```
friedman.test(y, ...)
```

其中，y 为向量或矩阵.

例 9.2.15 某田径队对新学员要进行三部分的技术训练，以提高学员的身体素质. 为检验这三部分的技术训练是否确实有效，随机抽选了 14 名新学员，分别接受这三部分的训练. 每个训练结束后，均进行该部分的测试：成绩为 0~10 分. 测试结果如表 9.12 所示.

表 9.12

组别	训练后的测试得分													
A	10	2	4	6	3	5	7	6	10	8	5	3	4	6
B	3	5	10	3	4	4	10	10	5	9	4	5	5	5
C	6	9	3	10	10	6	6	3	7	7	2	4	10	8

试问在 0.05 显著性水平下，三种技术训练的有效性有无显著差异？

解 该检验问题的原假设为：三种技术训练的有效性无差异，输入如下命令：

```
> x1<-c(10, 2, 4, 6, 3, 5, 7, 6, 10, 8, 5, 3, 4, 6)
> x2<-c(3, 5, 10, 3, 4, 4, 10, 10, 5, 9, 4, 5, 5, 5)
> x3<-c(6, 9, 3, 10, 10, 6, 6, 3, 7, 7, 2, 4, 10, 8)
> y<-rbind(x1,x2,x3)
> friedman.test(y)
```

输出结果为

```
       Friedman rank sum test
data: y
Friedman chi-squared = 9.3209, df = 13, p-value = 0.7483
```

从输出结果可以看到，p 值为 0.7483<0.05，故拒绝原假设，认为三种技术训练的有效性无显著差异.

3. Cochran Q 检验

在多样本问题中，有时观测值为"是"或"否"，"同意"或"不同意"等的二元数据形式，如果用 Friedman 进行检验，将会出现很多打结的情况. Cochran 检验可以处理打结的问题. 一般地，Cochran 检验用于检验相关的 K 个样本的频数或比率之间有无显著性差异. 原假设为 K 个总体来自相同的分布.

例 9.2.16 在对 4 位总统候选人的民意调查中，随机选取 20 位选民对 4 位总统候选人进行"支持"与"不支持"的评价，调查结果如表 9.13 所示.

表 9.13

	20 位选民对 4 位总统候选人的评价
A	0 1 1 0 0 1 1 1 1 1 1 1 1 1 1 1 0 1 1 1
B	1 1 0 0 0 1 1 1 1 1 0 1 1 0 1 1 0 0 0 0
C	0 1 1 1 1 0 0 0 0 1 0 0 0 1 1 0 1 0 1 0
D	0 0 0 0 1 1 0 0 1 0 0 0 0 1 0 1 1 0 0 0

评价这 20 位选民对四位候选人的评价是否有差异？

解 根据题意，检验问题的原假设为：20 位选民对 4 位候选人的评价无差异. 可以利用 Cochran Q 检验求解问题，输入如下命令：

```
> x1<-c(0, 1, 1, 0, 0 ,1 ,1 ,1 ,1 ,1, 1, 1, 1, 1, 1, 1, 0, 1, 1 ,1)
> x2<-c(1, 1, 0, 0, 0, 1, 1, 1, 1, 1, 0, 1, 1, 0, 1, 1, 0, 0, 0, 0)
> x3<-c(0, 1, 1, 1, 1, 0, 0, 0, 0, 1, 0, 0, 0, 1, 1, 0, 1, 0, 1, 0)
> x4<-c(0, 0, 0, 0, 1, 1, 0, 0, 1, 0, 0, 0, 0, 1, 0, 1, 1, 0, 0, 0 )
> x<-cbind(x1,x2,x3,x4)
> n<-apply(x,2,sum);  N<-sum(n);  L<-apply(x,1,sum);  k<-dim(x)[2]
> Q<-(k*(k-1)*sum((n-mean(n))^2))/(k*N-sum(L^2))
> pvalue=pchisq(Q,k-1,low=F)
> pvalue
[1] 0.0249484
```

结果显示，p 值为 0.025<0.05，拒绝原假设，认为 20 位选民对 4 位候选人的评价有显著差异.

4. Ansari-Bradley 检验

Ansari-Bradley 检验也可以用于多样本的尺度参数差异非参数检验，用法与两样本类似，此处不再赘述. 此外，对应多样本方差的非参数同质性检验问题，也可以利用 Fligner-Killeen 检验. R 中可以通过 fligner.test() 函数来实现，其调用格式为

```
fligner.test(x, ...).
```

关于非参数检验的其他方法，读者可根据统计量的构造自己编写 R 函数，也可以查找 R 的相关帮助.

第 10 章

回 归 分 析

截面数据是回归分析中的主要研究对象，对这类数据最简单的假定是因变量 Y 与自变量 X 满足线性回归模型．线性回归分析是最常用的统计分析方法之一，因此大部分的统计书籍都会涉及这一主题的内容．

10.1 一元线性回归

在许多实际问题中，常常研究某个因素和另一个重要因素之间的关系．例如，在研究空气质量问题时，在影响空气质量的因素中 PM2.5 是最重要的一个指标；又如，在居民消费水平研究中，影响消费水平最重要的因素是居民消费额等．这类问题可归纳为找到 Y 的值是如何随 X 值的变化而变化的规律，其中 Y 称为因变量，X 称为自变量．

10.1.1 一元线性回归模型

首先通过一个实例说明如何寻求两个变量之间的定量关系．

例 10.1.1 影响汽车行驶里程性能 y（单位：英里/加仑）的因素有很多，其中发动机排量 x_1（单位：立方英寸）是一个很重要的因素．试使用 Montgomery, Peck and Vining[1] 书中的数据 table.b3 分析汽车行驶里程性能 y 与发动机排量 x_1 之间的关系．

由于数据 table.b3 包含在程序包 MPV 中，因此使用前首先需要安装并加载 R 程序包 MPV，然后使用 data() 加载该数据：

```
>library(MPV)
>data(table.b3)
```

我们的目标是确定 y 与 x_1 的关系．为直观起见，可画一张散点图，以 x_1 为横坐标，y 为纵坐标，每个数据对 (x_1, y) 是坐标中的一个点，如图 10.1 所示，相应的 R 程序如下：

```
>plot(y~x1,data=table.b3)
```

从图 10.1 中可以发现，这些点基本上处在一条直线的附近，从而认为 y 和 x_1 大体上呈现线性关系，但这些点又不完全在一条直线上，说明 y 和 x_1 并非是确定性的线性函数关系．事实上，除了 x_1 对 y 的影响之外，还有马力、压缩比、自重等其他因素会对 y 产生影响，把除了 x_1 之外的其他所有影响 y 的因素记为 ε，那么可建立如下一元线性回归模型：

---

[1] DC Montgomery, EA Peck, GG Vining. Introduction to Linear Regression Analysis, 5th Edition. Wiley (2012).

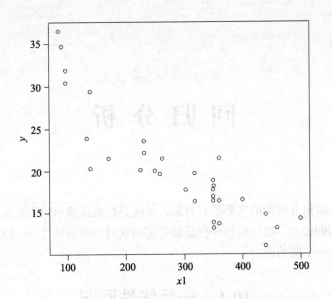

图 10.1　汽车行驶里程性能 y 和发动机排量 x_1 的样本散点图

$$Y = \beta_0 + \beta_1 X + \varepsilon ,$$

其中线性变化部分 $\beta_0 + \beta_1 X$ 称为一元线性回归函数，β_0 称为回归常数，β_1 称为回归系数，通常 β_0 和 β_1 统称为回归系数. ε 是随机误差，通常假定 $\varepsilon \sim N(0, \sigma^2)$.

设 $(x_i, y_i), i = 1, 2, \cdots, n$ 是来自 (X, Y) 的一组独立观测值，则一元线性回归模型可表示为

$$y_i = \beta_0 + \beta_1 x_i + \varepsilon_i , \quad i = 1, 2, \cdots, n , \tag{10.1.1}$$

其中

$$E(\varepsilon_i) = 0 , \quad \mathrm{Var}(\varepsilon_i) = \sigma^2 , \quad \mathrm{Cov}(\varepsilon_i, \varepsilon_j) = 0 \; (\forall i \neq j). \tag{10.1.2}$$

随机误差 ε_i 所满足的条件（10.1.2）通常称为高斯–马尔科夫（Gauss-Markov）条件.

10.1.2　参数估计

在一元线性回归模型（10.1.1）、（10.1.2）中，有 3 个待估参数：β_0，β_1 和 σ^2. 估计 β_0 和 β_1 的常用方法是最小二乘法. 其基本思想是：根据收集到的 n 组样本观测数据 $(x_i, y_i), i = 1, 2, \cdots, n$，建立样本回归方程

$$\hat{y}_i = \hat{\beta}_0 + \hat{\beta}_1 x_i , \quad i = 1, 2, \cdots, n ,$$

使得由样本数据得到的 $\hat{y}_i$ $(i = 1, 2, \cdots, n)$ 要尽可能接近 y_i. 回归系数 β_0 和 β_1 的最小二乘估计 $\hat{\beta}_0$ 和 $\hat{\beta}_1$ 的定义为

$$Q(\hat{\beta}_0, \hat{\beta}_1) = \min_{\beta_0, \beta_1} Q(\beta_0, \beta_1) = \min_{\beta_0, \beta_1} \sum_{i=1}^{n} (y_i - \beta_0 - \beta_1 x_i)^2 , \tag{10.1.3}$$

其中，$Q(\beta_0, \beta_1)$ 称为离差平方和.

通过 $Q(\beta_0, \beta_1)$ 对未知参数 β_0 和 β_1 求偏导，令偏导为 0 可以求解出：

$$\hat{\beta}_1 = \frac{\sum\limits_{i=1}^{n}(x_i - \overline{x})(y_i - \overline{y})}{\sum\limits_{i=1}^{n}(x_i - \overline{x})^2} = \frac{S_{xy}}{S_{xx}} , \tag{10.1.4}$$

$$\hat{\beta}_0 = \overline{y} - \hat{\beta}_1 \overline{x} , \tag{10.1.5}$$

其中

$$\overline{x} = \frac{1}{n}\sum_{i=1}^{n} x_i , \quad \overline{y} = \frac{1}{n}\sum_{i=1}^{n} y_i$$

$$S_{xy} = \sum_{i=1}^{n}(x_i - \overline{x})(y_i - \overline{y}) , \quad S_{xx} = \sum_{i=1}^{n}(x_i - \overline{x})^2$$

从而可得到回归直线 $\hat{y} = \hat{\beta}_0 + \hat{\beta}_1 x$.

通常取

$$\hat{\sigma}^2 = \frac{1}{n-2}\sum_{i=1}^{n}(y_i - \hat{\beta}_0 - \hat{\beta}_1 x_i)^2 \tag{10.1.6}$$

为参数 σ^2 的估计量, 可以证明它是 σ^2 的无偏估计.

利用 R 中的函数 lm() 可以进行线性拟合的求解, 关于 lm() 函数的具体使用细节可通过 "?lm" 来查看帮助文档. 对例 10.1.1 利用最小二乘估计拟合模型:

```
> Fit<-lm(y~x1,data=table.b3)
> Fit
```

输出结果为

```
Call:
lm(formula = y ~ x1, data = table.b3)
Coefficients:
    (Intercept)              x1
    33.72268         -0.04736
```

于是得到回归方程为

$$\hat{y} = 33.72 - 0.047x_1 .$$

上述方程表示发动机排量每增加 1 立方英寸, 那么汽车行驶里程性能将平均减小 0.047 英里/加仑, 它们之间呈现负相关关系, 这个关系符合常理.

在上述代码中, 线性回归分析的所有结果保存在名为 "Fit" 的 R 对象中, 它是一个包含了多个成分的列表, 对于 lm() 函数, 成分包括 "回归系数", "残差", "y 的估计值" 等 (包含的成分可通过查看 lm() 函数帮助文档里的 value 项得知), 提取成分的方式为 "Fit$成分名". 例如, 我们想要提取例 10.1.1 中回归参数估计值 $\hat{\beta}_0$ 和 $\hat{\beta}_1$, 可以通过如下代码提取:

```
>Fit$coefficients
```

输出结果为

```
(Intercept)              x1
33.72267669      -0.04735958
```

当然, 也可以借助特定的函数来访问这些输出结果. 例如, 访问回归系数可输入如下命令:

```
>coefficients(Fit)
```
输出结果为
```
(Intercept)            x1
33.72267669   -0.04735958
```
可以看到，两种方式的输出结果是相同的. 利用如下命令可以画出回归直线：
```
>plot(y~x1,data=table.b3)
>abline(Fit)
```
结果如图 10.2 所示. 通过图 10.2 看出，这些点大致散布在一条直线的附近，为了判断 y 和 x_1 是否确实具有线性相关的关系，除了需要对方程的显著性进行检验之外，还需要检验所建立的方程是否违背回归模型的基本假定，为此还需进行残差分析.

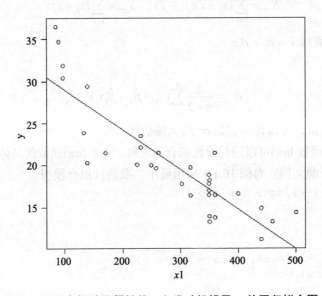

图 10.2 汽车行驶里程性能 y 和发动机排量 x_1 的回归拟合图

10.1.3 回归方程的显著性检验

我们知道，建立回归方程的目的是寻找 y 随 x 变化的规律，如果回归函数 $E(y) = \beta_0 + \beta_1 x$ 中 $\beta_1 = 0$，则不论 x 怎么变化，y 都不随着 x 的变化而变化. 此时认为回归方程不显著. 若 $\beta_1 \neq 0$，则回归方程是显著的. 所以，对于一元线性回归模型而言，回归方程的显著性检验等价于 $\beta_1 = 0$ 的显著性检验，即检验如下的假设

$$H_0:\ \beta_1 = 0 \quad \text{vs} \quad H_1:\ \beta_1 \neq 0.$$

通常采用三种方法进行检验：

（1）t 检验法. 当原假设成立时，统计量

$$t = \frac{\hat{\beta}_1}{\text{sd}(\hat{\beta}_1)} = \frac{\hat{\beta}_1}{\hat{\sigma}/\sqrt{S_{xx}}} \sim t(n-2).$$

（2）F 检验法. 当原假设成立时，统计量

$$F = \frac{\hat{\beta}_1^2 S_{xx}}{\hat{\sigma}^2} \sim F(1, n-2).$$

（3）相关系数检验法. 回归方程的显著性也可以通过总体相关系数 ρ 来检验

$$H_0 : \rho = 0 \qquad vs \qquad H_1 : \rho \neq 0.$$

这里，样本相关系数可以表示为

$$\gamma = \frac{S_{xy}}{\sqrt{S_{xx} S_{yy}}}.$$

可以证明

$$\gamma^2 = \frac{F}{F + (n-2)},$$

其中 $F \sim F(1, n-2)$，记

$$c = \gamma_\alpha(n-2) = \sqrt{\frac{F_\alpha(1, n-2)}{F_\alpha(1, n-2) + n - 2}}$$

为原假设 H_0 成立时 $|\gamma|$ 分布的上 α 分位数，这里 $F_\alpha(1, n-2)$ 为 $F(1, n-2)$ 的上 α 分位数. 对于给定的显著性水平 α，若 $|\gamma| \geqslant c$，则认为 y 与 x 之间存在显著的线性关系；若 $|\gamma| < c$，认为不存在显著的线性关系.

以上是通过假设检验来讨论回归系数的显著性检验，事实上，也可以通过构造回归系数的置信区间来讨论回归系数的显著性. 由于

$$\frac{\hat{\beta}_i - \beta_i}{\hat{\sigma} / \sqrt{S_{xx}}} \sim t(n-2), i = 0, 1,$$

从而 β_i 的置信水平是 $1 - \alpha$ 的置信区间为

$$\left(\hat{\beta}_i - \frac{\hat{\sigma}}{\sqrt{S_{xx}}} t_{\frac{\alpha}{2}}(n-2), \hat{\beta}_i + \frac{\hat{\sigma}}{\sqrt{S_{xx}}} t_{\frac{\alpha}{2}}(n-2) \right), i = 0, 1$$

利用函数 summary()，anova() 和 confint() 可以查看回归方程的参数检验结果. 例 10.1.1 的参数检验的结果使用如下方式显示：

```
>summary(Fit)
```
输出结果为
```
Call:
lm(formula = y ~ x1, data = table.b3)
Residuals:
    Min      1Q   Median      3Q     Max
-6.7923  -1.9752   0.0044   1.7677  6.8171
Coefficients:
              Estimate  Std. Error  t value  Pr(>|t|)
(Intercept)  33.722677    1.443903    23.36   < 2e-16 ***
x1           -0.047360    0.004695   -10.09  3.74e-11 ***
---
Signif. codes:  0 `***' 0.001 `**' 0.01 `*' 0.05 `.' 0.1 ` ' 1
Residual standard error: 3.065 on 30 degrees of freedom
Multiple R-squared: 0.7723,Adjusted R-squared: 0.7647
```

```
F-statistic: 101.7 on 1 and 30 DF,  p-value: 3.743e-11
```

结果表明，回归系数估计值是 -0.047360，其标准差是 0.004695，回归系数显著性检验的 t 值是 -10.09，其对应的 p 值是 $3.743 \times 10^{-11} < \alpha = 0.05$，因此认为该回归方程是显著的. 另外，上面的数值结果也表明：拟合线性回归模型的判定系数是 0.772，调整后的判定系数是 0.765，拟合效果较好，说明解释变量"发动机排量"对被解释变量"汽车行驶里程性能"的绝大部分差异做了解释. 标准差的估计值是 3.065. 利用函数 anova( )可以给出回归方程的显著性检验：

```
>anova(Fit)
```

输出结果为

```
Analysis of Variance Table
Response: y
          Df    Sum Sq   Mean Sq    F value    Pr(>F)
x1        1     955.72   955.72     101.74     3.743e-11 ***
Residuals 30    281.82   9.39
---
Signif. codes:  0 '***' 0.001 '**' 0.01 '*' 0.05 '.' 0.1 ' ' 1
```

回归方程的显著性检验结果表明：F 检验统计量的值是 101.74，检验的 p 值是 $3.743 \times 10^{-11} < \alpha = 0.05$. 因此认为所建立的回归方程是显著的，$x$ 和 y 之间存在线性回归关系.

```
>confint(Fit)
                 2.5 %           97.5 %
(Intercept)   30.77383383     36.67151954
x1             0.05694883      0.03777032
```

从输出结果可以看到，回归系数 β_1 的 95%的置信区间为 $(-0.057, -0.038)$.

10.1.4 预测

回归方程通过显著性检验后，就可以利用该回归方程进行预测了. 当 $X = x_0$，y 的预测值为

$$\hat{y}_0 = \hat{\beta}_0 + \hat{\beta}_1 x_0,$$

置信水平是 $1 - \alpha$ 的预测区间为

$$\left(\hat{y}_0 \mp t_{\alpha/2}(n-2)\hat{\sigma}\sqrt{1 + \frac{1}{n} + \frac{(\bar{x} - x_0)^2}{S_{xx}}} \right).$$

使用 R 函数 predict()可以求解 Y 的预测值和预测区间. 下面使用 R 软件计算例 10.1.1 中 $X = x_0 = 13.4$ 时对应的汽车行驶里程性能 y 的置信水平为 0.95 的预测区间：

```
>new=data.frame(x1=13.4)
>predict(Fit,new,interval="prediction",level=0.95)
```

输出结果为

```
    fit          lwr            upr
1 33.08806    26.21845       39.95767
```

程序中选项 interval="prediction"表示同时要给出预测区间，选项 level 表示相应的预测水平，默认值是 0.95. 从计算结果得到：当 $x = 13.4$ 时，汽车行驶里程性能 y 的预测值为 33.088，95%的预测区间为 $(26.218, 39.958)$.

10.2 多元线性回归

一元线性回归模型讨论的仅仅是因变量与一个自变量之间的关系问题. 然而在很多实际问题中，影响 y 的因素往往不止一个，即 y 同时会受到多个因素的影响，这就自然推广到了多元线性回归模型. 多元回归分析的原理与一元线性回归分析类似，其 R 程序的使用方法与一元回归模型也基本一致.

10.2.1 回归模型

考虑多元线性回归模型：

$$Y = \beta_0 + \beta_1 X_1 + \cdots + \beta_{p-1} X_{p-1} + \varepsilon , \tag{10.2.1}$$

其中 $\beta_0, \beta_1, \ldots, \beta_{p-1}$ 为未知参数，通常称为**回归系数**. 显然，当 $p = 2$ 时，（10.2.1）即为一元线性回归模型. 假设我们获得了一组观测值 $(y_i, x_{i1}, \ldots, x_{i,p-1}), i = 1, 2, \ldots, n$，即有

$$y_i = \beta_0 + \beta_1 x_{i1} + \ldots + \beta_{p-1} x_{i,p-1} + \varepsilon_i , \quad i = 1, 2, \ldots, n . \tag{10.2.2}$$

随机误差项 ε_i，$i = 1, 2, \ldots, n$ 满足 Gauss-Markov 假定，即

$$E(\varepsilon_i) = 0 , \quad \mathrm{Var}(\varepsilon_i) = \sigma^2 , \quad \mathrm{Cov}(\varepsilon_i, \varepsilon_j) = 0 \ (i \neq j) . \tag{10.2.3}$$

为叙述方便，给出如下记号

$$\boldsymbol{X} = \begin{pmatrix} 1 & x_{11} & x_{12} & \ldots & x_{1,p-1} \\ 1 & x_{21} & x_{22} & \ldots & x_{2,p-1} \\ \vdots & \vdots & \vdots & & \vdots \\ 1 & x_{n1} & x_{n2} & \ldots & x_{n,p-1} \end{pmatrix}, \boldsymbol{Y} = \begin{pmatrix} y_1 \\ y_2 \\ \vdots \\ y_n \end{pmatrix}, \boldsymbol{\varepsilon} = \begin{pmatrix} \varepsilon_1 \\ \varepsilon_2 \\ \vdots \\ \varepsilon_n \end{pmatrix}, \boldsymbol{\beta} = \begin{pmatrix} \beta_0 \\ \beta_1 \\ \vdots \\ \beta_{p-1} \end{pmatrix} .$$

模型（10.2.2）可写成如下矩阵形式：

$$\begin{pmatrix} y_1 \\ y_2 \\ \vdots \\ y_n \end{pmatrix} = \begin{pmatrix} 1 & x_{11} & \ldots & x_{1,p-1} \\ 1 & x_{21} & \ldots & x_{2,p-1} \\ \vdots & \vdots & & \vdots \\ 1 & x_{n1} & \ldots & x_{n,p-1} \end{pmatrix} \begin{pmatrix} \beta_0 \\ \beta_1 \\ \vdots \\ \beta_{p-1} \end{pmatrix} + \begin{pmatrix} \varepsilon_1 \\ \varepsilon_2 \\ \vdots \\ \varepsilon_n \end{pmatrix} , \tag{10.2.4}$$

即

$$\boldsymbol{Y} = \boldsymbol{X}\boldsymbol{\beta} + \boldsymbol{\varepsilon} . \tag{10.2.5}$$

这里，$n \cdot p$ 维矩阵 $\boldsymbol{X}$ 称为回归设计阵. 通常假定 $\boldsymbol{X}$ 为列满秩矩阵，即秩 $\mathrm{rank}(\boldsymbol{X}) = p < n$. 相应地，Gauss-Markov 假定（10.2.3）可以等价地表示为

$$E(\boldsymbol{\varepsilon}) = \boldsymbol{0} , \quad \mathrm{Cov}(\boldsymbol{\varepsilon}) = \sigma^2 \boldsymbol{I}_n , \tag{10.2.6}$$

其中，σ^2 为未知参数，$\boldsymbol{I}_n$ 为 n 阶单位矩阵. 模型（10.2.5）和（10.2.6）通常也记为 $(\boldsymbol{Y}, \boldsymbol{X}\boldsymbol{\beta}, \sigma^2 \boldsymbol{I}_n)$.

10.2.2　估计

多元线性回归系数的最小二乘估计，就是找合适的 $\beta_0, \beta_1, \ldots, \beta_{p-1}$，使得离差平方和

$$Q(\boldsymbol{\beta}) = \| \boldsymbol{Y} - \boldsymbol{X}\boldsymbol{\beta} \|^2 = \sum_{i=1}^{n} (y_i - \beta_0 - \beta_1 x_{i1} - \ldots - \beta_{p-1} x_{i,p-1})^2$$

达到最小. 可以证明，若 $\boldsymbol{X}$ 是列满秩的，则 $\boldsymbol{\beta}$ 的最小二乘估计为

$$\hat{\boldsymbol{\beta}} = (\boldsymbol{X}'\boldsymbol{X})^{-1} \boldsymbol{X}'\boldsymbol{Y} . \tag{10.2.7}$$

注意到，误差向量 $\boldsymbol{\varepsilon} = \boldsymbol{Y} - \boldsymbol{X}\boldsymbol{\beta}$ 是一个不可观测的随机向量，记 $\boldsymbol{e} = \boldsymbol{Y} - \boldsymbol{X}\hat{\boldsymbol{\beta}}$，通常称 $\boldsymbol{e}$ 为**残差向量**. 若将 $\boldsymbol{e}$ 看成 $\boldsymbol{\varepsilon}$ 观测值的预测，则

$$\mathrm{SSE} = \boldsymbol{e}^{\mathrm{T}} \boldsymbol{e} = \| \boldsymbol{e} \|^2 = \| \boldsymbol{Y} - \boldsymbol{X}\hat{\boldsymbol{\beta}} \|^2 \tag{10.2.8}$$

可以用来衡量误差方差 σ^2 的大小. SSE 称为**残差平方和**（Sum of Squares Error），它的大小反应了实际数据与理论模型的拟合程度，SSE 越小，说明拟合程度越高. σ^2 的估计为

$$\hat{\sigma}^2 = \frac{\mathrm{SSE}}{n-p} = \frac{\| \boldsymbol{Y} - \boldsymbol{X}\hat{\boldsymbol{\beta}} \|^2}{n-p} . \tag{10.2.9}$$

10.2.3　回归模型的显著性检验

1. 回归方程的显著性检验

多元线性回归模型（10.2.1）仅仅是一种假设，在估计出回归模型之后，还需检验实际观测数据的拟合效果，从整体上考察自变量 $x_1, x_2, \ldots, x_{p-1}$ 对因变量 y 是否有显著影响，即考虑如下假设检验问题：

$$H_0 : \beta_1 = \ldots = \beta_{p-1} = 0 \quad vs \quad H_1 : \beta_i \neq 0, \exists\, i \in \{1, 2, \ldots, p-1\} .$$

可以证明当 H_0 成立时，统计量

$$F = \frac{\mathrm{SSR}/p}{\mathrm{SSE}/(n-p)} \sim F(p, n-p) , \tag{10.2.10}$$

其中

$$\mathrm{SSR} = \sum_{i=1}^{n} (\hat{y}_i - \overline{y})^2 , \quad \mathrm{SSE} = \sum_{i=1}^{n} (y_i - \hat{y}_i)^2 ,$$

这里 $\overline{y} = \frac{1}{n} \sum_{i=1}^{n} y_i$，$\hat{y}_i = \hat{\beta}_0 + \hat{\beta}_1 x_{i1} + \ldots + \hat{\beta}_{p-1} x_{i,p-1}$，SSR 称为回归平方和.

2. 回归系数的显著性检验

考虑假设检验问题

$$H_{0j} : \beta_j = 0 \quad vs \quad H_{1j} : \beta_j \neq 0 \; (j = 1, 2, \ldots, p-1)$$

可以证明当 H_{0j} 成立时，有

$$t_j = \frac{\hat{\beta}_j - \beta_j}{\sqrt{c_{jj} \mathrm{SSE}/(n-p)}} \sim t(n-p) . \tag{10.2.11}$$

也可以构造 β_j 的置信水平为 $1-\alpha$ 的置信区间为

$$\left(\hat{\beta}_j - t_{\alpha/2}(n-p)\hat{\sigma}\sqrt{c_{jj}}, \hat{\beta}_j + t_{\alpha/2}(n-p)\hat{\sigma}\sqrt{c_{jj}}\right),\tag{10.2.12}$$

这里 c_{jj} 为 $\boldsymbol{C}_{p \cdot p} = (\boldsymbol{X}^{\mathrm{T}}\boldsymbol{X})^{-1}$ 的第 j 个主对角元素.

10.2.4　预测

当通过检验，回归方程有意义时，可用它进行预测. 当 $\boldsymbol{x}_0 = (x_{01}, x_{02}, \ldots, x_{0,p-1})^{\mathrm{T}}$，将其代入回归方程，得到 y 的预测值为

$$\hat{y}_0 = \hat{\beta}_0 + \hat{\beta}_1 x_{01} + \ldots + \hat{\beta}_{p-1} x_{0,p-1},$$

y 的置信水平是 $1-\alpha$ 的预测区间为

$$\left(\hat{y}_0 \mp t_{\alpha/2}(n-p)\hat{\sigma}\sqrt{1 + \boldsymbol{x}_0^{\mathrm{T}}(\boldsymbol{X}^{\mathrm{T}}\boldsymbol{X})^{-1}\boldsymbol{x}_0}\right).\tag{10.2.13}$$

例 10.2.1　使用例 10.1.1 的数据，考虑影响汽车行驶里程性能 y（单位：英里/加仑）的 2 个因素，发动机排量 x_1（单位：立方英寸）和马力 x_2. 建立 y 与 x_1、x_2 的线性回归方程，并作相应的检验.

解　建立多元线性回归方程，R 程序代码为

```
> Fit<-lm(y~x1+x2,data=table.b3)
>summary(Fit)
```

输出结果为

```
Call:
lm(formula = y ~ x1 + x2, data = table.b3)
Residuals:
    Min     1Q  Median     3Q     Max
-6.7524 -2.1912  0.2099  1.6097  6.3299
Coefficients:
             Estimate  Std. Error  t value  Pr(>|t|)
(Intercept)  32.67350    1.92371    16.985  < 2e-16 ***
x1           -0.05871    0.01446    -4.061  0.000339 ***
x2            0.03131    0.03768     0.831  0.412773
---
Signif. codes:  0 '***' 0.001 '**' 0.01 '*' 0.05 '.' 0.1 ' ' 1
Residual standard error: 3.081 on 29 degrees of freedom
Multiple R-squared: 0.7776,Adjusted R-squared: 0.7622
F-statistic: 50.69 on 2 and 29 DF,  p-value: 3.423e-10
```

从输出结果可以看到，变量 x_1 和 x_2 的 t 统计量的取值分别是 -0.4061 和 0.831，对应的 p 值分别为 0.000339 和 0.412773. 结果表示，在显著性水平 $\alpha = 0.05$ 下，x_1 对因变量 y 的影响是显著的，而 x_2 对因变量 y 的影响不显著. F 检验统计量的值是 50.69，p 值为 $3.423 \times 10^{-10} < 0.05$，认为所建立的回归方程显著有效. 判定系数为 0.7776，调整后的判定系数是 0.7622，说明方程的拟合效果较好. 由于 x_2 对因变量 y 的影响不显著，而模型整体是显著的，因此只需建立 y 与 x_1 的一元线性回归模型即可，具体见例 10.1.1.

10.2.5　自变量的选择

在线性回归分析中，首要的问题是选择合适的回归自变量. 一般地，可根据所研究问

题的实际背景，结合专业知识罗列出可能会对因变量产生影响的因素作为自变量。为了较好地拟合所给数据，选取自变量时尽量避免自变量遗漏情况出现。然而，自变量个数并非越多越好，自变量个数过多，各变量之间常常会存在较大的多重共线性，过多的自变量不仅增加计算量，还可能使得回归模型具有较差的稳定性。

1. 自变量选择准则

1）判定系数 R^2

$$R^2 = 1 - \frac{\text{SSE}}{\text{SST}} = 1 - \frac{(\boldsymbol{Y} - \boldsymbol{X}\hat{\boldsymbol{\beta}})^{\mathrm{T}}(\boldsymbol{Y} - \boldsymbol{X}\hat{\boldsymbol{\beta}})}{SST},\qquad(10.2.14)$$

其中 $\text{SSE} = \sum_{i=1}^{n}(y_i - \hat{y}_i)^2$，$\text{SST} = \sum_{i=1}^{n}(y_i - \overline{y})^2$。模型对样本的拟合程度越高，$R^2$ 越接近 1，否则 R^2 越靠近 0。

2）调整后的判定系数 R_α^2

随着解释变量的增多，SSE 必然减少，判定系数也随之增大。即使在方程中加入一个与被解释变量无任何关系的随机变量作为解释变量，判定系数也会增大。所以需要对判定系数进行调整，调整后的判定系数定义为

$$R_\alpha^2 = 1 - \frac{\text{SSE}/(n-p)}{\text{SST}/(n-1)} = 1 - \frac{n-1}{n-p}\left(1 - \frac{\text{SSR}}{\text{SST}}\right) = 1 - \frac{n-1}{n-p}(1 - R^2).\qquad(10.2.15)$$

可见，R_α^2 不一定随着自变量个数的增加而增大。因为随着自变量的个数 p 的增加，$1 - R^2$ 减少，但是 $(n-1)/(n-p)$ 随着 p 的增加而增大，所以 R_α^2 不一定增大。

3）AIC 和 BIC 准则

AIC 是一个综合评价拟合优度和模型复杂度的统计量。设模型的似然函数为 $L(\theta, y)$，参数 θ 的维数为 p，则 AIC 定义为

$$\text{AIC} = -2\ln L(\theta, y) + 2p.\qquad(10.2.16)$$

似然值是对模型拟合优度的度量，取值越大模型拟合效果越好，而待估参数的个数测度了模型的复杂度，个数越少模型越简洁。AIC 准则综合考虑了模型的拟合优度和复杂度，AIC 取值越小模型越好。

BIC 准则与 AIC 准则类似，它考虑了样本量 n 的影响，其定义为

$$\text{BIC} = -2\ln L(\theta, y) + p\ln n.\qquad(10.2.17)$$

从 BIC 的定义来看，对样本复杂度的惩罚加强了，所以 BIC 准则更倾向于选择变量少的模型。

2. 自变量选择方法

1）全子集模型

假设可供选择的自变量为 $x_1, x_2, \ldots, x_{p-1}$，由于每个变量都有被选中和不被选中两种可能，因此，因变量 y 对这些自变量所有可能的回归方程有 $2^{p-1} - 1$ 个。为了避免最佳模型未被列入备选模型中，可以使用全子集回归，即逐一计算所有可能的线性回归方程的判定系数、调整后的判定系数、AIC、BIC 等，以便以不同标准确定最佳模型。R 中实现全子集回归的函数是 leaps 包中的 regsubsets() 函数。regsubsets() 函数的调用格式与 lm() 函数相同，

参数 nbest 为整数 k，表示在所有可能的变量个数模型中，给出最好的前 k 个模型.

例 10.2.2 数据集 swiss 包含了瑞士 1888 年生育率和一些社会经济指标的数据. 考虑影响生育率的因素，通过全子集回归给出生育率关于其他解释变量的所有回归模型，设置 nbest=2，即给出其中最优的两个模型. 代码如下：

```
>library(leaps)
>data(swiss)
>b<-regsubsets(Fertility~.,data=swiss,nbest=2)
>summary(b)
        Agriculture  Examination  Education  Catholic  Infant.Mortality
1 ( 1 )  " "          " "          "*"        " "       " "
1 ( 2 )  " "          "*"          " "        " "       " "
2 ( 1 )  " "          " "          "*"        "*"       " "
2 ( 2 )  " "          " "          "*"        " "       "*"
3 ( 1 )  " "          " "          "*"        "*"       "*"
3 ( 2 )  "*"          " "          "*"        "*"       " "
4 ( 1 )  "*"          " "          "*"        "*"       "*"
4 ( 2 )  " "          "*"          "*"        "*"       "*"
5 ( 1 )  "*"          "*"          "*"        "*"       "*"
```

最终生成了 9 个模型作为候选的最佳模型. 其中，"*"表示包含该解释变量，比如第 1 个模型，包含的解释变量是"eduction". 如果想要查看各模型拟合的系数，调用 leaps 包里的 coef()函数，coef(b,1:3)表示浏览前 3 个模型的回归系数.

```
>coef(b,1:3)
[[1]]
(Intercept)    Education
 79.6100585   -0.8623503
[[2]]
(Intercept)    Examination
 86.818529     -1.011317
[[3]]
(Intercept)    Education    Catholic
74.2336892    -0.7883293   0.1109210
```

通过图形可以直观判断以上所选的 9 个模型的优劣. 直接对刚才 regsubsets 的输出对象使用 plot()函数，通过 scale 参数设置模型评价策略，scale 可取 bic 或 adjr2：

```
>par(mfrow=c(1,2))
>plot(b,scale="adjr2")
>plot(b,scale="bic")
```

图 10.3 显示了 regsubsets()函数输出的 9 个备选的最优模型，其中，横坐标是备选变量，纵坐标表示模型评价标准，左图是调整后的判定系数，右图是 BIC，纵坐标越靠上表示模型越优. 可以看出，变量个数是 1 和 2 时调整后的判定系数和 BIC 的结论一致. 随着变量个数增多，两个评价标准不再一致. 以调整后的判定系数为准则的建模中，最优模型是所有变量都在模型中的五元模型，而以 BIC 为准则的建模中，最优模型是不包含变量 examination 的四元模型.

当自变量的个数较少时，可以使用全子集回归法，然而当自变量个数很大时，全子集回归计算量很大，这时可以选择如下三种策略.

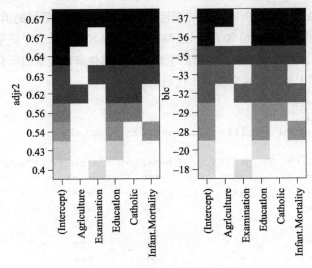

图 10.3　全子集回归模型评价图

2）向前法

首先从不含自变量的回归模型开始，选择与被解释变量具有最高线性相关程度的变量进入模型，然后在剩余变量中寻找与解释变量偏相关程度最高，且通过偏相关系数检验的解释变量进入模型，直到候选的解释变量中没有符合标准的变量可添加为止.

3）向后法

向后法是将变量不断剔除回归模型的过程. 首先，建立包含所有解释变量的回归模型，然后在回归系数不显著的一个或多个解释变量中，剔除最不显著的解释变量，重新建立回归模型，重复下去，直到回归方程中没有符合标准的变量可剔除为止.

4）逐步回归方法

在向前法中，解释变量一旦进入就不会被剔除出去. 某些变量可能一开始是显著的，但是引入其他自变量之后就变得不显著了，但是也没有机会被剔除. 向后法的明显不足是，一旦某个自变量被剔除，它就再没有机会重新进入回归方程. 而在逐步回归法中，变量有进有出，具体做法是：将自变量逐个引入回归方程，每引入一个自变量后，都要对已引入的自变量进行逐个检验，当先引入的自变量由于后引入变量而变得不再显著时，就将前者剔除. 从回归方程中引入或者剔除一个自变量为逐步回归的一步，而每步都要进行 F 检验，以确保每次引入新变量之前回归方程中只包含显著的自变量，将这个过程重复进行下去，直到既无显著的自变量引入回归方程，又无不显著的自变量从回归方程中剔除为止.

R 软件提供的函数 step() 是以 AIC 信息统计量为准则，通过选择最小的 AIC 信息统计量，来达到删除或增加变量的目的. 通过设置参数 direction 的取值（"forward" "backward" "both"）分别选择向前法、向后法或逐步回归法. 该函数的用法参见例 10.2.3.

例 10.2.3　R 程序包 MPV 中的数据集 table.b11 用于研究黑比诺干红葡萄酒的品质的影响因素，其中，被解释变量 quality 是葡萄酒的品质，解释变量包含 Clarity, Aroma, Body, Flavor, Oakiness，试分别对以上 5 个解释变量使用向前法、向后法和逐步回归方法进行线性回归分析.

代码如下：

```
> library(MPV)
> Fit<-lm(Quality~.-Region,data=table.b11)        #用"-"剔除掉变量 Region
>Fit.step<-step(Fit,direction="forward")          #向前法
```

输出结果为

```
Start: AIC=16.92
Quality ~ (Clarity + Aroma + Body + Flavor + Oakiness + Region) -
    Region
```

结果表明，使用向前法，则所有的变量都选入模型，AIC 统计量的值是 16.92，利用 summary()提取相关回归信息.

```
>summary(step(Fit,direction="forward"))
```

输出结果为

```
Start:  AIC=16.92
Quality ~ (Clarity + Aroma + Body + Flavor + Oakiness + Region) -
    Region
Call:
lm(formula = Quality ~ (Clarity + Aroma + Body + Flavor + Oakiness +
    Region) - Region, data = table.b11)
Coefficients:
             Estimate    Std. Error    t value     Pr(>|t|)
(Intercept)  3.9969      2.2318        1.791       0.082775 .
Clarity      2.3395      1.7348        1.349       0.186958
Aroma        0.4826      0.2724        1.771       0.086058 .
Body         0.2732      0.3326        0.821       0.417503
Flavor       1.1683      0.3045        3.837       0.000552 ***
Oakiness     -0.6840     0.2712        -2.522      0.016833 *
---
Signif. codes:  0 '***' 0.001 '**' 0.01 '*' 0.05 '.' 0.1 ' ' 1
Residual standard error: 1.163 on 32 degrees of freedom
Multiple R-squared:  0.7206,Adjusted R-squared:  0.6769
F-statistic: 16.51 on 5 and 32 DF,  p-value: 4.703e-08
```

从输出结果可以看到，很多自变量都没有通过显著性检验，这说明如果选择全部变量进入回归方程，效果并不好.

```
>Fit.step<-step(Fit,direction="backward")         #向后法
```

输出结果为

```
Start:  AIC=16.92
Quality ~ (Clarity + Aroma + Body + Flavor + Oakiness + Region) -
    Region
            Df    Sum of Sq    RSS        AIC
- Body      1     0.9118       44.160     15.709
<none>                         43.248     16.916
- Clarity   1     2.4577       45.706     17.016
- Aroma     1     4.2397       47.488     18.470
- Oakiness  1     8.5978       51.846     21.806
- Flavor    1     19.8986      63.147     29.299
Step: AIC=15.71
Quality ~ Clarity + Aroma + Flavor + Oakiness
            Df    Sum of Sq    RSS        AIC
- Clarity   1     1.6936       45.853     15.139
```

```
<none>                            44.160      15.709
- Aroma      1       5.3545       49.514      18.058
- Oakiness 1         8.0807       52.241      20.094
- Flavor     1      27.3280       71.488      32.014
Step:  AIC=15.14
Quality ~ Aroma + Flavor + Oakiness
             Df   Sum of Sq         RSS        AIC
<none>                            45.853      15.139
- Aroma      1       6.6026       52.456      18.251
- Oakiness 1         6.9989       52.852      18.537
- Flavor     1      25.6888       71.542      30.043
```

从运行结果可以看到，全部变量进入回归方程，AIC 值为 16.92，分别剔除各个变量计算 AIC 值，剔除变量 Body 后的 AIC 值是 15.71，剔除 Clarity 后 AIC 值是 17.016，剔除变量 Oakiness 后 AIC 值是 21.806，剔除变量 Flavor 后 AIC 值是 29.299. 可见剔除变量 Body 后 AIC 值达到最小，所以这一步自动剔除变量 Body. 在剩余的 4 个变量中重复上述过程，发现剔除变量 Clarity 后 AIC 值最小，为 15.14. 这样重复下去，直到不能再剔除其他变量，即可得到最优回归方程. 向后法依次剔除了变量 Body，Clarity，保留了变量 Aroma，Oakiness，Flavor.

```
>summary(Fit.step)
```

输出结果为

```
Call:
lm(formula = Quality ~ Aroma + Flavor + Oakiness, data = table.b11)
Residuals:
    Min       1Q      Median      3Q         Max
 -2.5707   -0.6256    0.1521    0.6467      1.7741
Coefficients:
              Estimate    Std. Error    t value     Pr(>|t|)
(Intercept)   6.4672      1.3328        4.852       2.67e-05  ***
Aroma         0.5801      0.2622        2.213       0.033740  *
Flavor        1.1997      0.2749        4.364       0.000113  ***
Oakiness     -0.6023      0.2644       -2.278       0.029127  *
---
Signif. codes:  0 '***' 0.001 '**' 0.01 '*' 0.05 '.' 0.1 ' ' 1
Residual standard error: 1.161 on 34 degrees of freedom
Multiple R-squared:  0.7038,Adjusted R-squared:  0.6776
F-statistic: 26.92 on 3 and 34 DF,  p-value: 4.203e-09
```

从输出结果可以看到，回归系数的显著性有很大提高，所有检验都是显著的，由此得到的回归模型为

$$y = 6.467 + 0.580\text{Aroma} + 1.200\text{Flavor} - 0.6023\text{Oakiness}.$$

```
>Fit.step<-step(Fit,direction="both")
```

输出结果为

```
Start:  AIC=16.92
Quality ~ (Clarity + Aroma + Body + Flavor + Oakiness + Region) -
    Region
             Df   Sum of Sq         RSS        AIC
- Body       1       0.9118       44.160      15.709
<none>                            43.248      16.916
- Clarity    1       2.4577       45.706      17.016
```

```
- Aroma        1       4.2397    47.488      18.470
- Oakiness     1       8.5978    51.846      21.806
- Flavor       1      19.8986    63.147      29.299
Step: AIC=15.71
Quality ~ Clarity + Aroma + Flavor + Oakiness
               Df    Sum of Sq    RSS         AIC
- Clarity      1       1.6936    45.853      15.139
<none>                           44.160      15.709
+ Body         1       0.9118    43.248      16.916
- Aroma        1       5.3545    49.514      18.058
- Oakiness     1       8.0807    52.241      20.094
- Flavor       1      27.3280    71.488      32.014
Step: AIC=15.14
Quality ~ Aroma + Flavor + Oakiness
               Df    Sum of Sq    RSS         AIC
<none>                           45.853      15.139
+ Clarity      1       1.6936    44.160      15.709
+ Body         1       0.1477    45.706      17.016
- Aroma        1       6.6026    52.456      18.251
- Oakiness     1       6.9989    52.852      18.537
- Flavor       1      25.6888    71.542      30.043
```

从运行结果可以看到,逐步回归法从所有变量都进入模型开始,AIC 值为 16.92. 分别剔除各个变量计算 AIC 值,其中剔除变量 Body 后 AIC 值最低,为 15.71,所以第一步剔除掉变量 Body. 下一步,逐个剔除已选入变量,计算 AIC 值,并将已删除变量引入模型计算 AIC 值,其中剔除已选变量 Clarity 时 AIC 值最小为 15.14. 剔除已有变量的同时引入已删除变量,直至 AIC 值不再变化,这时模型保留了三个变量:Aroma,Flavor 和 Oakiness,与向后法得到的结果一致.

10.3 回 归 诊 断

在多元线性回归模型中,对模型的解释变量和随机误差项给出了如下假设:

假设 1:设计矩阵 X 为列满秩矩阵,即秩 $\text{rank}(X) = p < n$.

假设 2:随机误差项满足 Gauss-Markov 假定,即 $\varepsilon_i \overset{i.i.d}{\sim} N(0, \sigma^2)$,其中 $i.i.d.$ 表示独立同分布.

违背上述假设可能会产生不稳定的模型,有时会得出完全相反的结论. 另外,基于普通最小二乘估计得到的线性回归模型可能会受到异常值的影响,所以诊断出这些异常值也是非常必要的.

10.3.1 高斯–马尔科夫假定的诊断

若误差项满足 Gauss-Markov 假定,则样本具有独立性、正态性和等方差性. 然而误差项 ε_i 无法观测,只能借助残差项

$$e_i = y_i - \hat{y}_i$$

来估计误差项,$e_1, e_2, \ldots, e_n$ 可以看作随机误差的一组样本. 直观的诊断方式就是绘制残差

图，这是对回归模型进行诊断的综合方法，可用于识别异常点，又可以评判各种假设是否合理.

在 R 中，残差项存储在名为线性回归输出结果对象的"residuals"成分中，可以通过"回归结果"对象名$residuals"方式访问残差项，也可以调用函数 residuals() 访问残差项，调用方式是 residuals（回归结果对象名）.

R 软件中回归诊断的标准方法就是对 lm() 函数返回的输出对象使用 plot() 函数绘制诊断图.

例 10.3.1 建立某产品的销量（y）与广告投放量（x）的回归模型并进行诊断.

解 首先输入数据：

```
>x<-c(679,292,1012,493,582,1156,997,2189,1097,2078,1818,1700,747,2030,
1643,414,354,1276,745,435,540,874,1543,1029,710,1434,837,1748,1381,1428,
1255,1777,370,2316,1130,463,770,724,808,790,783,406,1242,658,1746,468,
1114,413,1787,3560,1495,2221,1526)
>y<-c(0.79,0.44,0.56,0.79,2.70,3.64,4.73,9.50,5.34,6.85,5.84,5.21,
3.25,4.43,3.16,0.50,0.17,1.88,0.77,1.39,0.56,1.56,5.28,0.64,4.00,0.31,4.20,
4.88,3.48,7.58,2.63,4.99,0.59,8.19,4.79,0.51,1.74,4.10,3.94,0.96,3.29,
0.44,3.24,2.14,5.71,0.64,1.90,0.51,8.33,14.94,5.11,3.85,3.93)
```

建立回归模型并绘制残差图：

```
> Fit=lm(y~x)
>par(mfrow=c(2,2))
>plot(Fit)
```

观察残差诊断图 10.4，其中左侧的上下两图分别是关于残差 e_i 与拟合值 $\hat{y}_i$、标准化残差的绝对值的平方根与拟合值 $\hat{y}_i$ 之间的散点图. 如果不违背等方差假定，那么这两个图中的残差不会随着拟合值的变化呈现任何规律性趋势. 这两个散点图中还标出了采用局部加权散点平滑法获得的回归曲线（实线）. 显然从图 10.4 可以发现，残差的方差有随着拟合值的增大而增大的趋势，说明误差项不是等方差的. 图 10.4 中的右上图是残差的 QQ 图，如果

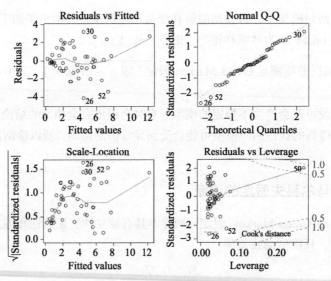

图 10.4　残差图

残差都规律地落在对角线上，说明残差项服从正态分布，显然，从图中可以看到残差并非服从正态分布. 这三个图中标记的第 26,30,52 个样本可能是异常点. 右下图是标准化后的残差与杠杆值之间的散点图，同时用虚线标出了 Cook 距离的等高线图. 杠杆值反映了数据点偏离数据中心的程度，图中越靠右侧的观测杠杆值越高，高杠杆值的存在可能会对回归模型的估计产生影响. Cook 距离可以识别数据中的强影响点，所以该图标出的第 50 个观测点既是高杠杆点又是强影响点.

1. 异方差性

car 程序包提供了两个有用的函数可以用来判断误差的等方差性，即 nvcTest() 和 spreadLevelPlot() 函数. 其中 ncvTest() 函数是一个得分检验，原假设是误差方差恒定；spreadLevelPlot() 函数创建了一个学生化残差（Studentized residuals）与拟合值的散点图，称为分布水平图（spread-level plot），若分布水平图出现一条水平线，则表示误差的等方差假定基本满足.

```
>library(car)
>spreadLevelPlot(Fit)
Suggested power transformation: 0.3952856
```

结果如图 10.5 所示. 从图 10.5 中可以看到，回归直线是倾斜的，并非水平的，说明误差项存在异方差. 如果不满足等方差假定，函数 spreadLevelPlot() 还给出了建议的幂函数变换（power transformation）的幂次. 例如在本例中，$\lambda = 0.395$，即对被解释变量幂函数变换处理后再建立模型，误差项的等方差假定将得到满足.

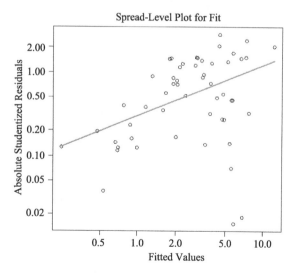

图 10.5 等方差假定的分布水平图

```
>ncvTest(Fit)
```
输出结果为
```
Non-constant Variance Score Test
Variance formula: ~ fitted.values
Chisquare = 6.830133    Df = 1     p = 0.00896326
```

由于输出结果中 p 值小于 0.05，所以拒绝了等方差的原假设.

2. 序列自相关性

当一个线性回归模型的随机误差项存在序列自相关时，就违背了 Gauss-Markov 假定，这种情况在时间序列的回归建模中时常会遇到.

假设随机误差项 ε_t 具有一阶自回归形式：$\varepsilon_t = \rho\varepsilon_{t-1} + u_t$，其中 $\{u_t\}$ 是均值为零，方差为常数的独立随机变量序列. 检验自相关性就是检验一阶自回归系数 ρ 是否为零，即检验如下的假设问题

$$H_0 : \rho = 0 \quad vs \quad H_1 : \rho \neq 0.$$

构造 DW 检验（Durbin-Watson）统计量

$$DW = \frac{\sum_{t=2}^{T}(e_t - e_{t-1})^2}{\sum_{t=1}^{T}e_t^2},$$

其中 e_t $(t = 1, 2,..., T)$ 为残差项.

car 程序包中的 durbinWastonTest()函数实现 DW 统计量的计算以及相应的检验，下面通过例 10.3.2 演示函数 durbinWastonTest()的使用方法.

例 10.3.2 某果汁饮料公司希望利用该公司近 20 年的饮料销售量(Sales)和广告费用(Expenditure)数据，分析广告对销售量的作用.

解 在 R 中输入数据并建立回归模型如下：

```
>year=1:20
>Sales=c(3083,3149,3218,3239,3295,3374,3475,3569,3597,3725,3794,3959,
4043,4194,4318,4493,4683,4850,5005,5236)
>Expendi-
ture=c(75,78,80,82,84,88,93,97,99,104,109,115,120,127,135,144,153,161,
170,182)
>softdrink=data.frame(year,Sales,Expenditure)
> Fit=lm(Sales~Expenditure,data=softdrink)
>summary(Fit)
```

输出结果如下

```
Call:
lm(formula = Sales ~ Expenditure, data = softdrink)
Residuals:
    Min      1Q   Median      3Q      Max
-32.330  -10.696  -1.558    8.053   40.032
Coefficients:
            Estimate Std. Error t value Pr(>|t|)
(Intercept) 1608.5078   17.0223   94.49   <2e-16 ***
Expenditure   20.0910    0.1428  140.71   <2e-16 ***
---
Signif. codes: 0 '***' 0.001 '**' 0.01 '*' 0.05 '.' 0.1 ' ' 1
Residual standard error: 20.53 on 18 degrees of freedom
Multiple R-squared: 0.9991,   Adjusted R-squared: 0.999
F-statistic: 1.98e+04 on 1 and 18 DF,  p-value: < 2.2e-16
```

从输出结果可以看到，模型的拟合效果非常好，调整后的判定系数为 0.999，回归系数显著.

```
>plot(year,Fit$resid,type="b")
```

然而从残差随时间变化的折线图（图 10.6）可以看到，残差图似乎呈现某种趋势，说明误差项可能存在自相关性，下面使用 DW 检验统计量检验误差项是否满足独立性假设.

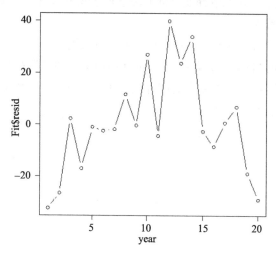

图 10.6　饮料销量数据回归模型的残差图

```
>library(car)
>durbinWatsonTest(Fit)
  Lag  Autocorrelation   D-W Statistic      p-value
   1       0.3354445        1.08005          0.032
 Alternative hypothesis: rho != 0
```

从输出结果可以看到，本例中 DW 检验统计量的值是 1.08，p 值为 0.032，在给定显著性水平是 0.05 时，拒绝原假设，认为误差项是不独立的.

10.3.2　多重共线性的诊断

假设设计矩阵 X 是列满秩的，即要求 X 的各列向量是线性无关的. 然而在很多实际问题中，变量之间不是孤立的而是相互联系的，致使设计矩阵 X 的各列向量不可能完全线性无关. 在很多时候，X 的各列向量存在多重共线性，此时若仍用普通最小二乘法估计参数，则会产生很多不良后果，例如，模型参数的最小二乘估计量不具有有效性，参数的估计量的经济含义不合理，变量的显著性检验失去意义，模型的预测功能失效等. 因此，在利用最小二乘法对线性回归模型进行分析时，应尽可能避免多重共线性的存在. 诊断多重共线性有以下几种方法：

1. 方差膨胀因子

解释变量 x_i 的方差膨胀因子（variance inflation factor，VIF）定义为

$$\text{VIF}_i = \frac{1}{1 - R_i^2},$$

其中，R_i^2 是解释变量 x_i 与模型中其他解释变量之间的复相关系数的平方，即解释变量 x_i 对模型中其他解释变量进行多元线性回归的拟合优度. $1-R_i^2$ 称为解释变量 x_i 的容忍度（tolerance）. 解释变量间的多重共线性越弱，R_i^2 越接近 0，容忍度越大，VIF_i 越接近 1. 反之，解释变量间的多重共线性越强，R_i^2 越接近 1，VIF_i 越大. 通常情况下，如果 $\text{VIF}_i > 10$，认为解释变量 x_i 与模型中其他解释变量间有较强的多重共线性，如果 $\text{VIF}_i > 100$，则认为具有极严重的多重共线性.

利用 car 包里的 vif()函数可以诊断变量间的多重共线性.

例 10.3.3 程序包 MPV 中的数据集 cement 给出了某种水泥在凝固时单位质量所释放的热量（Y：单位是卡/克）与水泥中的四种成分（x_1, x_2, x_3, x_4）之间的关系数据. 下面对自变量的共线性进行诊断，代码如下:

```
> library(MPV)
>data(cement)
>cement
        y     x1    x2    x3     x4
1    78.5    7    26     6     60
2    74.3    1    29    15     52
3   104.3   11    56     8     20
4    87.6   11    31     8     47
5    95.9    7    52     6     33
6   109.2   11    55     9     22
7   102.7    3    71    17      6
8    72.5    1    31    22     44
9    93.1    2    54    18     22
10  115.9   21    47     4     26
11   83.8    1    40    23     34
12  113.3   11    66     9     12
13  109.4   10    68     8     12
> Fit=lm(y~.,data=cement)
>summary(Fit)
```

输出结果为

```
Call:
lm(formula = y ~ ., data = cement)
Residuals:
    Min      1Q     Median      3Q       Max
 -3.1750  -1.6709   0.2508   1.3783   3.9254
Coefficients:
             Estimate  Std. Error  t value   Pr(>|t|)
(Intercept)  62.4054   70.0710     0.891     0.3991
    x1        1.5511    0.7448      2.083     0.0708  .
    x2        0.5102    0.7238      0.705     0.5009
    x3        0.1019    0.7547      0.135     0.8959
    x4       -0.1441    0.7091     -0.203     0.8441
    ---
Signif. codes: 0 '***' 0.001 '**' 0.01 '*' 0.05 '.' 0.1 ' ' 1
Residual standard error: 2.446 on 8 degrees of freedom
Multiple R-squared: 0.9824,Adjusted R-squared: 0.9736
F-statistic: 111.5 on 4 and 8 DF,  p-value: 4.756e-07
```

从输出结果可以看到，在显著性水平 $\alpha = 0.05$ 下，每个变量都是不显著的. 下面查看各变量的方差膨胀因子：

```
>vif(Fit)
```
输出结果为

```
     x1          x2          x3          x4
38.49621   254.42317   46.86839    282.51286
```

可以看到，变量 x_2 与 x_4 的方差膨胀因子都非常大，超过了 100. 查看它们的相关系数矩阵：

```
>cor(cement[,-1])
```
输出结果为

```
           x1           x2          x3           x4
x1   1.0000000    0.2285795  -0.8241338   -0.2454451
x2   0.2285795    1.0000000  -0.1392424   -0.9729550
x3  -0.8241338   -0.1392424   1.0000000    0.0295370
x4  -0.2454451   -0.9729550   0.0295370    1.0000000
```

从输出结果可以发现，变量 x_2 和 x_4 具有高度的负相关关系，相关系数达到了 -0.973.

2. 特征根法

因为矩阵的行列式等于其特征根的连乘积，因此若行列式 $\det(\boldsymbol{X}^{\mathrm{T}}\boldsymbol{X}) \approx 0$，则矩阵 $\boldsymbol{X}^{\mathrm{T}}\boldsymbol{X}$ 至少存在一个特征根近似为 0；反之，容易证明，若 $\boldsymbol{X}^{\mathrm{T}}\boldsymbol{X}$ 至少存在一个特征根近似为 0，则 $\boldsymbol{X}$ 的列向量之间必存在多重共线性. 所以可以通过求矩阵特征值来分析变量间是否存在多重共线性.

下面利用特征根法判断例 10.3.2 中解释变量间的多重共线性，代码如下：

```
> X=as.matrix(cbind(rep(1,nrow(cement)),cement[,2:ncol(cement)]))   #
设计阵
> XX=t(X)%*%X
>eigen(XX)
```
输出结果为

```
$values
[1] 4.467621e+04  5.965422e+03  8.099521e+02  1.054187e+02  1.218022e-03
$vectors
           [,1]          [,2]           [,3]          [,4]          [,5]
[1,] -0.01699462   0.003722752   4.299921e-05  -0.01104161   0.99978768
[2,] -0.12788573  -0.042775672  -6.459039e-01  -0.75134403  -0.01028458
[3,] -0.83967514  -0.509220987  -1.812061e-02   0.18763027  -0.01030393
[4,] -0.19841920   0.072108971   7.557151e-01  -0.61985010  -0.01051937
[5,] -0.48880661   0.856534101  -1.066512e-01   0.12625753  -0.01009922
```

得到最小的特征根 $\lambda_{\min} = 1.218 \times 10^{-3}$，非常接近零，说明这 4 个变量之间存在多重共线性.

3. 条件数法

假设矩阵 $\boldsymbol{X}^{\mathrm{T}}\boldsymbol{X}$ 的 p 个特征根分别是 $\lambda_1, \lambda_2, \ldots, \lambda_p$，其中，最大特征根记为 λ_m，称

$$\kappa_j = \sqrt{\frac{\lambda_m}{\lambda_j}}, \quad j = 1, 2, \ldots, p$$

为特征根 λ_j 的**条件数**（condition index）. 易见，当矩阵 $\boldsymbol{X}^{\mathrm{T}}\boldsymbol{X}$ 的特征根非常接近零时，则该特征根所对应的条件数 κ_j 就趋于无穷大. 记 $\kappa = \max\{\kappa_j\}$，当 $0 < \kappa < 10$，认为 $\boldsymbol{X}$ 不存在多重共线性；当 $10 \leqslant \kappa < 100$，则 $\boldsymbol{X}$ 存在较强的多重共线性；当 $\kappa \geqslant 100$，则 $\boldsymbol{X}$ 存在非常严重的多重共线性. 使用 R 函数 kappa() 求解例 10.3.2 中解释变量的条件数：

```
>kappa(X,exact=TRUE)
[1] 6056.344
>kappa(Fit,exact=TRUE)
[1] 6056.344
```

由于 $6056 \gg 1000$，认为 x_1, x_2, x_3, x_4 之间存在严重的多重共线性.

10.3.3 异常值和影响点的诊断

1. 异常点

异常点又称为离群点，是指那些响应变量取值异常的观测点，即残差绝对值 $|y_i - \hat{y}_i|$ 较大的点. 粗糙的判断准则是，标准化残差值大于 2 或 3 的点可能是异常点. 异常值产生的原因很多，例如数据搜集过程中记录错误，受外界震动、电磁（静电）干扰等.

为了说明异常点的影响，这里使用一组模拟数据进行说明. 生成来自真实模型为 $y = 7.5 + 3.2x + e, e \sim N(0, 2^2)$ 的一组模拟数据 (x_i, y_i)，$i = 1, 2, \ldots, 50$，并人工添加异常点 $(50, 30)$. 图 10.7 中的直线是对添加异常点后的观测而拟合的回归直线，它与真实直线的偏离说明了异常值对回归模型的影响.

```
> errors = rnorm(50, sd=2)
> x = rnorm(50, mean=15, sd=3)
> slope = 3.2
> intercept = 7.5
> y = slope * x + intercept + errors # good line
> x3= c(x,45); y3 = c(y,30)      #添加异常点(45,30)
> plot(x3,y3,las=1,pch=c(rep(16,50),17),
```

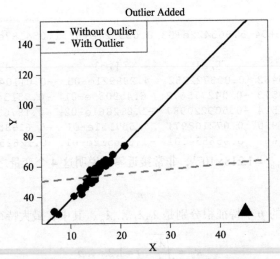

图 10.7   添加异常点之后的回归直线拟合图

```
+      cex=c(rep(2,50),3),xlim=c(6,48),ylim=c(28,150),
+      xlab="X",ylab="Y",main="Outlier Added")
> abline(rego, lwd=3,lty=1)
> abline(lm(y3~x3),lwd=3,lty=2,col="red")
> legend("topleft",lty=c(1,2),lwd=c(3,3),col=c("black","red"),
+        legend=c("Without Outlier","With Outlier"))
```

利用程序包 car 中的 outlierTest()函数可以判断数据是否存在离群点,但它仅对学生化残差绝对值的最大点进行探测,若残差值不显著,则说明数据集中没有离群点,否则,则存在离群点,需删除该离群点后再检验是否还存在其他离群点.

```
> library(car)
> outlierTest(reg)
    rstudent    unadjusted p-value    Bonferonni p
51  -37.96401   1.838e-37             9.3736e-36
```

函数 outlierTest 探测到的最大学生化残差值是-37.964,若依据 $t(n-p-1)$ 分布计算出来的 p 值是 $1.838*10^{-37}$. 而这里由于检测的是学生化残差中的最大值的显著性,故不能根据 $t(n-p-1)$ 分布进行检验,一种处理方法是使用 Bonferroni 进行 p 值调整,将 $t(n-p-1)$ 分布的 p 值乘以观测样本量 51,调整后的 p 值为 $9.374*10^{-36}$,故应拒绝不是离群点的原假设,参见 Fox(2011)[1].

2. 高杠杆值

高杠杆值点是指解释变量取值异常的点,高杠杆值点的存在对回归模型的估计往往会产生较大影响.

在一元线性回归中,第 i 个观测 x_i 的杠杆值定义为

$$h_i = \frac{1}{n} + \frac{(x_i - \bar{x})^2}{\sum_{j=1}^{n}(x_j - \bar{x})^2}.$$

显然,h_i 随着 x_i 与 $\bar{x}$ 距离的增加而变大,该公式可扩展到多元线性回归模型中. h_i 总是处于 $1/n$ 和 1 之间,所有观测的平均杠杆值是 p/n. 通常如果观测的杠杆值大于 2 倍或 3 倍的平均杠杆值 p/n,可认为该观测是高杠杆值点.

在 R 中,可以利用 hatvalues()计算杠杆值. 这里编写函数 hat.plot(),利用该函数绘制杠杆值的图形,以便分析是否存在高杠杆值,代码如下:

```
hat.plot<-function(fit){
    p<-length(coefficients(fit))
    n<-length(fitted(fit))
    plot(hatvalues(fit),main="Index Plot of Hat Values")
    abline(h=c(2,3)*p/n,col="red",lty=2)
    identify(1:n,hatvalues(fit),names(hatvalues(fit)))
}
```

这里使用函数 abline()添加了两条虚线,分别表示平均杠杆值的 2 倍和 3 倍水平线. identify()函数用于图形的交互绘制,对于那些可能的高杠杆点,鼠标点到这些点就会自动显示其观测编号来发现第几个观测点是高杠杆点.

---

[1] Fox, J. and Weisberg, S. (2011) An R Companion to Applied Regression, Second Edition, Sage.

以例 10.3.3 为例，检查数据中是否存在高杠杆值，代码如下：

```
x=c(679,292,1012,493,582,1156,997,2189,1097,2078,1818,1700,747,2030,
1643,414,354,1276,745,435,540,874,1543,1029,710,1434,837,1748,1381,1428,
1255,1777,370,2316,1130,463,770,724,808,790,783,406,1242,658,1746,468,
1114,413,1787,3560,1495,2221,1526)
y=c(0.79,0.44,0.56,0.79,2.70,3.64,4.73,9.50,5.34,6.85,5.84,5.21,3.25,
4.43,3.16,0.50,0.17,1.88,0.77,1.39,0.56,1.56,5.28,0.64,4.00,0.31,4.20,
4.88,3.48,7.58,2.63,4.99,0.59,8.19,4.79,0.51,1.74,4.10,3.94,0.96,3.29,0.44,
3.24,2.14,5.71,0.64,1.90,0.51,8.33,14.94,5.11,3.85,3.93)
> Fit=lm(y~x)
> par(mfrow=c(1,2))
> hat.plot(Fit)
> plot(x,y,cex=1.5)
> text(x[c(34,50)],y[c(34,50)],label=c(34,50),adj=1.5)
```

输出结果如图 10.8 所示. 从图中可以看到，例 10.3.3 中第 34 号和第 50 号观测点是高杠杆点，尤其是第 50 号，远远超过了 3 倍的平均杠杆值. 从散点图（右图）也可以看到，第 50 号解释变量观测值远离其他观测点，第 34 号解释变量观测值也处于解释变量取值范围的边缘.

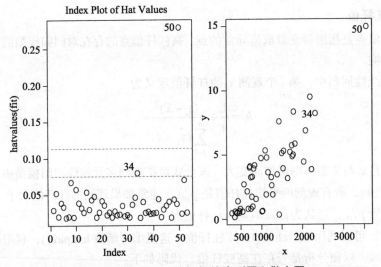

图 10.8　例 10.3.3 的杠杆值序列图和散点图

3. 强影响点

当数据存在异常点时，人们关心的一个问题是这些异常点对模型的统计推断是否会产生较大影响，这就是回归诊断中的影响分析，我们将数据点中那些对模型的统计推断产生较大影响的数据点称为**强影响点**.

为了说明哪些点是可能的强影响点，使用图 10.9 进行说明. 从模型 $Y = 7.5 + 3.2X + e$，$e \sim N(0, 2^2)$ 中模拟生成一些数据点，对这些点进行线性回归拟合，就是散点图中的黑色实线，而红色虚线是添加了一个特殊点（三角形为标识）后使用所有观测点拟合出来的回归直线. 其中，图(a)中三角形对应的观测点是异常点（残差大），但是这对模型的拟合并没

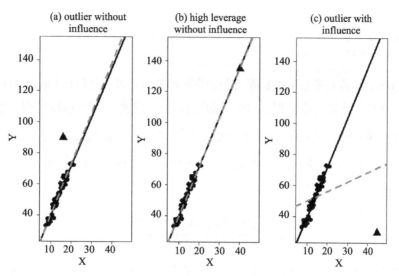

图 10.9 强影响点对比分析图

有影响，因为两个回归直线几乎重合. 图(b)中的三角形标识的观测点偏离其他正常点，其对应的自变量 X 值和 Y 值都非常大，是高杠杆点，但是对回归模型的拟合也没有影响. 图(c)中的三角形标识的观测点，不仅是异常点，同时还是高杠杆点，这种点会对模型产生较大影响.

```
> errors = rnorm(50, sd=2)
> x = rnorm(50, mean=15, sd=3)
> slope = 3.2
> intercept = 7.5
> y = slope * x + intercept + errors     #生成模拟数据
> rego = lm(y~x)
> par(mfrow=c(1,3))
> x1 = c(x,16)  #添加异常点(16,90)
> y1 = c(y,90)
>  plot(x1,y1,las=1,pch=c(rep(16,50),17),cex=c(rep(2,50),3),xlim=c
(6,48),ylim=c(28,150),
+ xlab="X",ylab="Y", main="(a)outlier without influence")
> abline(rego, lwd=3,lty=1)
> abline(lm(y1~x1),lwd=3,lty=2,col="red")
> ##
> x2 = c(x,40)   #添加高杠杆点(40,135)
> y2 = c(y,135)
> plot(x2,y2,las=1,pch=c(rep(16,50),17),cex=c(rep(2,50),3),xlim= c(6,48),
ylim=c(28,150),
+ xlab="X",ylab="Y", main="(b)high leverage without influence")
> abline(rego, lwd=3,lty=1)
> abline(lm(y2~x2),lwd=3,lty=2,col="red")
> ##
> x3 = c(x,45)     #添加强影响点(40,135)
> y3 = c(y,30)
> plot(x3,y3,las=1,pch=c(rep(16,50),17),cex=c(rep(2,50),3),xlim= c(6,48),
```

```
ylim=c(28,150),
    + xlab="X",ylab="Y", main="(c)outlier with influence")
    > abline(rego, lwd=3,lty=1)
    > abline(lm(y3~x3),lwd=3,lty=2,col="red")
```

通常情况下，若要考察某些数据点是否为强影响点，可通过对比删除该数据点前后参数估计的变化量来确定这些数据点对估计的影响大小. 记 $\hat{\boldsymbol{\beta}}_{(i)}$ 是去掉第 i 个观测点重新计算得到的最小二乘估计，用差值 $\hat{\boldsymbol{\beta}}_{(i)} - \hat{\boldsymbol{\beta}}$ 来度量第 i 个观测点的影响大小. 由于多元线性回归中 $\hat{\boldsymbol{\beta}}_{(i)} - \hat{\boldsymbol{\beta}}$ 是向量，可以基于 $\hat{\boldsymbol{\beta}}_{(i)} - \hat{\boldsymbol{\beta}}$ 构造一些统计量来比较影响的大小，如目前广为使用的 Cook 距离：

$$\mathrm{CD}_i = \frac{\left(\hat{\boldsymbol{\beta}} - \hat{\boldsymbol{\beta}}_{(i)}\right)^{\mathrm{T}} \boldsymbol{X}^{\mathrm{T}} \boldsymbol{X}(\hat{\boldsymbol{\beta}} - \hat{\boldsymbol{\beta}}_{(i)})}{p\hat{\sigma}^2}.$$

若观测点的 Cook 距离 $\mathrm{CD}_i > 4/(n-p)$，则可认为它是强影响点. 其中 n 是样本观测个数，p 是回归系数个数，(即预测变量个数加 1). 还有一种常用标准若 CD_i 大于 1，则认为是强影响点.

这里仍以例 10.3.1 的数据为例进行说明，并观察图 10.10.

```
>x<-c(679,292,1012,493,582,1156,997,2189,1097,2078,1818,1700,747,2030,
1643,414,354,1276,745,435,540,874,1543,1029,710,1434,837,1748,1381,1428,
1255,1777,370,2316,1130,463,770,724,808,790,783,406,1242,658,1746,468,
1114,413,1787,3560,1495,2221,1526)
>y<-c(0.79,0.44,0.56,0.79,2.70,3.64,4.73,9.50,5.34,6.85,5.84,5.21,
3.25,4.43,3.16,0.50,0.17,1.88,0.77,1.39,0.56,1.56,5.28,0.64,4.00,0.31,4.20,
4.88,3.48,7.58,2.63,4.99,0.59,8.19,4.79,0.51,1.74,4.10,3.94,0.96,3.29,0.44,
3.24,2.14,5.71,0.64,1.90,0.51,8.33,14.94,5.11,3.85,3.93)
    > Fit=lm(y~x)
    > cutoff=4/(length(Fit$fitted)-length(Fit$coefficients))  #判定是否是强
影响点
    > plot(Fit,which=4)          #指定绘制回归分析结果的第 4 个图
    > abline(h=cutoff,lty=2,col="red")   #用红色虚线标出临界值线
```

红色虚线以上的点是 Cook 距离超过临界值的观测，Cook 距离最大的点在图中都有标注，它们是 26 号、50 号和 52 号观测点，这些点的删除将会导致回归模型的截距项和斜率发生显著变化. 若以 1 为标准，则数据集中不存在强影响点.

对 lm()函数的输出对象直接利用 car 包中的 influencePlot()函数也可以在一幅图上综合展示出异常点、杠杆值和 Cook 距离的情况，若设置参数 id.method="identify"，可在该图中交互式地标出某些特殊点的观测编号. 观察图 10.11，横坐标是杠杆值，虚线代表 2 倍与 3 倍的平均杠杆值；纵坐标为学生化残差，虚线标出了+2 和−2 的学生化残差的位置；气泡的大小表示 Cook 距离的大小，越大的气泡对应的观测点对回归模型的影响越大. 根据图 10.11 的结果，26 号观测点的学生化残差的绝对值是最大的，−2.83. 52 号观测点的 Cook 距离最大.

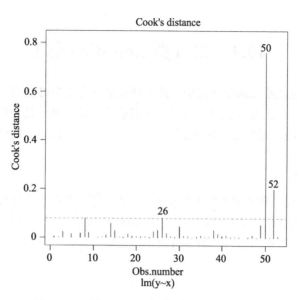

图 10.10 例 10.3.1 回归模型的 Cook 距离图

```
>library(car)
> influencePlot(Fit)
        StudRes       Hat         CookD
26  -2.831520   0.02241914   0.2842781
50   2.047182   0.27863201   0.8727708
```

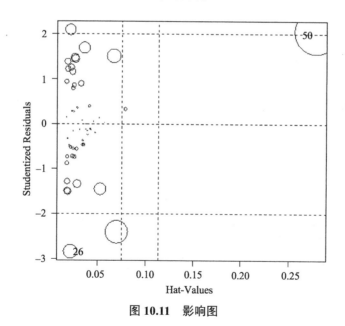

图 10.11 影响图

当识别出异常点或强影响点后，不应该不加分析地直接删除. 相反，先应当分析它们为异常点或强影响点的原因或背景，而后采取合适的措施来处理. 例如改正数据错误、删除异常点或降低权重、变换数据、更换模型、收集更多数据等.

10.4 二分类 Logistic 回归

在很多社会问题或临床医学研究中，被解释变量只有 2 个可能的结果，这样的因变量可用虚拟变量来表示，其为 0 或 1. 如因变量表示是否患肺癌、是否拥有住房、是否购买某产品等. Logistic 回归模型可以对因变量为二分类变量的数据进行建模.

10.4.1 回归模型

例 10.4.1 程序包 MPV 中的数据集 p13.2 给出了家庭收入与是否拥有独立住房之间的关系数据. 该数据集共包含 20 个被调查个体. 被解释变量 $y=1$ 表示拥有住房，$y=0$ 表示没有独立房，x 表示家庭总收入. 为节省篇幅，这里只展示部分数据.

```
>library(MPV)
>data(p13.2)
>p13.2
  x      y
1 38000  0
2 51200  1
3 39600  0
4 43400  1
5 47700  0
6 53000  0
7 41500  1
8 40800  0
9 45400  1
...
```

Logistic 回归模型不对因变量 y 直接建模，而是对 y 取某个值的概率进行建模. 在例 10.4.1 中，Logistic 回归模型对住户购房的概率 $P\{y=1\,|\,x\}$ 进行建模. 这个概率只能在 0 和 1 之间取值，不同的家庭收入值 x 对应不同的购买概率. 基于此概率建立的模型可以用来预测不同家庭购买房子的可能性大小. 如果直接根据 $P\{y=1\,|\,x\}$ 和 x 的关系建立简单线性回归模型

$$P\{y=1\,|\,x\} = \beta_0 + \beta_0 x,$$

那么将会出现一些问题，例如，由于因变量是概率，取值范围在 0 和 1 之间，而回归函数 $\beta_0 + \beta_1 x$ 并没有这个限制，所以对于某些自变量 x 预测的概率可能会超过 1 或者是负数，这样的预测结果显然没有意义. 为了避免这个问题，可以使用一个能将 $\beta_0 + \beta_1 x$ 映射到 0 和 1 之间的函数来对 $P\{y=1\,|\,x\}$ 建模，当然有许多函数能够满足这个要求，在 Logistic 回归模型中，使用 logistic 函数：

$$P\{y=1\,|\,x\} = \frac{e^{\beta_0 + \beta_1 x}}{1 + e^{\beta_0 + \beta_1 x}}, \tag{10.4.1}$$

这样，无论 x 取哪个值，$P\{y=1\,|\,x\}$ 总能落入区间 [0,1]，被解释变量总能获得有意义的预测值.

对式（10.4.1）作简单变形，容易得到

$$\frac{P\{y=1|x\}}{1-P\{y=1|x\}} = e^{\beta_0+\beta_1 x} \quad , \tag{10.4.2}$$

式（10.4.2）左侧表达式通常称为优势（odds），取值范围是 $(0,\infty)$。例 10.4.1 中如果优势取值接近 ∞，说明买房的概率非常大；反之，如果优势取值接近 0，说明买房的概率很小。式（10.4.2）两端取对数，得

$$\log\left(\frac{P\{y=1|x\}}{1-P\{y=1|x\}}\right) = \beta_0 + \beta_1 x \quad , \tag{10.4.3}$$

式（10.4.3）左侧的表达式叫对数优势（log-odds）或 logit。所以，Logistic 回归模型中 logit 函数与自变量 x 是线性关系。

在线性回归模型中，参数 β_1 代表 x 每单位的变化引起的因变量 y 的平均变化量。Logistic 回归模型中，β_1 代表 x 每单位的变化引起的对数优势的平均变化量，或 x 每单位的变化引起的优势的平均变化量是 e^{β_1}。

10.4.2　参数的估计

利用极大似然估计法可以给出 Logistic 回归模型中的未知参数 β_0 与 β_1 的估计。似然函数为

$$L(\beta_0,\beta_1) = \prod_{i=1}^{n}(P\{y_i=1|x_i\})^{y_i}(1-P\{y_i=1|x_i\})^{1-y_i}.$$

最大化 $L(\beta_0,\beta_1)$ 即可得到 β_0 与 β_1 的估计量 $\hat{\beta}_0$ 与 $\hat{\beta}_1$。在 R 中，函数 glm()用来拟合广义线性模型，包括 Logistic 回归模型。该函数的使用方法与 lm()类似，但需设置参数 family=binomial，以表明建立二分类 Logistic 回归。对于例 10.4.1，建立 Logistic 回归模型如下：

```
> Fit=glm(y~x,family=binomial,data=p13.2)
>summary(Fit)
Call:
glm(formula = y ~ x, family = binomial, data = p13.2)
Deviance Residuals:
    Min       1Q     Median       3Q       Max
 -2.0232   -0.8766   0.5072    0.7980    1.6046
Coefficients:
              Estimate   Std. Error   z value   Pr(>|z|)
(Intercept)  -8.7395139   4.4394326   -1.969    0.0490 *
x             0.0002009   0.0001006    1.998    0.0458 *
---
Signif. codes:  0 '***' 0.001 '**' 0.01 '*' 0.05 '.' 0.1 ' ' 1
(Dispersion parameter for binomial family taken to be 1)
    Null deviance: 27.526  on 19  degrees of freedom
Residual deviance: 22.435  on 18  degrees of freedom
AIC: 26.435
Number of Fisher Scoring iterations: 4
```

与 lm()函数的输出结果类似，这里 β_1 的 z value（即 $\dfrac{\hat{\beta}_1}{\mathrm{SE}(\hat{\beta}_1)}$，$\mathrm{SE}(\hat{\beta}_1)$ 为 $\hat{\beta}_1$ 的标准误差）

类似于线性回归中的 t value. 该统计量用于检验假设 H_0: $\beta_1 = 0$, H_1: $\beta_1 \neq 0$ 是否显著. 在本例中,该假设检验的 p 值小于 0.05,拒绝原假设,认为回归关系显著,即意味着家庭收入与购买房子的概率之间确实存在联系. 由于系数 $\hat{\beta}_1 > 0$,说明家庭收入越高,购买房子的可能性就越大,该结论符合人们的直观感受.

可以使用 coef() 函数来得到拟合模型的系数,使用 summary() 函数来提取拟合模型某些方面的信息,比如提取系数估计的 p 值.

```
>coef(logit.Fit)
    (Intercept)                x
-8.7395139021   0.0002009056
>summary(logit.Fit)
             Estimate   Std. Error   z value   Pr(>|z|)
(Intercept)  -8.7395139  4.4394326   -1.969    0.0490 *
x             0.0002009  0.0001006    1.998    0.0458 *
>summary(logit.Fit)$coef[,4]
(Intercept)              x
0.04899783      0.04576931
```

10.4.3　模型的预测

在 R 中使用函数 predict() 可以给出模型的预测值. 例如,在例 10.4.1 中,给定家庭收入值可以预测买房的概率,其中参数 type= "response" 选项用于返回 $P\{y=1|x\}$ 的值. 如果没有数据集被应用于 predict() 函数,那么生成的概率是对训练样本集在模型下的估计值.

```
>logit.probs=predict(Fit,type="response")
>logit.probs[1:10]   #列出前 10 预测值
        1         2         3         4         5         6
0.2487856 0.8244590 0.3135336 0.4949479 0.6992408 0.8708488
        7         8         9        10
0.4008487 0.3675914 0.5942594 0.8566747
```

为了预测响应变量 y,需要将预测概率转换成类别. 比如将购房的概率转化成是否购房,如果预测概率超过 0.5,预测被解释变量 $y=1$,即买房,否则 $y=0$,即不买房.

```
>logit.pred=ifelse(logit.probs>0.5,1,0)
>logit.pred
1 2 3 4 5 6 7 8 9 10 11 12  13 14 15 16 17 18 19 20
0 1 0 0 1 1 0 0 1  1  1  0   0  1  0  0  1  1  0  0  1
```

10.4.4　拟合优度的测度

Logistic 回归中对拟合优度的测度一般可借助混淆矩阵. 混淆矩阵通过矩阵表格形式展示模型拟合值与实际观测值的吻合程度. 基于 predict() 函数的预测值,结合使用 table() 函数可得到混淆矩阵:

```
> (ConfuseMatrix=table(p13.2$y,logit.pred))
   logit.pred
     0    1
  0  7    2
  1  4    7
```

该混淆矩阵的解释:9 个不买房的人中预测为不买房的有 7 人,预测为买房的有 2 人;

买房的 11 个人中预测为不买房的有 4 人，预测为买房的有 7 人.

```
> sum(diag(ConfuseMatrix))/sum(ConfuseMatrix)        #返回总的预测正确率
[1] 0.7
> (prop.table(ConfuseMatrix,1)*100)
logit.pred
           0          1
  0  77.77778   22.22222
  1  36.36364   63.63636
```

不买房的人群中预测的正确率是 77.8%，买房的人群中的预测正确率是 63.6%.

第 11 章

方 差 分 析

方差分析（Analysis of Variance, ANOVA）是一种功能强大的统计分析方法，它可以通过建立方差分析表评估建立的回归模型是否显著，可以检验多个定性变量与定量变量的关系是否显著，从而用于变量的选择和变量重要性的排序以及模型比较等.

方差分析的基本任务是分析一个数值型变量与一个或多个分类型变量是否相关. 以美国贷款申请数据 Loan.clean[①]为例，该数据集包括了 1500 个客户数据和 8 个变量，记录了客户编号（ID）、银行批准额度（funded_amnt）、信用等级（grade）、工作年限（emp_length）、拥有房屋类型（home_ownership）、年收入（annual_inc）、负债收入比（dti）和所在州（addr_state）等信息，该数据集的结构如下：

```
> Loan.clean=read.table("Loan.clean.txt",header=TRUE)   #读入数据
> head(Loan.clean)  #显示前 6 行观测
```

输出结果为

```
   ID  funded_amnt grade emp_length home_ownership annual_inc dti addr_state
1 181121     35000    C   10+ years     MORTGAGE      88000 12.22       CT
2 142043     21000    B    2 years         RENT       60000 16.16       CA
3 347100     30000    C    2 years     MORTGAGE      69218 12.38       MO
4 229521      1500    A    2 years          OWN       45000 24.77       NY
5 276609     12000    A    1 year          RENT       52000 23.33       NV
6 119046     15000    A    4 years         RENT      228000 14.04       SC
```

在这个数据中，感兴趣的变量是银行贷款批准额度，它是一个数值型变量，在方差分析中称之为**观测变量**. 在影响它的众多因素中，考虑定性变量对它的影响，如信用等级和房屋类型，它们称为**控制变量（或因子）**. 定性变量的类别值称为**控制变量的水平（或因子的水平）**，比如房屋类型有 3 个水平，分别是 OWN，MORTGAGE, RENT. 本章将使用方差分析研究信用等级或房屋类型等分类型变量对贷款批准额度这个定量变量的影响. 如果在控制变量的两个或多个水平下观测变量的总体均值存在显著差异，那么控制变量与数值型变量具有相关关系。在本例中，如果客户住房类型不同时贷款批准额度有显著差异，那么认为房屋类型与贷款批准额度是相关的，否则认为不相关.

---

① 该数据来源于 http://www.lendingclub.com/info/download-data.action，该数据集提供了 2007 年到 2015 年在 Lending Club 成功申请到贷款的客户的信息和被拒绝的申请者的信息，本章使用的数据集 "Loan. clean" 仅仅是成功申请到贷款的一部分客户的信息（通过使用随机抽样方法抽取的 1500 个数据）.读者可以自己生成相应的数据集，也可通过 Email 与作者联系索取.

如果只考虑一个因子对观测变量的影响，如仅考虑信用等级对贷款批准额度的影响，称为**单因素方差分析**. 若将信用等级和房屋类型都作为因子时，既可以分析信用等级和房屋类型各自对贷款批准额度的影响，又可以分析两个因子对贷款批准额度的交互影响，则称为**双因素方差分析**. 以此类推，考虑多个因子对观测变量的影响时称为**多因素方差分析**.

以上提到的方差分析只考虑分类控制变量对定量变量的影响，而在实际问题中有些定量变量也会对观测变量产生影响，若忽略这些因素单纯分析控制变量对观测变量的影响会产生偏误，导致分析结论不准确. **协方差分析**就是一种将数值型的影响变量作为协变量，在排除协变量对观测变量影响的条件下，分析控制变量对观测变量的影响. 如上例中同时考虑年收入和信用等级对贷款申请额度的影响，就是**单因素协方差分析**.

方差分析从观测变量的变差分解入手，检验在控制变量不同水平下观测变量各总体分布是否存在显著差异. 它有两个重要的前提条件：第一，在控制变量的不同水平下观测变量的总体分布服从正态分布；第二，在控制变量不同水平下观测变量的总体分布具有相同的方差.

11.1 单因素方差分析

单因素方差分析是用来研究一个控制变量的两个或多个水平对观测变量是否产生显著影响.

11.1.1 单因素方差分析模型

单因素方差分析中只有一个因子 A，它有 r 个水平 $A_1, A_2, \cdots A_r$. 设总体 X 在水平 A_i $(i=1,2,\cdots,r)$ 下的观测数据为 $x_{i1}, x_{i2}, \cdots, x_{in_i}$，则单因素方差分析模型可表示为

$$x_{ij} = \mu + \alpha_i + \varepsilon_{ij}, i=1,2,\cdots,r, j=1,2,\cdots,n_i, \sum_{i=1}^{r} n_i \alpha_i = 0 , \tag{11.1.1}$$

这里 $\varepsilon_{ij} \sim N(0,\sigma^2)$ $(i=1,2,\cdots,r, j=1,2,\cdots,n_i)$ 且相互独立；μ 是总体均值，α_i 为水平 A_i 的效应，表示控制变量水平 A_i 对观测变量产生的附加影响，ε_{ij} 是随机误差. 若 $n_1 = n_2 = \cdots = n_r$，称模型是平衡的（balanced design），否则称为非平衡的（unbalanced design）.

单因素方差分析就是要对控制变量 A 的所有效应是否同时为 0 进行推断，即检验假设
$$H_0: \alpha_1 = \alpha_2 = \cdots = \alpha_r = 0 \quad vs \quad H_1: \alpha_1, \alpha_2, \cdots, \alpha_r \text{ 不全相等}.$$
如果 H_0 被拒绝，则说明因素 A_i 的各水平的效应之间存在显著差异；否则，差异不明显.

为了导出 H_0 下的检验统计量，记

$$\text{SST} = \sum_{i=1}^{r} \sum_{j=1}^{n_i} (x_{ij} - \bar{x})^2,$$

这里，$\bar{x} = \frac{1}{n} \sum_{i=1}^{r} \sum_{j=1}^{n_i} x_{ij}$，$n = \sum_{k=1}^{r} n_k$，称 SST 为**总离差平方和**（或称为**总变差**），它是所有数据 x_{ij} 与总平均值 $\bar{x}$ 差的平方和，表征了所有观测数据的离散程度. 总离差平方和可分解为

两部分：

$$SST = SSE + SSA,\qquad(11.1.2)$$

其中，

$$SSE = \sum_{i=1}^{r}\sum_{j=1}^{n_i}(x_{ij}-\overline{x}_{i.})^2,\quad SSA = \sum_{i=1}^{r}\sum_{j=1}^{n_i}(\overline{x}_{i.}-\overline{x})^2 = \sum_{i=1}^{r}n_i(\overline{x}_{i.}-\overline{x})^2,$$

这里 $\overline{x}_{i.}=\dfrac{1}{n_i}\sum_{j=1}^{n_i}x_{ij}$. SSE 反映了随机误差的影响. 这是因为对于固定的 i，观测值 $x_{i1},x_{i2},\cdots,x_{in_i}$ 是来自同一个正态总体 $N(\mu_i,\sigma^2)$ 的样本. 因此，它们之间的差异是由随机误差所导致的. 而 $\sum_{j=1}^{n_i}(x_{ij}-\overline{x}_{i.})^2$ 是这 n_i 个数据的变动平方和. 将 r 组这样的变动平方和相加，就得到了 SSE，通常称 SSE 为误差平方和或组内平方和. SSA 表示不同水平下的样本均值与总体均值之间的差异，它反映了 r 个总体均值之间的差异，SSA 称为因素 A 的**效应平方和或组间平方和**. 故总平方和 SST 可按其来源分解成两部分，一部分是误差平方和 SSA，是由随机误差引起的；另一部分是因子 A 的组间平方和 SSA，是由因子 A 的各水平的差异引起的.

由模型假设经过计算可以得到

$$E(SSE)=(n-r)\sigma^2,$$

即 $SSE/(n-r)$ 是 σ^2 的一个无偏估计，且

$$\frac{SSE}{\sigma^2}\sim\chi^2(n-r).\qquad(11.1.3)$$

如果原假设 H_0 成立，则有 $E(SSA)=(r-1)\sigma^2$，即此时 $SSA/(r-1)$ 也是 σ^2 的无偏估计，且

$$\frac{SSA}{\sigma^2}\sim\chi^2(r-1),\qquad(11.1.4)$$

并且 SSA 与 SSE 相互独立，因此当 H_0 成立时有

$$F=\frac{SSA/(r-1)}{SSE/(n-r)}\sim F(r-1,n-r).\qquad(11.1.5)$$

于是 F（也称 F 比）可以作为 H_0 的检验统计量. 对给定的显著性水平 α，用 $F_\alpha(r-1,n-r)$ 表示 F 分布的上 α 分位数. 若 $F>F_\alpha(r-1,n-r)$，则拒绝原假设，认为观测变量在因子 A 的 r 个水平下存在显著差异. 也可以通过计算 p 值的方法来决定是接受还是拒绝原假设 H_0. p 值为服从自由度为 $(r-1,n-r)$ 的 F 分布的随机变量取值大于 F 值的概率. 显然，$p<\alpha$ 等价于 $F>F_\alpha(r-1,n-r)$.

通常将方差分析的计算结果列成表的形式，称为方差分析表，如表 11.1 所示.

表 11.1　单因素方差分析表

方差来源	自由度	平方和	均方	F 比
因子 A	$r-1$	SSA	$MS_A=\dfrac{SSA}{r-1}$	$F=\dfrac{MS_A}{MS_E}$
误差	$n-r$	SSE	$MS_E=\dfrac{SSE}{n-r}$	
总和	$n-1$	SST		

11.1.2　单因素方差分析的 R 实现

在单因素方差分析中，感兴趣的是讨论分类因子中的两个或多个水平中的因变量均值是否存在显著差异. 以 Loan.clean 数据为例，想要知道贷款等级（grade）是否影响贷款批准额度（funded_amnt），可通过比较不同的贷款等级下的平均贷款额度是否相等来实现.

首先按贷款等级变量对 Loan.clean 进行分类汇总，使用 dplyr 程序包中的 summarise() 函数得到各贷款等级下的贷款批准额的频数、平均数和标准差. 注意该程序包在首次使用前需要提前下载安装、载入后才能使用.

```
> library(dplyr)
> summarise(group_by(Loan.clean,grade),
+          freq=n(),
+          ave.amnt=mean(funded_amnt,na.rm=TRUE),
+          sd=sd(funded_amnt,na.rm=TRUE))
```
输出结果为

```
Source: local data frame [7 x 4]
      grade     freq    ave.amnt          sd
     (fctr)    (int)       (dbl)       (dbl)
1        A      268    13849.53    7739.248
2        B      429    13422.55    7526.126
3        C      410    13453.05    8024.961
4        D      224    15665.18    9238.196
5        E      111    17216.22    9562.602
6        F       46    18728.26    9241.299
7        G       12    19300.00   10637.562
> boxplot(funded_amnt~grade,col=cm.colors(7),data=Loan.clean)
```

从输出结果（见图 11.1）可以看到，贷款等级 B 的客户人数最多，有 429 个，而贷款等级 G 的人数最少，为 12 个；均值差异显示贷款等级 G 的平均贷款额度相对较高，B 的平均贷款额度最低；各组方差相对稳定，在 7500 和 10700 之间浮动.

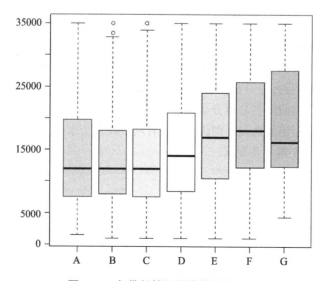

图 11.1　各贷款等级的贷款批准额度

下面给出 R 中用于方差分析的几个函数的使用方法及示例.

1. oneway.test()函数

该函数的调用方式为

```
> oneway.test(funded_amnt~grade,data=Loan.clean)
```

输出结果为

```
One-way analysis of means (not assuming equal variances)
data:  funded_amnt and grade
F = 6.3365, num df = 6.000, denom df = 125.322, p-value = 7.619e-06
```

通过输出结果可以看到，P 值远小于 0.05，表明不同贷款等级下的贷款批准额度存在显著差异。注意到以上输出结果中有 "not assuming equal variances" (不假设方差相等) 的文字，因为对于方差不相等的情况 oneway.test()函数会应用 Welch 修正 (1951)[①]. 如果事先知道已知在不同水平下总体方差相等，那么可以设定 oneway.test()中的参数 var.equal=TRUE.

2. aov()函数

oneway.test()函数的好处是对于方差不相等的情况使用 Welch correction，但是缺点是它不能提供更多的输出信息，也不能获得各种后期检验. R 函数 aov()假设不同水平下方差相等进行方差分析.

```
> aov1=aov(funded_amnt~grade,data=Loan.clean)
> summary(aov1)
```

输出结果为

```
            Df     Sum Sq      Mean Sq    F value    Pr(>F)
grade        6     3.241e+09   540113246    8.004    1.61e-08 ***
Residuals 1493     1.008e+11    67483718
---
Signif. codes:  0 '***' 0.001 '**' 0.01 '*' 0.05 '.' 0.1 ' ' 1
```

从输出结果可以看到，由于 F 检验 P 值远小于 0.05，说明不同的贷款等级的贷款批准额度是不同的.

3. kruskal.test()函数

方差分析要求数据满足正态性和等方差性两个条件。如果上述条件不满足，可以使用 R 函数 kruskal.test()进行方差分析. 它实施的是 kruskal-Wallis 检验，该检验是方差分析的一个非参数版本，只需假定各总体分布具有相同的形状，其原假设是各水平下的数据具有相同的中位数。如果拒绝原假设，则认为至少有两个或多个水平下的数据的中位数是不同的，分类变量和定量变量关系显著.

```
> kruskal.test(funded_amnt~grade,data=Loan.clean)
```

输出结果为

```
        Kruskal-Wallis rank sum test
data:  funded_amnt by grade
Kruskal-Wallis chi-squared = 37.3539, df = 6, p-value = 1.502e-06
```

[①] B. L. Welch (1951), On the comparison of several mean values: an alternative approach. Biometrika, 38, 330-336.

11.1.3　方差齐性检验

方差齐性检验就是检验数据在不同水平下方差是否相同，常用的方法是 Bartlett 检验，原假设是各因子水平下的方差相同，拒绝原假设，即认为至少有两个不同水平下的总体方差不相等；否则，认为数据满足方差齐性的假设.

R 软件中，bartlett.test()函数提供的是 Bartlett 检验，其使用格式为

```
bartlett.test(x,g,…)
bartlett.test(formula,data,subset,na.action…)
```

其中 x 是由观测数据构成的向量或列表；g 是因子构成的向量，当 x 是列表时，此项无效；formula 为方差分析的公式；data 是数据框. 其他请参见在线帮助.

仍以 Loan.clean 数据为例，进行方差齐性检验如下：

```
> bartlett.test(funded_amnt~grade,data=Loan.clean)
Bartlett test of homogeneity of variances
data:  funded_amnt by grade
Bartlett's K-squared = 23.6877, df = 6, p-value = 0.000596
```

Bartlett 检验结果表明不同贷款等级对应的批准额度的方差存在显著差异 ($p < 0.05$).

11.1.4　多重比较

在方差分析中，如果 F 检验的结论是拒绝 H_0，则认为因素 A 的 r 个**水平效应**存在显著差异. 但这并不意味着所有均值之间都存在差异，此时还需要对因子 A 的效应进行两两比较，即检验为

$$H_0 : \alpha_i = \alpha_j \quad vs \quad H_1 : \alpha_i \neq \alpha_j \ (i, j = 1, 2, \cdots r, i < j). \tag{11.1.6}$$

R 函数 TukeyHSD()提供了对各组均值差异均值差异的成对检验.

```
> TukeyHSD(aov1)
```

输出结果为

```
  Tukey multiple comparisons of means
    95% family-wise confidence level
Fit: aov(formula = funded_amnt ~ grade, data = Loan.clean)
$grade
          diff         lwr          upr        p adj
B-A  -426.98113   -2315.3579    1461.396    0.9942884
C-A  -396.48480   -2301.6113    1508.642    0.9963758
D-A  1815.64499    -379.9865    4011.276    0.1821447
E-A  3366.68263     629.1518    6104.214    0.0054119
F-A  4878.72729    1008.0513    8749.403    0.0038663
…（其他结果略）
```

可以看到，贷款等级是 A 和 E 之间的贷款申请额度，均值差异非常显著（ $p < 0.001$ ），而贷款等级是 A 和 B 之间的差异不显著（ $p = 0.994$ ）. 利用 plot()还可以将 TukeyHSD()函数的结果以图形的方式展示出来。如图 11.2 所示，水平线绘制了均值两两比较的置信区间，如果区间包含零点，则认为该组均值差异不明显，否则认为存在显著差异。

```
>plot(TukeyHSD(aov1))
```

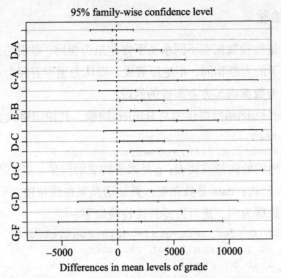

图 11.2   Tukey HSD 组间均值差异比较图

11.2   双因素方差分析

在 11.1 节, 我们讨论了单因素方差分析问题. 在许多实际问题中, 影响因素可能不止一个. 例如, 在银行贷款问题中, 同时考虑房屋类型、所在区域、工作年限等分类型变量对贷款批准额度的影响就是多因素方差分析问题. 本节主要介绍双因素方差分析.

11.2.1   不考虑交互作用

设在因素 A、B 的每一种水平组合 (A_i, B_j) 下进行一次独立试验得到观测值为 $x_{ij}, i = 1, 2, \cdots, r, j = 1, 2, \cdots, s$. 将观测数据列表, 如表 11.2 所示.

表 11.2   无重复试验的双因素方差分析数据

	B_1	B_2	$\cdots$	B_s
A_1	x_{11}	x_{12}	$\cdots$	x_{1s}
A_2	x_{21}	x_{22}	$\cdots$	x_{2s}
$\vdots$	$\vdots$	$\vdots$		$\vdots$
A_r	x_{r1}	x_{r2}	$\cdots$	x_{rs}

假定 $x_{ij} \sim N(\mu_{ij}, \sigma^2), i = 1, 2, \cdots, r, j = 1, 2, \cdots, s$ 且各 x_{ij} 相互独立. 若不考虑两因素间的交互作用, 可建立如下模型:

$$
\begin{cases}
x_{ij} = \mu + \alpha_i + \beta_j + \varepsilon_{ij}, i = 1, 2, \cdots, r, j = 1, 2, \cdots, s \\
\varepsilon_{ij} \sim N(\mu_{ij}, \sigma^2), \text{且各} \varepsilon_{ij} \text{相互独立} \\
\sum_{i=1}^{r} \alpha_i = 0, \sum_{j=1}^{s} \beta_j = 0
\end{cases}
$$

其中 $\mu = \dfrac{1}{rs}\displaystyle\sum_{i=1}^{r}\sum_{j=1}^{s}\mu_{ij}$ 为总平均，α_i 为因素 A 的第 i 个水平的效应，β_j 为因素 B 的第 j 个水平的效应.

在上述模型下，方差分析的主要任务是系统分解因素 A 和因素 B 对试验指标影响的大小.因此，在给定显著性水平 α 下，提出如下统计假设：

对于因素 A，"因素 A 对试验指标影响不显著" 等价于

$$H_{01}: \alpha_1 = \alpha_2 = \cdots = \alpha_r = 0. \tag{11.2.1}$$

对于因素 B，"因素 B 对试验指标影响不显著" 等价于

$$H_{02}: \beta_1 = \beta_2 = \cdots = \beta_s = 0. \tag{11.2.2}$$

双因素方差分析与单因素方差分析的统计原理类似，基于如下平方和分解公式：

$$\mathrm{SST} = \mathrm{SSE} + \mathrm{SS}_A + \mathrm{SS}_B,$$

其中，

$$\mathrm{SST} = \sum_{i=1}^{r}\sum_{j=1}^{s}(x_{ij}-\overline{x})^2,\ \overline{x} = \frac{1}{rs}\sum_{i=1}^{r}\sum_{j=1}^{s}x_{ij},$$

$$\mathrm{SS}_A = s\sum_{i=1}^{r}(\overline{x}_{i.}-\overline{x})^2,\ \overline{x}_{i.} = \frac{1}{s}\sum_{j=1}^{s}x_{ij}, i=1,2,\cdots,r,$$

$$\mathrm{SS}_B = r\sum_{i=1}^{s}(\overline{x}_{.j}-\overline{x})^2,\ \overline{x}_{.j} = \frac{1}{r}\sum_{i=1}^{r}x_{ij}, j=1,2,\cdots,s,$$

$$\mathrm{SSE} = \sum_{i=1}^{r}\sum_{j=1}^{s}(x_{ij}-\overline{x}_{i.}-\overline{x}_{.j}+\overline{x})^2,$$

这里 SST 为总离差平方和，SSE 为误差平方和，SS_A 是由因素 A 的不同水平所引起的离差平方和（称为因素 A 的平方和）. 类似地，SS_B 称为因素 B 的平方和. 可以证明当 H_{01} 成立时，

$$\frac{\mathrm{SS}_A}{\sigma^2} \sim \chi^2(r-1), \tag{11.2.3}$$

且 SS_A 与 SSE 与相互独立，而

$$\frac{\mathrm{SSE}}{\sigma^2} \sim \chi^2((r-1)(s-1)), \tag{11.2.4}$$

于是当 H_{01} 成立时，

$$F_A = \frac{\mathrm{SS}_A/(r-1)}{\mathrm{SSE}/[(r-1)(s-1)]} \sim F((r-1),(r-1)(s-1)), \tag{11.2.5}$$

类似地，当 H_{02} 成立时，

$$F_B = \frac{\mathrm{SS}_B/(s-1)}{\mathrm{SSE}/[(r-1)(s-1)]} \sim F((s-1),(r-1)(s-1)). \tag{11.2.6}$$

分别以 F_A，F_B 作为 H_{01}，H_{02} 的检验统计量，将计算结果列成方差分析表，如表 11.3 所示.

表 11.3　双因素方差分析表

方差来源	自由度	平方和	均方	F 比
因素 A	$r-1$	SS_A	$MS_A = \dfrac{SS_A}{r-1}$	$F_A = \dfrac{MS_A}{MS_E}$
因素 B	$s-1$	SS_B	$MS_B = \dfrac{SS_B}{s-1}$	$F_B = \dfrac{MS_B}{MS_E}$
误差	$(r-1)(s-1)$	SSE	$MS_E = \dfrac{SSE}{(r-1)(s-1)}$	
总和	$rs-1$	SST		

11.2.2　考虑交互作用

设有两个因素 A 和 B，因素 A 有 r 个水平 $A_1, A_2, \cdots, A_r$；因素 B 有 s 个水平 $B_1, B_2, \cdots, B_s$. 为了考察因素之间的交互作用，要求在两因素的每种水平组合 (A_i, B_j) 下进行重复多次试验，设重复试验次数为 t，记第 k 次的观测值为 x_{ijk}，将观测数据列表，如表 11.4 所示.

表 11.4　双因素重复试验数据

	B_1	B_2	$\cdots$	B_s
A_1	$x_{111}, x_{112}, \cdots, x_{11t}$	$x_{121}, x_{122}, \cdots, x_{12t}$	$\cdots$	$x_{1s1}, x_{1s2}, \cdots, x_{1st}$
A_2	$x_{211}, x_{212}, \cdots, x_{21t}$	$x_{221}, x_{222}, \cdots, x_{22t}$	$\cdots$	$x_{2s1}, x_{2s2}, \cdots, x_{2st}$
$\vdots$	$\vdots$	$\vdots$		$\vdots$
A_r	$x_{r11}, x_{r12}, \cdots, x_{r1t}$	$x_{r21}, x_{r22}, \cdots, x_{r2t}$	$\cdots$	$x_{rs1}, x_{rs2}, \cdots, x_{rst}$

假定
$$x_{ijk} \sim N(\mu_{ij}, \sigma^2), i = 1, 2, \cdots, r, j = 1, 2, \cdots, s, k = 1, 2, \cdots, t$$
各 x_{ijk} 相互独立. 可建立如下模型：
$$\begin{cases} x_{ijk} = \mu + \alpha_i + \beta_j + \delta_{ij} + \varepsilon_{ijk} \\ \varepsilon_{ijk} \sim N(0, \sigma^2), \text{且各} \varepsilon_{ijk} \text{相互独立} \\ i = 1, 2, \cdots, r, j = 1, 2, \cdots, s, k = 1, 2, \cdots, t \end{cases}$$

其中，α_i 为因素 A 的第 i 个水平的效应，β_j 为因素 B 的第 j 个水平的效应，δ_{ij} 表示 A_i 和 B_j 的交互效应，因此有

$$\mu = \frac{1}{rs} \sum_{i=1}^{r} \sum_{j=1}^{s} \mu_{ij}, \sum_{i=1}^{r} \alpha_i = 0, \sum_{j=1}^{s} \beta_j = 0, \sum_{i=1}^{r} \delta_{ij} = \sum_{j=1}^{s} \delta_{ij} = 0.$$

此时判断因素 A，B 及交互效应的影响是否显著等价于检验下列假设：

$$H_{01}: \alpha_1 = \alpha_2 = \cdots = \alpha_r = 0,$$
$$H_{02}: \beta_1 = \beta_2 = \cdots = \beta_s = 0,$$
$$H_{03}: \delta_{ij} = 0, i = 1, 2, \cdots, r, j = 1, 2, \cdots, s.$$

在这种情况下，方差分析法有下列分解公式：

$$\text{SST} = \text{SSE} + \text{SS}_A + \text{SS}_B + \text{SS}_{A \times B},$$

其中

$$\text{SST} = \sum_{i=1}^{r}\sum_{j=1}^{s}\sum_{k=1}^{t}(x_{ijk} - \overline{x})^2, \quad \text{SSE} = \sum_{i=1}^{r}\sum_{j=1}^{s}\sum_{k=1}^{t}(x_{ijk} - \overline{x}_{ij.})^2,$$

$$\text{SS}_A = st\sum_{i=1}^{r}(\overline{x}_{i..} - \overline{x})^2, \quad \text{SS}_B = rt\sum_{j=1}^{s}(\overline{x}_{.j.} - \overline{x})^2,$$

$$\text{SS}_{A \times B} = t\sum_{i=1}^{r}\sum_{j=1}^{s}(\overline{x}_{ij.} - \overline{x}_{i..} - \overline{x}_{.j.} + \overline{x})^2,$$

这里

$$\overline{x} = \frac{1}{rst}\sum_{i=1}^{r}\sum_{j=1}^{s}\sum_{k=1}^{t}x_{ijk}, \quad \overline{x}_{ij.} = \frac{1}{t}\sum_{k=1}^{t}x_{ijk}, i = 1,2,\cdots,r; j = 1,2,\cdots,s,$$

$$\overline{x}_{i..} = \frac{1}{st}\sum_{j=1}^{s}\sum_{k=1}^{t}x_{ijk}, i = 1,2,\cdots,r, \quad \overline{x}_{.j.} = \frac{1}{rt}\sum_{t=1}^{r}\sum_{k=1}^{t}x_{ijk}, j = 1,2,\cdots,s.$$

类似地，称 SST 为总离差平方和，SSE 为误差平方和，SS_A 为因素 A 的平方和，SS_B 为因素 B 的平方和，$\text{SS}_{A \times B}$ 为交互效应平方和. 可以证明：

当 H_{01} 成立时：

$$F_A = \frac{\text{SSA}/(r-1)}{\text{SSE}/[rs(t-1)]} \sim F((r-1), rs(t-1));$$

当 H_{02} 成立时：

$$F_B = \frac{\text{SS}_B/(s-1)}{\text{SSE}/[rs(t-1)]} \sim F((s-1), rs(t-1));$$

当 H_{03} 成立时：

$$F_{A \times B} = \frac{\text{SS}_{A \times B}/(r-1)(s-1)}{\text{SSE}/[rs(t-1)]} \sim F((r-1)(s-1), rs(t-1)).$$

分别以 F_A，F_B，$F_{A \times B}$ 作为 H_{01}，H_{02}，H_{03} 的检验统计量，将检验结果列成方差分析表，如表 11.5 所示.

表 11.5 有交互效应的双因素方差分析表

方差来源	自由度	平方和	均方	比
因素 A	$r-1$	SS_A	$MS_A = \dfrac{\text{SS}_A}{r-1}$	$F_A = \dfrac{MS_A}{MS_E}$
因素 B	$s-1$	SS_B	$MS_B = \dfrac{\text{SS}_B}{s-1}$	$F_B = \dfrac{MS_B}{MS_E}$
交互效应 $A \times B$	$(r-1)(s-1)$	$\text{SS}_{A \times B}$	$MS_{A \times B} = \dfrac{\text{SS}_{A \times B}}{(r-1)(s-1)}$	$F_{A \times B} = \dfrac{MS_{A \times B}}{MS_E}$
误差	$rs(t-1)$	SSE	$MS_E = \dfrac{\text{SSE}}{rs(t-1)}$	
总和	$rst-1$	SST		

11.2.3　双因素方差分析的 R 函数和实例分析

以数据 Loan.clean 为例，考虑贷款等级与房屋类型两个因子对贷款批准额度的影响，首先给出各水平组合 (A_i, B_j) 的频数、均值和标准差.

```
> summarise(group_by(Loan.clean,home_ownership,grade), freq=n(),
+ ave.amnt=mean(funded_amnt,na.rm=TRUE),
+ sd=sd(funded_amnt,na.rm=TRUE))
Source: local data frame [21 x 5]
Groups: home_ownership
     home_ownership   grade   freq    ave.amnt        sd
1         MORTGAGE       A    161    14777.80    7878.878
2         MORTGAGE       B    230    14628.37    7657.979
3         MORTGAGE       C    190    14840.53    8666.517
4         MORTGAGE       D    105    18990.48    9626.443
5         MORTGAGE       E     45    20962.22    9274.563
6         MORTGAGE       F     21    20910.71    8564.336
7         MORTGAGE       G      3    23483.33    7131.853
8              OWN       A     22    14727.27    8385.471
9              OWN       B     31    12846.77    7708.358
10             OWN       C     41    11387.20    7978.606
11             OWN       D     15    12848.33    8817.082
12             OWN       E     14    18183.93    8885.363
13             OWN       F      7    16360.71   10712.443
14             OWN       G      2    30000.00    7071.068
15            RENT       A     85    11864.12    6980.048
16            RENT       B    168    11877.98    7043.637
17            RENT       C    179    12453.49    7062.392
18            RENT       D    104    12714.18    7708.365
19            RENT       E     52    13713.94    8817.595
20            RENT       F     18    17102.78    9395.728
21            RENT       G      7    14450.00   10383.240
```

仍然使用 R 函数 aov() 进行双因素方差分析，其中方差模型表达式 x~A+B 表示不考虑两个因子之间的交互作用，x~A*B 表示除了考虑两个因素各自的效应外还考虑它们之间的交互效应.

```
> Loan.clean=read.table("Loan.clean.txt",header=TRUE)
> aov2=aov(funded_amnt~home_ownership+grade,data=Loan.clean)    #不考虑
交互作用
> summary(aov2)
```

输出结果为

```
                  Df    Sum Sq      Mean Sq    F value    Pr(>F)
home_ownership     2    3.927e+09   1.963e+09    30.41    1.14e-13 ***
grade              6    3.785e+09   6.309e+08     9.77    1.40e-10 ***
Residuals       1491    9.628e+10   6.458e+07
---
Signif. codes:  0 '***' 0.001 '**' 0.01 '*' 0.05 '.' 0.1 ' ' 1
> aov2.inter=aov(funded_amnt~home_ownership*grade,data=Loan.clean)  #
考虑交互作用
> summary(aov2.inter)
```

输出结果为

	Df	Sum Sq	Mean Sq	F value	Pr(>F)	
home_ownership	2	3.927e+09	1.963e+09	30.665	8.93e-14	***
grade	6	3.785e+09	6.309e+08	9.854	1.12e-10	***
home_ownership:grade	12	1.585e+09	1.321e+08	2.063	0.0166	*
Residuals	1479	9.470e+10	6.403e+07			

```
---
Signif. codes: 0 `***' 0.001 `**' 0.01 `*' 0.05 `.' 0.1 ` ' 1
```

从以上输出结果可以看到,房屋类型 01 和贷款等级各自都对贷款批准额度有影响,它们之间也存在着交互作用。有多种方式对输出结果进行可视化处理,下面用 interaction.plot()函数来展示双因素方差分析的交互作用,interaction.plot()函数的使用方法如下:

```
interaction.plot(x.factor, trace.factor, response,…)
```

该函数的参数 x.factor 为图形中显示在 x 轴的因子,trace.factor 为成型图形中用来生成轨迹线的因子,response 是数值型的响应变量,其他参数比如 type 表示图形的显示类型,与 plot() 函数中的参数 type 使用方法一样.

```
>interaction.plot(Loan.clean$grade,Loan.clean$home_ownership,Loan.Clean
$funded_amnt,
    type="b", main="interaction between grade and home_ownership")
```

输出结果如图 11.3 所示,图中的三条线有交叉部分,表明贷款等级和房屋类型之间存在交互作用.

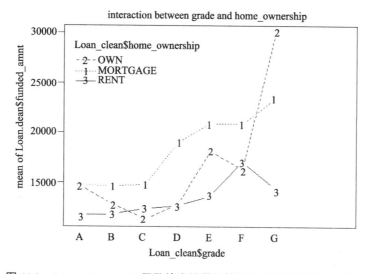

图 11.3　interaction.plot()函数给出的贷款等级与房屋类型的交互作用

11.3　方差分析在模型选择中的应用

R 中的函数 anova ()可以用来比较有嵌套关系的两个模型 m1 和 m2 之间是否有显著不同,其调用格式为

```
anova(m1, m2)
```

这里 m1 和 m2 都是 lm()返回的模型对象,且模型 m1 中的自变量为模型 m2 中自变量的子集,所对应的检验问题为:

H_0:m1 模型解释数据是充分的;

H_1:更复杂的 m2 模型解释数据是充分的.

这里,以 ISLR 包中的 Wage 数据为例,建立因变量 wage 与自变量 age 的多项式回归模型,通过模型选择的方法来确定合适的多项式阶数. 通过增加预测变量的方式对该数据从简到繁,拟合 5 个不同的模型.

```
>library(ISLR)
>attach(Wage)
> fit.1=lm(wage~age,data=Wage)
> fit.2=lm(wage~poly(age,2),data=Wage)
> fit.3=lm(wage~poly(age,3),data=Wage)
> fit.4=lm(wage~poly(age,4),data=Wage)
> fit.5=lm(wage~poly(age,5),data=Wage)
>anova(fit.1,fit.2,fit.3,fit.4,fit.5)  # fit.1 与 fit.2 比较,fit.2 与
```
fit.3 比较,以此类推

输出结果为

```
Analysis of Variance Table
Model 1: wage ~ age
Model 2: wage ~ poly(age, 2)
Model 3: wage ~ poly(age, 3)
Model 4: wage ~ poly(age, 4)
Model 5: wage ~ poly(age, 5)
  Res.Df     RSS  Df  Sum of Sq         F      Pr(>F)
1   2998 5022216
2   2997 4793430   1     228786  143.5931   < 2.2e-16 ***
3   2996 4777674   1      15756    9.8888    0.001679 **
4   2995 4771604   1       6070    3.8098    0.051046 .
5   2994 4770322   1       1283    0.8050    0.369682
---
Signif. codes:  0 '***' 0.001 '**' 0.01 '*' 0.05 '.' 0.1 ' ' 1
```

从输出结果可以看到,线性模型 Model 1 和二次模型 Model 2 比较的 p 值($< 2.2e-16$)几乎为零,表明线性拟合是不充分的. 类似地,二次模型 Model 2 和立方模型 Model 3 比较的 p 值也非常小(0.001679),所以二次模型也是不充分的. 立方模型 Model3 和四阶模型 Model4 比较的 p 值近似为 5%,而五阶模型是不必要的,因为它的 p 值为 0.37. 因此,三次或四次多项式模型更为合理.

第12章

生 存 分 析

生存分析是在综合考虑相关因素的基础上,对与事件发生时间有关的问题进行统计分析与推断的一门统计学科,在生物学、医学、工程、保险精算学、公共卫生学、社会学和人口学、经济学等领域中有着广泛的应用.与传统的统计分析不同,在生存分析中,观测数据存在截断或删失的情况,因此如何处理带截断或删失数据的问题是生存分析研究的主要内容.

在生存分析中,描述生存时间 T 的统计特征的基本函数为生存函数,其定义为

$$S(t) = P\{T > t\}, \quad 0 < t < \infty.$$

描述观察个体在某时刻存活条件下,在以后的单位时间内死亡的(条件)概率称为**危险率**,即

$$\lambda(t) = \lim_{h \to 0^+} \frac{P\{T \le t + h \mid T \ge t\}}{h}.$$

当生存时间 T 为连续型随机变量时,其密度函数 $f(t)$ 与生存函数、危险率函数之间的关系为

$$S(t) = \int_t^{+\infty} f(u)\mathrm{d}u, \quad f(t) = -S'(t), \quad \lambda(t) = \frac{f(t)}{S(t)} = \frac{-\mathrm{d}\ln[S(t)]}{\mathrm{d}t},$$

称 $\Lambda(t) = \int_0^t \lambda(u)\mathrm{d}u$ 为**累积风险函数**.

当 T 为离散型随机变量,取值为 $a_1, a_2, \cdots$,且 $f(a_i) = P\{T = a_i\}$,$i = 1, 2, \cdots$ 时,a_i 处的危险率为

$$\lambda_i = P\{T = a_i \mid T \ge a_i\} = \frac{f(a_i)}{S(a_{i-1})} = 1 - \frac{S(a_i)}{S(a_{i-1})},$$

其中 $S(t) = \prod_{a_i \le t}(1 - \lambda_i)$,累积风险函数为

$$\Lambda(t) = \sum_{a_i \le t} \ln(1 - \lambda_i).$$

生存分析研究的主要内容包括:对生存过程的描述;不同处理下生存率的比较;生存时间的影响因素分析;预测模型的建立.生存分析研究方法主要包括参数方法、非参数方法和半参数方法.下面介绍生存分析中常用方法及其在 R 上的实现.

12.1   R 程序包的载入及生存对象的建立

R 的 survival 包给出了生存分析中一些常用的函数，在首次使用这些函数之前，需要下载安装并载入 survival 包：

```
> install.packages("survival")
> library(survival)
```

生存数据的主要特点在于数据常常存在删失，具体包括左删失、右删失、区间删失等. suvival 包中常用的对象是将事件时间和删失信息合并在一起的一种数据结构，称为生存对象. 可以用 R 函数 Surv()（注意：首字母大写）建立生存对象，其调用格式如下：

```
Surv(time, time2, event,
        type=c('right', 'left', 'interval', 'counting', 'interval2',
        'mstate'), origin=0)
```

其中，对于右删失数据，time 表示事件时间，对于区间数据，time 表示事件起始时间；event 为状态指标，对于生存数据，多以 0/1、1/2 或 FALSE/TRUE 表示删失／死亡，当所有编码都为 1 时，默认按照 0/1 编码. 对于区间删失数据，一般以 0/1/2/3 表示右删失／事件时间／左删失／区间删失；time2 仅用于区间删失或计数过程数据，区间为左开右闭区间 (start，end)，对区间删失数据，time2 表示事件结束时间，对计数过程，event 指标用以表示到区间右端点事件是否发生；type 用来指定删失类型，right/left 表示右／左删失，counting 表示计数过程，inverval/interval2 表示区间删失，interval 的编码形式如上，而 interval2 以观测时间 t 作为区间，(-infinity, t) 表示左删失， (t, infinity) 表示右删失 (t,t) 表示精确事件时间，而 (t1, t2) 表示删失区间；origin 适用于计数过程，用以给定风险函数的初值.

以 survival 中自带的 cancer（或 lung）数据集为例，命令

```
>cancer
```

将显示全部数据：

```
    inst  time  status  age  sex  ph.ecog  ph.karno  pat.karno  meal.cal  wt.loss
1    3    306     2      74    1      1         90        100       1175       NA
2    3    455     2      68    1      0         90         90       1225       15
3    3   1010     1      56    1      0         90         90        NA        15
...
227   6    174     1      66    1      1         90        100       1075        1
228  22    177     1      58    2      1         80         90       1060        0
```

其中，inst 为机构代码；time 为生存时间（单位：天）；status 表示删失或死亡（删失=1，死亡=2）；age 为年龄； sex 为性别（男性=1，女性=2）；ph.ecog 为生存状态得分（good=0，dead=5）；ph.karno 表示由医生给出的远期生活质量评分(bad=0，good=100)；pat.karno 表示由病人给出的远期生活质量评分(bad=0，good=100)；meal.cal 表示进食时消耗的卡路里；wt.loss 表示最近六个月体重的减少量（单位：kg）.

调用 Surv() 函数如下：

```
>Surv(cancer$time, cancer$status)
```

或等价地输入：

```
> attach(cancer)
```

```
> Surv(time, status)   #等价于 Surv(time, status==2)
```

输出结果为

```
  [1]   306    455   1010+   210    883   1022+   310    361    218    166
 [11]   170    654    728     71    567    144    613    707     61     88
...
[211]   252+  221+   185+    92+    13    222+   192+   183    211+   175+
[221]   197+  203+   116    188+   191+   105+   174+   177+
```

上面输出的生存对象中，带 "+" 号的表示右删失数据. 也可以直接用如下函数创建上述生存对象:

```
>x<-with(cancer, Surv(time, status))
```

或

```
>x<-with(Surv(time, status),data=cancer);x
```

这里，还可以使用 is.Surv(x)命令查看对象 x 是否为生存对象，其返回值为 TRUE 或者 FALSE.

再如，显示 survival 中的 heart 数据集如下:

```
> heart
      start   stop  event       age          year     surgery  transplant  id
1     0.0    50.0    1    -17.15537303   0.12320329      0          0        1
2     0.0     6.0    1      3.83572895   0.25462012      0          0        2
3     0.0     1.0    0      6.29705681   0.26557153      0          0        3
4     1.0    16.0    1      6.29705681   0.26557153      0          1        3
...
170   0.0    31.0    0      1.51676934   6.41752225      0          0       101
171   0.0    11.0    0     -7.60848734   6.47227926      0          0       102
172   0.0     6.0    1     -8.68446270  -0.04928131      0          0       103
```

可输入如下命令建立生存对象:

```
> Surv(heart$start, heart$stop, heart$event)
```

输出结果为

```
  [1]   (0.0, 50.0]   (0.0, 6.0]    (0.0, 1.0+]   (1.0, 16.0]    (0.0, 36.0+]
  [6]  (36.0, 39.0]   (0.0, 18.0]   (0.0, 3.0]    (0.0, 51.0+]  (51.0, 675.0]
 [11]   (0.0, 40.0]   (0.0, 85.0]   (0.0, 12.0+]  (12.0, 58.0]   (0.0, 26.0+]
...
[161]   (0.0, 13.0+] (13.0, 180.0+] (0.0, 21.0+] (21.0, 131.0+] (0.0, 96.0+]
[166]  (96.0, 109.0+] (0.0, 21.0]   (0.0, 38.0+] (38.0, 39.0+]  (0.0, 31.0+]
[171]   (0.0, 11.0+]  (0.0, 6.0]
```

从输出结果可以看到，此时生存对象为区间形式.

12.2　非参数建模方法

12.2.1　KM 估计

Kaplan-Meier（KM）估计，又称乘积限估计，是用来估计生存曲线 $S(t)$ 的一种非参数估计方法. 设 $t_1 < t_2 < \ldots < t_k$ 为 n 个个体被观测到的死亡时间，d_i 为在时刻 t_i 死亡（或失效）的个体数，n_i 为时刻 t_i 冒风险的个体数，则生存函数 $S(t)$ 的 KM 估计为

$$\hat{S}(t) = \prod_{t_i < t} \frac{n_i - d_i}{n_i}, \quad t \geqslant t_1; \quad S(t) = 1, \quad t < t_1.$$

从估计定义可以看到，生存函数 $S(t)$ 的 KM 估计为非增的阶梯函数，其跳跃点为给定的生存时间点.

在 R 中，可以用 survfit()获得 KM 估计，函数 survfit()的调用格式为

```
survfit(formula, ...)
```

其中，formula 为预先给定的拟合模型.

例 12.2.1　表 12.1 给出了两组淋巴肉瘤(atypical lymphoma)患者治疗后复发时间（单位：月）的观测数据，其中"+"表示未复发，试用 R 建立数据集，分别给出两组数据生存曲线的 KM 估计，并画出生存曲线图.

表 12.1　淋巴肉瘤患者复发时间数据（单位：月）

对照组	2	2	3	3	5+	9	9+	10	12+	19+	25	32+	36+	42+		
处理组	2	5+	10	13	13+	14	14+	19	19+	25+	26+	30	39+	41+	51+	57+	61+

解　首先建立数据集：

```
> atly<-data.frame(
+   time=c(2,2,3,3  ,5,9  ,9,10  ,12,19,  25,32,36,42,  2,5,10,13,13,
14,14,19,19,  25,  26,30,39,  41,51,  57,61),
+   status=c(1,1,1,1,0,1,0,1,0,0,1,0,0,0,1,0,1,1,0,0,0,0,0,0,0,0,0,0,
0,0),
+   treatment=c(rep("control",14),rep("case",17)))
> atly
    time  status   treatment
1     2     1       control
2     2     1       control
...
13    36    0       control
14    42    0       control
15    2     1       case
16    5     0       case
...
30    57    0       case
31    61    0       case
```

下面，按照处理组和对照组分别进行 KM 估计. 首先将数据分为两组，可输入如下命令：

```
> atly1<-subset(atly, treatment=="control")
> atly2<-subset(atly, treatment=="case")
```

以 atly1 为例，建立生存对象如下：

```
y<-Surv(atly1$time, atly1$status==1)
```

若直接利用 survfit()函数，输出结果将给出有限的信息，如输入：

```
> survfit(y~1)
```

输出结果为

```
Call: survfit(formula = y ~ 1)
records    n.max    n.start    events    median    0.95LCL    0.95UCL
```

14	14	14	7	25	9	NA

想获得生存函数的 KM 估计，需要对 survfit 对象使用 summary()函数，如：

```
> summary(survfit(y~1))
```

输出结果为

```
Call: survfit(formula = y ~ 1)
```

time	n.risk	n.event	survival	std.err	lower 95% CI	upper 95% CI
2	14	2	0.857	0.0935	0.692	1.000
3	12	2	0.714	0.1207	0.513	0.995
9	9	1	0.635	0.1308	0.424	0.951
10	7	1	0.544	0.1401	0.329	0.901
25	4	1	0.408	0.1579	0.191	0.871

其中，survival 为生存函数在生存时间点处的 KM 估计值. 同时，输出结果中还给出了估计的标准误差和 95%的置信区间.

另外，还可以用 plot()函数画出 KM 估计的生存曲线，如输入：

```
> plot(survfit(y~1))
> title(main="Kaplan-meier Curve",xlab="Months", ylab="Cumulative Hazard")
```

输出结果如图 12.1 所示.

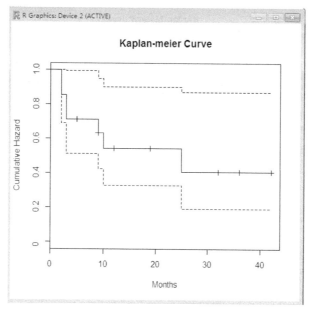

图 12.1 KM 曲线图

其中，实线表示 KM 生存曲线，上、下虚线分别为置信上限和置信下限；"+"号表示删失时间. 对 atly2 数据，同样可以按照上述方法进行分析，读者可自行练习.

事实上，对于类似于例 12.2.1 中的数据集，在大多数情况下，希望对两组数据进行比较. 为此，可以直接输入如下命令，给出 KM 估计及其图形比较.

```
> summary(survfit(Surv(atly$time,atly$status==1)~atly$treatment))
```

输出结果为

```
Call: survfit(formula=Surv(atly$time, atly$status==1) ~ atly$treatment)
        atly$treatment=case
```

time	n.risk	n.event	survival	std.err	lower 95% CI	upper 95% CI
2	17	1	0.941	0.0571	0.836	1
10	15	1	0.878	0.0807	0.734	1
13	14	1	0.816	0.0963	0.647	1

atly$treatment=control

time	n.risk	n.event	survival	std.err	lower 95% CI	upper 95% CI
2	14	2	0.857	0.0935	0.692	1.000
3	12	2	0.714	0.1207	0.513	0.995
9	9	1	0.635	0.1308	0.424	0.951
10	7	1	0.544	0.1401	0.329	0.901
25	4	1	0.408	0.1579	0.191	0.871

输入如下命令, 则可将两条生存曲线画在同一坐标系中 (图 12.2).

```
> plot(survfit(Surv(atly$time, atly$status==1)~atly$treatment),
  conf.int=T, mark.time=TRUE, mark=c(3,3), col=c(1,2,1,2,1,2),
  lty=c(1,2,1,2,1,2), lwd=c(1,2,1,2,1,2),
  main="Kaplan-Meier Curves ",xlab="Months", ylab="Cumulative Hazard")
> legend(45, .25, c("Case", " Control "), col=c(1,2),lty = 1:2)
```

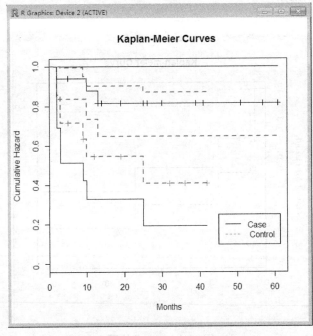

图 12.2　两组 KM 曲线对照图

12.2.2　生存曲线的比较

当有两个或两个以上的生存分布时, 常需要比较它们是否来自同一总体, 即作假设检验为

$$H_0:\text{ 样本来自相同的总体 } vs \quad H_1:\text{ 样本来自不同的总体}.$$

上述假设检验问题相当于检验两条或者多条生存曲线是否相同. 在非参数情形下, 该问题常用的检验方法有对数秩检验, Wilcoxon 检验、Mantel-Haenszel 检验等. 其基本思想是,

在原假设下，根据不同生存时间的期初观察人数及利用理论死亡概率计算出的理论死亡数（期望死亡数）应该与实际死亡数相差不大；如果相差较大，则拒绝原假设.

R 中的 survdiff() 函数可以用来检验两条或多条生存曲线是否存在差别. 其调用格式为

```
survdiff(formula, data, subset, na.action, rho=0),
```

其中，formula 表示形如"Surv(time, status) ~ predictors"的模型表达式；data 为数据框；subset 为用于拟合的观测子集，默认值为所有观测；na.action 为缺失数据过滤函数；rho 为尺度参数，用以控制检验类型，rho=0 即为对数秩检验或 Mantel-Haenszel 检验，若 rho=1，则为 Wilcoxon 检验.

以例 12.2.1 中淋巴肉瘤治疗后复发时间数据为例，检验两组数据所对应的总体是否存在显著差异，可输入如下函数：

```
> survdiff(Surv(time,status==1)~treatment,data=atly)
```

输出结果为

```
Call:
survdiff(formula = Surv(time, status == 1) ~ treatment, data = atly)
                     N  Observed  Expected  (O-E)^2/E  (O-E)^2/V
treatment-casc      17     3        6.18      1.64       4.54
treatment=control   14     7        3.82      2.65       4.54
 Chisq= 4.5  on 1 degrees of freedom, p= 0.0332
```

从输出结果可以看到，检验的 p 值为 0.0332< 0.05，故可认为两组生存曲线有显著差异，即处理有显著效果.

对于分层数据或多组数据的比较可以用函数 strata() 来控制协变量的影响. 例如，对 12.1 节中提到的来自 7 个机构的多中心 cancer 数据集，为检验性别对生存时间的影响在 7 个机构间是否存在显著差异，可输入如下命令：

```
> survdiff(Surv(time, status) ~ sex + strata(inst), data=lung)
```

输出结果为

```
Call:
survdiff(formula = Surv(time, status) ~ sex + strata(inst), data = lung)
n=227, 1 observation deleted due to missingness.
        N  Observed  Expected  (O-E)^2/E  (O-E)^2/V
sex=1  137   111      93.9       3.10       8.52
sex=2  90    53       70.1       4.16       8.52
 Chisq= 8.5  on 1 degrees of freedom, p= 0.0035
```

从输出结果可以看到，p 值为 0.0035<0.05，故可认为 7 个中心在性别对生存时间影响方面存在显著差异.

12.3   参数建模方法

生存分析中的参数分析方法即假设生存时间的分布类型已知，在此基础上对分布参数及模型参数进行推断. 参数模型中常用的分布有威布尔分布、指数分布、伽马分布、Logistic 分布、对数正态分布、对数 Logistic 分布、极值分布等.

加速失效时间（AFT）模型是一种参数模型，其模型形式为

$$\log T = \mu + Z^{\mathrm{T}}\beta + \sigma W,$$

其中，T 为失效时间；μ 为均值；Z 为 p 维协变量；β 为 p 维回归系数；σW 为误差项，W 取特定分布，常取为指数分布、威布尔分布、对数正态分布、对数 logistic 分布、广义伽马分布等.

R 中的 survreg() 函数可用于估计或拟合参数回归模型，其调用格式为

```
survreg(formula, data, weights, subset,
        na.action, dist="weibull", init=NULL, scale=0,
        control,parms=NULL,model=FALSE, x=FALSE,
        y=TRUE, robust=FALSE, score=FALSE, ...)
```

其中，formula 为回归模型表达式，响应变量为生存对象，即为 Surv() 函数的返回值，当 formula 形如 Surv(y)~1 时，则直接估计生存分布参数；data 为数据框；weights 为权向量；subset 为用于拟合的观测数据的子集；na.action 为缺失数据过滤函数；dist 为响应变量的假设分布，常用取值为："weibull"、"exponential"、"gaussian"、"logistic"、"lognormal"或"loglogistic"，dist 的取值也可以是自定义的分布函数，默认值为"weibull"；parms 为固定参数列表，例如 t 分布的 parms 的取值为其自由度，大多数分布没有 parms 的值；init 为参数的初值；scale 给定尺度参数的范围；control 为控制值列表，如给定最大迭代次数、收敛的容忍度等；model、x、y 为逻辑值，用以控制返回值，若其取值为 TRUE 则返回值分别给出模型结构、模型矩阵和响应时间向量；score 表示是否使用稳健的"sandwich"标准误差.

例 12.3.1　产生 1000 个参数为（1,3）的威布尔分布，并用 survreg() 函数对参数进行估计.

解　可输入如下命令：

```
> y <- rweibull(1000, shape=1, scale=3)
> survreg(Surv(y)~1, dist="weibull")
```

输出结果为

```
Call:
survreg(formula = Surv(y) ~ 1, dist = "weibull")
Coefficients:
(Intercept)
  1.039935
Scale= 1.003179
Loglik(model)= -2041.3   Loglik(intercept only)= -2041.3
n= 1000
```

注　威布尔分布形状参数的估计值为利用 survreg() 给出的 scale 值的倒数，即 1/scale；威布尔分布尺度参数的估计值为 survreg() 给出的 intercept 值的以 e 为底的指数，即 $e^{\mathrm{intercept}}$. 由前述的输出结果可得威布尔分布的形状参数的估计为 1/1.003179=0.9968311；尺度参数为 $e^{1.039935} = 2.829033$.

也可以利用 summary() 函数作用于上述命令：

```
> summary(survreg(Surv(y)~1, dist="weibull"))
```

输出结果为

```
Call:
survreg(formula = Surv(y) ~ 1, dist = "weibull")
                 Value    Std. Error    z         p
```

```
(Intercept)    1.03993    0.0335    31.08    4.57e-212
Log(scale)     0.00317    0.0243     0.13    8.96e-01
Scale= 1
Weibull distribution
Loglik(model)= -2041.3  Loglik(intercept only)= -2041.3
Number of Newton-Raphson Iterations: 6
n= 1000
```

例 12.3.2 以 12.1 节中的 cancer 数据集为例, 用威布尔分布拟合生存时间 time 与变量 ph.ecog 及 age 的参数模型; 再以性别作为分层变量对上述问题进行参数模型拟合.

解 R 代码如下:

```
attach(cancer)
> survreg(Surv(time, status) ~ ph.ecog + age , cancer)
```
输出结果为
```
Call:
survreg(formula = Surv(time, status) ~ ph.ecog + age, data = cancer)
Coefficients:
 (Intercept)      ph.ecog          age
 6.830503553  -0.326381984  -0.007719728
Scale= 0.7381105
Loglik(model)= -1138.1  Loglik(intercept only)= -1147.4
      Chisq= 18.64 on 2 degrees of freedom, p= 9e-05
n=227 (1 observation deleted due to missingness)
> survreg(Surv(time, status) ~ ph.ecog + age + strata(sex), cancer)
```
输出结果为
```
Call:
survreg(formula = Surv(time, status) ~ ph.ecog + age + strata(sex),
    data = cancer)
Coefficients:
  (Intercept)      ph.ecog           age
  6.73234505  -0.32443043  -0.00580889
Scale:
  sex=1      sex=2
0.7834211  0.6547830
Loglik(model)= -1137.3  Loglik(intercept only)= -1146.2
      Chisq= 17.8 on 2 degrees of freedom, p= 0.00014
n=227 (1 observation deleted due to missingness)
```

12.4 半参数模型方法

Cox (1972) 提出的比例风险模型是生存分析中最基本的半参数模型, 其形式为
$$\lambda(t \mid \boldsymbol{Z}) = \lambda_0(t)\exp(\boldsymbol{Z}^{\mathrm{T}}\boldsymbol{\beta}),$$
其中 Z 为 p 维协变量; $\lambda_0(t) = \lambda(t \mid \boldsymbol{Z}=\boldsymbol{0})$ 为基准风险函数; $\lambda(t \mid Z)$ 为给定协变量 Z 的条件下的危险率函数, $\boldsymbol{\beta}$ 为 p 维回归参数.

R 中的 coxph()函数可用于拟合 Cox 比例风险模型, 其调用格式为
```
coxph(formula, data, weights, subset, na.action, init, control,
    ties=c("efron","breslow","exact"), singular.ok=TRUE, robust=FALSE,
    model=FALSE, x=FALSE, y=TRUE, tt, method, ...)
```

其中，formula 为模型表达式；data 为数据框；weights 为权向量；subset 为用于拟合的观测数据的子集；na.action 为缺失数据过滤函数；init 为迭代初始值，默认值为所有参数初值为 0；control 为控制值列表，如给定最大迭代次数、收敛的容忍度等；ties 表示用于处理打结数据的方法，默认方法为 Efron 近似方法，即"efron"；singular.ok 为逻辑值，表示如何处理模型 X 矩阵共线性问题，如果取值为 TRUE，则自动跳过 X 矩阵中与前面线性相关列；model、x、y 为逻辑值，用以控制返回值，若其取值为 TRUE 则返回值分别给出模型结构、模型矩阵和响应时间向量；tt 为最优时间变换函数列表；method 即为 ties 中的可选方法.

建立 Cox 比例风险模型之前需要对等比例风险假定(PH 假定)进行验证或检验，基本方法有：

（1）按协变量分组的 KM 曲线若有明显交叉，则认为不满足 PH 假定；

（2）将协变量与时间作为交互引入模型，若交互项显著，则认为 PH 假定不成立.

例如，验证 cancer 数据集中的 sex 变量是否满足 PH 假定，输入如下命令：

```
>plot(survfit(Surv(time,status==1)~sex,data=cancer),mark.time=F,col=
c(1,2),lty=c(1,2),
+ main="Kaplan-Meier Curves ",xlab="Days", ylab="Cumulative Hazard")
> legend(700, .9, c("Male", " Female "), col=c(1,2),lty = 1:2)
```

输出结果如图 12.3 所示.

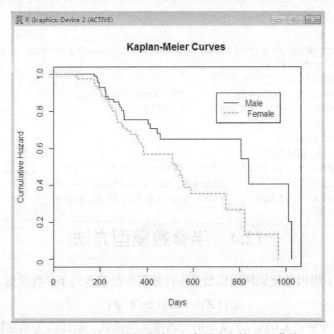

图 12.3　cancer 数据集按 sex 变量分组的 KM 曲线

从图 12.3 输出的 KM 曲线可见 sex 变量可以用于 Cox 比例风险模型建模. 再如，要验证 cancer 数据集中的 ph.karno 变量是否满足 PH 假定，可应用带有 ph.karno 与时间交互项的模型进行检验，输入如下命令：

```
> coxph(Surv(time, status==1)~ph.karno+time*ph.karno, data=cancer)
```

输出结果如下：

```
Call:
coxph(formula = Surv(time, status == 1) ~ ph.karno + time * ph.karno,
    data = cancer)
                    coef    exp(coef)  se(coef)       z        p
ph.karno        3.83e-02     1.039    3.08e-02    1.243   2.1e-01
time           -1.26e-01     0.882    1.93e-02   -6.509   7.6e-11
ph.karno:time  -1.75e-05     1.000    8.54e-05   -0.205   8.4e-01
Likelihood ratio test=373  on 3 df, p=0 n= 227, number of events= 63
    (1 observation deleted due to missingness)
```

从输出结果可以看到，交互项的参数检验 p 值为 0.84，不显著．故可认为变量 ph.karno 满足 PH 假定．

例 12.4.1　表 12.2 给出了 16 位鼻腔淋巴瘤(Nasal lymphoma)随访资料，试用 R 软件建立 Cox 模型．

表 12.2　鼻腔淋巴瘤随访资料

编号	性别	年龄	鼻血	放疗	化疗	结局	生存天数
1	1	45	2	0	1	1	578
2	0	36	2	0	1	1	1549
3	1	57	2	1	0	1	938
4	0	45	0	1	0	0	4717
5	0	42	0	1	1	1	4111
6	0	39	1	0	1	1	1245
7	1	38	1	1	1	1	4435
8	1	45	2	1	0	1	3750
9	1	30	0	1	0	1	3958
10	0	45	1	0	1	1	2581
11	0	45	1	0	1	1	3572
12	1	57	1	1	0	1	2938
13	0	57	2	0	1	1	1932
14	1	49	2	1	1	1	3205
15	1	33	1	0	1	1	3451
16	0	51	2	1	0	1	2363

解　R 代码如下：

```
> naly<-data.frame(
+time=c(578,1549,938,4717,4111,1245,4435,3750,3958,2581,3572,2938,19
32,3205,3451,
  2363),
+  sex=c(1,0,1,0,0,0,1,1,1,0,0,1,0,1,1,0),
+  age=c(45,36,57,45,42,39,38,45,30,45,45,57,57,49,33,51),
+  bleed=c(2,2,2,0,0,1,1,2,0,1,1,1,2,2,1,2),
+  xray=c(0,0,1,1,1,0,1,1,1,0,0,1,0,1,0,1),
+  therapy=c(1,1,0,0,1,1,1,0,0,1,1,0,1,1,1,0),
```

```
+ status=c(1,1,1,0,1,1,1,1,1,1,1,1,1,1,1,1))
> coxph(Surv(time,status)~sex+age+bleed+xray+therapy,data=naly)
```

输出结果如下

```
Call:
coxph(formula = Surv(time, status) ~ sex + age + bleed + xray +
    therapy, data = naly)
            coef  exp(coef)  se(coef)      z      p
sex       0.5131   1.6704     0.8764   0.585  0.560
age       0.0488   1.0500     0.0535   0.911  0.360
bleed     1.1824   3.2622     0.6273   1.885  0.059
xray     -2.4514   0.0862     1.1734  -2.089  0.037
therapy  -0.6707   0.5113     0.8712  -0.770  0.440
Likelihood ratio test=15 on 5 df,  p=0.0104 n= 16,  number of events= 15
```

从输出结果可以看到，变量 sex、age、therapy 都不显著，用 bleed 和 xray 拟合 Cox
模型如下：

```
> coxph(Surv(time, status)~bleed+xray, data=naly)
Call:
coxph(formula = Surv(time,  status) ~ bleed + xray,  data = naly)
        coef  exp(coef)  se(coef)      z      p
bleed   1.38    3.978      0.530    2.61   0.0091
xray   -1.59    0.204      0.695   -2.28   0.0220
Likelihood ratio test=13.4 on 2 df,  p=0.00121 n= 16,  number of events= 15
```

例 12.4.2 以 cancer 数据集为例，利用对 age 做变换拟合转移模型，可以输入如下命令：

```
>coxph(Surv(time,status)~ph.ecog+tt(age),data=cancer,
    tt=function(x,t,...) pspline(x + t/365.25))
```

其中，pspline 为样条函数. 运行结果如下：

```
Call:
coxph(formula = Surv(time, status) ~ ph.ecog + tt(age), data = cancer,
    tt = function(x, t, ...) pspline(x + t/365.25))
                    coef  se(coef)    se2    Chisq    DF      p
ph.ecog           0.4528   0.1178   0.1174   14.77   1.00   0.00012
tt(age), linear   0.0112   0.0093   0.0093    1.44   1.00   0.23000
tt(age), nonlin                              2.70    3.08   0.45000
Iterations: 4 outer, 10 Newton-Raphson
    Theta= 0.796
Degrees of freedom for terms= 1.0 4.1
Likelihood ratio test=22.5  on 5.07 df,  p=0.000456
  n=227 (1 observation deleted due to missingness)
```

第 13 章

贝叶斯计算

近年来贝叶斯统计方法发展迅猛，主要得益于一些高级计算方法在很大程度上解决了贝叶斯计算困难的问题，例如马尔可夫蒙特卡洛（Markov Chain Monte Carlo，MCMC）抽样方法，包括 Metropolis-Hastings 算法、Gibbs 抽样方法等. 本章主要介绍贝叶斯计算问题.

13.1 贝叶斯统计推断的基本概念

贝叶斯统计与传统统计的不同之处在于，前者在进行统计推断时，除了利用样本信息之外，还利用参数的先验信息，获得先验分布 $\pi(\theta)$. 先验分布是获取样本之前对参数的所有可能的认识，一旦获得样本信息 $f(\boldsymbol{x}|\theta)$，人们对参数的认识就会发生变化和调整，形成对参数新的认识，这就是后验分布 $\pi(\theta|\boldsymbol{x})$.

13.1.1 贝叶斯公式

贝叶斯推断的基本前提是将样本信息和先验信息综合后形成的后验分布 $\pi(\theta|\boldsymbol{x})$，下面给出后验分布的定义.

定义 13.1.1 设 $f(\boldsymbol{x}|\theta)$ 为样本 $\boldsymbol{X} = (X_1, X_2, \cdots, X_n)^{\mathrm{T}}$ 的概率密度，在获得样本观测值 $\boldsymbol{x}$ 后，θ 的后验分布（posterior distribution）就是在给定 $\boldsymbol{X} = \boldsymbol{x}$ 条件下 θ 的条件分布，记作 $\pi(\theta|\boldsymbol{x})$，即有：

$$\pi(\theta|\boldsymbol{x}) = \frac{h(\boldsymbol{x},\theta)}{m(\boldsymbol{x})} = \frac{f(\boldsymbol{x}|\theta)\pi(\theta)}{\int_{\Theta} f(\boldsymbol{x}|\theta)\pi(\theta)\mathrm{d}\theta}, \quad (13.1.1)$$

其中，Θ 为 θ 的参数空间，$h(\boldsymbol{x},\theta)$ 为样本 $\boldsymbol{X}$ 与 θ 的联合概率密度，而

$$m(\boldsymbol{x}) = \int_{\Theta} h(\boldsymbol{x},\theta)\mathrm{d}\theta = \int_{\Theta} f(\boldsymbol{x}|\theta)\pi(\theta)\mathrm{d}\theta.$$

为 $\boldsymbol{X}$ 的边缘概率密度.

式（13.1.1）给出了贝叶斯公式的概率密度形式，该式集中了样本和先验信息中有关 θ 的一切信息，又排除了与 θ 无关的信息. 从贝叶斯学派的观点来看，获取后验分布 $\pi(\theta|\boldsymbol{x})$ 之后，一切统计推断都必须从 $\pi(\theta|\boldsymbol{x})$ 出发进行分析.

由于 $m(\boldsymbol{x})$ 不含 θ 的信息，在计算 θ 的后验分布中仅起到一个正则化因子的作用，故贝叶斯公式可简化为

$$\pi(\theta \mid \boldsymbol{x}) \propto \pi(\theta) f(\boldsymbol{x} \mid \theta) . \tag{13.1.2}$$

式（13.1.2）右端虽然不是正常的概率密度函数，但它是后验分布 $\pi(\theta \mid \boldsymbol{x})$ 的核，若 $\pi(\theta \mid \boldsymbol{x})$ 的核与某常用分布的核相同时，不用计算 $m(\boldsymbol{x})$ 即可恢复所缺的常数因子.

例 13.1.1 证明二项分布中的成功概率的共轭先验分布服从贝塔分布.

证 设总体 $X \sim b(n, \theta)$ ，X 的概率密度为

$$f(x \mid \theta) = C_n^x \theta^x (1-\theta)^{n-x} ,$$

显然，$f(\theta, x)$ 与 θ 有关的核为 $\theta^x (1-\theta)^{n-x}$. 又设 θ 的先验分布是贝塔分布 $Be(\alpha, \beta)$ ，其核为 $\theta^{\alpha-1}(1-\theta)^{\beta-1}$ ，其中 α, β 已知. 根据贝叶斯公式（13.1.2），θ 的后验分布为

$$\pi(\theta \mid x) \propto \pi(\theta) f(x \mid \theta) \propto \theta^{\alpha-1}(1-\theta)^{\beta-1} \theta^x (1-\theta)^{n-x}$$
$$\propto \theta^{x+\alpha-1}(1-\theta)^{\beta+n-x-1} , 0 < \theta < 1 .$$

易见，这是贝塔分布 $Be(\alpha+x, \beta+n-x)$ 的核，故后验密度为

$$\pi(\theta \mid x) = \frac{\Gamma(\alpha+\beta+n)}{\Gamma(\alpha+x)\Gamma(\beta+n-x)} \theta^{x+\alpha-1}(1-\theta)^{\beta+n-x-1} , \quad 0 < \theta < 1$$

得证.

13.1.2 参数估计

在获得 θ 的后验分布 $\pi(\theta \mid \boldsymbol{x})$ 后，可以选用后验分布 $\pi(\theta \mid \boldsymbol{x})$ 的某个位置统计量，如后验均值

$$\hat{\theta}_E = E(\theta \mid x) = \int_\Theta \theta \pi(\theta \mid x) \mathrm{d}\theta \tag{13.1.3}$$

作为 θ 的估计. 当然也可以使用其他位置统计量，如后验分布的最大后验密度估计或中位数作为 θ 的估计. 另外，也可以计算 θ 落在某区间 $[a, b]$ 内的后验概率为 $1-\alpha$ 的区间估计，即

$$P\{a \leqslant \theta \leqslant b \mid x\} = 1 - \alpha .$$

这样求得的区间就是参数 θ 的可信水平为 $1-\alpha$ 的贝叶斯可信区间，或简称为 θ 的 $1-\alpha$ 可信区间.

13.1.3 假设检验

参数假设检验的一般形式为

$$H_0 : \theta \in \Theta_0 , \quad H_1 : \theta \in \Theta_1 ,$$

其中 Θ_0 与 Θ_1 是参数空间 Θ 中不相交的两个非空子集. 获得 θ 的后验分布 $\pi(\theta \mid \boldsymbol{x})$ 后，计算 θ 分别落入 Θ_0 与 Θ_1 的后验概率：

$$\alpha_0 = P\{\theta \in \Theta_0 \mid \boldsymbol{x}\}, \quad \alpha_1 = P\{\theta \in \Theta_1 \mid \boldsymbol{x}\} .$$

比较 α_0 与 α_1 的大小，当后验概率比 $\alpha_0/\alpha_1 > 1$ 时，接受 H_0 ；当后验概率比 $\alpha_0/\alpha_1 < 1$ 时，接受 H_1 ；当后验概率比 $\alpha_0/\alpha_1 \approx 1$ 时，不宜做判断，尚需进一步抽样或者搜集先验信息.

13.1.4 预测

设随机变量 $X \sim f(x \mid \theta)$，在没有 X 的观察数据时，利用先验分布 $\pi(\theta)$ 容易获得数据 x 的分布：

$$m(x) = \int_{\Theta} f(x \mid \theta) \pi(\theta) \mathrm{d}\theta ,$$

即 X 的边缘分布，也称为"**先验预测分布**"。利用先验预测分布，可以从中提取有用信息作为未来观察值的预测值或未来观察值的预测区间。譬如用 $m(x)$ 的期望值、中位数或众数作为预测值，或用以确定 $1 - \alpha$ 的预测区间 $[a, b]$，即使得

$$\int_a^b m(x) \mathrm{d}x = 1 - \alpha$$

在给定 X 的观察数据 $\boldsymbol{x} = (x_1, x_2, \cdots, x_n)^{\mathrm{T}}$ 时，可获得后验分布 $\pi(\theta \mid \boldsymbol{x})$，这时如果要预测总体 X 的未来观察值，只需将先验预测分布中的先验分布替换为后验分布，即有

$$m(x \mid \boldsymbol{x}) = \int_{\Theta} f(x \mid \theta) \pi(\theta \mid \boldsymbol{x}) \mathrm{d}\theta .$$

这里 $m(x \mid \boldsymbol{x})$ 被称为"**后验预测分布**"（posterior predictive density）。类似地，利用该后验预测分布可以从中提取有用的信息作为未来观察值的预测值或预测区间。

13.2　单参数模型

本节主要探讨如何使用 R 软件来计算单参数模型中未知参数的后验分布及相关的统计推断问题。

例 13.2.1 医生建议，普通成年人每天睡眠至少需要八个小时（即深睡眠），那么大学生中睡眠超过八小时的比率 p 是多少呢？由于深睡眠的比率 p 未知，根据贝叶斯观点，可以假设其先验分布为 $\pi(p)$。该先验分布反应了人们对于深睡眠比率 p 的主观认识。为了确定深睡眠比率 p 的先验分布，研究人员进行了一些关于睡眠习惯的资料搜索，认为大学生普遍睡眠时间不会超过 8 小时，所以 p 很可能低于 0.5。为了进一步考察大学生的睡眠时间，研究人员在某大学进行了抽样调查，随机抽取了 27 名大学生，其中 11 名大学生说他们在调查日前晚的睡眠超过了 8 小时。利用上述先验信息和观测数据，研究人员打算对深睡眠比率 p 进行估计，同时预测一组由 20 名大学生构成的新样本中深睡眠的比率。

假设参数 p 的先验分布为 $g(p)$，若将睡眠时间超过 8 小时认为是"成功"，那么，抽取 n 个样本中如果深睡眠有 s 个，非深睡眠有 f 个，那么样本的似然函数为

$$L(p) = C_n^s p^s (1-p)^f, \quad 0 < p < 1 .$$

使用贝叶斯公式求 p 的后验分布 $g(p \mid \boldsymbol{x})$，它与似然函数和先验分布的乘积成正比例，即

$$g(p \mid \boldsymbol{x}) \propto g(p) L(p) .$$

这里通过三种不同类型的先验分布(即离散先验分布、贝塔先验分布和直方图先验)来说明后验分布的计算问题。

13.2.1 离散先验分布

最简单的估计 p 的先验分布的方法是给出一些深睡眠者比率的可能取值，并对它们分配权重，假若在例 13.2.1 中，研究人员认为 p 的所有可能取值为

$$0.05, 0.15, 0.25, 0.35, 0.45, 0.55, 0.65, 0.75, 0.85, 0.95.$$

根据研究者对深睡眠比率的了解，对这些值分别分配如下权重：

$$1, 5.2, 8, 7.2, 4.6, 2.1, 0.7, 0.1, 0, 0,$$

这些权重归一化后则转化为先验概率.

```
>p = seq(0.05, 0.95, by = 0.1)
>prior = c(1, 5.2, 8, 7.2, 4.6, 2.1, 0.7, 0.1, 0, 0)
>prior = prior/sum(prior)
>plot(p, prior, type = "h", ylab="Prior Probability")
```

输出结果如图 13.1 所示.

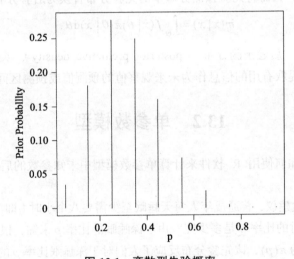

图 13.1　离散型先验概率

本例的抽样调查结果显示，27 个学生中 11 个有充足的睡眠时间，即 $s=1, f=16$，因此似然函数为

$$L(p) \propto p^{11}(1-p)^{16}, \quad 0 < p < 1.$$

利用 R 程序包 LearnBayes 中的函数 pdisc()可以计算成功概率 p 在离散先验分布下的后验概率，只需要给出成功比率向量 $\boldsymbol{p}$ 与其对应的离散先验 prior，成功和失败次数的 s 和 f 即可.

```
>library(LearnBayes)
> data = c(11, 16)
> post = pdisc(p, prior, data)
> round(cbind(p, prior, post),2)
        p   prior  post
[1,] 0.05   1.0   0.00
[2,] 0.15   5.2   0.00
[3,] 0.25   8.0   0.13
```

```
 [4,]    0.35    7.2     0.48
 [5,]    0.45    4.6     0.33
 [6,]    0.55    2.1     0.06
 [7,]    0.65    0.7     0.00
 [8,]    0.75    0.1     0.00
 [9,]    0.85    0.0     0.00
[10,]    0.95    0.0     0.00
```

为了在同一个框图中对比先验概率和后验概率,可以使用 lattice 包中的函数 xyplot(),例如.

```
>library(lattice)
>PRIOR=data.frame("prior",p,prior)
>POST=data.frame("posterior",p,post)
>names(PRIOR)=c("Type","p","Probability")
>names(POST)=c("Type","p","Probability")
>data=rbind(PRIOR,POST)
>xyplot(Probability~p|Type,data=data,layout=c(1,2),type="h",lwd=3,col="black")
```

根据后验分布的输出结果见图 13.2,注意到后验概率集中在 0.35 和 0.45,如果合并三个后验概率最大的深睡眠比率 p 的取值 $\{0.25, 0.35, 0.45\}$,p 落入该区间内的概率为 0.94.

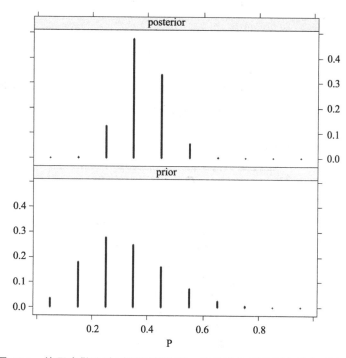

图 13.2   使用离散先验时深睡眠比率 p 的先验和后验概率分布对比图

13.2.2   贝塔先验分布

深睡眠比率 p 是一个在区间 $(0,1)$ 连续取值的参数,故可构造区间 $(0,1)$ 上的先验密度函数 $g(p)$ 来表示对 p 的先验认识. 假设研究者认为比率 p 大于或小于 0.3 是等概率的,且有 90% 的把握认为 $p < 0.5$. 由于二项分布中成功概率的共轭先验分布是贝塔分布,故选择

贝塔分布 $Be(a,b)$ 作为其先验分布，即

$$g(p) \propto p^{a-1}(1-p)^{b-1}, \quad 0 < p < 1.$$

这里超参数[①] a 和 b 反映了研究者关于 p 的先验认识. 在本例中，p 的90%分位数是 0.5，50%分位数是 0.3. R 程序包 LearnBayes 中的函数 beta.select()可以通过两个分位数的先验信息来确定贝塔分布的两个参数.

```
>quantile2 = list(p = 0.9, x = 0.5)      # p 的 90%分位数是 0.5
>quantile1 = list(p = 0.5, x = 0.3)      # p 的 50%分位数是 0.3
>beta.prior <- beta.select(quantile1, quantile2) ; beta.prior
3.26  7.19
```

从输出结果可以看到，超参数 $a = 3.26$，$b = 7.19$. 从而深睡眠者比率 p 的后验分布为

$$g(p \mid x) \propto g(p)L(p) = p^{a+s-1}(1-p)^{b+f-1} = p^{3.26+11-1}(1-p)^{7.19+16-1}.$$

利用 R 函数 curve()将先验分布、样本密度以及后验分布绘制的同一张图中，如图 13.3 所示，从中不难看出后验分布是先验信息和数据信息的折中.

```
>a = beta.prior [1]
>b = beta.prior [2]
>s = 11
>f = 16
>curve(dbeta(x,a+s,b+f),from=0,to=1,xlab="p",照 ylab="Density", lty=1,
lwd=4)
>curve(dbeta(x,s+1,f+1),add=TRUE,lty=2,lwd=4)         # p 的似然函数为
```

$L(p) \propto p^s (1-p)^f$，也属于贝塔分布族 $Be(s+1, f+1)$

```
>curve(dbeta(x,a,b),add=TRUE,lty=3,lwd=4)
>legend(.7,4,c("Prior","Likelihood","Posterior"),lty=c(3,2,1),lwd=c(3,3,3))
```

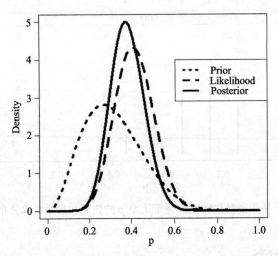

图 13.3　先验分布 $g(p)$，似然函数 $L(p)$ 与后验分布 $g(p \mid x)$

利用后验分布 $g(p \mid x)$ 可以进行推断：深睡眠者的比率是否超过 0.5，这时可以通过计

---

① 先验分布中的参数称作"超参数".

算 p 超过 0.5 的后验概率：

```
> 1 - pbeta(0.5, a + s, b + f)
[1] 0.0690226
```

从输出结果可以看到，这个概率很小，说明"超过一半的学生是深睡眠者"几乎是不可能发生的. 使用等尾可信区间得到 90% 的区间估计，即可信区间的上限和下限分别是 95% 和 5% 分位数：

```
> qbeta(c(0.05, 0.95), a + s, b + f)
[1] 0.2555267   0.5133608
```

从输出结果可以看到，深睡眠者比率 p 的 90% 的可信区间为 (0.25, 0.51).

除了使用精确的后验分布之外，也可以通过模拟样本进行统计推断，即从后验分布 $Be(s+1, f+1)$ 中抽取大量随机样本，然后根据这些样本进行推断. 下面使用 R 函数 rbeta() 随机抽取 1000 个样本，p 超过 0.5 的后验概率可以使用模拟数据中超过 0.5 的比率来近似：

```
>ps = rbeta(1000, a + s, b + f)
> sum(ps >= 0.5)/1000
[1] 0.082
```

类似地，p 的 90% 的贝叶斯可信区间估计可以通过模拟样本的 5% 和 95% 样本分位数来近似：

```
> quantile(ps, c(0.05, 0.95))
```

输出结果为

```
     5%          95%
 0.2597057   0.5210597
```

这种通过模拟数据得到的估计值与通过贝塔先验分布得到的后验分布的精确值差别很小.

13.2.3　直方图先验

虽然 13.2.2 节中使用 beta 共轭先验在计算上很方便，但我们希望对任意形式的先验分布 $g(p)$ 均可进行贝叶斯推断. 以下算法（称为 "brute-force" 算法）可实现这一点：

（1）在 $(0, 1)$ 内等间距地选择 m 个格子点 $p_1, p_2, \cdots, p_m$；

（2）在每个格子点处计算似然函数和先验分布的乘积 $L(p_i) \times g(p_i), i = 1, 2, \cdots, m$；

（3）正则化，将（2）步中的似然函数和先验分布的乘积除以乘积总和，得到近似的离散后验分布列 $g(p_i | \boldsymbol{x}), i = 1, 2, \cdots, m$；

（4）在离散的后验分布中按照有放回抽样抽取一定数量的样本，该样本可视为后验分布的一个近似样本.

按以上四个步骤可得到后验分布 $g(p | \boldsymbol{x})$ 的近似随机样本. 这里以直方图先验分布 $g(p)$ 为例来说明该算法.

在例 13.2.1 中，将连续型随机变量 p 的取值划分为等间隔区间 $(0, 0.1), (0.1, 0.2), \cdots, (0.9, 1)$，根据其权重 1, 5.2, 8, 7.2, 4.6, 2.1, 0.7, 0.1, 0, 0 给这些区间分配概率，该方法可以看作离散先验分布的连续化. 图 13.4 就是直方图先验分布的密度图及其对应的后验密度图.

```
> library(LearnBayes)
> midpt = seq(0.05, 0.95, by = 0.1)    #等分区间的中点
> prior = c(1, 5.2, 8, 7.2, 4.6, 2.1, 0.7, 0.1, 0, 0)    #各区间分配的权重
```

```
> prior = prior/sum(prior)   #归一化将权重变换为直方图先验分布
> par(mfrow=c(1,2))
> curve(histprior(x,midpt,prior), from=0, to=1, ylab="Prior den-
sity",ylim=c(0,.3))
>s = 11
>f = 16
> curve(histprior(x,midpt,prior) * dbeta(x,s+1,f+1), from=0, to=1,
ylab="Posterior density")
```

在上述程序中，R 程序包 LearnBayes 中的函数 histprior()用于得到直方图先验的连续先验密度，R 函数 curve()通过描点绘图得到密度函数曲线，如图 13.4 左图所示. 先验密度乘似然函数，得到后验密度曲线，如图 13.4 右图所示.

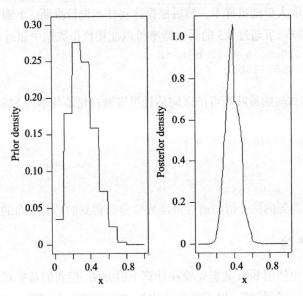

图 13.4　深睡眠比率 p 的直方图先验和后验密度

下面使用 brute-force 算法得到后验分布的随机样本，在 p 取值范围[0,1]内的构造大量格子点，计算先验分布和似然函数在格子点上的乘积，最后归一化为概率.

```
> p = seq(0, 1, length=500)
> post = histprior(p, midpt,
prior) * dbeta(p, s+1, f+1)
> post = post/sum(post)   #近似
后验分布
```

使用函数 sample()从近似后验分布中进行重复抽样. 图 13.5 给出了模拟样本的直方图，从图中可以看到，直方图与理论的后验分布非常吻合.

```
> ps = sample(p, replace = TRUE,
prob = post)
> hist(ps, xlab="p", main="")
```

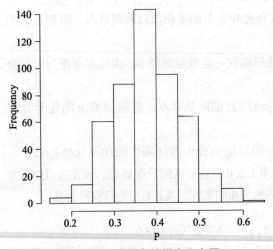

图 13.5　后验分布的样本直方图

13.3　多参数模型

多参数的处理方法与单参数类似，以两参数为例，记 $\boldsymbol{\theta} = (\theta_1, \theta_2)^{\mathrm{T}}$，先根据先验信息给出先验分布，记为 $\pi(\boldsymbol{\theta})$，总体的概率密度为 $p(x \mid \boldsymbol{\theta})$，若从该总体中抽取一个样本 $\boldsymbol{X} = (X_1, X_2, \cdots, X_n)^{\mathrm{T}}$，则 $\boldsymbol{\theta}$ 的后验密度为

$$\pi(\boldsymbol{\theta} \mid \boldsymbol{x}) \propto \pi(\boldsymbol{\theta}) p(\boldsymbol{x} \mid \boldsymbol{\theta}).$$

在多参数问题中，人们关心的常常是其中一个或少数几个参数，这时其余的参数常被称为讨厌参数或多余参数. 譬如在二参数 (θ_1, θ_2) 的场合，人们感兴趣的是 θ_1，那么 θ_2 就是讨厌参数，为了获得 θ_1 的边缘后验密度，只要对讨厌参数 θ_2 积分即可

$$\pi(\theta_1 \mid \boldsymbol{x}) = \int_{\Theta_2} \pi(\theta_1, \theta_2 \mid \boldsymbol{x}) \mathrm{d}\theta_2.$$

13.3.1　均值和方差均未知的正态模型

例 13.3.1　已知纽约马拉松比赛中 20~29 岁男子完成赛程所需时间服从正态分布 $N(\mu, \sigma^2)$，随机抽取其中 20 名选手，记录其完成赛程所需时间分别为 $x_1, x_2, \cdots, x_{20}$，若两参数 μ 与 σ^2 都是无信息先验且彼此独立，假设 μ 的无信息先验分布为均匀分布，σ^2 的无信息先验分布是 $\dfrac{1}{\sigma^2}$，则 $g(\mu, \sigma^2) \propto \dfrac{1}{\sigma^2}$，容易得到 μ 与 σ^2 的联合后验密度为

$$g(\mu, \sigma^2 \mid \boldsymbol{x}) \propto \frac{1}{(\sigma^2)^{\frac{n}{2}+1}} \exp\left\{ -\frac{1}{2\sigma^2} [S + n(\mu - \bar{x})^2] \right\},$$

这里，$\bar{x}$ 是样本均值，$S = \sum_{i=1}^{n} (x_i - \bar{x})^2$.

不难看出，给定 σ^2 条件下 μ 的后验分布是

$$\mu \Big| (\sigma^2, \boldsymbol{x}) \sim N\left(\bar{x}, \frac{\sigma^2}{n} \right).$$

(μ, σ^2) 的联合分布 $g(\mu, \sigma^2 \mid \boldsymbol{x})$ 对 μ 进行积分，得到 σ^2 的边际分布是逆卡方分布，整理后得：

$$\frac{S}{\sigma^2} \Big| \boldsymbol{x} \sim \chi^2(n-1).$$

由此 (μ, σ^2) 的联合后验分布的抽样可以分解为如下几步：

（1）从自由度为 $n-1$ 的卡方分布中抽取 X，则 $\dfrac{S}{X}$ 为 σ^2 的一个随机样本；

（2）给定（1）中抽取的 σ^2，从正态分布 $N\left(\bar{x}, \dfrac{\sigma^2}{n} \right)$ 中抽取 μ 的一个随机样本；

（3）重复以上过程，即可得到 (μ, σ^2) 的后验模拟样本.

由此算法产生样本量为 1000 的后验样本如下：
```
> data(marathontimes)
> attach(marathontimes)
> S = sum((time - mean(time))^2)     # time 是 20 名马拉松选手完成赛程所需要
的时间
> n = length(time)
> sigma2 = S/rchisq(1000, n - 1)     #rchisq()函数从卡方分布中抽样
> mu=rnorm(1000,mean=mean(time), sd = sqrt(sigma2)/sqrt(n))
```
可以通过这 1000 个模拟的后验样本对 (μ, σ^2) 进行推断. 譬如为了构造 μ 的 95%的区间估计，只需要使用 R 函数 quantile()找到 μ 的模拟样本的 2.5%和 97.5%分位数.
```
> quantile(mu, c(0.025, 0.975))
   2.5%        97.5%
255.8589    299.9806
```
从输出结果可以看到，马拉松参赛选手平均完成时间的 95%的可信区间是 (255.9, 300).

同样的方式可获取 σ 的 95%的可信区间：
```
> quantile(sqrt(sigma2), c(0.025, 0.975))
   2.5%        97.5%
 38.30265    70.72702
```

13.3.2 多项模型

例 13.3.2 Gelman 等人（2003）给出了 CBS 新闻部在 1988 年美国总统大选之前所作的一次抽样调查数据. 在 1447 个成年人中有 $x_1 = 727$ 人支持 George Bush，有 $x_2 = 583$ 人支持 Michael Dukakis，有 $x_3 = 137$ 人支持其他总统候选人或者没有表示意见. 这里假定 x_1, x_2, x_3 服从多项分布，样本量为 $n = 1447$，概率分别为 $\theta_1, \theta_2, \theta_3$. 如果使用无信息的均匀分布作为参数向量 $\boldsymbol{\theta} = (\theta_1, \theta_2, \theta_3)^T$ 的先验分布，那么 $\boldsymbol{\theta}$ 的后验分布为

$$g(\boldsymbol{\theta} \mid \boldsymbol{x}) \propto \theta_1^{x_1} \theta_2^{x_2} \theta_3^{x_3},$$

它实际上是参数为 $(x_1 +1, x_2 +1, x_3 +1)$ 的 Dirichlet 分布.

我们的目的是比较总统候选人 Bush 和 Dukakis 的支持率的差异，这个可归结为考察 $\theta_1 - \theta_2$ 的后验分布问题. 该问题可以通过模拟样本的方法来解决. 首先从 Dirichlet 分布中模拟大量 $\boldsymbol{\theta} = (\theta_1, \theta_2, \theta_3)^T$ 的样本，然后得到 $\theta_1 - \theta_2$ 的后验样本. 但由于 R base 中没有直接产生 Dirichlet 分布样本的函数，但是可以根据 Dirichlet 分布与 Gamma 分布的关系从 Gamma 分布中抽样，变换后就得到 Dirichlet 样本[①]. 这样 Dirichlet 分布的抽样问题变成三个独立的 Gamma 分布的抽样问题. R 程序包 LearnBayes 中的 rdirichlet()函数即可实现上述过程.

本例感兴趣的是 Bush 和 Dukakis 的支持率的差异 $\theta_1 - \theta_2$，图 13.6 给出了支持率差异直方图，该分布基本都落在原点右侧，表明总统候选人 Bush 的支持率显著超过了 Dukakis.
```
> alpha = c(728, 584, 138)
```

[①] 如果 W_1, W_2, W_3 为独立的服从 Gamma 分布 $Ga(\alpha_1,1), Ga(\alpha_2,1), Ga(\alpha_3,1)$ 的随机变量，$T = W_1 + W_2 + W_3$，那么比例 $(W_1/T, W_2/T, W_3/T)$ 服从参数为 $(\alpha_1, \alpha_2, \alpha_3)$ 的 Dirichlet 分布.

```
> theta = rdirichlet(1000, alpha)
> hist(theta[, 1] - theta[, 2],breaks=12, main="")
```

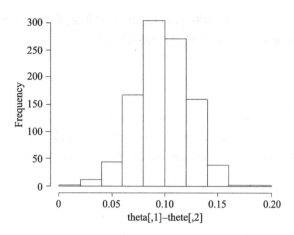

图 13.6 支持率差异 $\theta_1 - \theta_2$ 的后验样本直方图

例 13.3.3 美国总统选举采用选举人团制度, 50 个州和哥伦比亚特区一共 538 个选举人, 各州选择人组成选举人团。每个地区均实行"胜者全得"(Winner-take-all)制度, 即把本州的选举人票全部给予在该州获得相对多数普选票的总统候选人, 各州选举人票数之和, 即为该候选人最终获得的总选举人票数. 2008 年 Barack Obama 和 John McCain 竞选美国总统, 假设我们希望预测 Obama 的总票数 EV_0, 令 θ_{O_j} 和 θ_{M_j} 代表 Obama 和 McCain 在第 j 个州的支持率. 那么可以将 Obama 的选票数表示为

$$EV_0 = \sum_{j=1}^{51} EV_j I(\theta_{O_j} - \theta_{M_j}),$$

这里, EV_j 是第 j 个州的选举人数, $I(\cdot)$ 为示性函数.

选举日前的周日, CNN 网上公布了最新各州选票的调查结果. 令 q_{O_j} 和 q_{M_j} 代表该调查结果中 Obama 和 McCain 在第 j 个州的样本支持率. 假设每个州参与调查的人数是 500人, 若 $(\theta_{O_j}, \theta_{M_j}, 1 - \theta_{O_j} - \theta_{M_j})$ 的先验分布是均匀分布, 那么其后验分布为参数是 $(500q_{O_j} + 1, 500q_{M_j} + 1, 500(1 - q_{O_j} - q_{M_j}) + 1)$ 的 Dirichlet 分布. 基于支持率的后验分布, 可以模拟 Obama 选票数 EV_0.

R 程序包 LearnBayes 中的数据集 election.2008 包括调查样本中各州对 Obama 和 McCain 的支持率 O.pct 和 M.pct, 以及各州分配的选举人数 EV_j.

```
> library(LearnBayes)
> data(election.2008)
> attach(election.2008)
> election.2008
        State   M.pct   O.pct   EV
1     Alabama      58      36    9
2      Alaska      55      37    3
3     Arizona      50      46   10
```

```
4       Arkansas      51      44      6
5       California    33      55      55
...
```

这里我们定义一个简单的 R 函数 prob.Obama，目的是从 Dirichlet 分布中模拟样本，从而模拟每个州 Obama 胜出（$\theta_{O_j} > \theta_{M_j}$）的后验概率.

```
> prob.Obama=function(j)
{p=rdirichlet(5000, 500*c(M.pct[j], O.pct[j], 100-M.pct[j]-O.pct[j])/
100+1)
mean(p[,2]>p[,1])}
> Obama.win.probs=sapply(1:51,prob.Obama)
```

得到每个州 Obama 的胜出概率之后，可以模拟 Obama 的选票数. 先定义 R 函数 sim.election 用来执行这样的一次模拟，再用 replicate() 函数重复这个过程 1000 次，得到 1000 次 Obama 选票数的模拟样本.

```
> sim.election=function()
{winner=rbinom(51,1,Obama.win.probs)
sum(EV*winner) }
> sim.EV=replicate(1000,sim.election())
> sim.EV
    [1] 320 313 332 332 355 354 355 340 340 344 340 344 332 308 320 336...
```

使用 R 函数 hist() 绘制出 EV_0 的后验概率直方图，如图 13.7 所示. 当年 Obama 的实际选票数是 365，在直方图中用垂直的竖线标示. 可以验证其确实落入了 90%的等尾可信区间之中.

```
> hist(sim.EV, min(sim.EV):max(sim.EV),col="blue")
> abline(v=365, lwd=3)
> text(375,30,"Actual \n Obama \n total")
```

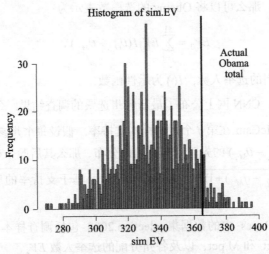

图 13.7 奥巴马 2008 年总选票数模拟样本直方图

13.4 蒙特卡洛抽样方法

如果所求的积分没有显式表达式，蒙特卡洛抽样方法是一种不错的计算方法. 为了估计总体均值或总体分位数，从总体中抽取足够多的样本，然后使用样本均值或样本分位数来近似相应的总体特征.

假设 θ 的后验分布是 $g(\theta \mid \boldsymbol{x})$，我们感兴趣的是 θ 的某个特殊函数（如 $h(\theta)$）的后验均值

$$E[h(\theta) \mid \boldsymbol{x}] = \int h(\theta) g(\theta \mid \boldsymbol{x}) \mathrm{d}\theta .$$

如果能够从后验分布 $g(\theta \mid \boldsymbol{x})$ 中模拟一组独立样本 $\theta_1, \theta_2, \cdots, \theta_m$，那么后验均值的蒙特卡洛估计为

$$\bar{h} = \frac{\sum\limits_{j=1}^{m} h(\theta_j)}{m} ,$$

该估计的标准误为

$$s_m = \sqrt{\frac{1}{m(m-1)} \sum_{i=1}^{m} [h(\theta_j) - \bar{h}]^2} .$$

例 13.4.1　（深睡眠的比例）在例 13.2.1 中，若使用贝塔分布作为先验分布，那么 p 的后验分布为 $Be(14.26, 23.19)$. 假如我们对 p^2 有兴趣（p^2 的实际意义为两个学生同时是深睡眠的概率），蒙特卡洛的模拟过程是：首先从后验分布 $Be(14.26, 23.19)$ 中随机抽取 1000 个样本，p^2 的后验均值 $E(p^2 \mid \boldsymbol{x})$ 的蒙特卡洛估计是抽取的 1000 个样本平方的均值，R 程序如下：

```
> p=rbeta(1000,14.26,23.19)
> est=mean(p^2)
> se=sd(p^2)/sqrt(1000)
> c(est, se)
[1] 0.149907260  0.001924488
```

根据 R 输出结果，$E(p^2 \mid \boldsymbol{x})$ 的蒙特卡洛估计值是 0.152，其标准误是 0.002.

类似地，若需计算后验均值，可以从后验分布中产生独立同分布的随机样本，计算样本均值作为后验均值的估计. 然而这种方法很少能直接使用，因为大多数情况下后验分布大都不是常见分布，很难从中直接抽样. 但也有一些算法可以让我们从不常见的分布中随机抽取样本，例如拒绝抽样法和重要性抽样法等.

13.4.1　拒绝抽样

拒绝抽样是从一个给定的概率分布中模拟随机抽样的一般算法. 假若希望从后验分布 $g(\theta \mid \boldsymbol{x})$ 中抽取独立样本，该后验分布的正则化因子可能是未知的. 拒绝抽样的第一步是找到一个满足如下条件的概率密度函数 $p(\theta)$（如图 13.8 所示）：

（1）密度函数 $p(\theta)$ 是一个方便抽样的分布.

（2）密度函数 $p(\theta)$ 和后验分布 $g(\theta \mid \boldsymbol{x})$ 在位置和尺度上是相似的.

（3）对于所有的参数 θ 和某常数 c，有 $g(\theta \mid \boldsymbol{x}) \leqslant c p(\theta)$. 即 $g(\theta \mid \boldsymbol{x})$ 总是在 $c p(\theta)$ 的下方.

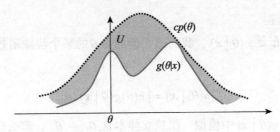

图 13.8　拒绝抽样的思想

满足上述条件的密度函数 $p(\theta)$，称为**建议分布或参考分布**（proposal distribution）. 确定了建议分布就可以使用如下拒绝抽样算法从后验分布 $g(\theta\,|\,x)$ 中进行抽样.

（1）横轴方向：从分布 $p(\theta)$ 中独立抽取 θ.

（2）纵轴方向：从均匀分布 $U(0, cp(\theta))$ 中抽取随机样本 U. 若 U 落入后验密度函数曲线以下，即 $U \leqslant g(\theta\,|\,x)$，则接受此次抽样为后验分布 $g(\theta\,|\,x)$ 中的样本. 反之，如果 U 落入灰色区域，即 $U > g(\theta\,|\,x)$，则拒绝 θ，回到第一步骤重新抽样.

（3）重复前两个步骤直到抽取到足够多数目的样本.

按以上步骤产生的样本服从分布 $g(\theta\,|\,x)$. 拒绝抽样是一种常用的抽样算法，从标准的概率分布（比如正态分布、伽马分布和贝塔分布等）中抽样都是采用拒绝抽样算法. 拒绝抽样的关键是找到合适的建议分布 $p(\theta)$ 和常数 c，如果这两个问题确定的不合适会导致拒绝率很高. 而一个有效的拒绝抽样算法应该具有高接受率，因此可以通过计算建议分布 $p(\theta)$ 的接受率来评估该算法的有效性.

例 13.4.2 从分布 $Be(6, 3)$ 中抽取 $[0, 1]$ 之间的随机样本. 为简单起见，使用 $[0, 1]$ 间的均匀分布 $p(x) = 1$ 作为建议分布，为确定参数 c 取值，求 $Be(6, 3)$ 的密度函数的最大值.

```
> c=optimize(f=function(x)dbeta(x,6,3),interval=c(0,1),maximum=TRUE)
$objective
> c
[1] 2.549958
```

确定参数 $c = 2.549958$，从而确保建议分布 $p(x)$ 满足 $f(x) < cp(x)$，这里 $f(x)$ 为 $Be(6, 3)$ 的概率密度函数. 以下是使用拒绝抽样算法抽取分布 $Be(6, 3)$ 中随机样本的执行步骤.

（1）步骤 1：从建议分布 $U(0, 1)$ 中抽取候选值 y.

（2）步骤 2：从分布 $U(0, c)$ 中抽取一个 U；如果 $U < f(y)$，那么接受这个 U 作为 $Be(6, 3)$ 中的样本，否则拒绝该样本，重复步骤 1.

R 程序如下：

```
> Nsim=2500
> a=6
> b=3
> y=runif(Nsim)
> U=runif(Nsim,max=c)
> x=y[U<dbeta(y,a,b)]
> color=ifelse(U<dbeta(y,a,b),"black","grey")
> plot(y,U,col=color,pch=20)
> xx=seq(0,1,0.01)
> abline(h=c,col="blue",lwd=3)
```

```
> lines(xx,dbeta(xx,a,b),col="red",lwd=3)
```

图 13.9 显示的是 2500 对来自 $U[0,1] \times U[0,c]$ 的 (y,U) 的散点图, 其中黑色的点 (y,U) 是落入密度函数 $f(x)$ 以下的, 被接受; 而灰色的点是被拒绝的. 可以很清楚地看到黑色的点在真实的密度函数 $Be(6,3)$ 曲线下服从均匀分布. 可以证明拒绝抽样的接受率是 $\frac{1}{c}$, 这里 $c = 2.549958$, 故理论上接受率近似为 39.2%. 而模拟数据中有 39.4% 的接受率, 二者非常接近.

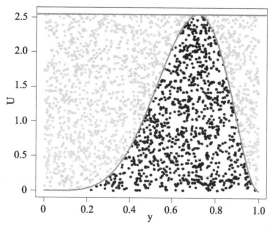

图 13.9　拒绝抽样算法随机模拟 $Be(6,3)$ 中样本: 建议分布为均匀分布

```
> 1/c
[1] 0.3921633
> length(x)/length(y)
[1] 0.394
```

例 13.4.3 从分布 $Be(6,3)$ 中随机抽取 $[0,1]$ 间的样本, 选择分布 $Be(5,2)$ 作为建议分布, 参数 c 的选择要保证目标分布 $f(x)$ 总是在 $cp(x)$ 的下方, 即 $f(x) < cp(x)$, 故 $c > f(x)/p(x)$, 这里 $f(x)$ 和 $p(x)$ 分别为 $Be(6,3)$ 和 $Be(5,2)$ 的概率密度函数.

```
>c=optimize(f=function(x)dbeta(x,6,3)/dbeta(x,5,2),interval=c(0,1),m
aximum=TRUE)$objective
> c
[1] 1.4
```

更换建议分布后, 参数 c 的取值变小, 意味着接受率变大. 理论的计算结果为 71.4%, 相对于例 13.4.2 中的建议分布, 接受率有了很大提高. 图 13.10 给出了选择 $Be(5,2)$ 作为建议分布的拒绝抽样示意图.

```
> Nsim=2500
> a=6
> b=3
> y=rbeta(Nsim,5,2)
> U=runif(Nsim,max=c*dbeta(y,5,2))
> x=y[U<dbeta(y,a,b)]
> color=ifelse(U<dbeta(y,a,b),"black","grey")
> plot(y,U,col=color,pch=20,cex=0.7)
```

```
> xx=seq(0,1,0.01)
> lines(xx,c*dbeta(xx,5,2),col="blue",lwd=3)
> lines(xx,dbeta(xx,a,b),col="red",lwd=3)
> length(x)/length(y)   #接受率
[1] 0.7148
```

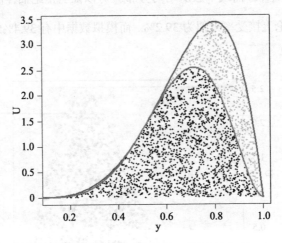

图 13.10 拒绝抽样算法随机模拟 Be(6, 3) 中样本：建议分布为 Beta(5,2)分布

13.4.2 重要性抽样

同拒绝抽样类似，重要性抽样也是借助容易抽样的建议分布 $p(\theta)$ 来解决积分的计算问题，它也是 Metropolis 算法的前身.

贝叶斯推断中的一个基本问题是计算积分. 例如，我们感兴趣的是求 θ 的函数 $h(\theta)$ 的后验均值，可以转化为一个求积分的问题：

$$E[h(\theta)|x] = \int h(\theta)g(\theta|x)\mathrm{d}\theta = \frac{\int h(\theta)\pi(\theta)f(x|\theta)\mathrm{d}\theta}{\int \pi(\theta)f(x|\theta)\mathrm{d}\theta}, \qquad (13.4.1)$$

其中，

$$g(\theta|x) = \frac{\pi(\theta)f(x|\theta)}{\int \pi(\theta)f(x|\theta)\mathrm{d}\theta},$$

$\pi(\theta)$ 为先验分布，$f(x|\theta)$ 是似然函数. 如果可以直接从后验分布 $g(\theta|x)$ 中随机抽取独立样本，可以通过样本均值来近似后验均值.

然而，直接从后验分布 $g(\theta|x)$ 中抽样往往比较困难，而从一个与它靠近的分布 $p(\theta)$ 抽样可能相对容易，那么可以将式（13.4.1）表示为

$$E[h(\theta)|x] = \frac{\int h(\theta)\dfrac{\pi(\theta)f(x|\theta)}{p(\theta)}p(\theta)\mathrm{d}\theta}{\int \dfrac{\pi(\theta)f(x|\theta)}{p(\theta)}p(\theta)\mathrm{d}\theta} = \frac{\int h(\theta)w(\theta)p(\theta)\mathrm{d}\theta}{\int w(\theta)p(\theta)\mathrm{d}\theta}$$

其中，$w(\theta) = \dfrac{\pi(\theta)f(\boldsymbol{x}|\theta)}{p(\theta)}$ 是重要性权重函数（weight function），抽样分布 $p(\theta)$ 是重要性函数（importance function）。从近似分布 $p(\theta)$ 抽取 m 个样本 $\theta_1, \theta_2, \cdots, \theta_m$，那么 $h(\theta)$ 的后验均值的重要性抽样估计是：

$$\bar{h}_{IS} = \frac{\displaystyle\sum_{j=1}^{m} h(\theta_j)w(\theta_j)}{\displaystyle\sum_{j=1}^{m} w(\theta_j)}$$

重要性抽样的关键是找到对后验分布合适的靠近分布 $p(\theta)$，使得从中进行随机抽样比较容易实现.

例 13.4.4 使用重要性抽样估计双指数分布的二阶矩.

解 双指数分布的密度函数为

$$p(x) = \frac{1}{2}\mathrm{e}^{-|x|}, \quad x \in R .$$

这里想要估计二阶矩 $E(X^2)$，即计算积分：

$$E(X^2) = \int_{-\infty}^{\infty} x^2 p(x)\mathrm{d}x = \int_{-\infty}^{\infty} x^2 \cdot \frac{1}{2}\mathrm{e}^{-|x|}\mathrm{d}x .$$

由于无法直接从双指数分布中随机抽样，故使用正态分布 $N(0, 2^2)$ 作为建议分布，重写该积分为

$$E(X^2) = \int_{-\infty}^{\infty} x^2 \frac{p(x)}{q(x)} q(x)\mathrm{d}x = \int_{-\infty}^{\infty} x^2 \frac{\dfrac{1}{2}\mathrm{e}^{-|x|}}{\dfrac{1}{\sqrt{8\pi}}\mathrm{e}^{-\frac{x^2}{8}}} \frac{1}{\sqrt{8\pi}}\mathrm{e}^{-\frac{x^2}{8}}\mathrm{d}x ,$$

这时，从建议分布 $N(0, 2^2)$ 中随机抽取 N 个独立同分布的样本 $X_1, X_2, \cdots, X_N$，通过样本均值

$$\frac{1}{N}\sum_{i=1}^{N} \frac{X_i^2 \dfrac{1}{2}\mathrm{e}^{-|X_i|}}{\dfrac{1}{\sqrt{8\pi}}\mathrm{e}^{-\frac{X_i^2}{8}}}$$

来近似 $E(X^2)$. R 实现程序如下：

```
> X = rnorm(1e5, sd=2)
> Y = (X^2) * .0.5 * exp(-abs(X))/dnorm(X, sd=2)
> mean(Y)
[1] 2.007895
```

该积分的理论值为 2，可见重要性抽样法很好地近似了该积分. 类似方法可以用来计算其他高阶矩，例如 $E(X^3)$，$E(X^4)$ 等.

例 13.4.5 考虑一个来自贝塔分布 $Be(\alpha, \beta)$ 的观测 X，其密度函数为

$$f(x|\alpha, \beta) = \frac{\Gamma(\alpha+\beta)}{\Gamma(\alpha)\Gamma(\beta)} x^{\alpha-1}(1-x)^{\beta-1}, x \in [0,1].$$

给定 (α, β) 的共轭先验分布（λ, x_0, y_0 是超参数），

$$\pi(\alpha, \beta) \propto \left[\frac{\Gamma(\alpha+\beta)}{\Gamma(\alpha)\Gamma(\beta)}\right]^{\lambda} x_0^{\alpha} y_0^{\beta},$$

故后验分布

$$\pi(\alpha, \beta \mid x) \propto f(x \mid \alpha, \beta) \pi(\alpha, \beta) \propto \left[\frac{\Gamma(\alpha+\beta)}{\Gamma(\alpha)\Gamma(\beta)}\right]^{\lambda+1} (xx_0)^{\alpha} [(1-x)y_0]^{\beta}.$$

由于伽马函数的存在，这个分布是很难处理的，直接从该后验分布中抽样比较困难. 若能找到一个合适的靠近分布 $g(\alpha, \beta)$，则可以使用重要性抽样方法进行抽样.

首先，使用如下 R 程序画出该后验分布的二维等高线图，如图 13.11 所示，假设观测值 $x = 0.6$，令超参数分别为 $\lambda = 1, x_0 = y_0 = 0.5$. 以下程序中，函数 outer()是一个很方便的计算矩阵的函数，如 A=outer(a,b,f)，输入的是向量 a,b 以及函数 f，得到矩阵 A，其中 A 的第 i, j 个位置的元素值 A[i,j]等于 f(a[i],b[j]). 函数 image(x,y,z,…)使用不同的颜色绘制一些矩形方格来展示 z 的值，函数 contour(x,y,z, …)通过绘制等高线来展示 z 的值，x 和 y 代表横坐标和纵坐标.

```
> lamda=1
> x0=y0=0.5
> x=0.6
> f=function(a,b)
exp((lamda+1)*(lgamma(a+b)-lgamma(a)-lgamma(b))+
a*log(x*x0)+b*log((1-x)*y0))
> aa=1:150        # α 的格子点
> bb=1:100        # β 的格子点
> post=outer(aa,bb,f)
> image(aa,bb,post,xlab=expression(alpha),ylab=" ")
> contour(aa,bb,post,add=T)
```

根据后验分布 $\pi(\alpha, \beta \mid x)$ 等高线的形态（图 13.11），可使用二维正态分布或者 t 分布构造靠近分布 $g(\alpha, \beta)$. 这里选择 t 分布 $t_\nu(\mu, \Sigma)$，通过多次尝试最终确定 t 分布中自由度 $\nu = 3$，$\mu = (50, 45)$ 及

$$\Sigma = \begin{pmatrix} 220 & 190 \\ 190 & 180 \end{pmatrix}.$$

为了对比 $t_3(\mu, \Sigma)$ 的近似效果，使用 R 程序模拟生成 10000 个服从该分布的样本，并将这些模拟样本点放置于后验分布的等高线图上（见图 13.12）：

```
> x=matrix(rnorm(2*10^4),ncol=2)/sqrt(rchisq(10^4,3)/3)
> E=matrix(c(220,190,190,180),ncol=2)
> image(aa,bb,post,xlab=expression(alpha),ylab=" ")
> y=t(c(50,45)+t(chol(E))%*%t(x))    #chol()函数对矩阵 E 进行 Cholesky 分解，
返回上三角矩阵
> points(y,cex=.6,pch=19)
```

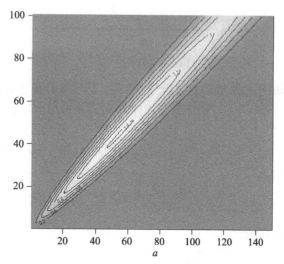

图 13.11　后验分布 $\pi(\alpha, \beta \mid x)$ 的等高线图

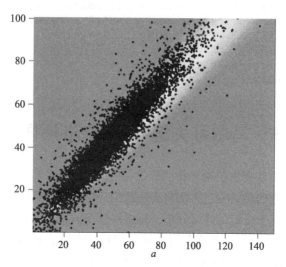

图 13.12　10000 个 $t_3(\mu, \Sigma)$ 分布随机样本叠加于后验分布 $\pi(\alpha, \beta \mid x)$

边际似然（marginal likelihood）在贝叶斯假设检验中非常有用，这里使用重要性抽样来得到边际似然：

$$m(x) = \int_{R_+^2} f(x \mid \alpha, \beta) \pi(\alpha, \beta) \mathrm{d}\alpha \, \mathrm{d}\beta = \frac{C}{x(1-x)} \int_{R_+^2} \left\{ \frac{\Gamma(\alpha+\beta)}{\Gamma(\alpha)\Gamma(\beta)} \right\}^{\lambda+1} [xx_0]^{\alpha} [(1-x)y_0]^{\beta} \mathrm{d}\alpha \, \mathrm{d}\beta$$

$$= \frac{\int_{R_+^2} \left\{ \dfrac{\Gamma(\alpha+\beta)}{\Gamma(\alpha)\Gamma(\beta)} \right\}^{\lambda+1} [xx_0]^{\alpha} [(1-x)y_0]^{\beta} \mathrm{d}\alpha \, \mathrm{d}\beta}{x(1-x) \int_{R_+^2} \left\{ \dfrac{\Gamma(\alpha+\beta)}{\Gamma(\alpha)\Gamma(\beta)} \right\}^{\lambda} x_0^{\alpha} y_0^{\beta} \mathrm{d}\alpha \, \mathrm{d}\beta},$$

其中，C 是先验分布 $\pi(\alpha, \beta)$ 的常数因子，

$$C = \frac{1}{\int_{R_+^2} \left\{ \frac{\Gamma(\alpha+\beta)}{\Gamma(\alpha)\Gamma(\beta)} \right\}^{\lambda} x_0^{\alpha} y_0^{\beta} \, \mathrm{d}\alpha \, \mathrm{d}\beta}.$$

根据重要性抽样的思想来近似上述积分. 首先, 从建议分布 $g(\alpha, \beta): t_3(\mu, \Sigma)$ 中随机抽取 n 对样本 $(\alpha_i, \beta_i), i = 1, 2, \cdots, n$, 按如下公式计算 $\hat{m}(x)$ 来近似边际似然 $m(x)$:

$$\hat{m}(x) = \frac{\sum_{i=1}^{n} \left\{ \frac{\Gamma(\alpha_i+\beta_i)}{\Gamma(\alpha_i)\Gamma(\beta_i)} \right\}^{\lambda+1} [xx_0]^{\alpha_i} [(1-x)y_0]^{\beta_i} / g(\alpha_i, \beta_i)}{\sum_{i=1}^{n} \left\{ \frac{\Gamma(\alpha_i+\beta_i)}{\Gamma(\alpha_i)\Gamma(\beta_i)} \right\}^{\lambda} x_0^{\alpha_i} y_0^{\beta_i} / g(\alpha_i, \beta_i)}.$$

```
> ine=apply(y,1,min)
> y=y[ine>0,]
> x=x[ine>0,]
> f=function(a) exp(2*(lgamma(a[,1]+a[,2])-lgamma(a[,1])
+ -lgamma(a[,2]))+a[,1]*log(.3)+a[,2]*log(.2))
> h=function(a) exp(1*(lgamma(a[,1]+a[,2])-lgamma(a[,1])
+ -lgamma(a[,2]))+a[,1]*log(.5)+a[,2]*log(.5))
> library(mvtnorm)
> den=dmvt(y,delta=c(50,45),df=3,sigma=E,log=F)
> mean(f(y)/den)/mean(h(y)/den)
[1] 0.01413418
```

13.5   马尔可夫链–蒙特卡洛抽样方法

标准的蒙特卡洛方法要求后验分布的形式完全已知, 而对那些后验分布不完全指定或者无法指定的场合标准的蒙特卡洛方法将无法适用. 拒绝抽样是模拟任意后验分布的一般性方法, 它要求给出一个合适的建议分布, 而建议分布的构造往往比较困难. 重要性抽样也需要给出合适的靠近分布. 本节介绍一种新的抽样方法, 称为马尔可夫链–蒙特卡洛 (Markov Chain Monte Carlo, MCMC) 方法. 当目标抽样分布难以直接进行抽样时, 可以构造合适的马尔可夫链, 使其平稳分布是目标抽样分布, 进而利用该马尔可夫链的样本路径来计算感兴趣的目标分布特征. 要了解 MCMC 算法, 首先需要了解马尔可夫链的性质, 13.5.1 节将介绍马尔可夫链的一些简单概念. 13.5.2 节将介绍 Metropolis-Hasting 抽样方法, 它是建立马尔可夫链的一般方法. 13.5.3 节将介绍 Gibbs 抽样算法, 当目标分布是高维联合分布时可以采用 Gibbs 抽样算法.

13.5.1   马尔可夫链

称过程 $\{X_t\}$ 为马尔可夫过程, 如果满足

$$P\{X_{t+1} = x \mid X_t, X_{t-1}, \cdots\} = P\{X_{t+1} = x \mid X_t\},$$

即状态转移的概率只依赖于前一个状态, 而与之前的状态无关 (条件独立). 时间和状态都是离散的马尔可夫过程称为**马尔可夫链**, 简称**马氏链**.

　　下面看一个马氏链的例子. 假设一个人在数轴的整数点 $\{1,2,3,4,5,6\}$ 上作随机漫步. 如果这个人当前处在内部点 $\{2,3,4,5\}$ 位置，且下一步他静止或者移动到临近点是等可能的；若他移动，向左和向右移动是等可能的. 如果这个人当前在两端点（1 或 6 点），下一步他静止或者移动到临近点也是等可能的.

　　马氏链描述了不同离散状态之间的移动概率，这里共有 6 个可能的状态，对应此人所处的 6 个可能的位置. 给定此人当前的位置，他移动到其他可能点的概率是确定的，这个概率只依赖于他的当前位置，而不依赖于以往经过的位置. 我们通过转移概率矩阵 P 来描述状态之间的运动：

$$P = \begin{pmatrix} 0.5 & 0.5 & 0 & 0 & 0 & 0 \\ 0.25 & 0.5 & 0.25 & 0 & 0 & 0 \\ 0 & 0.25 & 0.5 & 0.25 & 0 & 0 \\ 0 & 0 & 0.25 & 0.5 & 0.25 & 0 \\ 0 & 0 & 0 & 0.25 & 0.5 & 0.25 \\ 0 & 0 & 0 & 0 & 0.5 & 0.5 \end{pmatrix}$$

该转移概率矩阵 P 第一行给出了从整数点 1 的位置移动一步到其他所有可能位置的概率，第二行给出了从整数点 2 位置移动一步到其他所有可能位置的概率，其他行依此类推.

　　离散马氏链具备一些重要特性. 如果任意两个状态之间总可以通过有限步到达，这样的特性叫做"**不可约的**"（irreducible）；给定当前所在的位置点，如果只能经过固定的时间段后才能返回，这样的马氏链叫做"**周期的**"（periodic）. 上述例子是非周期的马氏链，实际中，我们遇到的大部分马氏链都是非周期的.

　　下面通过一个行向量来描述漫步者当前处于各位置的概率

$$p = (p_1, p_2, p_3, p_4, p_5, p_6),$$

这里，p_i 代表漫步者在位置 i 的概率. 如果用 $p^{(j)}$ 表示漫步者在第 j 步时处于各位置的概率向量，那么下一步（第 $j+1$ 步）时各位置的概率向量就是

$$p^{(j+1)} = p^{(j)} P,$$

如果能够找到一个概率向量 w 使得 $wP = w$，则称 w 为"**平稳分布**"（stationary distribution）.

　　下面在 R 中进行模拟实验来说明该平稳分布的存在. 随机漫步从某一特定位置开始，假设此位置是整数点 3，通过转移概率矩阵 P 模拟产生马氏链的序列，多步之后此随机漫步者在 6 个整数点位置上的相对频数将最终到达平稳分布 w.

　　模拟开始前首先在 R 中输入转移矩阵 P，使用向量 s 来记录存储漫步者所经过的 50000 个位置点，设定第一个值为 3 后执行循环来依次生成马氏链的 50000 个抽样. 抽样时使用 R 函数 sample()，若当所在位置是 $s[j-1]$，那么把转移矩阵 P 的第 $s[j-1]$ 行当作 $\{1,2,3,4,5,6\}$ 的离散概率分布函数进行抽样.

```
> s[1]=3
> for (j in 2:50000)s[j]=sample(1:6,size=1,prob=P[s[j-1],])
```

经过 500，2000，8000 和 50000 步之后，使用 R 函数 table() 来概括漫步者经过的 6 个

位置的频数，除以总步数得到作为各个位置的频率.

```
> m=c(500,2000,8000,50000)
> for (i in 1:4)print(table(s[1:m[i]])/m[i])
0.164       0.252       0.174       0.130       0.174       0.106
0.1205      0.1965      0.1730      0.1735      0.2170      0.1195
0.109250    0.188000    0.183875    0.194625    0.212000    0.112250
0.10970     0.20770     0.19450     0.19342     0.19628     0.09840
```

从输出结果可以看到，随着步数的增大各状态的相对频数逐渐收敛到平稳分布 $w = (0.1, 0.2, 0.2, 0.2, 0.2, 0.1)$. 由于 $wP = w$，故 w 确实是该马氏链的平稳分布.

```
> w=matrix(c(.1,.2,.2,.2,.2,.1),nrow=1,ncol=6)
> w%*%P
     [,1] [,2] [,3] [,4] [,5] [,6]
[1,]  0.1  0.2  0.2  0.2  0.2  0.1
```

收敛行为与初始值的选择没有关系，主要由概率转移矩阵 P 决定，这就是马氏链的收敛定理. 也就是说，在满足一些条件的情形下，如非周期和不可约时，从任何初始状态出发，当步长 n 足够大时马氏链会趋近于一个平稳分布 w. 对连续状态的马氏链依然有类似的结果，在连续状态中表示状态转移概率的项用条件概率密度代替，称为**转移核**.

假设初始的概率分布为 w_0，在马氏链上按概率转移矩阵 P 做跳转得到序列 $x_0, x_1, \cdots, x_i, \cdots$，记 x_i 的概率分布是 w_i，则有

$$w_i = w_{i-1}P = w_0 P^i$$

由马氏链的收敛定理，概率分布 w_i 将收敛到平稳分布 w. 如果第 n 步时马氏链收敛到 w，则从第 n 步开始 $x_n, x_{n+1}, \cdots$ 都是平稳分布 w 的样本，但它们并不独立.

例 13.5.1 考虑如下定义的马氏链

$$X_{t+1} = \rho X_t + \varepsilon_t,$$

这里 $\varepsilon_t \sim N(0,1)$，与 X_t 独立. 如果初始值 $X_0 \sim N(0,1)$，那么依次可以得到

$$X_1 \sim N(0, \rho^2 + 1),$$

$$X_2 \sim N(0, \rho^4 + \rho^2 + 1),$$

$$\cdots$$

$$X_n \sim N(0, \rho^{2n} + \rho^{2(n-1)} + \cdots + 1),$$

当 n 趋于无穷大时，极限分布即为 $N\left(0, \dfrac{1}{1-\rho^2}\right)$. 如果从第 n 步 X_n 来自平稳分布 $N\left(0, \dfrac{1}{1-\rho^2}\right)$，很容易得到 X_{n+1} 也服从该分布.

对于给定的后验分布 $g(\theta \mid x)$，希望能有便捷的方式来生成它对应的样本，而由于马氏链能收敛到平稳分布，所以如果能够构造一个转移矩阵为 P 的马氏链，使得该马氏链的平稳分布刚好是 $g(\theta \mid x)$，那么我们从任何一个初始状态出发沿着马氏链转移，得到一个序列

$$\theta_{(0)}, \theta_{(1)}, \theta_{(2)}, \cdots, \theta_{(n-1)}, \theta_{(n)}, \theta_{(n+1)}, \cdots.$$

如果马氏链在第 n 步已经收敛，即可得到来自平稳分布 $g(\theta \,|\, \boldsymbol{x})$ 的样本：

$$\theta_{(n)}, \theta_{(n+1)}, \theta_{(n+2)} \cdots.$$

如果马氏链是不可约的且具有平稳分布 $\boldsymbol{w}$，从任意分布的初始值 X_0 出发将此链运行一段时间得到 $X_0, X_1, \cdots, X_{T-1}$，则对于任何有界函数 $h(X)$ 有：

$$\frac{1}{n} \sum_{i=0}^{T-1} h(X_i) \to E_w[h(X)] \tag{13.5.1}$$

依概率成立，这就是马氏链的大数定律（也称为遍历定理）. 这个定理非常有用，如想要计算积分 $\int h(X)\mathrm{d}w$，可以构造一个马氏链使得其平稳分布为 $\boldsymbol{w}$，从某初始值出发运行此链一段时间，根据公式（13.5.1）即可得到积分的近似值.

13.5.2　Metropolis-Hastings 算法

MCMC 是构建 Markov Chain 随机抽样分布的一类算法，其抽样策略是建立一个不可约的非周期马氏链，使其平稳分布为感兴趣的目标后验分布. 因此其核心问题是确定从当前值转移到下一个值的转移规则.

假设想要从后验分布 $g(\theta \,|\, \boldsymbol{x})$[①]中抽样，Metropolis-Hasting 抽样方法（简称 MH 算法）从初始值 θ_0 出发，指定一个从当前值 θ_t 转移到下一个值 θ_{t+1} 的规则，从而产生马氏链 $\{\theta_0, \theta_1, \theta_2, \cdots, \theta_n, \cdots\}$. 具体来说，规则的产生需要从一个建议分布 $q(\cdot \,|\, \theta_t)$ 中产生随机数 θ^*，然后计算 θ^* 的接受概率，以此决定是否将 θ^* 作为序列的下一个值. 实现步骤如下：

（1）从建议分布 $q(\cdot \,|\, \theta_t)$ 中产生候选值 θ^*；

（2）计算接受概率

$$\alpha(\theta_t, \theta^*) = \min\left\{1, \frac{g(\theta^*)q(\theta_t \,|\, \theta^*)}{g(\theta_t)q(\theta^* \,|\, \theta_t)}\right\};$$

（3）依概率 $\alpha(\theta_t, \theta^*)$ 接受 $\theta_{t+1} = \theta^*$，否则 $\theta_{t+1} = \theta_t$.

建议分布 $q(\cdot \,|\, \theta_t)$ 的选择要使得产生的马氏链满足一些正则化条件，才能使得由此产生的模拟样本 $\{\theta_0, \theta_1, \theta_2, \cdots, \theta_n, \cdots\}$ 收敛至平稳分布 $g(\theta)$.

为说明 MH 抽样算法产生的马氏链具有平稳分布 $g(\theta)$，可以通过说明马氏链的转移核和分布 $g(\theta)$ 满足细致平衡方程（the detailed balance equation）. 这里，首先给出细致平衡方程的定义：

当目标分布 $\boldsymbol{w}$ 的支撑 S 为可数集时，记目标分布律为 $\boldsymbol{w} = \{w_i, i \in S\}$，对任何两个状态 i 与 j，如果非周期马氏链的转移概率矩阵 $\boldsymbol{P} = (P_{ij})$ 和分布 $\boldsymbol{w}$ 满足

$$w_i P_{ij} = w_j P_{ji}, \tag{13.5.2}$$

则 $\boldsymbol{w}$ 是马氏链的平稳分布，式子（13.5.2）被称为**细致平衡方程**.

---

① 为了简化符号，后面记作 $g(\theta)$.

上述结论的证明比较简单. 对式（13.5.2）左右两边同时对所有的 i 求和，由于转移矩阵 $\boldsymbol{P}$ 的每行之和为 1，即 $\sum\limits_i P_{ji} = 1$，所以

$$\sum_{i=1}^{\infty} w_i P_{ij} = \sum_{i=1}^{\infty} w_j P_{ji} = w_j \sum_{i=1}^{\infty} P_{ji} = w_j,$$

上式写成向量的形式：

$$\boldsymbol{wP} = \boldsymbol{w},$$

故 $\boldsymbol{w}$ 是平稳分布.

记 MH 算法产生的马氏链为 $\{\theta_n\}$，目标分布律为 $g = \{g_i, i \in S\}$，若当前的状态是 $\theta_n = i$，首先从建议分布 $q(\cdot \,|\, \theta_t)$ 中产生一个值 $\theta^* = j$，然后计算接受概率

$$\alpha(i, j) = \min\left\{ 1, \frac{g_j q(i \,|\, j)}{g_i q(j \,|\, i)} \right\},$$

最后以此概率接受 $\theta_{n+1} = \theta^*$，否则 $\theta_{n+1} = \theta_n = i$. 容易看出所得到的马尔可夫转移概率 $\boldsymbol{P} = (P_{ij})$ 为

$$P_{ij} = \begin{cases} q(j \,|\, i)\alpha(i, j), & j \neq i \\ 1 - \sum\limits_{k \neq i} P_{ik}, & j = i \end{cases}$$

注意到 MH 抽样方法产生的序列具有马氏性，另一方面

$$g_i P_{ij} = g_i q_{ij} \min\left\{ 1, \frac{g_j q(i \,|\, j)}{g_i q(j \,|\, i)} \right\} = g_j q_{ji} \min\left\{ 1, \frac{g_i q(j \,|\, i)}{g_j q(i \,|\, j)} \right\} = g_j P_{ji}, \ (j \neq i),$$

从而对所有的 i 和 j，细致平衡方程

$$g_i P_{ij} = g_j P_{ji}$$

成立. 所以 g 是马氏链 $\{\theta_n\}$ 的平稳分布.

MH 抽样算法的 R 程序是简单直接的. 假设该算法抽取的马氏链是 x[t]，从建议分布中抽取样本的 R 函数是 geneq()：

```
> y=geneq(x[t])
> if (runif(1)<g(y)*p(y,x[t])/(g(x[t])*p(x[t],y)))
+     x[t+1]=y
+     else x[t+1]=x[t]
```

当比率 p(y,x[t])/(g(x[t])*p(x[t],y)) 超过 1 时，总是接受 y.

例 13.5.2 例 13.4.2 使用拒绝抽样算法来模拟 $Be(6,3)$ 分布. 这里，使用 MH 算法来模拟这个分布，其中目标分布 g 是 $Be(6,3)$，建议分布 q 是 $[0,1]$ 上的均匀分布.

解 如下的 R 程序是使用 MH 算法模拟样本的过程：

```
> a=2.7; b=6.3;
> Nsim=5000
> X=rep(runif(1),Nsim)      #初始化马氏链
> for (i in 2:Nsim)
```

```
+ {
+ Y=runif(1)
+ rho=dbeta(Y,a,b)/dbeta(X[i-1],a,b)
+ X[i]=X[i-1] + (Y-X[i-1])*(runif(1)<rho) }
> t=4500:4600
> plot(X[4500:4600]~t,type="b",xlab="iteration",ylab="X")
```

截取模拟序列后期的一段序列 $\{X_t, 4500 \leqslant t \leqslant 4600\}$ 并画出这些点对应的折线图，如图 13.13 所示，发现对于某些时刻马尔可夫序列 X_t 并没有发生变化，这是因为新的模拟点 X^* 都被拒绝了，所以就保留了上次的模拟点 $X_t = X_{t-1}$.

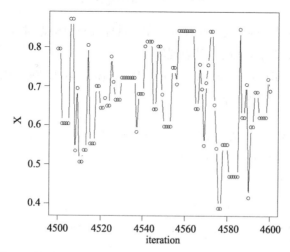

图 13.13 使用 MH 算法从目标分布 $Be(6,3)$ 中抽取的样本 $\{X_t, 4500 \leqslant t \leqslant 4600\}$

在 MH 算法中，类似这样的多个重复点都要保留在样本中，否则样本无法近似目标分布 g. 这一点也可以通过 Kolmogorov-Smirnov 检验（用于检验两个样本分布是否相等）来验证.

```
> ks.test(jitter(X),rbeta(Nsim,a,b))
```

输出结果为

```
Two-sample Kolmogorov-Smirnov test
data:  jitter(X) and rbeta(Nsim, a, b)
D = 0.0248, p-value = 0.09235
alternative hypothesis: two-sided
```

根据上述输出结果，不能拒绝两样本来自同一个分布的原假设. 另外，也计算了 MH 抽样样本的样本均值和样本方差与 $Be(a,b)$ 分布的理论均值和理论方差，发现它们非常接近，再次说明使用 MH 抽样方法抽样的有效性.

```
> mean(X)
[1] 0.6676362
> var(X)
[1] 0.0226277

> t.mean=a/(a+b)     #理论均值 E(X) = a/(a+b)
```
$$E(X) = \frac{a}{a+b}$$
```
[1] 0.6666667

> t.var=a*b/((a+b)^2*(a+b+1))     #理论方差 Var(X) = ab/((a+b)²(a+b+1))
```
$$\mathrm{Var}(X) = \frac{ab}{(a+b)^2(a+b+1)}$$

```
[1] 0.02222222
```

根据候选分布 $q(\cdot)$ 的不同选择，MH 抽样方法衍生了两种不同的变种，即独立抽样 MH 算法和随机游动 MH 算法.

1. 独立抽样 MH 算法

MH 算法允许建议分布不依赖于链的前一步状态，即 $q(y\,|\,x)=q(y)$ ，这时接受概率为

$$\alpha(\theta_t,\theta^*)=\min\left\{1,\frac{g(\theta^*)q(\theta_t)}{g(\theta_t)q(\theta^*)}\right\}.$$

独立抽样方法容易实施，而且在建议分布和目标分布很接近时也表现得很好，但是当建议分布和目标分布差别较大时，其表现较差.

例 13.5.3 使用 MH 算法从柯西分布 $C(0,1)$ 中随机抽取 10000 个样本，建议分布是标准正态分布 $N(0,1)$. R 程序如下：

```
> Nsim=10^4
> X=c(rt(1,1))      # 从分布 C(0,1) 中随机抽取样本初始化链，由于柯西分布是自由度为
1 的 t 分布，所以从中抽取样本使用 R 函数 rt()
> for (t in 2:Nsim)
+ {
+ Y=rnorm(1)         # 建议分布是标准正态分布 N(0,1)
+ rho=dt(Y,1)*dnorm(X[t-1])/(dt(X[t-1],1)*dnorm(Y))
+ X[t]=X[t-1] + (Y-X[t-1])*(runif(1)<rho)
+ }
```

在执行这些程序进行马氏链的生成过程中，如果马氏链中某个值非常大，比如 $X_{(0)}=12.788$ ，这时 dnorm(X[t−1]) 非常接近 0，导致接受概率非常小，这时极有可能不接受新样本而是保留上一个值，即 X[t]=X[t−1]. 所以，图 13.14 左图所截取的马氏链中有一部分序列值是连续常数；图 13.14 中间的图是抽取样本的直方图与目标分布 $C(0,1)$ 的密度函数曲线图，极端值的重复产生导致直方图尾部出现了较大的发生频率；右图是该马氏链的自相关图，可以看到该马尔可夫序列较强的相关性.

```
> par(mfrow=c(1,3))
> t=4300:4700
> plot(X[4300:4700]~t,ylab="X",type="l") #excerpt from the chain
> hist(X,freq=F,breaks=100,col="gray",xlim=c(-10,10))
> curve(dt(x,1),xlim=c(-10,10),lwd=3,add=TRUE,col="red")
  acf(X)
```

2. 随机游动 MH 算法

独立抽样 MH 算法虽然很简单，但是实际使用过程中有许多问题. 另一种更自然的方法是，从马氏链以往抽取的样本来生成下一个候选点，也就是说，从马氏链当前样本的邻域内抽取一个值作为候选点，这就是随机游动 MH 算法.

假设候选点 θ^* 是从对称的建议分布 $q(\theta^*\,|\,\theta_t)=q(|\,\theta^*-\theta_t|)$ 中产生的，则在每次迭代中可以从 $q(\cdot)$ 中产生一个增量 $\Delta\theta$ ，然后有 $\theta^*=\theta_t+\Delta\theta$. 若建议分布 $q(\cdot)$ 是均匀分布 $U(-\delta,\delta)$ ，

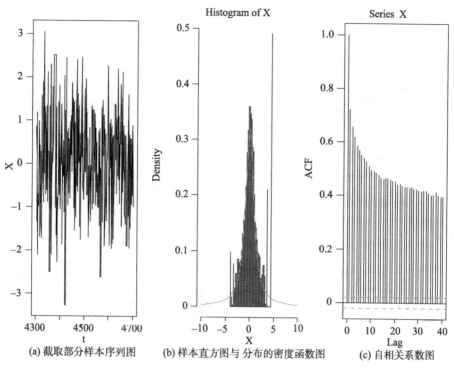

(a) 截取部分样本序列图 (b) 样本直方图与分布的密度函数图 (c) 自相关系数图

图 13.14 $C(0,1)$ 分布的 MH 算法抽取样本

那么 $\theta^* \mid \theta_t \sim U(\theta_t - \delta, \theta_t + \delta)$；若 $q(\cdot)$ 是正态分布 $N(0, \tau^2)$，则意味着 $\theta^* \mid \theta_t \sim N(\theta_t, \tau^2)$. 基于建议分布的对称性，接受概率更新为

$$\alpha(\theta_t, \theta^*) = \min\left\{1, \frac{g(\theta^*)}{g(\theta_{t-1})}\right\}.$$

可以看到接受概率不依赖于建议分布 $q(\cdot)$. 这意味着，对于每一个当前值和随机抽取的候选点 (θ_t, θ^*)，无论 θ^* 来自于正态分布还是柯西分布，接受概率是一样的. 当然不是说 $q(\cdot)$ 对算法没有影响，$q(\cdot)$ 的不同会使得候选点产生的范围和抽取概率不同. 由于 MH 算法有一个是否接受的判断步骤，所以由随机游动 MH 算法产生的马氏链并不是一个随机游动过程（Random Walk）.

例 13.5.4 （Hasting，1990）随机游动 MH 算法生成标准正态分布 $N(0,1)$ 的随机样本 X_t，建议分布是 $[-\delta, \delta]$ 上的均匀分布. 设候选点是 Y，则接受概率为

$$\alpha(X_t, Y) = \min\left\{1, \exp\left\{\frac{X_t^2 - Y}{2}\right\}\right\}.$$

如下程序分别给出了参数 δ 取不同值时得到的链，最终生成图 13.15. 该图包括 $\delta = 0.1$，$\delta = 1$ 和 $\delta = 10$ 时的序列图、直方图和自相关系数图. 可以清晰地看到：当增量参数较小时，候选点几乎都被接受，此时用随机游动 MH 算法得到的链几乎就是随机游动了；当增量参数过大时，大部分候选点会被拒绝，通过序列图可以看到多次迭代都停留在同一点的情况

很多, 此时算法的效率很低.

```
> par(mfrow=c(3,3))
> for (delta in c(0.1,1,10))
+ {Nsim=5000
+ X=c(rnorm(1))
+ for (t in 2:Nsim)
+ {Y=X[t-1]+runif(1,-1,1)*delta
+ rho=exp((X[t-1]^2-Y^2)/2)
+ X[t]=X[t-1] + (Y-X[t-1])*(runif(1)<rho)}
+ t=(2500:2600)
+ plot(X[2500:2600]~t,type="l",ylab="X")
+ hist(X,freq=F,breaks=100,col="gray",xlim=c(-4,4),ylab = NULL)
+ curve(dnorm(x),xlim=c(-4,4),lwd=3,add=TRUE,col="red",ylab = NULL)
+ acf(X)
+ }
```

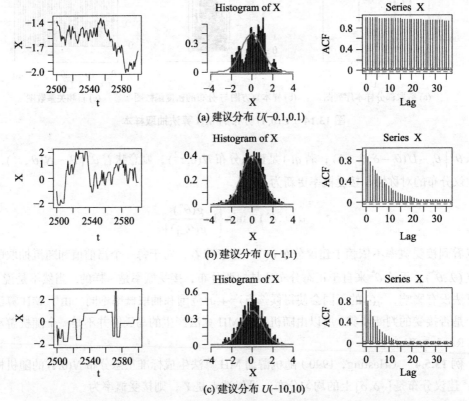

(a) 建议分布 $U(-0.1,0.1)$

(b) 建议分布 $U(-1,1)$

(c) 建议分布 $U(-10,10)$

图 13.15　$N(0,1)$ 的随机游动 MH 算法抽取的马氏链的序列图、直方图和自相关系数图

13.5.3　Gibbs 抽样方法

Gibbs 抽样算法是 Stuart Geman 和 Donald Geman 于 1984 年提出来的. 之所以称为 Gibbs 抽样是因为首先被应用于研究 Gibbs random field, 该算法在现代贝叶斯计算中占据重要位置. 在实际计算中绝大部分的贝叶斯计算问题都要解决一个高维问题, 这对于

Metropolis-Hastings 算法几乎是不可能解决的,而 Gibbs 抽样算法能够将复杂的高维问题分解成一系列简单的低维问题.

1. 两阶段 Gibbs 抽样算法

设随机变量 X 和 Y 的联合概率密度为 $f(x,y)$,条件密度分别为 $f_{X|Y}$ 和 $f_{Y|X}$. 那么两阶段 Gibbs 抽样算法可通过如下步骤生成一个马氏链 (X_t, Y_t):

(1)初始化 $X_0 = x_0$;

(2)对 $t = 1, 2, \cdots$ 依次生成候选点

① $Y_t \sim f_{Y|X}(\cdot \mid x_{t-1})$,

② $X_t \sim f_{X|Y}(\cdot \mid y_t)$.

只要联合概率密度 $f(x,y)$ 存在解析形式,且两个条件密度 $f_{X|Y}$ 和 $f_{Y|X}$ 容易获得,就可以执行该算法.

例 13.5.5 已知二项分布的共轭先验分布是 Beta 分布. 设总体 $X \mid \theta \sim b(n, \theta)$,又设 θ 的先验分布是 $\theta \sim Be(a, b)$,X 与 θ 的联合分布为

$$f(x, \theta) = f(x \mid \theta) \pi(\theta) = C_n^x \frac{\Gamma(a+b)}{\Gamma(a)\Gamma(b)} \theta^{x+\alpha-1} (1-\theta)^{n-x+b-1}.$$

由于

$$\begin{aligned}
\pi(\theta \mid X = x) &\propto f(X = x \mid \theta) \pi(\theta) \\
&\propto \theta^x (1-\theta)^{n-x} \theta^{a-1} (1-\theta)^{b-1} \\
&\propto \theta^{x+a-1} (1-\theta)^{n-x+b-1},
\end{aligned}$$

故 θ 的后验分布为 $\theta \mid X = x \sim Be(x+a, n-x+b)$.

获得两个条件分布 $\theta \mid X$ 和 $X \mid \theta$ 后,可采用 Gibbs 抽样方法对 (X, θ) 进行抽样,其 Gibbs 抽样的 R 程序如下:

```
> Nsim=5000
> n=15      #设定参数
> a=3
> b=7
> X=T=array(0,dim=c(Nsim,1))      #初始化数组
> T[1]=rbeta(1,a,b)     #为马氏链设定迭代的初始值
> X[1]=rbinom(1,n,T[1])
> for (i in 2:Nsim)      #循环抽样
+ {X[i]=rbinom(1,n,T[i-1])
+ T[i]=rbeta(1,a+X[i],n-X[i]+b)}
```

为了验证抽样效果,这里给出 X 与 θ 的抽样样本直方图以及各自对应的理论边际密度曲线(见图 13.16). 从图中可以看到,Gibbs 抽样样本对理论密度函数的拟合效果很好. 由于已知 θ 的边际分布为 $Be(a, b)$,故也可以计算出 X 的边际分布为

$$m(x) = \int_0^1 f(x,\theta)\mathrm{d}\theta$$

$$= \int_0^1 C_n^x \frac{\Gamma(a+b)}{\Gamma(a)\Gamma(b)} \theta^{x+\alpha-1}(1-\theta)^{n-x+b-1}\mathrm{d}\theta$$

$$= C_n^x \frac{\Gamma(a+b)}{\Gamma(a)\Gamma(b)} \frac{\Gamma(x+a)\Gamma(n-x+b)}{\Gamma(n+a+b)}$$

$$= \frac{\Gamma(n+1)}{\Gamma(n+1)\Gamma(n-x+1)} \frac{B(x+a, n-x+b)}{B(a,b)}.$$

```
> par(mfrow=c(1,2))
> hist(X,freq=F,col="gray",ylab = "Marginal density",main=NULL)
> dbetabi=function(x,a,b,n)      #写 R 函数计算 X 的边际分布 m(x)
+ gamma(n+1)*beta(x+a,n-x+b)/(gamma(x+1)*gamma(n-x+1)*beta(a,b))
> curve(dbetabi(x,a,b,n),lwd=3,add=TRUE,col="brown",ylab = NULL)
>hist(T,freq=F,col="gray",xlab=expression(theta),ylab="Marginal
density", main=NULL)
> curve(dbeta(x,a,b),lwd=3,add=TRUE,col="brown",ylab = NULL)
```

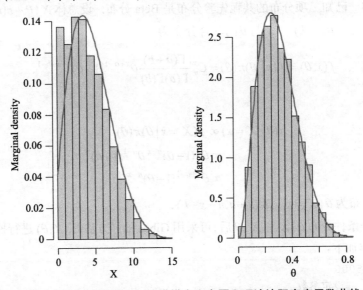

图 13.16　X 与 θ 的 Gibbs 抽样样本直方图和理论边际密度函数曲线

例 13.5.6　考虑一个关于 15 岁女性的新陈代谢的数据集, X 代表 24 小时内女性的能量摄入量（单位：兆焦），令 θ 表示 15 岁女性每日平均能量摄入量的真实值. 假设 $X \sim N(\theta, \sigma^2)$, 且

$$\theta \sim N(\theta_0, \tau^2), \quad \sigma^2 \sim IGa(a,b),$$

这里, $IGa(a,b)$ 是逆伽马分布, 其密度函数为

$$\pi(\sigma^2) = \frac{b^a}{\Gamma(a)} \left(\frac{1}{\sigma^2}\right)^{a+1} \mathrm{e}^{-b/\sigma^2},$$

超参数 θ_0^2, τ^2, a, b 需要提前给定. 试采用 Gibbs 算法对参数 (θ, σ^2) 进行抽样.

解 首先计算条件密度函数 $\pi(\sigma^2 \mid \boldsymbol{x}, \theta)$ 和 $\pi(\theta \mid \boldsymbol{x}, \sigma^2)$，其中 $\boldsymbol{x} = (x_1, x_2, \cdots, x_n)^{\mathrm{T}}$．$(\theta, \sigma^2)$ 的后验分布为

$$\pi(\theta, \sigma^2 \mid \boldsymbol{x}) \propto f(\boldsymbol{x} \mid \theta, \sigma^2) \pi(\theta, \sigma^2)$$

$$\propto f(\boldsymbol{x} \mid \theta, \sigma^2) \pi(\theta) \pi(\sigma^2)$$

$$\propto \left[\frac{1}{(\sigma^2)^{n/2}} \mathrm{e}^{-\sum_i (x_i - \theta)^2 / (2\sigma^2)} \right] \times \left[\frac{1}{\tau} \mathrm{e}^{-(\theta - \theta_0)^2 / (2\tau^2)} \right] \times \left[\left(\frac{1}{\sigma^2} \right)^{a+1} \mathrm{e}^{-b/\sigma^2} \right], \quad (13.5.3)$$

根据（13.5.3）式容易得到

$$\pi(\theta \mid \boldsymbol{x}, \sigma^2) \propto \mathrm{e}^{-\sum_i (x_i - \theta)^2 / (2\sigma^2)} \mathrm{e}^{-(\theta - \theta_0)^2 / (2\tau^2)},$$

$$\pi(\sigma^2 \mid \boldsymbol{x}, \theta) \propto \frac{1}{(\sigma^2)^{\frac{n}{2} + a + 1}} \mathrm{e}^{-\frac{1}{2\sigma^2}(\sum_i (x_i - \theta)^2 + 2b)},$$

这两个密度函数对应的分布分别为

$$\theta \mid (x, \sigma^2) \sim N\left(\frac{\sigma^2}{\sigma^2 + n\tau^2} \theta_0 + \frac{n\tau^2}{\sigma^2 + n\tau^2} \bar{x}, \frac{\sigma^2 \tau^2}{\sigma^2 + n\tau^2} \right)$$

$$\sigma^2 \mid (x, \theta) \sim IGa\left(\frac{n}{2} + a, \frac{1}{2}(\sum_i (x_i - \theta)^2 + 2b) \right).$$

R 实现代码如下：

```
> x=c(91,504,557,609,693,727,764,803,857,929,970,1043,1089,1195,1384,
1713)
> xbar=mean(x)
> sh1=(n/2)+a
> sigma2=theta=rep(0,Nsim)
> sigma2[1]=1/rgamma(1,shape=a,rate=b)
> B=sigma2[1]/(sigma2[1]+n*tau2)
> theta[1]=rnorm(1,m=B*theta0+(1-B)*xbar,sd=sqrt(tau2*B))
> for (i in 2:Nsim){
+     B=sigma2[i-1]/(sigma2[i-1]+n*tau2)
+     theta[i]=rnorm(1,m=B*theta0+(1-B)*xbar,sd=sqrt(tau2*B))
+     ra1=(1/2)*(sum((x-theta[i])^2))+b
+     sigma2[i]=1/rgamma(1,shape=sh1,rate=ra1)
+}
```

程序中超参数 theta0,tau2,a,b 需要提前给定．得到 (θ, σ^2) 的大量 Gibbs 样本之后，就可以根据这些样本进行后验推断，比如求后验均值、可信区间等．

2. 多阶段 Gibbs 抽样算法

多阶段 Gibbs 抽样算法是两阶段方法的推广．令 $\boldsymbol{X} = (X_1, X_2 \cdots, X_p)^{\mathrm{T}}$ 是 R^p 中的随机变量，其联合分布为目标抽样分布．定义 $p-1$ 维的随机变量：

$$\boldsymbol{X}_{-j} = (X_1, \cdots, X_{j-1}, X_{j+1}, \cdots, X_p)^{\mathrm{T}},$$

并记 $X_j | \boldsymbol{X}_{-j}$ 的（全）条件密度为 $f_j(x_j | x_1, x_2, \cdots, x_{j-1}, x_{j+1}, \cdots, x_p), j = 1, 2, \cdots, p$. 为了得到目标联合分布中的样本，抽样方法是从这 p 个全条件分布中产生候选点，所以即使在高维问题中，所有的模拟抽样都是在一维中进行的. 算法如下：

（1）初始化 $\boldsymbol{x}^{(1)} = (x_1^{(1)}, \cdots, x_p^{(1)})^{\mathrm{T}}$；

（2）对迭代 $t = 1, 2, \cdots$，依次生成候选点

① $\boldsymbol{x}_1^{(t+1)} \sim f_1(x_1 | x_2^{(t)}, \cdots, x_p^{(t)})$，

② $\boldsymbol{x}_2^{(t+1)} \sim f_2(x_2 | x_1^{(t+1)}, x_3^{(t)}, \cdots, x_p^{(t)})$，

…

③ $\boldsymbol{x}_p^{(t+1)} \sim f_p(x_p | x_1^{(t+1)}, \cdots, x_{p-1}^{(t+1)})$.

可以证明在一定条件下，可用 Gibbs 抽样方法产生一个不可约的马氏链，因此保证了大数定律成立.

例 13.5.7 考虑一个 p 维多元正态分布

$$\boldsymbol{X} = (X_1, X_2, \cdots, X_p)^{\mathrm{T}} \sim N_p(0, (1-\rho)I + \rho J),$$

这里，I 是 p 阶单位矩阵，J 是 $p \times p$ 的所有元素均为 1 的矩阵，故对任意的 i 和 j，相关系数 $\mathrm{cor}(X_i, X_j) = \rho$. 使用多元正态分布随机变量计算条件分布的公式，容易验证：

$$X_i | \boldsymbol{x}_{(-i)} \sim N\left(\frac{(p-1)\rho}{1 + (p-2)\rho} \bar{x}_{(-i)}, \frac{1 + (p-2)\rho - (p-1)\rho^2}{1 + (p-2)\rho} \right),$$

其中，$\bar{x}_{(-i)}$ 是向量 $\boldsymbol{x}_{(-i)} = (x_1, \cdots, x_{i-1}, x_{i+1}, \cdots, x_p)^{\mathrm{T}}$ 中各分量的均值. p 维正态分布的 Gibbs 样本很容易通过一维正态分布抽样得到，图 13.17 给出了 Gibbs 样本边际分布的直方图和

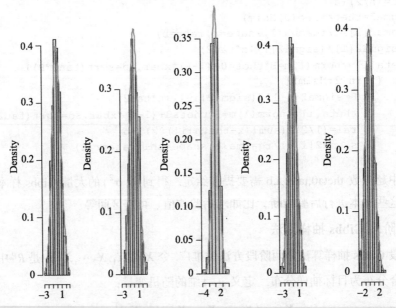

图 13.17 多元正态分布的 Gibbs 样本边际分布的直方图与标准正态分布的密度曲线图

标准正态分布的密度函数曲线, 可以看出拟合效果很好. 当迭代次数是 500, $p = 5$, $\rho = 0.25$ 时 Gibbs 抽样的 R 程序如下:

```
> T=500;p=5;r=0.25
> X=cur=rnorm(p)
> for (t in 1 :T){
+ for (j in 1 :p){
+ m=sum(cur[-j])/(p-1)
+ cur[j]=rnorm(1,(p-1)*r*m/(1+(p-2)*r),
+ sqrt((1+(p-2)*r-(p-1)*r^2)/(1+(p-2)*r)))
+ }
+ X=cbind(X,cur)
+ }
> par(mfrow=c(1,5))
> for (i in 1:p){
+ hist(X[i,],prob=TRUE,col="wheat2",xlab="",main="")
+ curve(dnorm(x),add=TRUE,col="sienna",lwd=2)}
```

第 14 章

时间序列分析

时间序列是按照一定的时间间隔收集的一系列数据，在实际应用领域中大量存在．时间序列分析研究的主要目的有两个方面：一是认识产生观测序列的随机机制，即建立数据生成模型；二是基于序列的历史数据，对序列未来的可能取值进行预测．

本章中，$\{x_t, t = 1, 2, \cdots, n\} = \{x_1, x_2, \cdots, x_n\}$ 用来描述长度为 n 的时间序列，不强调长度时可简记为 $\{x_t\}$．

14.1 时间序列的探索性分析

本节将介绍几个时间序列的例子，并探讨如何利用 R 软件进行探索性分析．

14.1.1 时间序列实例

例 14.1.1 在 R 软件的基本包中有一个经典的航空数据集"AirPassengers"，它包含了某航空公司 1949 年至 1960 年的每月乘坐人数（单位：千人），试通过对该数据的分析预测未来航空市场的需求状况，例如，为了满足逐年递增的乘客人数可根据预测人数提前安排好适量的航空仓位等．

```
> data(AirPassengers)
> AP = AirPassengers
> AP
     Jan Feb Mar Apr May Jun Jul Aug Sep Oct Nov Dec
1949 112 118 132 129 121 135 148 148 136 119 104 118
1950 115 126 141 135 125 149 170 170 158 133 114 140
1951 145 150 178 163 172 178 199 199 184 162 146 166①
```

前面曾经提及到，R 中所有的数据都存储在"对象"（Object）中，使用 class()函数可以得到数据对象的类别．

```
> class(AP)
[1] "ts"
> start(AP); end(AP); frequency(AP)
[1] 1949    1
[1] 1960   12
[1] 12
```

_____

① 这里仅仅列出了前三年的数据，1952 年至 1960 年的数据限于篇幅没有列出．

例 14.1.1 中的数据对象 AP 属于 ts（time series 的简写）类，是一种等时间间隔采样的时间序列数据，且至少包括一个采样点. 从 ts 类型的数据中可以提取多种信息，例如，利用函数 start()，end()和 frequency()可以获得该数据的起始时间、结束时间和单位时间上的采样频率. 通过 R 函数 ts()来创建一个 ts 类的数据对象.

在时间序列分析中，一个重要的内容是数据的可视化问题，即生成时间序列图、时间序列拟合的残差图等，利用 plot()函数可以直接绘制 ts 类的时间序列图.

```
>plot(AP)
```

从图 14.1 中可以看到，航空旅客人数时间序列存在几个特征：首先，序列存在明显的增长趋势，即所谓的"趋势性"，由于人口增长、经济发展水平的提高以及航空公司间的价格竞争等因素导致了航空旅客人数呈现增长趋势；其次，还可以清晰地观察到周期为一年的循环变化规律，称为"季节性"，这是由于每年固定的节假日导致旅客人数的周期变化；再次，从图中还可以看到序列存在一定的随机波动性. 这些特征能够帮助我们找到合适的时间序列模型，比如确定性的长期趋势可以使用时间 t 为解释变量的回归模型来解释.

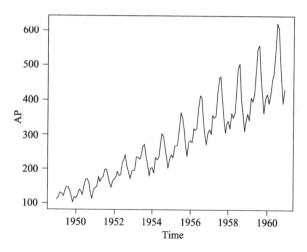

图 14.1　1946—1980 年航空旅客人数的时间序列季度数据

为了凸显趋势性，季节性可通过每年旅客人数的累加去除掉. 使用 R 函数 aggregate()可以得到累加后的年度旅客人数，从图 14.2 可以看到，序列的增长趋势更加明显. R 函数 boxplot()用于绘制每月旅客人数的箱线图，其中 cycle()函数用来抽取每个序列值的季节数. 根据各季节的箱线图可以看到六至九月是出行高峰期. layout()用于设置绘制区域的图形输出格局.

```
>plot(aggregate(AP), ylab="Annual passengers/1000's")
>boxplot(AP ~ cycle(AP), names=month.abb)
>layout(1:2)
>plot(aggregate(AP)); boxplot(AP ~ cycle(AP))
```

例 14.1.2　数据集"cbe.dat"[①]给出了澳大利亚统计司的一组调查数据，该数据集包含

---

① 数据集"cbe.dat"可以通过 E-mail 跟作者索取.

了从 1958 年 1 月至 1990 年 12 月度电力供应量（单位：百万千瓦时）、啤酒和巧克力产量
（单位：公吨）共 396 组数据. 试对该数据集作探索性分析.

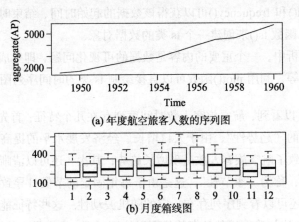

(a) 年度航空旅客人数的序列图

(b) 月度箱线图

图 14.2　1949—1960 年的航空旅客数据

解　首先从网上读取数据，并显示该数据的前 6 行，代码如下：

```
> www = "http://staff.elena.aut.ac.nz/Paul-Cowpertwait/ts/cbe.dat"
> cbe = read.table(www, header=T)
> head(cbe)   #显示数据的前 6 行
    choc   beer   elec
1   1451   96.3   1497
2   2037   84.4   1463
3   2477   91.2   1648
4   2785   81.9   1595
5   2994   80.5   1777
6   2681   70.4   1824
> class(cbe)
[1] "data.frame"
```

该数据为多维时间序列，其存储格式不是 ts 而是 data.frame. 利用 ts()函数可以将数据
转化为时间序列对象. 现对这三个序列分别创建时间序列对象，用 cbind()函数将三个 ts
类型的数据连接之后再使用 plot()函数可以将多个序列放在同一张图中，如图 14.3 所示.

```
> elec.ts = ts(cbe[,3], start=1958, freq=12)
> beer.ts = ts(cbe[,2], start=1958, freq=12)
> choc.ts = ts(cbe[,1], start=1958, freq=12)
> plot(cbind(elec.ts, beer.ts, choc.ts),
+ main="Chocolate, Beer, and Electricity Production: 1958-1990")
```

　　R 中有很多函数可以处理多维时间序列，例如，ts.intersect()可以截取两个序列在交叠
时间段上的序列. 下面的 R 程序截取了航空旅客数据和电力供应量数据交叠时间的数据：

```
> ap.elec = ts.intersect(AP, elec.ts)
> start(ap.elec); end(ap.elec)
[1] 1958    1
[1] 1960   12
> head(ap.elec)
      AP  elec.ts
[1,] 340    1497
```

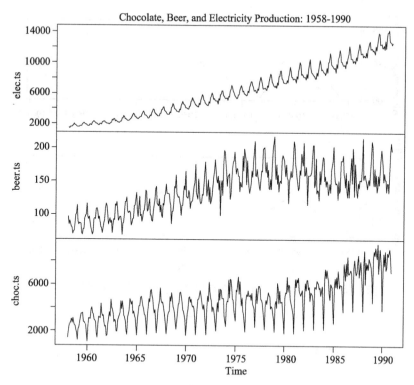

图 14.3　1959 年 1 月至 1990 年 12 月的澳洲巧克力、啤酒和电力供应量序列图

```
[2,]   318     1463
[3,]   362     1648
[4,]   348     1595
[5,]   363     1777
[6,]   435     1824
```

还可以利用 R 程序抽取这两个时间序列，并绘制各自的时序图和二者之间的散点图：

```
>ap = ap.elec[,1]; elec = ap.elec[,2]
> layout(1:2)
> plot(ap, main="", ylab="Air passengers / 1000's")
> plot(elec, main="", ylab="Electricity production / MkWh")
> par(mfrow=c(1,1))
> plot(ap, elec, xlab="Air passengers/1000's", ylab="Electricity production/
MWh")
> abline(lm(elec~ap))
> cor(ap,elec)
[1] 0.8841668
```

从图 14.4 可以看到，这两个时间序列都存在增长趋势和季节趋势. 通过散点图 14.5 也可以发现二者存在正相关关系，由计算结果可以看到，二者的相关系数为 0.88，故二者存在高度相关关系. 事实上，它们之间并不存在任何因果关系. 线性相关性的产生是由于这两个序列具有一致的趋势，即相同的增长趋势、相似的季节波动，这导致散点图出现误导性的结果，这种现象叫作"伪回归". 所以，分析多个序列时需要首先去除趋势特征和季节特征（"非平稳性"），然后使用残差序列进行分析.

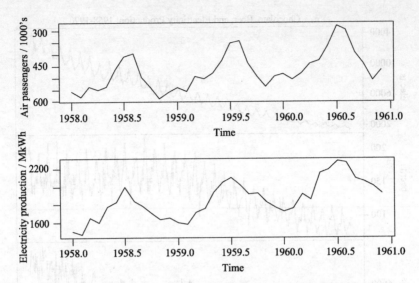

图 14.4　1958—1960 年航空乘客和澳大利亚电力供应量的时序图

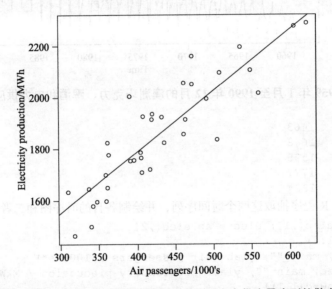

图 14.5　1958—1960 年航空乘客和澳大利亚电力供应量序列的散点图

例 14.1.3　数据集 "pounds_nz.dat" 包含了 1991 年 1 月至 2000 年 3 月期间英镑对新西兰元的季度汇率数据. 季度汇率是三个月内的汇率数据取平均值得到的. 绘制时间序列图:

```
> www ="http://staff.elena.aut.ac.nz/Paul-Cowpertwait/ts/pounds_nz.dat"  ##见脚注①
> z = read.table(www, header=T)
> head(z)
```
输出结果如下:
```
    xrate
```

---

① 数据集 "pounds_nz.dat" 见附录，也可以通过 Email 跟作者索取.

```
1    2.9243
2    2.9422
3    3.1719
4    3.2542
5    3.3479
6    3.5066
```
下面绘制时间序列图：
```
> z.ts = ts(z, st=1991, fr=4)
> plot(z.ts, xlab="time/years",ylab="Quarterly exchange rate in $NZ/
pound")
```
    结果如图 14.6 所示. 从图中可以看到，时间序列的趋势是明显的，1992 年之前呈现迅速膨胀趋势，1992—1996 年递减趋势明显且下降到最小值，从 1996 年开始，序列又呈现增长趋势. 跟前面两个例子比，这样的趋势更"随机"，为了区别于上面两例中的"确定性趋势"，这样的趋势称之为"随机趋势". 随机游走（Random walk）（定义详见 14.2.5 节）就可以描述这类随机趋势的序列. 这里将序列划分为两个子序列，1992-1996 年的下降趋势序列，1996—1998 年的增长趋势序列.

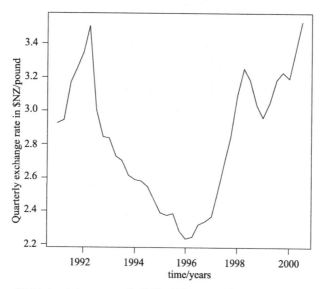

图 14.6　1991—2000 年英镑对新西兰元季度汇率时序图

下面截取两个子序列，首先生成这两个时间区间的虚拟序列"dummy.ts"，代码如下：
```
> dummy.ts = ts(st=c(1992, 1), end=c(1996, 1), fr=4)
> z.92_96 = ts.intersect(z.ts, dummy.ts)[,1]
> dummy.ts = ts(st=c(1996, 1), end=c(1998, 1), fr=4)
> z.96_98 = ts.intersect(z.ts, dummy.ts)[,1]
> layout(1:2)
> plot(z.92_96,ylab="Exchange rate in $NZ/pound", xlab="time/years")
> plot(z.96_98,ylab="Exchange rate in $NZ/pound", xlab="time/years")
```
    如图 14.7 所示，直观来看，若只使用 1992—1996 年的数据进行外推，容易预测未来的年份还是下降趋势. 而实际上数据自 1996 年就开始上扬，所以在没有额外信息的情况下，随机趋势的序列不建议进行外推.

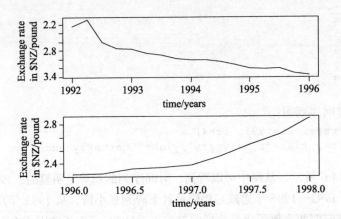

图 14.7　1992—1996 年、1996—1998 年两个阶段的季度汇率时序图

14.1.2　传统的分解方法

时间序列分析的主要目标是对数据的主要特征进行建模,包括趋势性和季节性. 最简单的分解是可加模型:

$$x_t = m_t + s_t + y_t,$$

这里, x_t 是观察序列, m_t 是趋势部分, s_t 是季节部分, y_t 是残差序列. 如果随着趋势的增长,季节的影响更强,即在趋势性和季节性相关的情况下,乘法模型会更合适:

$$x_t = m_t \cdot s_t + y_t.$$

抽取趋势和季节特征有很多方式,这里介绍一些常用方法.

1. 趋势的提取方法

方法 1　用 x_t 的中心化的移动平均近似 m_t ,比如对于月度序列:

$$\hat{m}_t = \frac{0.5x_{t-6} + x_{t-5} + \cdots + x_{t-1} + x_t + x_{t+1} + \cdots + x_{t+5} + 0.5x_{t+6}}{12},$$

权重之和为 1 ,每个月份的权重是相等的. 不同时期的权重可以不同,比如指数平滑法根据历史数据离现在的远近不同赋予不同的权重. 令 $\alpha \in [0,1]$,迭代地取单边(one sided)移动平均:

$$\hat{m}_t = \alpha x_t + (1-\alpha)\hat{m}_{t-1}, t = 1, 2, \cdots, T.$$

当 $t = 1$ 时, $\hat{m}_t = x_1$;当 $t \geq 2$ 时:

$$\hat{m}_t = \sum_{j=0}^{t-2} \alpha(1-\alpha)^j x_{t-j} + (1-\alpha)^{t-1} x_1.$$

方法 2　可以对趋势拟合一个 q 次的多项式,即

$$\hat{m}_t = a_0 + a_1 t + a_2 t^2 + \cdots + a_q t^q.$$

如果序列的趋势呈一条直线,则 $q = 1$,趋势通过直线 $a_0 + a_1 t$ 来拟合. 如果趋势像一条抛物线,则 $q = 2$,通过二次曲线 $a_0 + a_1 t + a_2 t^2$ 来拟合.

方法 3　差分去掉趋势. 一阶差分算子 Δ 的定义为 $\Delta x_t = x_t - x_{t-1} = (1-B)x_t$,这里 B 是

滞后 1 阶算子，$Bx_t = x_{t-1}$. 二阶差分算子 Δ^2 的定义为

$$\Delta^2 x_t = \Delta(\Delta x_t) = (1-B)(1-B)x_t = (1-2B+B^2)x_t = x_t - 2x_{t-1} + x_{t-2}.$$

带有随机趋势的序列，差分之后就会平稳（平稳的定义见 14.2.1 节）. 比如随机游走模型

$$x_t = \sum_{j=1}^{t} w_t + \delta t,$$

其中 w_t 是平稳过程，δ 是常数，一阶差分序列 $\Delta x_t = \delta + w_t$ 平稳. 确定性趋势的序列，如果是线性的趋势，一阶差分就平稳了；二次函数趋势的序列，取两次一阶差分可以使其变平稳.

2. 季节的提取方法

如果序列的趋势特征已经完全提取出来，那么 t 时刻的季节影响（s_t）可以在原序列上减掉趋势部分来近似：

$$\hat{s}_t = x_i - \hat{m}_t,$$

通过对各个季节的所有值取平均获得这个季节的季节指数. 例如，对于月度数据，每个月有 n 个季节的估计值 $\hat{s}_i, \hat{s}_{12+i}, \cdots, \hat{s}_{12(n-1)+i}$，对这些值取平均来作为第 i 个月季节指数的估计值，即

$$\bar{s}_i = \frac{\hat{s}_i + \hat{s}_{12+i} + \cdots + \hat{s}_{12(n-1)+i}}{n}.$$

R 函数 decompose() 和 stl() 分别使用移动平均法和局部加权回归的方法来分解趋势和季节影响，再用 plot() 函数即可绘制出原始序列 x_t 和分解后的序列 m_t，s_t 和 y_t，即 plot(decompose()) 或 plot(stl()). 以下 R 程序是对电力供应量数据的分解，在该例子中，由于原始数据的方差随着时间的推移而变大，即趋势部分和季节有相关性，所以乘法模型比加法模型更适合，比较两种方法分解后的残差序列图发现乘法模型的残差方差更加平稳.

```
> plot(decompose(elec.ts)) #使用默认的加法模型
> elec.decom = decompose(elec.ts, type="mult")  #乘法模型进行分解
> plot(elec.decom) #图 14.8 所示
```

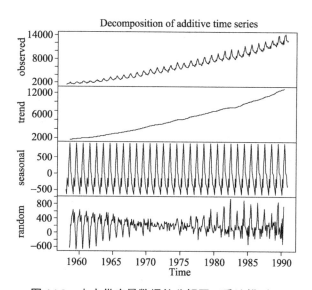

图 14.8 电力供应量数据的分解图（乘法模型）

```
> trend = elec.decom$trend; seasonal = elec.decom$seasonal
> ts.plot(cbind(trend, trend * seasonal), lty=1:2)   #趋势线图和叠加了季
节影响后的趋势线图
```

输出结果，如图 14.9 所示.

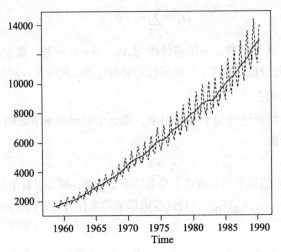

图 14.9　趋势线图和叠加季节影响后的趋势线图

14.2　时间序列的相关概念与简单时序模型

14.2.1　平稳性

平稳性（stationary）的基本思想是随机过程的统计规律不随着时间的变化而变化. 称时间序列 $X_1, X_2, \cdots, X_N$ 是**严平稳的**（strictly stationary），如果：对于任意的 $t_1, \cdots, t_k$，τ 和 k，$X_{t_1}, X_{t_2}, \cdots, X_{t_k}$ 的联合分布和 $X_{t_1+\tau}, X_{t_2+\tau}, \cdots, X_{t_k+\tau}$ 的联合分布相同. 严平稳要求 $X_{t_1}, X_{t_2}, \cdots, X_{t_k}$ 的联合分布在时间的平移变换下保持不变. 当 $k=1$ 时，X_t 的分布对所有的 t 都相同，即严平稳序列的均值和方差都不随 t 变化. 但是严平稳是个很强的条件，难以用经验的方法去验证，常用的平稳性要求是弱平稳.

称时间序列 $X_1, X_2, \cdots, X_N$ 是弱平稳的（weakly stationary），或二阶平稳（second-order stationary），或协方差平稳（covariance stationary），如果一个时间序列的均值和方差具有时间不变性，而且，对于任何滞后期 τ，X_t 和 $X_{t+\tau}$ 的相关系数 $\mathrm{cov}(X_t, X_{t+\tau})$ 仅依赖于 τ 而与 t 无关. 弱平稳序列的一阶矩和二阶矩不随时间而改变，所以，若时间序列服从正态分布，则弱平稳等价于严平稳. 本章中提及平稳概念时，均指的是弱平稳.

如果白噪声序列（见 14.2.4 节）$\varepsilon_t = \sum_{j=1}^{\infty} \pi_j X_{t-j}$ 可以通过线性滤波（linear filter）变换成序列：

$$X_t = \mu + \sum_{j=0}^{\infty} \psi_j \varepsilon_{t-j},\qquad\qquad (14.2.1)$$

只有在系数满足 $\sum_{j=1}^{\infty}|\psi_j|<\infty$ 时，序列 $\{X_t\}$ 才平稳，且以 μ 为均值.（14.2.1）满足条件

$\sum_{j=1}^{\infty}|\psi_j|<\infty$ 时，称序列 $\{X_t\}$ 是为绝对可加的（absolutely summable）;（14.2.1）满足条件

$\sum_{j=1}^{\infty}\psi_j^2<\infty$ 时，称序列 $\{X_t\}$ 是为平方可加的（square summable）. 满足绝对可加或平方可加

条件的序列称为因果的（causal）. 因果概念源于目前的观测值是目前和过去白噪声项的函数，对预测来说，只有因果平稳过程才有意义.

　　根据 Wold 分解定理，任何弱平稳时间序列都可以表示成（14.2.1）形式，且有性质：

$$\gamma_0 = \mathrm{Var}(X_t) = \sigma^2 \sum_{j=0}^{\infty}\psi_j^2,$$

$$\gamma_k = \mathrm{Cov}(X_t, X_{t-k}) = \sigma^2 \sum_{j=0}^{\infty}\psi_j\psi_{j+k},$$

$$\rho_k = \frac{\sum_{j=0}^{\infty}\psi_j\psi_{j+k}}{\sum_{j=0}^{\infty}\psi_j^2}.$$

14.2.2　可逆性

　　可逆性（invertibility）意味着误差能表示成目前以及过去观测值的加权和：

$$\varepsilon_t = \sum_{j=0}^{\infty}\pi_j X_{t-j},$$

在绝对可加的条件下，即 $\sum_{j=0}^{\infty}|\pi_j|<\infty$，称序列为**可逆的**（invertible）.

14.2.3　自协方差函数和自相关函数

　　假定 X_t 和 X_s 的均值分别为 $\mu_t = E(X_t), \mu_s = E(X_s)$，那么 X_t 和 X_s 的自协方差函数（auto-covariance function, acvf）定义为

$$\gamma(t,s) = \mathrm{Cov}(X_t, X_s) = E[(X_t - \mu_t)(X_s - \mu_s)].$$

对于平稳时间序列，记 $\tau = t - s$ 及 $\mu = E(X_t) = E(X_s)$，则有

$$\gamma_\tau = \gamma(t,s) = E[(X_t - \mu)(X_{t+\tau} - \mu)],$$

可见平稳时间序列的自协方差函数 γ_τ 仅依赖于时间间隔 τ.

　　平稳时间序列的自相关函数（auto-correlation function, acf）定义为

$$\rho_\tau = \frac{\gamma_\tau}{\gamma_0} = \frac{E[(X_t - \mu_t)(X_s - \mu_s)]}{\mathrm{Var}(X_t)}.$$

对于平稳序列，自相关函数的性质有：

（1）$\rho_0 = 1$；（2）$\rho_\tau = \rho_{-\tau}$；（3）$\|\rho_\tau\| < 1$.

滞后期为 τ 的样本自协方差函数（Sample Auto-Covariance Function）和样本自相关函数（Sample Auto-Correlation Function）分别定义为

$$\hat{\gamma}_\tau = \frac{1}{N} \sum_{t=\tau+1}^{N} (x_t - \overline{x})(x_{t-\tau} - \overline{x}), \quad \hat{\rho}_\tau = \frac{\hat{\gamma}_\tau}{\hat{\gamma}_0} = \frac{\displaystyle\sum_{t=\tau+1}^{N} (x_t - \overline{x})(x_{t-\tau} - \overline{x})}{\displaystyle\sum_{t=1}^{N} (x_t - \overline{x})^2}.$$

14.2.4　白噪声模型

残差序列是时间序列的观测值与模型的预测值的差 $\varepsilon_t = x_t - \hat{x}_t$ 按时间顺序排列后的序列，即 $\varepsilon_1, \varepsilon_2, \cdots, \varepsilon_n$. 如果一个时间序列模型能够解释数据中的所有特征，那么残差序列应该是不相关的，即残差序列的自相关图中没有任何显著的相关特征.

若序列 $\{\varepsilon_t : t = 1, 2, \cdots, n\}$ 中的各随机变量均值为 0 且独立同分布，则称 $\{\varepsilon_t\}$ 为**白噪声序列**. 白噪声序列中的随机变量具有共同的方差，且当 $i \neq j$ 时，相关系数 $\mathrm{cor}(\varepsilon_i, \varepsilon_j) = 0$. 另外，若 $\varepsilon_t \sim N(0, \sigma^2)$，则称 $\{\varepsilon_t\}$ 高斯白噪声序列（Gaussian White Noise）.

白噪声序列的二阶特性容易通过定义直接得到：

$$\gamma_k = \mathrm{cov}(\varepsilon_t, \varepsilon_{t+k}) = \begin{cases} \sigma^2, & k = 0, \\ 0, & k \neq 0, \end{cases}$$

自相关函数为

$$\rho_k = \begin{cases} 1, & k = 0, \\ 0, & k \neq 0. \end{cases}$$

由于抽样误差的存在，模拟的白噪声数据在滞后阶数 $k \neq 0$ 时计算出来的样本自相关系数并不会精确地等于 0，从图 14.10 可以看到，在滞后阶数 lag=9 处的统计显著性是由于抽样误差所引起的.

```
>acf(rnorm(100))
```

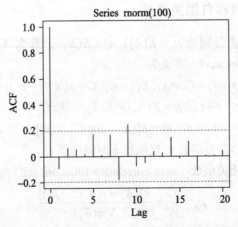

图 14.10　模拟的长度为 100 的白噪声序列的样本自相关图

当拟合一个时间序列模型时，如果残差序列是白噪声序列，说明这个模型对这个数据的拟合是充分的.

利用 Ljung-Box 检验可以检验序列是否为白噪声，即检验

$$H_0: \rho_1 = \rho_2 = \cdots = \rho_m = 0 \quad vs \quad H_1: 至少存在一个 \rho_i \neq 0 \ (i = 1, 2, \cdots, m)$$

检验统计量为：

$$Q(m) = N(N+2) \sum_{i=1}^{m} \frac{\hat{\rho}_i^2}{N-i}.$$

在序列满足一定条件下，$Q(m)$ 渐近地服从自由度为 m 的 χ^2 分布. R 软件给出 $Q(m)$ 的 p 值，当 p 值小于显著性水平 α 时，拒绝 H_0，认为序列不是白噪声序列. 在 R 中进行 Ljung-Box 检验的函数为 Box.test( )，其调用格式为

```
Box.test(x, lag = 1, type = c("Box-Pierce", "Ljung-Box"))
```

其中，x 为数值向量或单变量时间序列，lag 表示延迟阶数，lag=n 表示输出滞后 n 阶的白噪声检验统计量，type 表示检验统计量的类型，type="Box-Pierce"表示输出白噪声检验的 Q 统计量，type = "Ljung-Box"表示输出 LB 统计量.

```
>set.seed(1)    #设定种子数
>e<-rnorm(100)
> Box.test(e,12,"Ljung")
data: e
X-squared = 6.4008, df = 12, p-value = 0.8945
```

从输出结果可以看到，统计量 $Q(m) = 6.4008$，自由度为 12，由于 p 值 $0.8945 > 0.05$，故接受原假设，认为该序列是白噪声.

14.2.5 随机游走

称时间序列 $\{x_t\}$ 为随机游走，如果

$$x_t = x_{t-1} + \varepsilon_t, \tag{14.2.2}$$

其中 $\{\varepsilon_t\}$ 是一个白噪声序列. 式（14.2.2）也可以改写为

$$x_t = \varepsilon_1 + \varepsilon_2 + \cdots + \varepsilon_t.$$

随机游走的前二阶特性为

$$\mu = E(x_t) = 0, \quad \gamma_k(t) = \text{cov}(x_t, x_{t+k}) = t\sigma^2.$$

由于协方差函数是时间的函数，所以该过程是非平稳的. 滞后 k 期的自相关系数为

$$\rho_k(t) = \frac{\text{cov}(x_t, x_{t+k})}{\sqrt{\text{var}(x_t)\text{var}(x_{t+k})}} = \frac{t\sigma^2}{\sqrt{t\sigma^2(t+k)\sigma^2}} = \frac{1}{\sqrt{1+k/t}},$$

易见，对于充分大的 t，$\rho_1(t) \approx 1$；若 $k \ll t$，$\rho_k(t) \approx 1$. 一般情况下，$\rho_k(t) < \rho_{k-1}(t)$. 随机游走的自相关图中自相关系数从 1 开始慢慢衰减.

以下 R 程序模拟出一组随机游走序列：

```
>e=rnorm(1000)
>x=cumsum(e)    #该函数对白噪声序列进行累计相加得到随机游走序列
```

```
>plot(x, type="l")
>acf(x)
```

输出结果如图 14.11 所示，由于自相关性较大，所以模拟的随机游走序列呈现出负增长的趋势性，这组模拟数据的样本自相关图如图 14.12 所示.

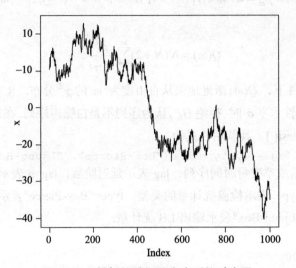

图 14.11　模拟的随机游走序列的时序图

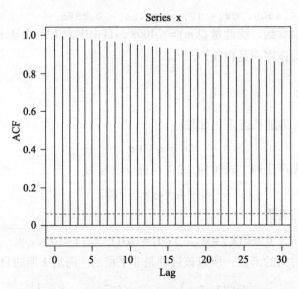

图 14.12　模拟的一组随机游走序列的自相关图

根据公式（14.2.2），$\Delta x_t = x_t - x_{t-1} = \varepsilon_t$，即 $\{x_t\}$ 的一阶差分序列 $\{\Delta x_t\}$ 是白噪声序列. 故差分序列的样本自相关图可用来判定一个序列是否是随机游走，即如果差分序列的样本自相关图没有显著的相关，那么原序列就是随机游走序列. 下面给出随机游走的差分序列的自相关图（见图 14.13）.

```
>acf(diff(x))
```

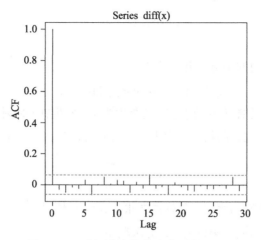

图 14.13　随机游走的差分序列的 acf 图

14.3　自回归移动平均模型

本节介绍一类重要的参数时间序列模型——自回归移动平均模型（Autoregressive Moving Average, ARMA）。

14.3.1　AR 模型

称序列 $\{x_t\}$ 为阶数为 p 的自回归过程（Autoregressive Process），简记为 AR(p)过程，若

$$x_t = \alpha_1 x_{t-1} + \alpha_2 x_{t-2} + \cdots + \alpha_p x_{t-p} + \varepsilon_t,\qquad（14.3.1）$$

其中，ε_t 是均值为 0、方差为 σ^2 的白噪声序列. 令

$$\varphi(B) = 1 - \alpha_1 B - \alpha_2 B^2 - \cdots - \alpha_p B^p,$$

上述模型可以表示为

$$\varphi(B)x_t = \varepsilon_t,$$

对应的特征方程为

$$\varphi(B) = 1 - \alpha_1 B - \alpha_2 B^2 - \cdots - \alpha_p B^p = 0.$$

随机游走是一种特殊的 AR(1)模型，其中系数 $\alpha_1 = 1$. AR 模型是 x_t 在它的过去序列值上的回归，故称为"自回归"模型.

1. AR(1)模型

当序列 $\{x_t\}$ 具有滞后 1 期的自相关系数时，滞后值 x_{t-1} 在预测 x_t 时是有用的，模型为：

$$x_t = \alpha x_{t-1} + \varepsilon_t,\qquad（14.3.2）$$

对上式左右两边求期望，由 $E(\varepsilon_t) = 0$ 可知

$$E(x_t) = \alpha E(x_{t-1}).$$

在平稳性条件下 $E(x_t) = E(x_{t-1})$，故

$$(1-\alpha)E(x_t) = 0 ,$$

若 $\alpha \neq 1$ ，则 $E(x_t) = 0$.

对式（14.3.2）两边取平方，并求期望得

$$\text{Var}(x_t) = \alpha^2 \text{Var}(x_{t-1}) + \sigma^2 ,$$

这里用到了 x_{t-1} 与 ε_t 协方差为 0 的事实，这是因为 x_{t-1} 发生在 t 时刻之前，而 ε_t 作为 t 时刻的扰动，不依赖于任何过去的信息．由平稳性的假定， $\text{Var}(x_t) = \text{Var}(x_{t-1})$ ，因此

$$\text{Var}(x_t) = \frac{\sigma^2}{1-\alpha^2} .$$

由于随机变量方差非负性和序列平稳性的要求， $\alpha^2 < 1$ 或 $|\alpha| < 1$.

对式（14.3.2）两边同时乘以 x_{t-k} ，并求期望

$$E(x_t x_{t-k}) = \alpha E(x_{t-1} x_{t-k}) + E(\varepsilon_t x_{t-k}) ,$$

利用 ε_t 不依赖于 x_t 之前的信息的特点， $E(\varepsilon_t x_{t-k}) = 0$ ．因此，

$$\gamma_t = \alpha \gamma_{k-1} ,$$

两边同除以 γ_0 ，得 $\rho_t = \alpha \rho_{k-1}$ ，由 $\rho_0 = 1$ 可得一般形式为

$$\rho_k = \alpha^k .$$

例 14.3.1 使用如下 R 程序绘制自回归系数分别为 $\alpha = 0.9, 0.4, -0.8, -0.5$ 的 AR(1)模型自相关函数图．代码如下：

```
> par(mfrow=c(2,2))
> plot(y=ARMAacf(ar=c(0.9),lag.max=12)[-1],x=1:12,type='h',
+     xlab='Lag k',ylab=expression(rho[k]),ylim=c(0,1))
> points(y=ARMAacf(ar=c(0.9),lag.max=12)[-1],x=1:12,pch=20)
> abline(h=0)
> text(x=7,y=.8,labels=expression(list(alpha==0.9)))
> plot(y=ARMAacf(ar=c(0.4),lag.max=12)[-1],x=1:12,type='h',
+     xlab='Lag k',ylab=expression(rho[k]),ylim=c(0,1))
> points(y=ARMAacf(ar=c(0.4),lag.max=12)[-1],x=1:12,pch=20)
> abline(h=0)
> text(x=7,y=.8,labels=expression(list(alpha==0.4)))
> plot(y=ARMAacf(ar=c(-0.8),lag.max=12)[-1],x=1:12,type='h',
+     xlab='Lag k',ylab=expression(rho[k]),ylim=c(-1,1))
> points(y=ARMAacf(ar=c(-0.8),lag.max=12)[-1],x=1:12,pch=20)
> abline(h=0)
> text(x=7,y=.8,labels=expression(list(alpha==-0.8)))
> plot(y=ARMAacf(ar=c(-0.5),lag.max=12)[-1],x=1:12,type='h',
+     xlab='Lag k',ylab=expression(rho[k]),ylim=c(-1,1))
> points(y=ARMAacf(ar=c(-0.5),lag.max=12)[-1],x=1:12,pch=20)
> abline(h=0)
> text(x=7,y=.8,labels=expression(list(alpha==-0.5)))
```

上述代码中利用 R 函数 **ARMAacf()**来计算理论的自回归系数，结果如图 14.14 所示，从图中可以看到，当 α 在 ±1 附近，指数递减得很慢，但对于绝对值较小的 α ，递减速度很快，另外当 α 为负数时得到锯齿状序列．

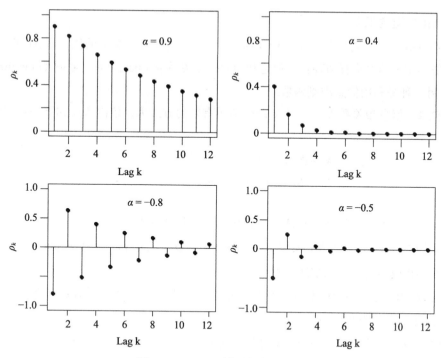

图 14.14 AR(1)模型的自相关图

2. AR(p)模型

假设序列 $\{x_t\}$ 平稳，在方程（14.3.1）两边依次乘以 $x_{t-k}(k=1,2,\cdots,p)$ 并求期望，然后除以 γ_0 获得如下的递归关系：

$$\rho_k = \alpha_1\rho_{k-1} + \alpha_2\rho_{k-2} + \cdots + \alpha_p\rho_{k-p}, k=1,2,\cdots,p ,$$

根据 $\rho_0 = 1$ 及 $\rho_{-k} = \rho_k$，得到一般的 Yule-Walker 方程组：

$$\begin{cases} \rho_1 = \alpha_1 + \alpha_2\rho_1 + \alpha_3\rho_2 + \cdots + \alpha_p\rho_{p-1}, \\ \rho_2 = \alpha_1\rho_1 + \alpha_2 + \alpha_3\rho_1 + \cdots + \alpha_p\rho_{p-2}, \\ \vdots \\ \rho_p = \alpha_1\rho_{p-1} + \alpha_2\rho_{p-2} + \alpha_3\rho_{p-3} + \cdots + \alpha_p. \end{cases}$$

给定自回归函数各阶系数 $\alpha_1, \alpha_2, \cdots, \alpha_p$，可以求解该线性方程组得到 $\rho_1, \rho_2, \cdots, \rho_p$ 的估计值.

3. 平稳性

如果 AR 模型的特征方程的根都在单位圆外，则称序列 $\{x_t\}$ 是平稳的.

例 14.3.2 判断一个 AR(2)过程 $X_t = X_{t-1} - 0.5X_{t-2} + w_t$ 的平稳性. 由于其特征方程为 $\varphi(B) = 1 - B + 0.5B^2 = 0$，使用如下 R 函数 polyroot()来求解根，并使用函数 Mod()求其模：

```
> polyroot(c(1,-1,0.5))
[1] 1+1i 1-1i
> Mod(polyroot(c(1,-1,0.5)))
[1] 1.414214  1.414214
```

结果显然其两个根都在单位圆外，因此该过程是平稳的.

4. AR 模型的识别

在用 AR(p) 模型对实际数据进行建模时，需要首先确定阶数 p 的值，即 AR 模型的定阶. 一般确定 p 的方法有两种：一种是利用偏自相关系数（partial auto-correlation function, pacf）；另一种是利用信息准则函数.

方法 1 偏自相关系数法. 引入 pacf 简单有效的方式为，依次考虑如下一系列的 AR 模型：

$$x_t = \phi_{11}x_{t-1} + \varepsilon_{1t},$$
$$x_t = \phi_{21}x_{t-1} + \phi_{22}x_{t-2} + \varepsilon_{2t},$$
$$\cdots$$
$$x_t = \phi_{p1}x_{t-1} + \phi_{p2}x_{t-2} + \cdots + \phi_{pp}x_{t-p} + \varepsilon_{pt},$$

这里的系数 $\{\phi_{jj}\}$，即每个 AR 模型中的最后一个系数，就是 pacf. 样本 pacf $\hat{\phi}_{jj}$ 可以根据上面 p 个 AR 模型由最小二乘法求解.

对于平稳的高斯 AR(p) 模型，可以证明当 $j > p$ 时，偏自相关系数 $\phi_{jj} = 0$，即 AR(p) 序列的 pacf 图是 p 阶截尾的.

例 14.3.3 试绘制如下四个 AR 过程的模拟数据的样本偏自相关图：

模型 1： $y_t = 0.5y_{t-1} + \varepsilon_t$；

模型 2： $y_t = 1.2y_{t-1} - 0.35y_{t-2} + \varepsilon_t$；

模型 3： $y_t = 0.5y_{t-1} + 0.3y_{t-2} + 0.1y_{t-3} + \varepsilon_t$；

模型 4： $y_t = 0.2y_{t-1} + 0.1y_{t-2} + 0.1y_{t-3} + 0.1y_{t-4} + \varepsilon_t$.

解 R 代码如下：

```
> T=10000
> y1=arima.sim(model=list(ar=c(.5)),T)
> y2=arima.sim(model=list(ar=c(1.2,-.35)),T)
> y3=arima.sim(model=list(ar=c(.5,.3,.1)),T)
> y4=arima.sim(model=list(ar=c(.2,.1,.1,.1,.1)),T)
> par(mfrow=c(2,2))
> par(mar=c(4,4,3.5,.5))
> acf(y1,type="partial",main="AR(1)",20)
> acf(y2,type="partial",main="AR(2)",20)
> acf(y3,type="partial",main="AR(3)",20)
> acf(y4,type="partial",main="AR(5)",20)
```

输出结果如图 14.15 所示.

方法 2 信息准则函数法. 有几种基于似然函数的信息准则可用来决定 AR 过程的阶数 p. 赤池信息准则（Akaike Information Criterion, AIC）定义如下：

$$\text{AIC} = -\frac{2}{N}\ln(\text{最大似然函数}) + \frac{2}{N}(\text{参数的个数}),$$

其中 N 是样本容量，对高斯 AR(p) 模型，AIC 简化为

$$\text{AIC}(p) = \ln(\tilde{\sigma}_p^2) + \frac{2p}{N},$$

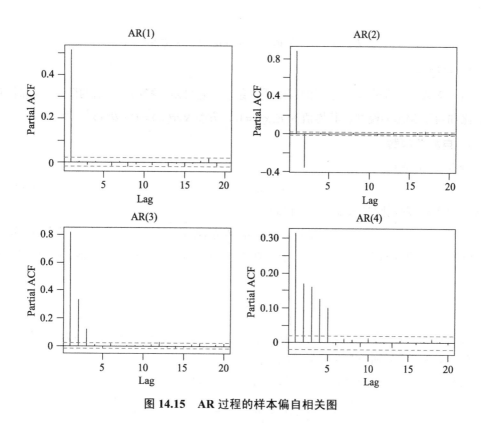

图 14.15 AR 过程的样本偏自相关图

其中 $\tilde{\sigma}_p^2$ 是 σ^2 的最大似然估计，σ^2 是 ε_t 的方差. AIC 中的第一项代表模型对数据的拟合优度，第二项代表惩罚程度，用参数的个数来惩罚所用的模型.

另一个常用的信息准则为贝叶斯信息准则（BIC），对高斯 AR(p) 模型，BIC 简化为

$$\text{BIC}(p) = \ln(\tilde{\sigma}_p^2) + \frac{p\ln(N)}{N},$$

由于多数情况下 $\ln(N) > 2$，BIC 对模型的复杂度惩罚力度更大. 因此，BIC 倾向于选择一个低阶的 AR 模型.

14.3.2 MA 模型

称序列 $\{x_t\}$ 是阶数为 q 的移动平均过程（Moving Average Process），简记为 MA(q) 过程，若

$$x_t = \varepsilon_t + \theta_1\varepsilon_{t-1} + \theta_2\varepsilon_{t-2} + \cdots + \theta_q\varepsilon_{t-q},$$

其中，ε_t 是均值为 0，方差为 σ^2 的白噪声序列. 用 $1, \theta_1, \theta_2, \cdots, \theta_q$ 作为 $\varepsilon_t, \varepsilon_{t-1}, \varepsilon_{t-2}, \cdots, \varepsilon_{t-q}$ 的权重进行加权平均得到 x_t，类似方法加权平均得到 x_{t+1}，依次类推，移动平均模型的术语由此得来.

令 $\theta(B) = 1 + \theta_1 B + \theta_2 B^2 + \cdots + \theta_q B^q$，该模型为

$$x_t = \theta(B)\varepsilon_t,$$

显然

$$E(x_t) = 0 , \quad \mathrm{Var}(x_t) = (1 + \theta_1^2 + \cdots + \theta_q^2)\sigma^2 .$$

1. 平稳性

由于 MA 模型是白噪声序列的有限线性组合，它总是平稳的。其前两阶矩不随时间变化，比如对于 MA(1) 模型，其均值为 $E(x_t) = 0$，方差 $\mathrm{Var}(x_t) = (1 + \theta^2)\sigma^2$。

2. 自相关函数

设有 MA(1) 模型

$$x_t = \varepsilon_t + \theta\varepsilon_{t-1} , \tag{14.3.3}$$

对式（14.3.3）两端同时乘以 x_{t-k}，得到

$$x_{t-k}x_t = x_{t-k}\varepsilon_t + \theta x_{t-k}\varepsilon_{t-1} , \tag{14.3.4}$$

式（14.3.4）两边取期望，当 $k = 1$ 时，$\gamma_1 = \theta\sigma^2$；当 $k > 1$ 时，$\gamma_k = 0$。由 $\mathrm{Var}(x_t) = (1 + \theta^2)\sigma^2$，可知

$$\rho_1 = \frac{\theta}{1 + \theta^2}, \rho_k = 0 , \quad k > 1 ,$$

即 MA(1) 模型的 acf 在滞后期数为 1 时非零，所有滞后期数超过 1 的 acf 都为零，即 MA(1) 模型的 acf 图在滞后期数为 1 之后是截尾的。

类似的方法可以求出 MA(2) 模型的自相关系数为

$$\rho_1 = \frac{\theta_1 + \theta_1\theta_2}{1 + \theta_1^2 + \theta_2^2}, \rho_2 = \frac{\theta_2}{1 + \theta_1^2 + \theta_2^2} , \quad \rho_k = 0 , \quad k > 2 .$$

这时，MA(2) 模型的 acf 图是 2 阶截尾的。这个性质可以推广到一般的 MA(q) 模型，其 acf 图是 q 阶截尾的。因此，MA(q) 序列前 q 个滞后值线性相关，它是一个 "有限记忆" 的模型。

例 14.3.4 图 14.16 给出了模拟的 MA(1) 序列（$\theta = -0.9$ 和 $\theta = 0.9$）的时间序列图和样本自相关图。R 程序如下：

```
> x=arima.sim(n=120, list(ma = c(-0.9)),sd =1)
> y=arima.sim(n=120, list(ma = c(0.9)),sd =1)
> par(mfrow=c(2,2))
> plot(ts(x),type="o",ylab="x")
> acf(x)
> plot(ts(y),type="o",ylab="y")
> acf(y)
```

从图 14.16 中可以看到，两个模型的时间序列图是平稳的。$\theta = -0.9$ 对应的序列，一阶滞后负相关，图形随着时间的推移呈锯齿状，因为当一个观测值高于均值，那么下一个观测值一般低于均值；而 $\theta = 0.9$ 对应的序列，一阶滞后存在中等强度的正相关，从时间序列图中观察到这种正相关非常明显，因为相邻的观测取值非常接近，当一个观测值高于序列均值时，下一个观察值一般也高于序列均值，其 acf 图都是 1 阶截尾的。

例 14.3.5 对如下两个 MA(1) 过程 A 和 B

$$A: x_t = \varepsilon_t + \theta\varepsilon_{t-1} ,$$

$$B: x_t = \varepsilon_t + \theta^{-1}\varepsilon_{t-1} .$$

容易验证它们有完全一样的 acf。因此不能通过特定的 acf 来唯一确定 MA 过程。现在用 x_t

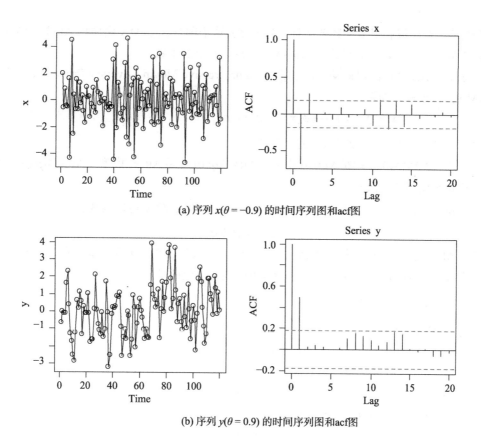

(a) 序列 $x(\theta=-0.9)$ 的时间序列图和acf图

(b) 序列 $y(\theta=0.9)$ 的时间序列图和acf图

图 14.16　MA(1)过程的时间序列图

来表示 ε_t，得到

$$A: \ \varepsilon_t = x_t - \theta x_{t-1} + \theta^2 x_{t-2} - \cdots,$$

$$B: \ \varepsilon_t = x_t - \theta^{-1} x_{t-1} + \theta^{-2} x_{t-2} - \cdots.$$

若 $|\theta|<1$，则模型 A 的系数序列收敛，而模型 B 的系数序列不收敛. 因此模型 B 不是可逆的.

一个给定的随机过程都有唯一的 acf，但是一个 acf 并不对应唯一的随机过程，这时需要所谓的可逆性条件（invertibility condition）来保证其唯一性.

3. 可逆性

将 MA(1)模型改写为 $\varepsilon_t = x_t - \theta\varepsilon_{t-1}$，迭代代替 ε_{t-1} 可以得到

$$\varepsilon_t = x_t - \theta x_{t-1} + \theta^2 x_{t-2} - \theta^3 x_{t-3} + \cdots,$$

等式表明当前的扰动 ε_t 是序列 $\{x_t\}$ 现在和过去观测值的线性组合. 从直观上看，要使 MA(1) 模型看起来是合理的，应该要求 $|\theta|<1$，这样时间间隔较久远的序列值对当前的扰动 ε_t 的影响接近于 0.

14.3.3　ARMA 模型

在实际应用中，如果应用 AR 或 MA 模型可能需要很高阶的模型才能充分描述数据的

动态结构，这样就有很多参数要估计. 为了克服这个困难，ARMA 模型将 AR 和 MA 模型的想法结合成一个紧凑的形式，从而减少了模型参数的个数.

称序列 $\{x_t\}$ 是自回归移动平均过程（Autoregressive Moving Average Process），简记为 ARMA(p,q) 过程，如果

$$x_t = \phi_1 x_{t-1} + \cdots + \phi_p x_{t-p} + \varepsilon_t + \theta_1 \varepsilon_{t-1} + \theta_2 \varepsilon_{t-2} + \cdots + \theta_q \varepsilon_{t-q},$$

其中，ε_t 是均值为 0，方差为 σ^2 的白噪声序列.

显然，ARMA(0,q) 就是 MA(q) 模型，ARMA(p,0) 就是 AR(p) 模型. ARMA(p,q) 是 AR 模型和 MA 模型的一般式.

令 $\phi(B) = 1 - \phi_1 B - \cdots - \phi_p B^p, \theta(B) = 1 + \theta_1 B + \cdots + \theta_q B^q$，模型可以写成：

$$\phi(B) x_t = \theta(B) \varepsilon_t,$$

要使得 ARMA(p,q) 过程平稳，那么 $\{\phi_i, i = 1, 2, \cdots, p\}$ 满足 $\phi(B) = 0$ 的根都在单位圆外，而使得过程可逆，$\{\theta_j, j = 1, 2, \cdots, q\}$ 满足 $\theta(B) = 0$ 的根在单位圆外.

1. ARMA(1, 1) 模型

对于 ARMA(1, 1) 模型

$$x_t = \phi x_{t-1} + \varepsilon_t + \theta \varepsilon_{t-1}, \tag{14.3.5}$$

方程（14.3.5）两边取期望，得到

$$E(x_t) = \phi E(x_{t-1}).$$

若序列是平稳的，那么 $E(x_t) = E(x_{t-1})$，从而

$$(1 - \phi) E(x_t) = 0,$$

所以 $E(x_t) = 0$.

为了得到 Yule-Walker 形式的方程组，首先得到

$$E(\varepsilon_t x_t) = E[\varepsilon_t(\phi x_{t-1} + \varepsilon_t + \theta \varepsilon_{t-1})] = \sigma^2,$$

$$E(\varepsilon_{t-1} x_t) = E[\varepsilon_{t-1}(\phi x_{t-1} + \varepsilon_t + \theta \varepsilon_{t-1})] = (\phi + \theta)\sigma^2.$$

然后，对方程（14.3.5）两边乘以 x_{t-k} 并求期望值，得到

$$\gamma_0 = \phi \gamma_1 + [1 + \theta(\varphi + \theta)]\sigma^2,$$
$$\gamma_1 = \phi \gamma_0 + \theta \sigma^2,$$
$$\gamma_k = \phi \gamma_{k-1}, k \geq 2,$$

求解前两个方程即可解得 γ_0 与 γ_1，其中

$$\gamma_0 = \mathrm{Var}(x_t) = \frac{(1 + 2\phi\theta + \theta^2)}{1 - \phi^2} \sigma^2.$$

因为方差是正的，故要求 $|\phi| < 1$，这与 AR(1) 的平稳性条件一致.

由 $\rho_1 = \dfrac{\gamma_1}{\gamma_0}$ 即得到 ρ_1. 根据第三个方程得 $\rho_k = \phi \rho_{k-1}, k \geq 2$，通过解简单递归关系式，得到

$$\rho_k = \frac{(1 + \theta\phi)(\phi + \theta)}{1 + 2\theta\phi + \theta^2} \phi^{k-1}, \ k \geq 1.$$

所以 ARMA(1,1) 模型的 acf 图是拖尾的，类似于 AR(1) 模型的 acf 图，不同的是它的指数衰减是从滞后期 2 开始的. 也可以证明，ARMA(1,1) 模型的 pacf 图与 MA(1) 模型的 pacf 图表现很相似，指数衰减也是从滞后期 2 开始的.

2. ARMA 模型的识别

平稳时间序列可以尝试使用 ARMA 模型来拟合. 但如果原始时间序列不平稳，可以在经过差分变换（比如一阶差分去掉趋势，周期差分去掉季节性）之后使序列变平稳，然后使用 ARMA 模型拟合.

若序列可以使用 ARMA 模型拟合，下一步就是选择阶数的问题. 三种方法可供选择：第一，acf 图和 pacf 图；第二，eacf 图；第三，BIC 准则.

acf 图和 pacf 图的判别方法如表 14.1 所示. 所谓"拖尾"是条形图以指数形式或正弦形式衰减，"截尾"就是图形在若干期之后变得很小而且没有什么模式.

表 14.1 acf 图和 pacf 图判断 ARMA 模型

	AR(p)	MA(q)	ARMA(p, q)
acf 图	拖尾	q 阶截尾	前 q 个无规律，其后拖尾
pacf 图	p 阶截尾	拖尾	前 p 个无规律，其后拖尾

样本 acf 和 pacf 为识别纯 AR(p)或 MA(q)提供了有效的工具，但是对于混合 ARMA 模型来说，acf 和 pacf 有无限多的非零值，根据表 14.1 来识别混合模型仍然非常困难. Tsay 和 Tiao(1984)[1]提出一种新方法，使用推广的自相关系数（extended autocorrelation function，eacf）来确定 ARMA 过程的阶数. eacf 的推导相对复杂，细节可参见 Tsay 和 Tiao(1984). 本章仅给出 eacf 的理论结果，可以用二维表格表示（表 14.2）. 表的行对应 AR 的阶 p，列对应于 MA 的阶 q. 该表的主要特征是：包含由"0"组成的三角形，并且这个三角形左上角顶点位于阶(p,q)处，使用这样的特征来识别 ARMA 过程的阶.

表 14.2 ARMA(p,q)模型的理论 eacf 表

p\q	0	1	...	q−1	q	q+1	q+2	q+3	...
0	x	x	...	x	x	x	x	x	...
1	x	x	...	x	x	x	x	x	...
⋮	⋮	⋮		⋮	⋮	⋮	⋮	⋮	⋮
p−1	x	x	...	x	x	x	x	x	...
p	x	x	...	x	0	0	0	0	...
p+1	x	x	...	x	x	0	0	0	...
p+2	x	x	...	x	x	x	0	0	...
p+3	x	x	...	x	x	x	x	0	...

---

① Tsay, R. and Tiao, G. Consistent Estimates of Autoregressive Parameters and Extended Sample Autocorrelation Function for Stationary and Nonstationary ARMA Models. J.Amer. Stati.Asso., 1984, 79 (385)：84-96.

可以使用 Cryer 和 Chan 开发的 R 工具包 TSA 里的函数 eacf() 来得到 eacf 表. 以下是一些模拟的 ARMA 模型以及它们的样本 eacf 表.

```
> library(TSA)
> x<-rnorm(200)      #产生白噪声
> eacf(x)
AR/MA
   0 1 2 3 4 5 6 7 8 9 10 11 12 13
0  o o o o o o o o o x o  o  o  o
1  x o o o o o o o x o  o  o  o  o
2  o o o o o o o o x o  o  o  o  o
3  o x x o o o o o o o  o  o  o  o
4  x x x x o o o o o o  o  o  o  o
5  x x x o o o o o o o  o  o  o  o
6  o x x o o o o o o o  o  o  o  o
7  x o x o x o x o o o  o  o  o  o
>#AR(1)
> x<-arima.sim(n=200,list(ar=c(0.9)))
> eacf(x)
AR/MA
   0 1 2 3 4 5 6 7 8 9 10 11 12 13
0  x x x x x x x x x x  x  x  x  o
1  o o o o x x o o o o  o  o  o  o
2  x o o o o o o o o o  o  o  o  o
3  x o o o o o o o o o  o  o  o  o
4  x o o o o o o o o o  o  o  o  o
5  x x x o o o o o o o  o  o  o  o
6  x x o o o o o o o o  o  o  o  o
7  x x o x o o o o o o  o  o  o  o
> #AR(2)
> x<-arima.sim(n=200,list(ar=c(0.5,0.4)))
> eacf(x)
AR/MA
   0 1 2 3 4 5 6 7 8 9 10 11 12 13
0  x x x x x x x x x x  x  x  x  x
1  x x o o o o o o o o  o  x  x  x
2  o x o o o o o o o o  o  o  o  o
3  x o o o o o o o o o  o  o  o  o
4  x o o o o o o o o o  o  o  o  o
5  x x x o o o o o o o  o  o  o  o
6  x x o o o o o o o o  o  o  o  o
7  x x o o o o o o o o  o  o  o  o
> #MA(1)
> x<-arima.sim(n=200,list(ma=c(0.7)))
> eacf(x)
AR/MA
   0 1 2 3 4 5 6 7 8 9 10 11 12
0  x o o o o o o x x x  o  o  o
1  x o o o o o o o o x  o  o  o
2  x o o o o o o o o o  o  o  o
3  x o x o o o o o o o  o  o  o
4  x o x o o o o o o o  o  o  o
5  x x x o o o o o o o  o  o  o
```

```
6  x  x  x  x  o  x  x  o  o  o  o  o    o    o    o
7  x  x  x  x  o  o  o  o  o  o  o  o    o    o    o
> #ARMR(1,1)
> x<-arima.sim(n=200,list(ar=c(0.8),ma=c(0.5)))
> eacf(x)
AR/MA
   0  1  2  3  4  5  6  7  8  9  10  11  12  13
0  x  x  x  x  x  x  x  x  x  o  o   o   o   o
1  x  o  o  o  o  o  o  o  o  o  o   o   o   o
2  x  x  o  o  o  o  o  o  o  o  o   o   o   o
3  x  x  o  o  o  o  o  o  o  o  o   o   o   o
4  x  x  o  o  o  o  o  o  o  o  o   o   o   o
5  x  x  x  o  o  o  o  o  o  o  o   o   o   o
6  x  x  o  o  o  o  o  o  o  o  o   o   o   x
7  x  x  x  o  o  o  o  o  o  o  o   o   o   o
```

3. ARMA 模型的诊断

模型参数估计出来以后，下一步则需要检验估计的模型对数据的拟合是否充分. 若拟合不充分，还需要知道该如何调整.

（1）系数的显著性检验.

检验的原假设为 H_0：系数 $=0$，检验统计量 $T=$ 估计值/标准误. 若 $|T|>2$，则拒绝 H_0. 如果无法拒绝，则需要进一步简化模型，每次删除一个参数后重新拟合模型，注意不要一次将所有不显著的参数都删除.

（2）平稳性和可逆性的检验.

如果估计模型的自回归多项式的根在单位圆外，那么模型是平稳的；如果移动平均多项式的根在单位圆外，模型是可逆的.

（3）自回归多项式的根的检验.

记估计模型的自回归多项式 $\hat{\phi}(B)$ 的根为 $\hat{z}_1, \hat{z}_2, \cdots, \hat{z}_p$，则自回归多项式可分解因式为

$$\hat{\phi}(B) = \frac{1}{\hat{z}_1 \hat{z}_2 \cdots \hat{z}_p} (\hat{z}_1 - B)(\hat{z}_2 - B) \cdots (\hat{z}_p - B).$$

如果其中一个根非常接近 1，那么 $\hat{\phi}(B)$ 中存在一个因子 $(1-B)$，故应考虑对原序列做1阶差分，即 $\Delta x_t = (1-B)x_t$.

如果有 k 个接近 1 的根，则需要作 k 阶差分，即 $\Delta^k x_t = (1-B)^k x_t$. 如果 4 个根非常接近 $1, -1, i, -i$，其中 i 为虚数单位. 考虑对序列进行季节差分：

$$\Delta_4 x_t = (1-B^4)x_t = (1-B)(1+B)(1-iB)(1+iB)x_t.$$

（4）残差的检验.

如果模型拟合充分，则残差序列应该接近白噪声序列，即均值为零，方差为常数，不存在自相关和偏自相关关系. 残差检验的工具包括残差的时序图、acf、pacf、eacf 以及 Ljung-Box 检验.

若残差中有非零均值项，则模型应增加一个常数项. 若方差不是常数，则原序列需通过变换为等方差后再进行建模. 若残差中存在异常值，则需要重新查看原序列图，将异常

值处理成缺失值或使用均值或预测值来替代. 若残差序列的 acf、pacf 还存在显著的相关性, 则说明模型的选择是错误的或者太小, 需要重新进行模型的定阶或选择更大的模型重新建模.

（5）简化模型, 避免过拟合.

优先选择简单且拟合充分的模型. 较复杂的模型可能对数据的拟合很好, 但预测效果往往较差, 所以尽量避免过拟合. 简化模型常用方法是找到不显著的系数, 即 $|T| < 2$ 的系数. 如果不显著的系数是自回归或移动多项式的最高阶的, 将自回归的阶数或移动平均的阶数减少一阶. 不要一次性删除所有的不显著系数, 每次减少一个阶数, 重新估计模型.

模型简化还可以通过查看自回归多项式和移动平均多项式是否存在相同的根[1]. 设 x_t 为 ARMA(p,q) 过程. 即 $\phi(B)x_t = \theta(B)\varepsilon_t$ 若 $\phi(B) = 0$ 的根是 $z_1, z_2, \cdots, z_p$, $\theta(B) = 0$ 的根是 $w_1, w_2, \cdots, w_p$, 模型可以重新写成:

$$\frac{(z_1 - B)(z_2 - B)\cdots(z_p - B)}{z_1 \cdots z_p} x_t = \frac{(w_1 - B)(w_2 - B)\cdots(w_q - B)}{w_1 \cdots w_q} \varepsilon_t.$$

若 $z_p = w_q$, 有

$$\frac{(z_1 - B)(z_2 - B)\cdots(z_{p-1} - B)}{z_1 \cdots z_{p-1}} x_t = \frac{(w_1 - B)(w_2 - B)\cdots(w_{q-1} - B)}{w_1 \cdots w_{q-1}} \varepsilon_t,$$

那么, x_t 服从 ARMA$(p-1, q-1)$ 模型. 如果有多个相等的根, 则模型就可以进一步简化.

例 14.3.6　试对美国 GDP 数据建立 ARMA 模型.

```
> x=ts(scan("US_GDP.dat"))[2]
Read 243 items
> par(mfrow=c(3,1))
> plot(x,main="Original series")
> lx=log(x)        #由于原序列有指数增长趋势, 使用对数变换使其趋势变成线性
> plot(lx,main="Log transformation on original Series")
> dlx=diff(lx)     #一阶常规差分将对数变换后的序列变平稳
> plot(ts(dlx),main="Differenced series after log transformation")
```
结果如图 14.17 所示.

从图 14.17 的（c）图可以看到, 虽然均值平稳了, 但是序列的前期和后期显然不是来自同一个模型, 这里仅截取前 150 期的序列进行建模.

```
> y=dlx[1:150]
> plot(ts(y))
> par(mfrow=c(2,1))
> acf(y)
> pacf(y)
> library(TSA)
```

---

① 模型简化的理论基础为: 如果序列 $\{x_t\}$ 服从 ARMA(p,q) 模型 $\phi(B)x_t = \theta(B)\varepsilon_t$, 则它一定也服从 ARMA$(p+1, q+1)$ 模型. 因为对任意 β, 总是有 $(1 - \beta B)\phi(B)x_t = (1 - \beta B)\theta(B)\varepsilon_t$, 依次类推, 不难得到 x_t 也服从 ARMA$(p+k, q+k)$ 模型（$k \geq 1$）.

② 数据集 US_GDP.dat 见附录, 也可以通过 E-mail 跟作者索取.

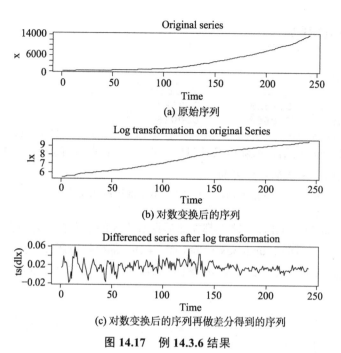

(a) 原始序列

(b) 对数变换后的序列

(c) 对数变换后的序列再做差分得到的序列

图 14.17 例 14.3.6 结果

```
> eacf(y)
AR/MA
   0 1 2 3 4 5 6 7 8 9 10 11 12 13
0  x o o o o o o x o o o  o  o  o
1  o o o o o o o o o o o  o  o  o
2  x o o o o o o o o o o  o  o  o
3  x o o o o o o o o o o  o  o  o
4  o o o o o o o o o o o  o  o  o
5  o o o o o o o o o o o  o  o  o
6  o x o o o o o o o o o  o  o  o
7  o x o o o o o o o o o  o  o  o
```

从图 14.18 可以看出，序列 y 的 acf 图是 2 阶截尾的，另外 eacf 表的结果也表明应对该序列拟合 MA(2)模型. 当然，这里的 eacf 表结果是 MA(1)，可能需要重新运行 eacf(y)程序.

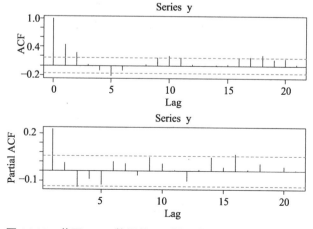

图 14.18 美国 GDP 数据的 acf 图（上）和 pacf 图（下）

模型 1：MA(2)模型

```
> out1=arima(y,order=c(0,0,2))
> out1
Coefficients:
        ma1      ma2      intercept
      0.3952   0.2523      0.0187
s.e.  0.0815   0.0668      0.0016
sigma^2 estimated as 0.0001361:  log likelihood = 454.71,  aic = -903.41
```

两个系数 θ_1 和 θ_2 的估计值除以其各自的标准误，得到相应的 t 值，由于两个 t 值均大于 2，故认为这两个系数都是显著的.

```
> aic=out1$aic       #记下该模型的 AIC 用于挑选最优模型
> tsdiag(out1)
```

残差序列的 acf 和 pacf 图（略）都在滞后期数为 5 的地方有显著的自相关关系，而且最长滞后期超过 5 之后的 Ljung-Box 检验（图 14.19）都拒绝原假设. 所以该模型还有未提取完的相关信息，故下一次尝试在 MA(2)模型上增加滞后期为 5 的自回归项和移动平均项.

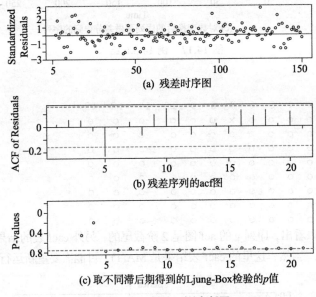

(a) 残差时序图

(b) 残差序列的 acf 图

(c) 取不同滞后期得到的 Ljung-Box 检验的 p 值

图 14.19 序列 y 的诊断图

```
> res1=out1$res
> par(mfrow=c(2,1))
> acf(res1)
> pacf(res1)
```

模型 2： $y_t = \phi_5 y_{t-5} + \varepsilon_t + \theta_1 \varepsilon_{t-1} + \theta_2 \varepsilon_{t-2} + \theta_5 \varepsilon_{t-5}$. 代码如下：

```
> out2=arma(y,lag=list(ar=5,ma=c(1,2,5)))
Warning message:
In arma(y, lag = list(ar = 5, ma = c(1, 2, 5))) : order is ignored
> summary(out2)
Call:
arma(x = y, lag = list(ar = 5, ma = c(1, 2, 5)))
Coefficient(s):
            Estimate    Std. Error    t value    Pr(>|t|)
```

```
ar5          -0.431688      0.208824      -2.067    0.038713 *
ma1           0.364486      0.084725       4.302    1.69e-05 ***
ma2           0.292656      0.084999       3.443    0.000575 ***
ma5           0.187019      0.216562       0.864    0.387816    (不显著)
intercept     0.026741      0.004242       6.303    2.91e-10 ***
---
Signif. codes:  0 '***' 0.001 '**' 0.01 '*' 0.05 '.' 0.1 ' ' 1

Fit:
sigma^2 estimated as 0.0001292,  Conditional Sum-of-Squares = 0.02,  AIC
= -907.45
> aic=cbind(aic,-907.45)
> aic
[1,] -903.4141 -907.45
> res2=out2$res[6:length(y)]
> par(mfrow=c(2,1))
> acf(res2)
> pacf(res2)
> for(ii in 5:10) print(Box.test(res2,ii,"Ljung"))
X-squared = 1.9354, df = 5, p-value = 0.858
X-squared = 3.9162, df = 6, p-value = 0.688
X-squared = 4.3713, df = 7, p-value = 0.7361
X-squared = 5.1023, df = 8, p-value = 0.7466
X-squared = 6.1932, df = 9, p-value = 0.7204
X-squared = 7.0895, df = 10, p-value = 0.717
```

与模型 1 相比，模型 2 的 AIC 降低了，且残差序列的 Ljung-Box 检验在滞后期 5 以上都不能拒绝白噪声的原假设. 唯一的不足是系数 θ_5 不显著，删除该项后可以进一步简化模型.

模型 3： $y_t = \phi_5 y_{t-5} + \varepsilon_t + \theta_1 \varepsilon_{t-1} + \theta_2 \varepsilon_{t-2}$. 代码如下：

```
> out3=arma(y,lag=list(ar=5,ma=c(1,2)))
> summary(out3)
Call:
arma(x = y, lag = list(ar = 5, ma = c(1, 2)))
Coefficient(s):
            Estimate    Std. Error   t value    Pr(>|t|)
ar5        -0.257179     0.082714     -3.109     0.00188 **
ma1         0.388582     0.076803      5.059     4.20e-07 ***
ma2         0.317607     0.080343      3.9537    .71e-05 ***
intercept   0.023490     0.002202     10.668     < 2e-16 ***
---
Signif. codes:  0 '***' 0.001 '**' 0.01 '*' 0.05 '.' 0.1 ' ' 1

Fit:
sigma^2 estimated as 0.0001298,  Conditional Sum-of-Squares = 0.02,  AIC
= -908.78
> aic=cbind(aic,-908.78)
> aic
[1,] -903.4141 -907.45  -908.78
> res3=out3$res[6:length(y)]
> par(mfrow=c(2,1))
> acf(res3)
> pacf(res3)
```

```
> for(ii in 5:10) print(Box.test(res3,ii,"Ljung"))
X-squared = 1.5154, df = 5, p-value = 0.9113
X-squared = 1.9934, df = 6, p-value = 0.9203
X-squared = 2.1145, df = 7, p-value = 0.9532
X-squared = 2.366, df = 8, p-value = 0.9677
X-squared = 3.2095, df = 9, p-value = 0.9554
X-squared = 4.7615, df = 10, p-value = 0.9065
```

与前两个模型相比, 模型 3 的 AIC 最小, 所有的系数均显著, 且残差序列不能拒绝白噪声的原假设, 因此模型 3 可以认为是最佳模型, 模型的表达式为

$$y_t = 0.023 - 0.257y_{t-5} + \varepsilon_t + 0.389\theta_1\varepsilon_{t-1} + 0.317\varepsilon_{t-2}.$$

下面对模型 3 的平稳性和可逆性进行检验:

```
> abs(polyroot(c(1,-out3$coef[1])))
[1] 3.888345
> abs(polyroot(c(1,out3$coef[2:3])))
[1] 1.774414 1.774414
```

从运行结果可以看到, 自回归多项式和移动平均多项式的根都大于 1, 故认为模型 3 是平稳可逆的.

4. ARMA 模型的预测

这里省略模型预测的理论细节, 由于多数有关时间序列的书籍都能涉及这方面的资料, 这里仅给出一个例子进行说明.

例 14.3.7 从 AR(1)模型: $x_t = 0.5x_{t-1} + \varepsilon_t$ 中模拟长度为 200 的序列. 使用模拟出的数据, 估计模型并使用 R 函数 predict()进行未来 7 期的预测.

解 R 代码及运行结果如下:

```
> x=arima.sim(n=200,list(ar=c(0.5)),sd=sqrt(5))
> out=arima(x,c(1,0,0))
> out
Coefficients:
         ar1      intercept
      0.5420      -0.2465
s.e.  0.0592       0.3394
sigma^2 estimated as 4.89:  log likelihood = -442.68,  aic = 889.36
> pp=predict(out,7)
> print(t(cbind(pp$pred,pp$se)))    #显示出预测值和预测误差
           [,1]     [,2]     [,3]     [,4]      [,5]      [,6]      [,7]
pp$pred  -0.063   -0.147   -0.192   -0.217    -0.231    -0.238    -0.242
pp$se     2.211    2.515    2.598    2.622     2.628     2.631     2.631
> nn=200    #序列观测值的数量
> nt=7      #预测步数
> nb=30     #图中显示的序列个数, 这里没有显示全部的序列, 只显示最后 30 个
> tt=(nn-nb):nn
> xxx=x[tt]
> rr=range(c(xxx,pp$pred+2*pp$se,pp$pred-2*pp$se))
> par(mfrow=c(1,1))
> plot(tt,xxx,pch=3,xlim=c(nn-nb,nn+nt),ylim=rr)
> lines(tt,xxx)
> lines(c(nn,nn),rr,lty=3)
```

```
> points(nn+1:nt,pp$pred,pch=2)     #预测值
> lines(nn+0:nt,c(x[nn],pp$pred),lty=5)
> lines(nn+1:nt,pp$pred+2*pp$se,lty=2)   #预测上限
> lines(nn+1:nt,pp$pred-2*pp$se,lty=2)   #预测下限
> lines(c(nn-nb,nn+nt),c(1,1)*out$coef[2],lty=10)
```

结果如图 14.20 所示，其中三角符号标出的是预测值，同时也给出了预测上限和预测下限.

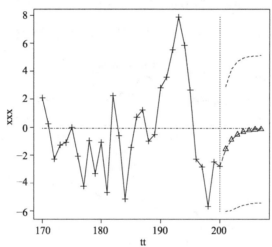

图 14.20　AR(1)模型模拟数据的预测图

14.4　非平稳时间序列模型

前面介绍的模型都是针对平稳序列展开的，而现实生活中有很多序列都是非平稳的. 这时需要通过差分等方式把非平稳序列转换成平稳序列，通过对平稳序列建模的结论导出非平稳序列的相应结论.

14.4.1　带漂移的随机游走过程

14.2.5 节介绍了随机游走过程，$x_t = x_{t-1} + \varepsilon$，若增加一个截距项，即

$$x_t = \delta + x_{t-1} + \varepsilon ,$$

就是一个带漂移的随机游走序列，通常称常数项 δ 为模型的漂移（drift）. 假定序列的初始值为 x_0，则容易写出

$$x_t = t\delta + x_0 + \varepsilon_t + \varepsilon_{t-1} + \cdots + \varepsilon_1 .$$

由此可见，带漂移的随机游走是由时间趋势 $t\delta$ 和一个纯随机游动过程 $\varepsilon_t + \varepsilon_{t-1} + \cdots + \varepsilon_1$ 组成的，它有斜率为 δ 的时间趋势. 所以它的均值和方差都是与时间 t 有关的函数.

与随机游走类似，带漂移的随机游走差分后的序列 $\{\Delta x_t\}$ 是一个白噪声序列，均值为 δ. 一般情况下，如果 $\{\Delta x_t\}$ 是平稳序列，那么说 $\{x_t\}$ 是随机游走.

下面利用 R 软件模拟一组随机游走序列和漂移项为 $\delta = 0.05$ 的随机游走序列. 从

图 14.21 可以看到，长期来看，随机游走序列没有确定性的趋势，而带漂移的随机游走序列围绕着斜率为 0.05 的直线波动.

```
> par(mfrow=c(2,1))
> T=4000
> r=rnorm(T)
> plot(cumsum(r),type="l",xlab="Time",ylab="Series",main="Random Walk")
> r=rnorm(T)+0.05
>plot(cumsum(r),type="l",xlab="Time",ylab="Series",main="Random Walk
with Drift")
> abline(0,0.05)      #在随机游走序列的时序图上增加它的趋势线 0.05t
```

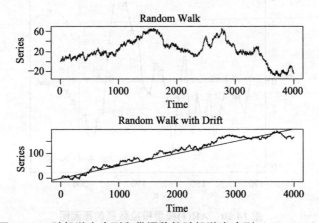

图 14.21　随机游走序列和带漂移的随机游走序列（$\delta = 0.05$）

14.4.2　ARIMA 模型

如果把 ARMA 模型推广到允许其 AR 多项式的根是 1，那么模型就变成了自回归求和移动平均（Autoregressive Integrated Moving Average，ARIMA）模型. 由于包含单位根，所以 ARIMA 模型是非平稳的.

时间序列 $\{y_t\}$ 称为 ARIMA(p,1,q) 过程，若差分后的序列 $\Delta y_t = y_t - y_{t-1} = (1-B)y_t$ 服从一个平稳可逆的 ARMA(p,q) 过程，即

$$\phi(B)(1-B)y_t = \theta(B)\varepsilon_t.$$

在很多领域中，时间序列 $\{y_t\}$ 可能会有多重单位根，需要做多次差分才能变成平稳序列，即 $\Delta^d y_t = (1-B)^d y_t$ 服从可逆的 ARMA(p,q) 过程，那么 $\{y_t\}$ 为 ARIMA(p,d,q) 过程，即

$$\phi(B)(1-B)^d y_t = \theta(B)\varepsilon_t.$$

14.4.3　单位根检验

对序列进行单位根检验，即检验序列的特征方程是否存在单位根. 若存在单位根，则该序列是非平稳的.

1. DF 检验

考虑 AR(1)模型：

$$x_t = \phi x_{t-1} + \varepsilon_t ,$$

其中，$\{\varepsilon_t\}$ 是均值为 0，方差为 σ^2 的白噪声序列. 模型的特征方程为 $\lambda - \phi = 0$，特征根为 $\lambda = \phi$. 若特征根在单位圆上，即 $\phi = 1$，那么 $\{x_t\}$ 是一个随机游走过程，单位根非平稳. 相应的检验称为单位根检验. 考虑如下假设：

$$H_0 : \phi = 1 \quad vs \quad H_1 : \phi < 1 .$$

一个方便的检验统计量是在 $H_0 : \phi = 1$ 成立下的最小二乘估计的 t 统计量（DF 统计量）：

$$t_{\hat{\phi}} = \frac{\hat{\phi} - 1}{\mathrm{SE}(\hat{\phi})} ,$$

当序列长度 $T \to \infty$ 时，DF 统计量收敛到标准布朗运动的一个函数. 如果拒绝 H_0，则认为序列是平稳的.

但是 DF 检验往往用于一阶自回归模型的单位根检验，当时间序列的生成机制相对复杂，如涉及高阶自相关等过程时，需要将 DF 检验推广到 ADF 检验（ Augmented Dickey-Fuller Test ）.

2. ADF 检验

检验 $\mathrm{AR}(p)$ 过程中是否存在单位根，可通过如下三个模型完成：

$$\Delta x_t = \beta x_{t-1} + \sum_{i=1}^{p-1} \phi_i \Delta x_{t-i} + \varepsilon_t ,$$

$$\Delta x_t = w_0 + \beta x_{t-1} + \sum_{i=1}^{p-1} \phi_i \Delta x_{t-i} + \varepsilon_t ,$$

$$\Delta x_t = w_0 + w_1 t + \beta x_{t-1} + \sum_{i=1}^{p-1} \phi_i \Delta x_{t-i} + \varepsilon_t ,$$

作如下检验：

$$H_0 : \beta = 0 \quad vs \quad H_1 : \beta < 0 .$$

实际检验时从第三个模型开始，然后第二个模型，第一个模型，何时检验拒绝原假设，即原序列不存在单位根，为平稳序列，何时停止检验. 否则要继续检验，直到检验完第一个模型为止，检验原理与 DF 检验相同.

例 14.4.1 使用美国从 1947 年第 1 季度到 2008 年第 4 季度的季度 GDP 对数序列进行单位根检验.

```
> library(fUnitRoots)
> help(UnitrootTests)
> www="http://faculty.chicagobooth.edu/ruey.tsay/teaching/fts3/q-gdp-
4708.txt"#见脚注①
> da=read.table(www,header=T)
> gdp=log(da[,4])
> par(mfrow=c(2,2))
> plot(ts(gdp),main="Log Series of US Quarterly GDP")
> plot(ts(diff(gdp)),main="First Order Difference")
```

_____

① 数据集 "q-gdp4708.txt" 也可以通过 E-mail 向作者索取.

```
> acf(gdp,main="Log GNP")
> acf(diff(gdp),main="First Order Difference")
```

从图 14.22 可以观察到, 该数据呈现出上升的趋势 (a 图), 同时 acf 图显示序列具有高度的自相关性(c 图). 经过差分后的对数序列, 在一个固定的均值水平附近波动(b 图), 没有显著的趋势. 原对数序列可能是单位根过程, 对此进行 ADF 检验, 使用工具包 fUnitRoots 中的 R 函数 adfTest(). 对差分序列估计 AR 过程, 得到自回归阶数 p 的估计是 $p = 10$.

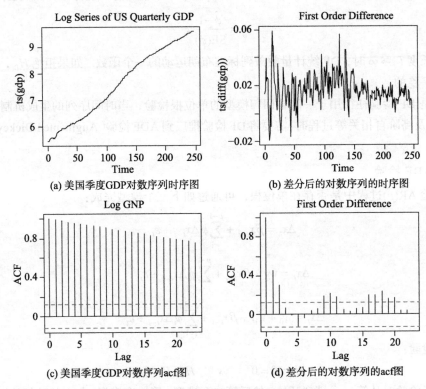

(a) 美国季度GDP对数序列时序图　　　　(b) 差分后的对数序列的时序图

(c) 美国季度GDP对数序列acf图　　　　(d) 差分后的对数序列的acf图

图 14.22　美国季度 GDP 对数序列图

```
> gdp.d.ar=ar(diff(gdp),method="mle")     #使用极大似然法估计 AR 模型
> gdp.d.ar$order
[1] 10
> adfTest(gdp,lag=10,type=c("c"))
Title:
 Augmented Dickey-Fuller Test
Test Results:
  PARAMETER:
    Lag Order: 10
  STATISTIC:
    Dickey-Fuller: -1.6109
  P VALUE:
    0.4569
```

当阶数 $p = 10$ 时, ADF 检验统计量的值是-1.611, p 值为 0.4569, 这表明序列存在单位根的原假设不能被拒绝. 所以, 序列是单位根非平稳的.

14.5 季 节 模 型

在例 14.1.1 中，我们看到航空旅客人数序列呈现出规律性的周期变化，这样的序列称为季节性时间序列. 对于季节性时间序列，可以采用随机季节模型进行拟合.

14.5.1 季节 ARMA 模型

设 s 为周期，常用的季节模型主要如下.

季节 $AR(P)_s$ 模型：$\Phi(B^s)x_t = \varepsilon_t$，其中 $\Phi(B^s) = 1 - \Phi_1 B^s - \Phi_2 B^{2s} - \cdots - \Phi_P B^{Ps}$；

季节 $MA(Q)_s$ 模型：$x_t = \Theta(B^s)\varepsilon_t$，其中 $\Theta(B^s) = 1 + \Theta_1 B^s + \Theta_2 B^{2s} + \cdots + \Theta_Q B^{Qs}$；

季节 $ARMA(P,Q)_s$ 模型：$\Phi(B^s)x_t = \Theta(B^s)\varepsilon_t$；

季节随机游走模型：$x_t = x_{t-s} + \varepsilon_t$ 或 $\Delta_s x_t = \varepsilon_t$；

季节 $ARIMA(P,D,Q)_s$ 模型：$\Phi(B^s)\Delta_s^D x_t = \Theta(B^s)\varepsilon_t$.

14.5.2 航空模型

航空模型被广泛应用于季节时间序列的建模，其形式为

$$(1-B)(1-B^s)x_t = (1-\theta B)(1-\Theta B^s)\varepsilon_t,$$

这里将 $(1-B^s)x_t = x_t - x_{t-s}$ 定义为周期为 s 的季节性差分（seasonal differencing）. 以周期 $s = 4$ 的季度数据为例：

$$(1-B)(1-B^4)x_t = (1-\theta B)(1-\Theta B^4)\varepsilon_t,$$

即

$$x_t - x_{t-1} - x_{t-4} + x_{t-5} = \varepsilon_t - \theta\varepsilon_{t-1} - \Theta\varepsilon_{t-4} + \theta\Theta\varepsilon_{t-5}.$$

x_t 的 acf 为

$$\rho_1 = \frac{-\theta}{1+\theta^2}, \rho_s = \frac{-\Theta}{1+\Theta^2}, \quad \rho_{s-1} = \rho_{s+1} = \rho_1\rho_s = \frac{\theta\Theta}{(1+\theta^2)(1+\Theta^2)}.$$

而对 $l > 0$ 但 $l \neq 1, s-1, s, s+1$ 有 $\rho_l = 0$. 比如对于季度数据 $s = 4$，其 acf 只在间隔 1，3，4，5 处非零.

例 14.5.1 数据集 "q-earn-jnj.txt"[①]给出了 Johnson and Johnson（J&J）公司股票从 1960 年到 1980 年每股的季度盈利时间序列数据，试利用 R 软件对该数据进行分析.

解 首先作出时间序列图和对数时间序列图，代码如下：

```
> x=ts(scan("q-earn-jnj.txt"),frequency=4,start=c(1960,1))
> par(mfrow=c(2,1))
> plot(x,main="J&J earnings")
> y=log(x)
> plot(y,main="log of J&J earnings")
```

结果如图 14.24 所示，其中第 1 个图是 J&J 公司每一股的季度盈利的时序图，时间从

---

① 数据集 "q-earn-jnj.txt" 可以通过 E-mail 与作者联系索取.

1960 年第一季度到 1980 年第 4 季度，从图中可以看到，数据具有明显的季节特征. 由于数据同时具有增长趋势，且方差有增大趋势，所以对数据进行了对数变换，得到图 14.23 中的第 2 个图. 对数变换的另一个好处是能够将指数型增长趋势的数据变成线性增长的.

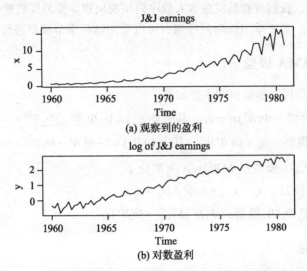

图 14.23　J&J 公司股票从 1960 年到 1980 年每股的季度盈利时间图

图 14.24 的（a）是取对数后序列 y_t 的 acf 图，它表明每股的季节对数盈利有较强的序列相关性，处理这种序列常用方法是作一阶差分 $\Delta y_t = y_t - y_{t-1}$. 图 14.24（b）就是经过一阶差分后的序列 $\{\Delta y_t\}$ 的 acf 图，可见时间间隔是 4（周期）的倍数时相关性很强，这是季节时间序列 acf 图的典型表现，这时可对 $\{\Delta y_t\}$ 作季节差分：

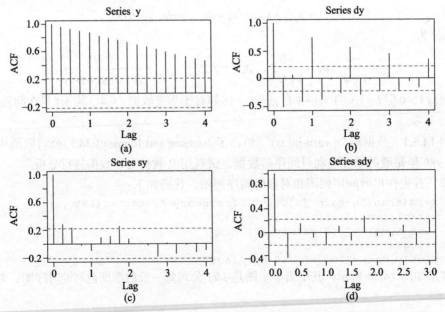

图 14.24　J&J 公司股票从 1960 年到 1980 年每股季度盈利的对数序列的 acf 图

$$\Delta_4 \Delta y_t = (1 - B^4)(1 - B) y_t = y_t - y_{t-1} - y_{t-4} + y_{t-5}.$$

（c）是 $\Delta_4 \Delta y_t$ 的 acf 图，它在间隔为 1 处有一显著的负的相关系数. 图 14.24 的生成 R 程序如下：

```
> par(mfrow=c(2,2))
> acf(y,lag.max=16)
> dy=diff(y)
> acf(dy,lag.max=16,main="Series dy")     # Δy_t 的 acf 图
> sy=diff(y,4)
> acf(sy,lag.max=16,main="Series sy")     # Δ_4 y_t 的 acf 图
> sdy=diff(dy,4)
> acf(sdy,lag.max=12,main="Series sdy")     # Δ_4 Δy_t 的 acf
```

下面对该数据建立一个航空模型 ARIMA$(0,1,1) \times (0,1,1)_s$（参见 14.5.3 节），$s = 4$，代码如下：

```
> m1=arima(y,order=c(0,1,1),seasonal=list(order=c(0,1,1),period=4))
> m1
Coefficients:
          ma1       sma1
      -0.6809    -0.3146
s.e.   0.0982     0.1070
sigma^2 estimated as 0.007931:  log likelihood = 78.38,  aic = -150.75
```
拟合的模型为

$$(1-B)(1-B^4)y_t = (1-0.68B)(1-0.315B^4)\varepsilon_t, \sigma^2 = 0.00793.$$

其中，MA 两个参数的标准误分别是 0.0982 和 0.107，容易判断两个参数都是显著非零的.

下一步对模型的充分性进行诊断：

```
> par(mfcol=c(1,1))
> tsdiag(m1)
```

残差诊断图如图 14.25 所示，所有的自相关系数都在两个标准差的范围内，所以残差是白噪声序列. 对残差序列的 Ljung-Box 检验中，由于 lag 取不同值时，p 值都超过了 0.05 的虚线，所以模型是充分的. 下面利用该模型进行未来 8 个季度的预测：

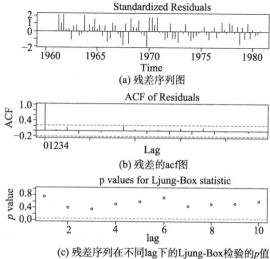

(a) 残差序列图

(b) 残差的 acf 图

(c) 残差序列在不同 lag 下的 Ljung-Box 检验的 p 值

图 14.25　J&J 数据建立航空模型的残差诊断图

```
> f1=predict(m1,8)
> names(f1)
[1] "pred" "se"
> f1
$pred
        Qtr1      Qtr2      Qtr3      Qtr4
1981 2.905343  2.823891  2.912148  2.581085
1982 3.036450  2.954999  3.043255  2.712193
$se
        Qtr1        Qtr2        Qtr3        Qtr4
1981 0.08905414  0.09347899  0.09770366  0.10175307
1982 0.13548771  0.14370561  0.15147833  0.15887122
```

14.5.3　乘法季节模型

乘法季节模型 ARIMA$(p,d,q)\times(P,D,Q)_s$ 为

$$\phi(B)\Phi(B^s)\Delta_s^D\Delta^d x_t = \theta(B)\Theta(B^s)\varepsilon_t.$$

在 14.5.2 节建立的航空模型 ARIMA$(1,0,0)\times(1,0,0)_4$ 就是乘法季节模型的一个特例.

例 14.5.2　数据集 "unem.dat" ①给出了美国自 1948 年 1 月至 1991 年 7 月失业率数据，包含了 16 周岁及以上失业人口的比例（用百分数表示），共 523 个. 试利用 R 软件对美国自 1948 年 1 月至 1991 年 7 月失业率数据进行建模和预测.

解　首先给出月失业率序列的时序图. 代码如下：

```
> x=scan("unem.dat")
Read 523 items
> x=ts(x,start=c(1948,1),freq=12)
> plot(x)
```

输出结果如图 14.26 所示. 从图中可以看出：第一，失业率表现出很强的周期模式，表示美国经济的扩张和重构，但序列的模式没有固定的周期；第二，失业率同时具有向上的趋势，该趋势形成的原因可以解释为劳动力的增加以及技术的进步.

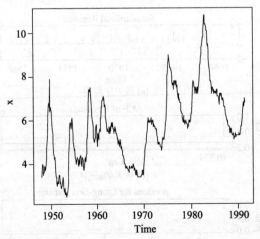

图 14.26　1948 年 1 月至 1991 年 7 月的美国月失业率时序图

---

① 数据集 "unem.dat" 见附录，也可以通过 E-mail 向作者索取.

图 14.27 给出了美国月失业率 $\{x_t\}$ 和差分序列 $\{\Delta x_t\}$ 的 acf 图和 pacf 图. 序列 $\{x_t\}$ 的多个滞后期的 acf 都接近 1，反映出数据存在向上的趋势，而差分序列 $\{\Delta x_t\}$ 的 acf 和 pacf 都较小，衰减得很快，说明 $\{\Delta x_t\}$ 已经平稳. 另外，acf 和 pacf 在滞后阶数 lag 为 12、24 处有显著的相关，说明数据中的季节性还没有消除，需要建立一个季节模型.

```
> par(mfrow=c(2,2))
> acf(x)
> pacf(x)
> dx=diff(x)
> acf(dx)
> pacf(dx)
```

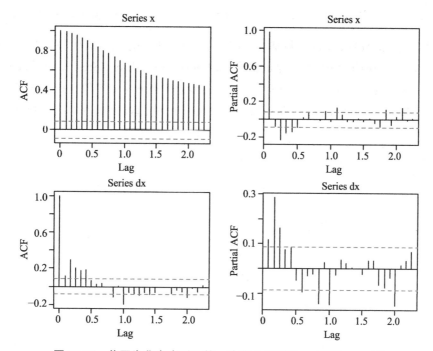

图 14.27 美国失业率序列及其一阶差分序列的 acf 图和 pacf 图

为了确定模型的阶数，首先使用 eacf() 函数来看该模型正规部分的阶数.

```
> library(TSA)
> eacf(dx)
AR/MA
  0 1 2 3 4 5 6 7 8 9 10 11 12 13
0 x x x x x o o o o x  o  x  o  o
1 x x o o x o o o o x  o  x  o  o
2 x o o o o o o o o o  o  x  o  o
3 x x o o x o o o o o  o  x  o  o
4 x x o x o o o o o o  o  x  o  o
5 x x x x o o o o o o  o  x  o  o
6 x x x o o x o o o o  o  x  o  o
7 x x x o x x o o o o  o  x  o  o
```

观察该 eacf 表的结构，判断模型的正规部分可能是 MA(5)模型或 ARMA(1，2)模型.

模型 1：MA(5)模型

```
> out1=arma(dx,c(0,5),include.intercept=F)
> summary(out1)
Coefficient(s):
      Estimate    Std. Error    t value    Pr(>|t|)
ma1   0.01844     0.04384       0.421      0.674098
ma2   0.24554     0.04390       5.593      2.23e-08 ***
ma3   0.14631     0.04448       3.289      0.001005 **
ma4   0.12749     0.04039       3.157      0.001596 **
ma5   0.16109     0.04362       3.693      0.000222 ***
---
Signif. codes:  0 '***' 0.001 '**' 0.01 '*' 0.05 '.' 0.1 ' ' 1
Fit:
sigma^2 estimated as 0.04846,  Conditional Sum-of-Squares = 25.01, AIC =
-88.68
```

可以看到，MA(5)模型的系数基本上都是显著的，进一步检查其残差是否为白噪声序列. 提取残差序列使用 ARMA 模型的输出对象 out1，格式为 out1\$res. acf()和 pacf()函数不能处理有缺失值的序列，而 MA(5)模型生成的残差中有 6 个缺失值，在 acf()和 pacf()函数中设置参数 na.action=na.pass. MA(5)模型的残差序列的 acf 图和 pacf 图见图 14.28.

```
> par(mfrow=c(1,2))
> acf(out1$res,na.action=na.pass)
> pacf(out1$res,na.action=na.pass)
```

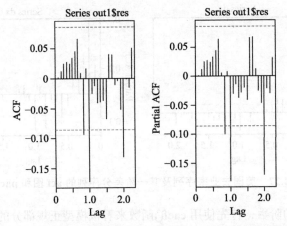

图 14.28　模型 1：MA(5)模型的残差序列的 acf 图和 pacf 图

从图 14.28 可以看出 acf 和 pacf 在 lag=12,24 处有显著的相关系数，为了消除掉 lag=12 处的自相关，在 MA(5)模型上增加一项滞后项 ε_{t-12}，得到如下的模型 2.

模型 2：MA(5)+ ε_{t-12}. 模型表达式为

$$x_t = \varepsilon_t + \theta_1\varepsilon_{t-1} + \theta_2\varepsilon_{t-2} + \cdots + \theta_5\varepsilon_{t-5} + \theta_{12}\varepsilon_{t-12}.$$

R 代码及结果为

```
> out2=arma(dx,lag=list(ma=c(1,2,3,4,5,12)),include.intercept=F)
> summary(out2)
Coefficient(s):
      Estimate    Std. Error    t value    Pr(>|t|)
ma1   0.02233     0.04395       0.508      0.611394
```

```
ma2     0.21976      0.04585      4.793     1.64e-06 ***
ma3     0.15050      0.04586      3.282     0.001032 **
ma4     0.12622      0.04039      3.125     0.001777 **
ma5     0.13708      0.04373      3.134     0.001722 **
ma12   -0.20339      0.05343     -3.807     0.000141 ***
---
Signif. codes:  0 '***' 0.001 '**' 0.01 '*' 0.05 '.' 0.1 ' ' 1

Fit:
sigma^2 estimated as 0.0475, Conditional Sum-of-Squares = 24.18, AIC =
-97.14
 > par(mfrow=c(1,2))
 > res2=out2$res
 > acf(res2,na.action=na.pass)
 > pacf(res2,na.action=na.pass)
```

模型 2 的 acf 图和 pacf 图（见图 14.29）在滞后期 lag=12 处的相关性被消除了，但是 lag=24 处仍然存在显著的相关性，故下面将尝试在正规模型 MA(5) 上增加季节模型，即建立如下模型 3.

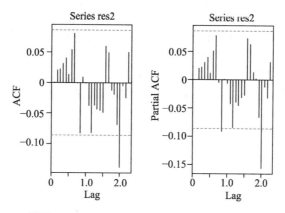

图 14.29 　模型 2：MA(5) + ε_{t-12} 模型残差序列的 acf 图和 pacf 图

模型 3：　$\text{ARIMA}(0,0,5) \times (1,0,0)_{12}$. 代码如下.

```
>out3=arima(dx,order=c(0,0,5),seasonal=list(order=c(1,0,0),period=12
),include.mean=F)
 > out3
Coefficients:
         ma1      ma2      ma3      ma4     ma5     sar1
       0.0181   0.2165   0.1236   0.1335  0.1781  -0.1809
s.e.   0.0437   0.0437   0.0430   0.0398  0.0466   0.0438

sigma^2 estimated as 0.04722: log likelihood = 55.77, aic = -99.55
 > par(mfrow=c(1,3))
 > res3=out3$res
 > plot(ts(res3))
 > acf(res3,na.action=na.pass)
 > pacf(res3,na.action=na.pass)
```

根据系数的估计值和标准误差，不难判断所有系数大都是显著的（除了 ma1，由于

0.0181/0.0437 非常小，所以不显著）. 但是从 acf 图和 pacf 图（图 14.30）可以看到，残差序列在 lag=24 处的显著相关性仍然没有被消除掉. 下面将考虑更大的模型.

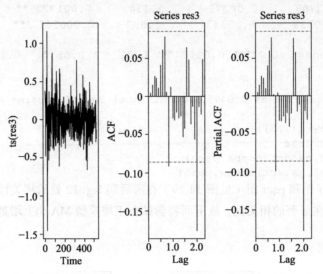

图 14.30　模型 2：$MA(5) + \varepsilon_{t-12}$ 模型残差序列的时序图、acf 图和 pacf 图

模型 4： $ARIMA(0,0,5) \times (1,0,1)_{12}$. 代码如下.
```
>out4=arima(dx,order=c(0,0,5),seasonal=list(order=c(1,0,1),period=12
),include.mean=F)
> out4
Coefficients:
          ma1      ma2      ma3      ma4      ma5     sar1     sma1
      -0.0090   0.2002   0.1307   0.1256   0.1869   0.4917  -0.7659
s.e.   0.0439   0.0439   0.0426   0.0407   0.0467   0.0973   0.0766
sigma^2 estimated as 0.04474:  log likelihood = 68.8,  aic = -123.59
> res4=out4$res
> plot(ts(res4))
> acf(res4,na.action=na.pass)
> pacf(res4,na.action=na.pass)
```
根据 out4 的输出结果，除了 ma1，所有的系数都是显著的. 该模型的残差序列的 acf 图和 pacf 图（见图 14.31）都没有显著的自相关，其 AIC 是 −123.59，跟前三个模型的 AIC （分别是−88.68，−97.14，−99.55）相比，显著性降低了. 所以该模型是充分的. 模型的表达式为

$$(1 - 0.492B^{12})\Delta x_t = (1 - 0.009B + 0.2B^2 + 0.131B^3 + 0.126B^4 + 0.187B^5)(1 - 0.766B^{12})\varepsilon_t$$

这里，$\sigma^2 = 0.0447$. 进一步对残差作 Box-Ljung 检验，不能拒绝原假设，认为残差序列为白噪声.
```
> for(ii in 5:10) print(Box.test(res4,ii,"Ljung"))
Box-Ljung test
data: res4
X-squared = 0.7752, df = 5, p-value = 0.9786
...
```

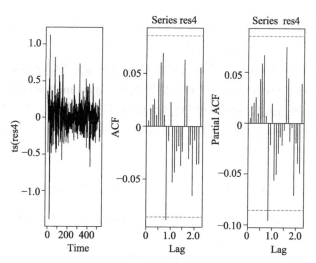

图 14.31 模型 4：$\text{ARIMA}(0,0,5)\times(1,0,1)_{12}$ 模型残差序列的时序图、**acf** 图和 **pacf** 图

模型 5： $\text{ARIMA}(1,0,2)\times(1,0,1)_{12}$.

模型 5 的所有系数均显著，残差不能拒绝白噪声的原假设，故该模型也是允分的. 模型 5 的 AIC 为 -127.32，其至比模型 4 更小.

```
>out5=arima(dx,order=c(1,0,2),seasonal=list(order=c(1,0,1),period=12
),include.mean=F)
> out5
Coefficients:
          ar1      ma1      ma2      sar1     sma1
        0.8090  -0.8297   0.2359   0.4861  -0.7643
s.e.    0.0495   0.0635   0.0444   0.0965   0.0757
sigma^2 estimated as 0.04476:  log likelihood = 68.66,  aic = -127.32
> res5=out5$res
> plot(ts(res5))
> acf(res5,na.action=na.pass)
> pacf(res5,na.action=na.pass)
> for(ii in 5:10) print(Box.test(res5,ii,"Ljung"))
Box-Ljung test
data: res6
X-squared = 4.0103, df = 5, p-value = 0.5479
```

综上所述，在本例中，模型 4 和模型 5 都是充分的.

14.6 条件异方差模型

波动率是期权交易中的一个重要因素，它是标的资产收益率的条件标准差，在金融数据分析中有着重要应用. 本章讨论的波动率模型有 Eagle（1982）提出的自回归条件异方差（ARCH）模型和 Bollerslev（1986）提出的广义自回归条件异方差（GARCH）模型.

14.6.1 模型的结构与模型的建立

例 14.6.1 考虑 2007-01-03 至 2014-04-11 的标准普尔 500 指数（S&P 500）每日收盘

价数据, 对该指数的对数收益率建立条件均值模型, 然后考察其残差序列的特征.

这里使用 R 程序包 quantmod 获取该数据. quantmod 可以从一些开放源直接下载数据, 包括雅虎财经、谷歌财经和圣路易斯联邦储备银行的联邦储备经济数据库 (FRED), 该添加包还需要安装 TTR、xts 和 zoo 三个额外的添加包. quantmod 允许用户与互联网连接, 可以使用 R 命令 getSymbols 访问雅虎和谷歌财经的日股票数据, 还有来自 FRED 的超过 1000 个经济和金融时间序列数据. 函数 chartSeries() 可以直接画出这些序列的收盘价和交易量的时序图.

```
> library(quantmod)
> getSymbols("^GSPC",from="2007-01-03",to="2014-04-11")
[1] "GSPC"
> chartSeries(GSPC,theme="white")     #画出收盘价和交易量的时序图
> spc=as.numeric(GSPC[,6])         #调整后的收盘价
> sp5rtn=diff(log(spc))          #对数收益率
>ts.plot(sp5rtn,ylab="log return",main="Series S&P500")
```

从图 14.32 中可以看到, 日对数收益率在一些时期波动较大, 这一现象在收益率的绝对值或平方值的时序图中表现更为明显, 这种大量持续的平静和波动相交替的模式称为 "波动聚集" (Volatility Clustering), 这意味着时间序列的条件方差随时间的变化而变化.

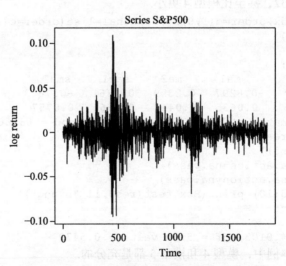

图 14.32　S&P500 指数日对数收益率的时序图

```
> acf(sp5rtn)            #acf图表现出2阶截尾, 建立MA(2)模型
> pacf(sp5rtn)
> library(TSA)
> eacf(sp5rtn)        #eacf表 (输出结果略) 建议建立MA(2)模型
> m1=arima(sp5rtn,order=c(0,0,2),include.mean=F)
> m1
Coefficients:
         ma1      ma2
      -0.1222  -0.0554
s.e.   0.0235   0.0242
```

```
sigma^2 estimated as 0.0002085:  log likelihood = 5161.48,  aic =
-10318.95
> resi=m1$residuals
> par(mfrow=c(3,1))
> acf(resi)
> acf(resi^2)
> acf(abs(resi))
```

S&P500 指数日对数收益率 r_t 近似服从 MA(2)模型：

$$r_t = a_t - 0.122a_{t-1} - 0.055a_{t-2}, \sigma^2 = 0.00021$$

残差序列的 Ljung-Box 检验结果也表明残差序列是白噪声. 图 14.33 同时给出了残差的平方序列和绝对值序列的 acf 图，从图中可以看到，它们存在很强的自相关性. 说明残差序列是不相关的，但不是独立的，因为独立的序列做任何非线性变换后仍然是独立的. 一元波动率模型就是试图去刻画收益率序列的不独立性.

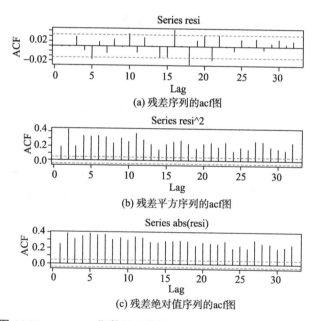

图 14.33　S&P500 指数日对数收益率的 MA(2)模型的相关图

　　由于残差的平方序列具有很多阶的持续自相关性，条件方差（波动率）显然不是常数. 为了将波动率放在一个适当的框架下，考虑给定 F_{t-1}（ F_{t-1} 是 $t-1$ 时刻的信息集）时 r_t 的条件均值和条件方差：

$$\mu_t = E(r_t | F_{t-1}), \sigma_t^2 = \mathrm{Var}(r_t | F_{t-1}) = E[(r_t - \mu_t)^2 | F_{t-1}],$$

可以假定 r_t 服从 ARMA(p,q) 模型，即

$$r_t = \mu_t + a_t, \mu_t = \phi_0 + \sum_{i=1}^{p} \phi_i r_{t-i} + \sum_{j=1}^{q} \theta_j a_{t-j}. \tag{14.6.1}$$

条件均值方程中也可以加入解释变量，比如周末效应等. 条件方差模型主要用来刻画 σ_t^2 的演变，即

$$\sigma_t^2 = \text{Var}(r_t | F_{t-1}) = \text{Var}(a_t | F_{t-1}).$$

这里 a_t 称为资产收益率 r_t 在 t 时刻的扰动或**新息**,式(14.6.1)中 μ_t 的模型称为 r_t 的均值方程,σ_t^2 的模型称为 r_t 的波动率方程.

对一个资产收益率序列建立一个波动率模型需要如下四个步骤:

(1)通过检验数据的序列相关性建立一个均值方程,如果有必要,对收益率序列建立一个计量经济模型(如 ARMA 模型)来消除任何的线性依赖.

(2)对均值方程的残差进行 ARCH 效应检验. 有两个检验可用于检验 ARCH 效应,一个是将常用的 Ljung-Box 检验统计量 $Q(m)$ 用于序列 a_t^2,另一个是拉格朗日乘子检验. 若拒绝原假设,那么认为有 ARCH 效应.

(3)如果 ARCH 效应在统计上是显著的,则需指定一个波动率模型,并对均值方程和波动率方程进行联合估计.

(4)检验所拟合的模型,如有必要需进行改进.

14.6.2 ARCH 模型

ARCH 模型的基本思想是:

(1)资产收益率的扰动序列 $\{a_t\}$ 是前后不相关的,但不独立;

(2)$\{a_t\}$ 的不独立性可以用其滞后值的简单二次函数来描述,即 ARCH(m) 模型假定

$$a_t = \sigma_t \varepsilon_t, \sigma_t^2 = \alpha_0 + \alpha_1 a_{t-1}^2 + \cdots + \alpha_m a_{t-m}^2,$$

这里,$\alpha_0 > 0$,$\alpha_i \geqslant 0 \,(i > 0)$,$\varepsilon_t$ 是 i.i.d.的随机序列,均值为 0,方差为 1,ε_t 的分布可以是标准正态分布,标准化的学生 t 分布,广义误差分布,有偏分布等.

从模型的结构上看,过去较大的平方扰动 a_{t-i}^2 会导致当期扰动具有较大的条件方差 σ_t^2,从而当期扰动 a_t 倾向于取绝对值大的值. 所以在 ARCH 框架下,大的扰动会接着另一个大的扰动;反之,小的扰动会接着另一个小的扰动,这就解释了波动聚集现象.

1. ARCH(1)模型

$$a_t = \sigma_t \varepsilon_t, \sigma_t^2 = \alpha_0 + \alpha_1 a_{t-1}^2.$$

该模型满足如下特性:

(1)$E(a_t) = 0$;

(2)$\text{Var}(a_t) = \dfrac{\alpha_0}{1 - \alpha_1}$. 由于方差必须为正,故要求 $0 < \alpha_1 < 1$;

(3)在正态假设下,四阶矩为

$$m_4 = \frac{3\alpha_0^2(1 + \alpha_1)}{(1 - \alpha_1)(1 - 3\alpha_1^2)}.$$

由于四阶矩为正,故限制 $0 < \alpha_1^2 < 1/3$. 另外,可以求出 a_t 的无条件峰度:

$$\frac{E(a_t^4)}{[\text{Var}(a_t^2)]^2} = \frac{3\alpha_0^2(1 + \alpha_1)}{(1 - \alpha_1)(1 - 3\alpha_1^2)^2} \times \frac{(1 - \alpha_1)^2}{a_0^2} = \frac{3(1 - \alpha_1^2)}{(1 - 3a_1^2)} > 3.$$

因此 a_t 的超额峰度是正的, 故分布的尾部比正态分布的尾部要厚. 换句话说, ARCH(1)模型的扰动 a_t 的高斯白噪声序列更容易产生异常值.

2. ARCH 模型的建立

（1）建立均值方程, 检验 ARCH 效应.

（2）确定阶数: 可以验证若 $\{a_t\}$ 服从 ARCH(m) 模型, 那么 a_t^2 是 AR(m) 的形式. 残差平方序列的 pacf 的截尾阶数就是 ARCH 模型的阶数 m.

（3）参数估计方法: 条件极大似然法.

（4）模型验证: 对一个合理指定的 ARCH 模型, 标准化残差 $\tilde{a}_t = a_t / \sigma_t$ 是一个独立同分布的序列. 故可通过序列 $\{\tilde{a}_t\}$ 的 Ljung-Box 统计量检验所拟合的 ARCH 模型是否充分. 具体地, 为了检验均值方程的充分性, 使用 $\tilde{a}_t$ 的 Ljung-Box 统计量; 为了检验波动率方程的正确性, 使用 Ljung-Box 统计量检验 $\tilde{a}_t^2$ 的独立性. $\{\tilde{a}_t\}$ 的偏度、峰度、QQ 图可以用来检验分布假定的有效性.

（5）预测: ARCH 模型的预测与 AR 模型的预测类似, 可递推得到.

使用 R 软件中的工具包 fGarch 中的函数 garchFit()来估计波动率模型, 该函数允许不同类型的新息分布: 标准学生 t 分布(std), 广义误差分布（ged）, 有偏正态分布（snorm）等, 默认值为正态分布（norm）.

例 14.6.2　数据集 "m-intc7308.txt"[①]给出了 Intel 公司 1973 年 1 月至 2008 年 12 月的月对数收益率, 试检验其 ARCH 效应确定阶数并建立 ARCH 模型.

解　代码如下:

```
> library(fGarch)
> www="http://faculty.chicagobooth.edu/ruey.tsay/teaching/fts3/m-intc73
08.txt"
> da = read.table(www, header=TRUE)
> head(da)
      date       rtn
1   19730131   0.010050
2   19730228  -0.139303
3   19730330   0.069364
4   19730430   0.086486
5   19730531  -0.104478
6   19730629   0.133333
>intc=log(da$rtn+1)#简单收益率变换为对数收益率
> acf(intc)
> Box.test(intc,lag=12,type='Ljung')
data:  intc
X-squared = 18.2635, df = 12, p-value = 0.1079
> par(mfrow=c(2,1))
> acf(intc^2)
> pacf(intc^2)
> Box.test(intc^2,lag=10,type='Ljung')
data:  intc^2
```

① 数据集 "m-intc7308.txt" 也可以通过 E-mail 向作者索取.

```
X-squared = 79.3541, df = 10, p-value = 6.719e-13
```

从输出结果可以看到，p 值是 0.1079，不拒绝残差序列是白噪声序列的原假设. 月对数收益率的平方序列的 acf 图和 pacf 图如图 14.34 所示，在很多的滞后期都有显著的自相关性，且平方序列的 Ljung-Box 检验的 p 值非常小（6.719×10^{-13}），这都表明了 ARCH 效应的存在.

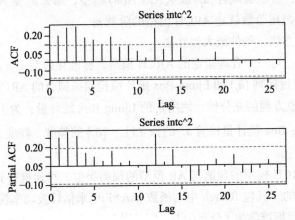

图 14.34   Intel 公司 1973 年 1 月至 2008 年 12 月的月对数收益率的平方序列的 acf 图和 pacf 图

由于平方序列的 pacf 图显示序列 3 阶截尾，故建立 ARCH(3)模型. 但是由于 ARCH(3)模型中系数 α_2 和 α_3 的估计值在 5%的显著性水平下不显著，因此将模型简化为 ARCH(1)模型.

```
> m1=garchFit(~garch(3,0),data=intc,trace=F)
> summary(m1)
Coefficient(s):
      mu     omega    alpha1    alpha2    alpha3
 0.011852  0.010588  0.237149  0.072747  0.053080
Error Analysis:
          Estimate   Std. Error   t value   Pr(>|t|)
mu        0.011852    0.005640     2.102     0.0356 *
omega     0.010588    0.001284     8.249     2.22e-16 ***
alpha1    0.237149    0.114734     2.067     0.0387 *
alpha2    0.072747    0.046990     1.548     0.1216
alpha3    0.053080    0.046526     1.141     0.2539
---
Signif. codes:  0 '***' 0.001 '**' 0.01 '*' 0.05 '.' 0.1 ' ' 1

> m1=garchFit(~garch(1,0),data=intc,trace=F)
> summary(m1)
Error Analysis:
          Estimate   Std. Error   t value   Pr(>|t|)
mu        0.012637    0.005428     2.328     0.01990 *
omega     0.011195    0.001239     9.034     < 2e-16 ***
alpha1    0.379492    0.115534     3.285     0.00102 **
---
Signif. codes:  0 '***' 0.001 '**' 0.01 '*' 0.05 '.' 0.1 ' ' 1

Log Likelihood:
```

```
 288.0589    normalized: 0.6668031

Standardised Residuals Tests:
                          Statistic        p-Value
  Jarque-Bera Test    R   Chi^2   137.919         0
  Shapiro-Wilk Test   R     W    0.9679248    4.024058e-08
  Ljung-Box Test      R   Q(10)   12.54002   0.2505382
  Ljung-Box Test      R   Q(15)   21.33508   0.1264607
  Ljung-Box Test      R   Q(20)   23.19679   0.2792354
  Ljung-Box Test     R^2  Q(10)   16.0159    0.09917815
  Ljung-Box Test     R^2  Q(15)   36.08022   0.001721296
  Ljung-Box Test     R^2  Q(20)   37.43683   0.01036728
  LM Arch Test        R   TR^2    26.57744   0.008884587

Information Criterion Statistics:
    AIC        BIC        SIC       HQIC
 -1.319717  -1.291464  -1.319813  -1.308563
```

去掉两个不显著的参数后, 得到的 ARCH(1) 模型为

$$r_t = 0.013 + a_t, \sigma_t^2 = 0.011 + 0.379 a_{t-1}^2,$$

其中, 各参数估计的标准误分别为 0.005428, 0.001239 和 0.115534, 且所有参数都显著. 标准化残差 $\{\tilde{a}_t\}$ 的 Ljung-Box 统计量的 p 值在滞后阶数取 10, 15 和 20 时分别是 0.251、0.126 和 0.279. 而标准化残差的平方 $\{\tilde{a}_t^2\}$ 的 Ljung-Box 统计量的 p 值在滞后阶数取 10、15 和 20 时分别为 0.099、0.002 和 0.010. 因此, 如果只关注低阶的模型, 在 5% 的显著性水平下, ARCH(1) 模型是充分的, 但是对于高阶是不够充分的. 对这里的 Intel 股票月对数收益率数据更合适的波动率模型是 GARCH 模型.

14.6.3 GARCH 模型

ARCH 虽然模型简单, 但是为了充分描述收益率的波动率模型, 往往需要很多的参数, 即 ARCH(p) 模型中阶数 p 很大, 比如有的收益率数据需要 ARCH(11) 模型. 但是, 当 p 较大时, 参数估计不再精确, 由此计算的条件方差也不精确, 存在较大误差; 另外为保证方差为正往往对参数提出很多要求, 当参数过多时, 估计的模型往往不能满足这个要求, 所以实用性不强.

为了让模型更简单, Bollerslev(1986) 提出一个广义 ARCH 模型（GARCH）:,

$$a_t = \sigma_t \varepsilon_t, \sigma_t^2 = a_0 + \sum_{i=1}^{m} \alpha_t a_{t-i}^2 + \sum_{j=1}^{s} \beta_j \sigma_{t-j}^2, \tag{14.6.2}$$

这里, $\{\varepsilon_t\}$ 是均值为 0、方差为 1 的独立同分布的随机序列, 其中 $\alpha_0 > 0$, $\alpha_i \geqslant 0$ $(i = 1, 2, \cdots, m)$, $\beta_j \geqslant 0$, 且 $\sum_{i=1}^{\max(m,s)} (\alpha_i + \beta_i) < 1$. 若 $s = 0$, 式（14.6.2）即为 ARCH(m) 模型.

令 $\eta_t = a_t^2 - \sigma_t^2$, 那么 GARCH 模型化为

$$a_t^2 = \alpha_0 + \sum_{i=1}^{\max(m,s)} (\alpha_i + \beta_i) a_{t-i}^2 + \eta_t - \sum_{j=1}^{s} \beta_j \eta_{t-j},$$

这是平方序列 $\{a_t^2\}$ 的 ARMA 形式，容易验证 $\{\eta_t\}$ 是不相关序列.

1. GARCH(1,1)模型

$$\sigma_t^2 = \alpha_0 + \alpha_1 a_{t-1}^2 + \beta_1 \sigma_{t-1}^2,$$

① 大的 a_{t-1}^2 或 σ_{t-1}^2 引起大的 σ_t^2，这样产生了波动聚集现象.

② 厚尾性：若 $1 - 2\alpha_1^2 - (\alpha_1 + \beta_1)^2 > 0$，那么：

$$\frac{E(a_t^4)}{[E(a_t^2)]^2} = \frac{3[1-(\alpha_1+\beta_1)^2]}{1-(\alpha_1+\beta_1)^2-2\alpha_1^2} > 3.$$

例 14.6.3 数据集 "sp500.dat"[①] 给出了自 1926 年 1 月开始，共计 792 个观测的月超额收益率数据. 试对 S&P500 指数的月超额收益率建立 GARCH 模型.

解 首先读取数据，然后建立 GARCH 模型，代码如下：

```
> www="http://faculty.chicagobooth.edu/ruey.tsay/teaching/fts3/sp500.dat"
>sp=scan(www)
Read 792 items
> length(sp)
[1] 792
> par(mfrow=c(2,1))
> acf(sp)
> pacf(sp)
```

由于月超额收益率的 pacf 图是 3 阶截尾的，故对该数据的均值方程建立一个 AR(3) 模型.

```
> m1=arima(sp,order=c(3,0,0))
> m1
Coefficients:
          ar1         ar2         ar3      intercept
        0.0890     -0.0238     -0.1229      0.0062
s.e.    0.0353      0.0355      0.0353      0.0019
sigma^2 estimated as 0.00333:  log likelihood = 1135.25,  aic = -2260.5
```

均值方程 AR(1)模型的三个自回归系数估计值分别为 0.089, −0.0238, −0.123，估计值的标准误分别为 0.0353、0.0355 和 0.0353，容易得到除了第 2 个回归系数之外，剩余两个回归系数均显著.

```
> m2=garchFit(~arma(3,0)+garch(1,1),data=sp,trace=F)
> summary(m2)
Error Analysis:
          Estimate    Std. Error   t value   Pr(>|t|)
mu        7.708e-03   1.607e-03     4.798    1.61e-06 ***
ar1       3.197e-02   3.837e-02     0.833    0.40473
ar2      -3.026e-02   3.841e-02    -0.788    0.43076
ar3      -1.065e-02   3.756e-02    -0.284    0.77677
omega     7.975e-05   2.810e-05     2.838    0.00454 **
alpha1    1.242e-01   2.247e-02     5.529    3.22e-08 ***
beta1     8.530e-01   2.183e-02    39.075    < 2e-16 ***
---
```

---

① 该数据集 "sp500.dat" 也可以通过 E-mail 向作者索取.

```
Signif. codes:  0 '***' 0.001 '**' 0.01 '*' 0.05 '.' 0.1 ' ' 1
```

由于均值方程 AR(3)模型的 3 个回归系数在联合估计时均不显著，这时简化均值方程为只有一个常系数.

```
> m2=garchFit(~garch(1,1),data=sp,trace=F)
> summary(m2)
Error Analysis:
          Estimate    Std. Error    t value    Pr(>|t|)
mu        7.450e-03   1.538e-03     4.845      1.27e-06 ***
omega     8.061e-05   2.833e-05     2.845      0.00444 **
alpha1    1.220e-01   2.202e-02     5.540      3.02e-08 ***
beta1     8.544e-01   2.175e-02     39.276     < 2e-16 ***
---
Signif. codes:  0 '***' 0.001 '**' 0.01 '*' 0.05 '.' 0.1 ' ' 1
Standardised Residuals Tests:
                                    Statistic        p-Value
 Jarque-Bera Test    R    Chi^2     80.32111         0
 Shapiro-Wilk Test   R    W         0.98505          3.136885e-07
 Ljung-Box Test      R    Q(10)     11.2205          0.340599
 Ljung-Box Test      R    Q(15)     17.99703         0.262822
 Ljung-Box Test      R    Q(20)     24.29896         0.2295768
 Ljung-Box Test      R^2  Q(10)     9.920157         0.4475259
 Ljung-Box Test      R^2  Q(15)     14.21124         0.509572
 Ljung-Box Test      R^2  Q(20)     16.75081         0.6690903
 LM Arch Test        R    TR^2      13.04872         0.3655092
Information Criterion Statistics:
     AIC         BIC         SIC         HQIC
 -3.195594   -3.171985   -3.195645   -3.186520
```

所有系数在 5%水平下都是显著的，得到的拟合模型为

$$r_t = 0.00745 + a_t , \quad \sigma_t^2 = 8.06 \times 10^{-5} + 0.854\sigma_{t-1}^2 + 0.122a_{t-1}^2 .$$

标准化残差 $\{\tilde{a}_t\}$ 的 Ljung-Box 统计量的 p 值在滞后阶数取 10, 15 和 20 时分别是 $0.341, 0.263$ 和 0.230. 而标准化残差的平方 $\{\tilde{a}_t^2\}$ 的 Ljung-Box 统计量的 p 值在滞后阶数取 10, 15 和 20 时分别是 0.448, 0.510 和 0.669, 拉格朗日乘子检验法的 p 值是 0.366, 说明在 5%的显著性水平下，ARCH(1)模型是充分的.

程序包 fGarch 里面的 plot()函数能够绘制 13 种图形, 在命令行输入想要显示的图形编号. 例如输入 3 后绘制的图形如图 14.35 所示, 它是 95%点预测区间的对数收益率的时序图, 由 $\hat{\mu}_t \pm 2\hat{\sigma}_t$ 得到, 其中 $\hat{\mu}_t = 0.00745$ 是均值方程中的常数, 除了某些特殊值之外, 所有收益率都位于 95%的预测区间内.

```
> plot(m2)
Make a plot selection (or 0 to exit):
 1:   Time Series
 2:   Conditional SD
 3:   Series with 2 Conditional SD Superimposed
 4:   ACF of Observations
 5:   ACF of Squared Observations
 6:   Cross Correlation
 7:   Residuals
 8:   Conditional SDs
 9:   Standardized Residuals
```

```
10:   ACF of Standardized Residuals
11:   ACF of Squared Standardized Residuals
12:   Cross Correlation between r^2 and r
13:   QQ-Plot of Standardized Residuals
Selection: 3①
```

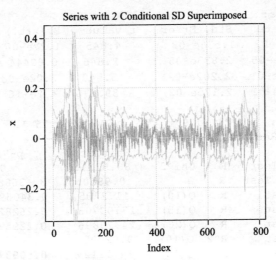

图 14.35　S&P500 指数月超额收益率序列以及 GARCH(1,1)模型的 95%的预测区间

对该序列进行预测，得到如下预测结果，未来 6 期的月超额收益率的预测值均为 0.0075，未来 6 期的波动率的预测值分别为 0.054、0.054、0.054、0.054、0.054、0.059.

```
> predict(m2,6)
  meanForecast   meanError    standardDeviation
1 0.007449721    0.05377242   0.05377242
2 0.007449721    0.05388567   0.05388567
3 0.007449721    0.05399601   0.05399601
4 0.007449721    0.05410353   0.05410353
5 0.007449721    0.05420829   0.05420829
6 0.007449721    0.05431039   0.05431039
```

假定新息服从学生 t 分布，为该序列拟合一个 GARCH(1,1)模型，代码如下：

```
> m3=garchFit(~garch(1,1),data=sp,cond.dist ="std",trace=F)
> summary(m3)
```

R 输出结果（略）显示了模型拟合的充分性，估计的模型为

$$r_t = 0.0085 + a_t, a_t = \sigma_t \varepsilon_t, \varepsilon_t \sim t_7 ,$$

$$\sigma_t^2 = 0.000125 + 0.113a_{t-1}^2 + 0.842\sigma_{t-1}^2 .$$

---

① 这里共有 13 个选项供选择，通过键盘输入 3，即可出现图 14.36 所示的图形.

第 15 章

统计方法进阶

15.1 非参数密度估计

概率密度函数是统计学的一个基本概念. 在统计推断中, 对概率密度的假设通常分为两种: 一种是分布形式已知, 其中的参数未知, 如已知总体 $X \sim N(\mu, \sigma^2)$, 其中参数 μ 和 σ^2 未知, 此时概率密度函数的估计问题则为参数估计问题; 另一种是概率密度函数的形式完全未知, 对概率密度的估计需要用非参数方法. 本节将对概率密度函数的非参数估计方法进行介绍.

设 X 为连续型随机变量, 其分布函数为 $F(x)$, 密度函数为 $f(x)$. 现有一组简单随机样本 $X_1, X_2, \cdots, X_n \overset{i.i.d.}{\sim} F(x)$, 我们感兴趣的问题是如何利用样本估计密度函数 $f(x)$.

15.1.1 直方图法

直方图法是一种早期的非参数密度估计方法. 直方图密度估计的构建方法非常简单, 具体步骤如下.

（1）选择一个起始点 x_0 和正数 h , 把实数轴划分成区间:
$$B_j = \left[x_0 + (j-1)h, x_0 + jh \right), j \in \mathrm{Z},$$
其中, h 称为窗宽（bandwidth）.

（2）计算落入每一个区间的观测值的个数, 设 n_j 为落入区间 B_j 的观测值的个数. 记 $f_j = \dfrac{n_j}{nh}$, 其中除以 n 是为了将频数 n_j 转化为频率, 除以 h 是为了保证直方图的面积之和为 1.

（3）在每一个区间上, 以 f_j 为高, 以 h 为底作矩形.

由上述步骤可知, 对于 $\forall x \in B_j$, $j = 1, 2, \cdots, n$, 直方图实际上由表达式
$$\hat{f}_h(x) = \frac{1}{nh} \sum_{i=1}^{n} I(X_i \in B_j)$$
给出, 其中

$$I(X_i \in B_j) = \begin{cases} 1 & X_i \in B_j, \\ 0 & X_i \notin B_j. \end{cases}$$

$\hat{f}_h(x)$ 即为密度函数 $f(x)$ 的估计，该估计在每个区间 B_j 上具有相同的估计值.

下面说明直方图密度估计的合理性，如图 15.1 所示.

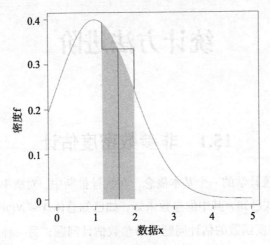

图 15.1 直方图密度估计的构建

图中曲线为随机变量 X 的密度函数 $f(x)$. X 的一个观测落入区间 B_j 的概率为

$$P\{x \in B_j\} = \int_{B_j} f(u)\mathrm{d}u ,$$

这恰好是对应于区间 B_j 的密度曲线下方阴影部分的面积. 由大数定律可知，当样本量足够大时，可以用频率来估计概率，即 $\forall x \in B_j$，$j = 1, 2, \cdots, n$，有

$$P\{x \in B_j\} \approx \frac{\#\{X_i \in B_j\}}{n} = \frac{\#\{X_i \in B_j\}}{nh} \cdot h = \hat{f}_h(x) \cdot h ,$$

从而得到

$$\hat{f}_h(x) \frac{\#\{X_i \in B_j\}}{nh} = \frac{1}{nh} \sum_{i=1}^{n} I(X_i \in B_j) ,$$

其中，符号 "#" 表示集合中元素的个数.

直方图密度估计 $\hat{f}_h(x)$ 依赖于起始点 x_0 和窗宽 h 的选择. x_0 的选择会影响直方图的形状. 为了说明这一点，图 15.2 给出了窗宽 $h = 1$，起始点分别为 $x_0 = 4$，$x_0 = 4.25$，$x_0 = 4.5$，$x_0 = 4.75$ 时的直方图.

R 代码如下：

```
> set.seed(10)
> Data1 <- rnorm(n=200, mean=3, sd=1)
> Data2 <- rnorm(n=200, mean=6, sd=1)
> Data <- c(Data1[Data1>1 & Data1<7], Data2[Data2>1 & Data2<7])
> op <- par(mfrow = c(2, 2))
> hist(Data, breaks = seq(0, 8, 1), freq=F, main="h=1, x0=4", xlab="x",
+ ylab="f(x)")
> hist(Data, breaks = seq(0, 8, 1)+0.25, freq=F, main="h=1, x0=4.25",
+ xlab="x", ylab="f(x)")
```

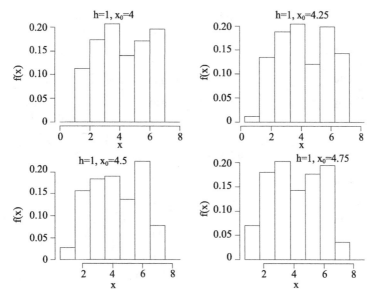

图 15.2 起始点对直方图密度估计的影响

```
> hist(Data, breaks = seq(0, 8, 1)+0.5, freq=F, main="h=1, x0=4.5",
+ xlab="x", ylab="f(x)")
> hist(Data, breaks = seq(0, 8, 1)+0.75, freq=F, main="h=1, x0=4.75",
+ xlab="x", ylab="f(x)")
> par(op)
```

从图 15.2 中容易看出，同一个数据由于起始点的不同会得到不同的直方图. 那么，如何消除直方图对起始点的依赖呢? 一个自然的想法就是在相同的窗宽下采用不同的起始点计算直方图，然后将不同的直方图进行平均.

为了说明窗宽的选择对直方图形状的影响，我们进行了计算机模拟，以 $x_0 = 4$ 为起始点，分别选择 $h = 2$，$h = 1$，$h = 0.5$，$h = 0.1$ 画出四个直方图密度估计图，结果见图 15.3. 从图 15.3 中容易看出，窗宽的选择影响直方图的光滑程度. 随着窗宽 h 的增大，直方图变光滑. h 过大，平均化程度就越大，导致密度的细节部分被淹没; h 过小，受随机性的影响就会太大，容易产生极不规则的形状，估计效果也不好.

R 代码如下:

```
> set.seed(10)
> Data1 <-rnorm(n=200, mean=3, sd=1)
> Data2 <-rnorm(n=200, mean=6, sd=1)
> Data <-c(Data1[Data1>1 & Data1<7], Data2[Data2>1 & Data2<7])
> op <-par(mfrow = c(2, 2))
> hist(Data, breaks = seq(0, 8, 2), freq=F, main="h=2, x0=4", xlab="x",
+ ylab="f(x)")
> hist(Data, breaks = seq(0, 8, 1), freq=F, main="h=1, x0=4", xlab="x",
+ ylab="f(x)")
> hist(Data, breaks = seq(0, 8, 0.5), freq=F, main="h=0.5, x0=4",
+ xlab="x", ylab="f(x)")
> hist(Data, breaks = seq(0, 8, 0.1), freq=F, main="h=0.1, x0=4",
+ xlab="x", ylab="f(x)")
> par(op)
```

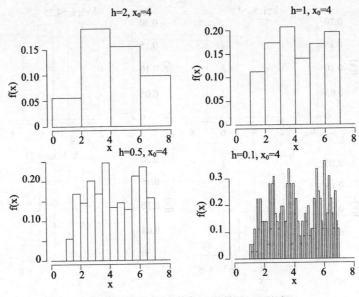

图 15.3 窗宽对直方图密度估计的影响

15.1.2 核密度估计法

　　虽然直方图法是一种常用的非参数密度估计方法，但是它存在着一些缺陷. 例如，直方图估计中有两个需要选择的参数：起始点 x_0 和窗宽 h，虽然通过选择多个起始点对直方图进行平均的方法解决了直方图对于起始点选择的依赖，但是在窗宽的选择中无法计算出最优的窗宽；采用直方图法，每个小区间 B_j 内的任意一点都具有相同的密度估计值，不符合实际；直方图估计给出的不是连续函数，等等. 为了解决上述问题，Paren 在 Rosenblatt 工作（1956）的基础上于 1962 年提出了核密度估计方法.

　　核密度估计计算的基础是以 x 点为中心的小区间，而不是由起始点 x_0 确定的小区间. 为估计密度函数 $f(x)$，考虑以 x 为中心，长度为 $2h$ 的小区间，即 $[x-h, x+h]$，密度函数 $f(x)$ 的 Rosenblatt 估计定义为

$$\hat{f}_h(x) = \frac{1}{2nh} \#\{X_i \in [x-h, x+h]\}.$$

该估计的直观思想是估计 x 处的密度函数 $f(x)$，落在 x 附近的样本应该比远离 x 的样本所起的作用要大一些. 为理解方便，取 $K(u) = \frac{1}{2} I(|u| \leqslant 1)$，以这个函数作为加权函数（称为均匀核函数），则 $\hat{f}_h(x)$ 可以改写为

$$\hat{f}_h(x) = \frac{1}{nh} \sum_{i=1}^{n} \frac{1}{2} I\left(\left|\frac{x-X_i}{h}\right| \leqslant 1\right) = \frac{1}{nh} \sum_{i=1}^{n} K\left(\frac{x-X_i}{h}\right).$$

可以看出，在 Rosenblatt 估计中，由于采用了均匀核函数，与 x 的距离大于 h 的样本 X_i 的权重为 0，与 x 的距离不大于 h 的样本 X_i 都具有相同的权重 $\frac{1}{2}$. 此时，落在区间 $[x-h, x+h]$ 内的样本，对估计 $f(x)$ 的贡献是相同的，即没有考虑样本 X_i 与 x 距离的大小. Paren 认为，

离 x 越近的样本 X_i，对估计 $f(x)$ 的贡献应该越大，离 x 越远的样本，其贡献应该越小.

Paren 核密度估计的定义为

$$\hat{f}_h(x) = \frac{1}{nh}\sum_{i=1}^{n}K\left(\frac{x-X_i}{h}\right) = \frac{1}{n}\sum_{i=1}^{n}K_h\left(x-X_i\right),$$

其中 $h = h(n) > 0$ 为窗宽，且满足 $\lim_{n\to\infty} h = 0$；$K(\cdot)$ 称为核函数（kernel function），且满足

$$K(x)\geqslant 0, \quad \int K(u)du = 1; \quad K_h(\cdot) = \frac{1}{h}K\left(\frac{\cdot}{h}\right).$$

$\hat{f}_h(x)$ 也简称核密度估计.

条件 $K(x)\geqslant 0$，$\int K(u)du = 1$ 是为了保证 $\hat{f}(x)$ 作为密度函数的合理性，这样构造的核密度估计 $\hat{f}_h(x)$ 继承了核函数 $K(\cdot)$ 的所有连续与可导的性质.

在实际操作中，有很多核函数可供选择，不同的核函数根据距离远近分配权重的策略也有所差异. 表 15.1 列出了一些常用的核函数.

表 15.1　一些常用的核函数

名称	表达式 $K(u)$	R 软件参数 kernel
均匀（Uniform）	$\frac{1}{2}I(|u|\leqslant 1)$	—
三角（Triangle）	$(1-|u|)I(|u|\leqslant 1)$	triangular
Epanechikov	$\frac{3}{4}(1-u^2)I(|u|\leqslant 1)$	epanechnikov
四次（Quartic）	$\frac{15}{16}(1-u^2)^2I(|u|\leqslant 1)$	biweight
三权	$\frac{35}{32}(1-u^2)^3I(|u|\leqslant 1)$	—
高斯（Gauss）	$\frac{1}{\sqrt{2\pi}}\exp\left(-\frac{1}{2}u^2\right)$	gaussian
余弦（Cosinus）	$\frac{\pi}{4}\cos\left(\frac{\pi}{2}u\right)I(|u|\leqslant 1)$	cosine
指数（Exponent）	$\exp\{|u|\}$	—

易见，常用的核函数都是对称函数，图 15.4 给出了 4 种常见核函数的图像.

R 软件包 stats 给出了计算核密度估计函数，其调用格式为

density(x, bw = "nrd0", kernel="gaussian",...)

其中，x 表示样本；bw 为窗宽，可以为具体的数值，也可以为指定窗宽选择规则的字符串，其默认值为"nrd0"，即采用西尔弗曼经验法则（Silverman's Rule of Thumb）选择窗宽，该法则将在 15.1.3 节详细解释；参数 kernel 表示核函数的种类，其具体取值见表 15.1，默认值为"gaussian".

与直方图密度估计类似，核密度估计的光滑程度也依赖于窗宽 h 的选择. 图 15.5 展示了采用四次核函数时选择不同的窗宽 h 对核密度估计效果的影响.

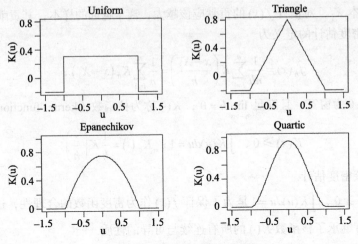

图 15.4 常见核函数的图像

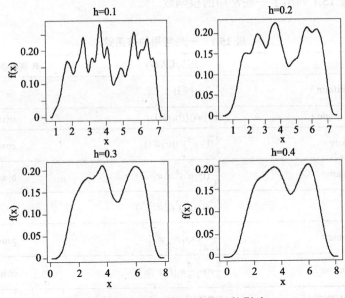

图 15.5 窗宽对核密度估计的影响

R 代码如下：

```
> set.seed(10)
> Data1 <- rnorm(n=200, mean=3, sd=1)
> Data2 <- rnorm(n=200, mean=6, sd=1)
> Data <- c(Data1[Data1>1 & Data1<7], Data2[Data2>1 & Data2<7])
> est1 <- density(Data, bw = 0.1 , kernel = "biweight")
> est2 <- density(Data, bw = 0.2 , kernel = "biweight")
> est3 <- density(Data, bw = 0.3 , kernel = "biweight")
> est4 <- density(Data, bw = 0.4 , kernel = "biweight")
> op <- par(mfrow = c(2, 2))
> plot(est1$x, est1$y, type="l", lwd=2,main="h=0.1", xlab="x", ylab="f(x)")
> plot(est2$x, est2$y, type="l", lwd=2,main="h=0.2", xlab="x", ylab="f(x)")
> plot(est3$x, est3$y, type="l", lwd=2,main="h=0.3", xlab="x", ylab="f(x)")
```

```
> plot(est4$x, est4$y, type="l", lwd=2,main="h=0.4", xlab="x", ylab="f(x)")
> par(op)
```

由于不同的核函数 $K(\cdot)$，其加权的策略不同，因此核函数的选择对核密度估计 $\hat{f}_h(x)$ 也会产生一定的影响. 图 15.6 展示了在相同窗宽情形下，选择不同的核函数对核密度估计的影响. 从图 15.6 可以看出，核函数对核密度估计的影响不是很大，在实际操作中，一般多采用 epanechnikov 核函数.

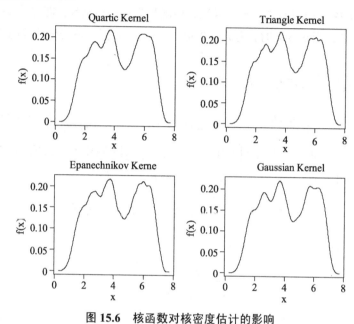

图 15.6 核函数对核密度估计的影响

R 代码如下[①]：

```
> est5 <- density(Data, bw = 0.25 , kernel = "biweight")
> est6 <- density(Data, bw = 0.25 , kernel = "triangular")
> est7 <- density(Data, bw = 0.25 , kernel = "epanechnikov")
> est8 <- density(Data, bw = 0.25 , kernel = "gaussian")
> op <- par(mfrow = c(2, 2))
> plot(est5$x, est5$y, type="l",lwd=2, main="Quartic Kernel", xlab="x",
+  ylab="f(x)")
> plot(est6$x, est6$y, type="l",lwd=2, main="Triangle Kernel", xlab="x",
+  ylab="f(x)")
>  plot(est7$x,  est7$y,  type="l",lwd=2,  main="Epanechnikov  Kernel",
xlab="x",
+  ylab="f(x)")
> plot(est8$x, est8$y, type="l",lwd=2, main="Gaussian Kernel", xlab="x",
+  ylab="f(x)")
> par(op)
```

15.1.3 窗宽的选择方法

关于窗宽的选择问题，文献中提出了很多方法，下面简单介绍两种可操作的窗宽选择

---

① 这里的数据 Data 与绘制图 15.5 的数据相同.

方法，即西尔弗曼经验法则（Silverman's Rule of Thumb）和交叉验证法（Cross Validation）.

1. 西尔弗曼经验法则

该方法本质上属于一种"plug in"方法，即如果一个表达式中含有未知参数，可以用参数的估计值代替未知参数，西尔弗曼经验法则的基本思想与此类似，即用未知项的估计来代替未知项.

假设密度函数 $f(u)$ 具有二阶连续导数，核函数为对称核函数，即 $K(-s) = K(s)$，窗宽 $h = h(n)$ 满足条件，当 $n \to \infty$ 时，有 $h \to 0, nh \to \infty$，可以证明核密度估计的累积均方误差 MISE 为

$$\text{MISE}(\hat{f}_h) = \int MSE[\hat{f}_h(x)]\mathrm{d}x$$
$$= \frac{h^4}{4}[\mu_2(K)]^2 \| f'' \|_2^2 + \frac{1}{nh} \| K \|_2^2 + o(h^4) + o\left(\frac{1}{nh}\right), \quad h \to 0, nh \to \infty.$$

其中 $\mu_2(K) = \int s^2 K(s)\mathrm{d}s$，$\| K \|_2^2 = \int K^2(s)\mathrm{d}s$，$\| f'' \|_2^2 = \int [f''(s)]^2 \mathrm{d}s$. 忽略 $\text{MISE}(\hat{f}_h)$ 的高阶项，可以得到 MISE 的一个近似表达式，记作 AMISE，即

$$\text{AMISE}(\hat{f}_h) = \frac{h^4}{4} \mu_2(K)^2 \| f'' \|_2^2 + \frac{1}{nh} \| K \|_2^2.$$

选择 h 最小化 AMISE，最优的窗宽为

$$h_{\text{opt}} = \left(\frac{\| K \|_2^2}{n[\mu_2(K)]^2 \| f'' \|_2^2}\right)^{1/5} \sim n^{-1/5}.$$

这里，最优窗宽依赖于未知量 $\| f'' \|_2^2$. Silverman（1986）提出了一个经验法则：假定密度函数 $f(x)$ 为正态分布 $N(\mu, \sigma^2)$ 的密度函数，可以证明：

$$\| f'' \|_2^2 = \sigma^{-5} \int [\varphi''(x)]^2 \mathrm{d}x = \sigma^{-5} \frac{3}{8\sqrt{\pi}} \approx 0.212\sigma^{-5},$$

其中 $\varphi(\cdot)$ 为标准正态分布的密度函数. 利用"plug in"的思想，我们可以用 σ 的估计值 $\hat{\sigma}$ 来替代 σ，比如 $\hat{\sigma} = \sqrt{\dfrac{1}{n-1}\sum_{i=1}^{n}(x_i - \overline{x})^2}$. 另外，在计算最优窗宽 h_{opt} 前，需要先选择一个核函数，例如选择高斯核，则可以得到如下经验窗宽 $\hat{h}_{\text{rot}}$，即

$$\hat{h}_{\text{rot}} = \left(\frac{\| \varphi \|_2^2}{n\mu_2^2(\varphi) \| \hat{f}'' \|_2^2}\right)^{1/5} = \left(\frac{4\hat{\sigma}^5}{3n}\right)^{1/5} \approx 1.06\hat{\sigma}n^{-1/5}.$$

在估计未知量 $\| f'' \|_2^2$ 时，假定 $f(x)$ 服从正态分布. 虽然不一定与实际相符，但只要总体 X 的真实分布与正态分布差异不是很大，$\hat{h}_{\text{rot}}$ 与 h_{opt} 之间差异也不是很大. 尤其是对于单峰、对称、非厚尾的分布而言，这种方法都会给出比较合理的窗宽，这也是之所以把这种方法称为经验法则的原因.

窗宽选择的经验法则对异常值非常敏感. 一个异常值的存在就可能造成方差估计过大，从而得到过大的窗宽. 可以利用四分位差 $R = X_{[0.75n]} - X_{[0.25n]}$ 来构造更稳健的估计. 假

设真实的分布为正态分布，即 $X \sim N(\mu, \sigma^2)$，则 $Z = \dfrac{X - \mu}{\sigma} \sim N(0,1)$，因此有

$$
\begin{aligned}
R = X_{[0.75n]} - X_{[0.25n]} &= (\mu + \sigma Z_{[0.75n]}) - (\mu + \sigma Z_{[0.25n]}) \\
&= \sigma \left(Z_{[0.75n]} - Z_{[0.25n]} \right) \approx \sigma(0.67 - (-0.67)) = 1.34\sigma,
\end{aligned}
$$

故 $\tilde{\sigma} \approx \dfrac{R}{1.34}$，经验窗宽 $\hat{h}_{\mathrm{rot}}$ 可以修正为

$$
\hat{h}_{\mathrm{rot}} = 1.06 \min \left\{ \hat{\sigma}, \frac{R}{1.34} \right\} n^{-1/5}.
$$

2. 交叉验证法

交叉验证法是一种完全基于数据驱动的窗宽选择方法. 该方法最初由 Rudemo(1982) 和 Bowman（1984）提出. 设 $\hat{f}_h(x)$ 为 $f(x)$ 的估计，$\hat{f}_h(x)$ 和 $f(x)$ 之间的累积平方误差 ISE（integrated squared error）为

$$
\mathrm{ISE}(\hat{f}_h) = \int [\hat{f}_h(x) - f(x)]^2 \mathrm{d}x = \int \hat{f}_h^2(x)\mathrm{d}x - 2\int \hat{f}_h(x) f(x)\mathrm{d}x + \int f^2(x)\mathrm{d}x.
$$

要想得到一个好的估计 $\hat{f}_h(x)$，一个自然的想法是选择适当的窗宽 h，使得 $\mathrm{ISE}(\hat{f}_h)$ 达到最小. 由于 $\int f^2(x)\,\mathrm{d}x$ 不含有 h，因此只需要使得

$$
G(h) = \int \hat{f}_h^2(x)\mathrm{d}x - 2\int \hat{f}_h(x) f(x)\mathrm{d}x
$$

达到最小即可. 由于 $\int \hat{f}_h(x) f(x)\mathrm{d}x$ 中含有未知函数 $f(x)$，因此无法直接对 $G(h)$ 最小化，这时可以用其估计替换 $G(h)$ 中的 $\int \hat{f}_h(x) f(x)\mathrm{d}x$. $\int \hat{f}_h(x) f(x)\mathrm{d}x$ 可以理解为随机变量 $\hat{f}_h(X)$ 的期望，其中 $f(x)$ 为 X 的密度函数，因此容易证明 $\dfrac{1}{n} \sum_{i=1}^{n} \hat{f}_{h,-i}(X_i)$ 为 $\int \hat{f}_h(x) f(x)\mathrm{d}x$ 的无偏估计，其中 $\hat{f}_{h,-i}(x)$ 为将第 i 个观测 X_i 剔除后用剩余样本给出的 $f(x)$ 的估计，即

$$
\hat{f}_{h,-i}(x) = \frac{1}{n-1} \sum_{j=1, j \neq i}^{n} K_h\left(x - X_j\right).
$$

计算 $\hat{f}_{h,-i}(x)$ 时要剔除第 i 个观测 X_i 的主要目的是保证 $\hat{f}_{h,-i}(x)$ 与 X_i 相互独立. 记

$$
\mathrm{CV}(h) = \int \hat{f}_h^2(x)\mathrm{d}x - \frac{2}{n(n-1)} \sum_{i=1}^{n} \sum_{j=1, j \neq i}^{n} K_h\left(X_i - X_j\right),
$$

交叉验证准则选择窗宽的定义为

$$
\hat{h}_{\mathrm{cv}} = \arg\min_{h>0} \mathrm{CV}(h).
$$

经过简单计算，容易得到

$$
\int \hat{f}_h^2(x)\mathrm{d}x = \frac{1}{n^2 h} \sum_{i=1}^{n} \sum_{j=1}^{n} K * K\left(\frac{X_j - X_i}{h}\right),
$$

其中 $K * K(u) = \int K(u-v)K(v)dv$ 表示 $K(u)$ 的卷积. 因此 $\mathrm{CV}(h)$ 可以表示为

$$
\mathrm{CV}(h) = \frac{1}{n^2 h} \sum_{i=1}^{n} \sum_{j=1}^{n} K * K\left(\frac{X_j - X_i}{h}\right) - \frac{2}{n(n-1)} \sum_{i=1}^{n} \sum_{j=1, j \neq i}^{n} K_h\left(X_i - X_j\right).
$$

图 15.7 展示了采用 4 种不同的窗宽的核密度估计效果,其中前两个核密度估计采用的窗宽分别为 $h = 0.1$ 和 $h = 0.2$,后两个核密度估计分别采用了西尔弗曼经验法则和交叉验证法. 从估计的效果来看,前两个估计由于窗宽过小,估计曲线波动较大;单纯从估计图形上来看,后两个估计还存在一定的差异. 由于本例的数据来自于非单峰分布,因此采用交叉验证法比西尔弗曼经验法则效果要好一些.

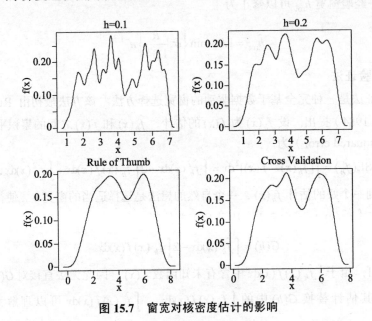

图 15.7   窗宽对核密度估计的影响

代码如下:

```
> set.seed(10)
> Data1 <- rnorm(n=200, mean=3, sd=1)
> Data2 <- rnorm(n=200, mean=6, sd=1)
> Data <- c(Data1[Data1>1 & Data1<7], Data2[Data2>1 & Data2<7])
> est1 <- density(Data, bw = 0.1 , kernel = "biweight")
> est2 <- density(Data, bw = 0.2 , kernel = "biweight")
> est3 <- density(Data,  kernel = "biweight")
> est4 <- density(Data, bw = "ucv" , kernel = "biweight")
> op <- par(mfrow = c(2, 2))
>plot(est1$x,est1$y,type="l",lwd=2,main="h=0.1", xlab="x", ylab="f(x)")
>plot(est2$x,est2$y,type="l", lwd=2,main="h=0.2", xlab="x", ylab="f(x)")
> plot(est3$x,est3$y,type="l",lwd=2,main="Rule of Thumb", xlab="x",
ylab="f(x)")
>plot(est4$x,est4$y,type="l",lwd=2,main="Cross Validation", xlab="x",
+  ylab="f(x)")
> par(op)
```

15.2   多重借补方法

关于缺失数据的现代统计处理方法有很多,这里只简单介绍一种在多种场合都适用的方法,即多重借补方法(Multiple Imputation,MI)及其在 R 语言中的实现. 关于缺失数据的详细探讨可以参阅 Little 和 Rubin 的专著 *Statistical Analysis with Missing Data*（2002），Anastasios 的专著 *Semiparametric Theory and Missing Data*（2006），金勇进和邵军的专著《缺失数据的统计处理》（2009）等.

在缺失数据的统计分析中，根据缺失机制的不同，缺失数据可分为完全随机缺失、随机缺失以及非随机缺失三大类. 对于缺失数据的处理，文献中已经提出了很多可行的方法，这些方法的性质在很大程度上依赖于数据的缺失机制.

为了便于读者理解，首先对完全随机缺失、随机缺失以及非随机缺失作简单介绍.

假设考察包括 k 个变量的数据，记 $Y = \{y_{1j}, y_{2j}, \cdots, y_{kj}\}_{j=1}^n$ 为完全数据，缺失数据指标集为 $\Delta = \{\delta_{1j}, \delta_{2j}, \cdots, \delta_{kj}\}_{j=1}^n$，其中 $\delta_{ij} = 1$ 表示变量 Y_{ij} 能够观测到，其观测值为 y_{ij}，$\delta_{ij} = 0$ 表示变量 Y_{ij} 没有观测到，其观测值 y_{ij} 缺失，记 Y_{obs} 为 Y 观测到的部分，Y_{mis} 为 Y 缺失的部分，$f(\Delta|Y,\theta)$ 为给定 Y 时的 Δ 的条件分布，其中 θ 为未知参数. 如果条件分布 $f(\Delta|Y,\theta)$ 满足

$$f(\Delta|Y,\theta) = f(\Delta|\theta) \quad \text{对一切的 } Y \text{ 和 } \theta \text{ 成立,}$$

则称该缺失机制为完全随机缺失（Missing Completely at Random，MCAR）. 在完全随机缺失条件下，缺失数据集与完全数据集 Y 相互独立.

在完全随机缺失情形下，利用通常的统计分析方法处理数据是可行的，估计量具有无偏性，但估计的效率会降低，毕竟数据量减小了. 在实际问题中，完全随机缺失情形较少.

随机缺失比完全随机缺失条件略微宽泛，如果条件分布 $f(\Delta|Y,\theta)$ 满足条件

$$f(\Delta|Y,\theta) = f(\Delta|Y_{obs},\theta) \quad \text{对一切的 } Y_{mis} \text{ 和 } \theta \text{ 成立,}$$

则称该缺失机制为**随机缺失**（Missing at Random，MAR）. 在随机缺失情形下，缺失机制仅仅依赖于 Y 能够观测的部分. 目前，大部分缺失数据方法都假定数据服从 MCAR 或者 MAR.

若缺失机制依赖于 Y 的缺失部分，这样的机制称为非随机缺失（Not Missing at Random），也称为不可忽略缺失（Nonignorable Missing）. 非随机缺失是数据缺失的普遍形式，然而这种缺失机制处理非常复杂，因为这里涉及到缺失机制的建模问题.

处理缺失数据常用的方法大体上分为三大类，即加权方法，借补方法以及建模方法.

加权方法的核心思想是通过增大观测到数据的权重来减少由于数据缺失造成的估计量的偏差. 设计权重往往反比于该数据进入样本的概率（在抽样调查中也称为回答率）. 下面以抽样调查中的单变量情形为例说明加权方法的思想. 设 y_i 为变量 Y 的第 i（$i=1,\cdots,n$）个单元的观测值，该单元进入样本的概率为 π_i，如果没有数据缺失，则总体均值可以用 Horvitz-Thompson（1952）估计量进行估计：

$$\hat{Y} = \sum_{i=1}^n \frac{1}{\pi_i} y_i,$$

这里显然满足 $\sum_{i=1}^n \frac{1}{\pi_i} = 1$. 若数据存在缺失，例如只有 n_1 数据进入样本，这时则需要进行权重调整，记 $\hat{p}_i$ 为第 i 个单元的回答概率（通常为第 i 个单元的响应比例），则总体均值可以用下式进行估计：

$$\hat{Y}_{adj} = \frac{\sum_{i=1}^{n} \frac{1}{\pi_i \hat{p}_i} y_i}{\sum_{i=1}^{n} \frac{1}{\pi_i \hat{p}_i}}.$$

建模方法是现在统计分析研究的重点内容. 该方法通常是在一定的模型假设基础上, 基于似然函数进行统计推断. 该方法的主要特点是能够充分利用数据信息、精度高、能够处理包括不可忽略缺失等各种缺失情形. 它的主要缺点是计算量较大, 很多时候需要考虑使用包括 EM 算法、ECM 算法、ECME 算法、MCEM 算法等迭代算法.

借补方法也是处理缺失数据的一种常用方法, 借补值通常是缺失值预测分布的一个平均值或抽样值. 缺失值用借补值替代以后就可以构成形式上的 "完全数据", 然后就可以利用标准的统计方法进行数据分析. 利用借补构成的 "完全数据" 并不是真正意义上的完全数据, 有时候, 构造的统计量用于真实数据和借补数据会存在一定的差异. 文献中给出的借补方法有很多, 如单一借补方法和多重借补方法, 单一借补方法又有均值借补、回归借补、随机回归借补等. 详细内容可以参见金勇进和邵军的专著《缺失数据的统计处理》（2009）, 本节只介绍多重借补方法.

单一借补只给缺失值填补一个值, 而多重借补（MI）则给缺失值填补多个值, 利用重复模拟的思想处理缺失数据. 例如, 我们需要使用某个不完全数据集去估计未知参数 θ. 多重借补的思路是, 首先按照一定的顺序给出缺失值的 m（$m \geqslant 2$）个借补值, 构造 m 个 "完全数据集", 对每个 "完全数据集" 使用标准的统计推断方法给出未知参数估计 $\hat{\theta}_i$（$i = 1, 2, \cdots, m$）, 未知参数 θ 的最终估计为

$$\hat{\theta} = \frac{1}{m} \sum_{i=1}^{m} \hat{\theta}_i.$$

利用 R 语言中的 mice 程序包可以实现多重借补方法. 首先, 利用 mice() 函数通过 Gibbs 抽样方法构造 m 个 "完全数据集"; 其次, 利用函数 with() 对每个 "完全数据集" 进行标准的统计分析; 最后, 利用函数 pool() 将 m 个分析结果整合到一起, 给出最终的结论.

mice() 函数的调用格式为

```
mice(data, m = 5, method = vector("character", length = ncol(data)),...)
```

其中, data 是包含不完全数据的数据框或矩阵, 其中的缺失值用 NA 标记; m 为多重借补的数目, 默认值为 5; method 用来指定对每一列数据使用的借补方法, 可以是单个字符串, 也可以是由字符串构成的向量, 向量的长度为 ncol（data）, 若是单个字符串, 则每一列数据都使用相同的借补方法. 常用的借补方法有 pmm: 预测均值匹配（Predictive mean matching (any)）; norm: 贝叶斯线性回归（Bayesian linear regression (numeric)）; norm.nob: 忽略模型误差的线性回归（Linear regression ignoring model error (numeric)）; norm.boot: 自助法线性回归（Linear regression using bootstrap (numeric)）; mean: 无条件均值借补（Unconditional mean imputation (numeric)）; logreg: Logistic 回归（Logistic regression (factor, 2 levels)）等, 默认值依赖于目标列的测量水平, 详细说明可以参见帮助.

with() 函数的调用格式为

```
with(data, expr, ...)
```
其中，data 为要进行分析的数据；expr 用于指定进行统计分析的方法.

pool()函数的调用格式为
```
pool(object, method = "smallsample")
```
其中，object 是由 with()函数生成的列表对象；method 用于指定计算自由度的方法，默认值为 Barnard-Rubin 调整的自由度.

利用多重借补方法进行统计分析的过程为
```
>library(mice)
>imp<-mice(data,m)
>fit<-with(imp, expr)
>pooled<-pool(fit)
```
其中，data 是含有缺失值的矩阵或数据框；imp 为利用 Gibbs 抽样得到的包含 m 个"完全数据集"的列表对象；m 为正整数，一般选择 3 到 10 间的某个数，默认值为 5；expr 是一个表达式，用来设定需要进行的统计分析方法，如线性回归模型 lm()、广义线性模型 glm()等.

下面以 mice 程序包中提供的一个营养健康检查调查的数据集为例演示上述多重借补过程. 该数据集记录了 25 条观测，包含 4 个变量——age 为年龄，bmi 为体重，hyp 标记是否为高血压患者（1 表示 no，2 表示 yes），chl 为血清胆固醇浓度. 该数据集含有缺失值.

```
> library(mice)
> head(nhanes2)
    age   bmi   hyp   chl
1  20~39  NA   <NA>   NA
2  40~59 22.7   no   187
3  20~39  NA    no   187
4  60~99  NA   <NA>   NA
5  20~39 20.4   no   113
6  60~99  NA   <NA>  184
> summary(nhanes2)          #数据集的基本情况
    age         bmi              hyp            chl
 20~39:12  Min.   :20.40    no  :13     Min.   :113.0
 40~59: 7  1st Qu.:22.65    yes : 4     1st Qu.:185.0
 60~99: 6  Median :26.75    NA's: 8     Median :187.0
           Mean   :26.56                Mean   :191.4
           3rd Qu.:28.93                3rd Qu.:212.0
           Max.   :35.30                Max.   :284.0
           NA's   :9                    NA's   :10
>imp <- mice(nhanes2)   #多重借补，构建 5 个"完全数据集"
> imp
Multiply imputed data set
Call:
mice(data = nhanes2)
Number of multiple imputations:  5
Missing cells per column:
age bmi hyp chl
  0   9   8  10
Imputation methods:
       age        bmi        hyp        chl
        ""      "pmm"   "logreg"      "pmm"
VisitSequence:
```

```
   bmi  hyp  chl
    2    3    4
PredictorMatrix:
     age  bmi  hyp  chl
age    0    0    0    0
bmi    1    0    1    1
hyp    1    1    0    1
chl    1    1    1    0
Random generator seed value: NA
```

从输出结果中可以看到，多重借补的数目为 5 个，每一列的缺失值分别为 0，9，8 和 10，每一列所用的借补方法为：age 没有借补（""），bmi 和 chl 用的是预测均值匹配方法（"pmm"），hyp 用的是 Logistic 回归借补方法（"logreg"）. 预测变量矩阵给出的是借补过程的相关信息，其中行表示进行借补的变量，列表示为借补提供信息的变量，1 表示使用；0 表示未使用.

利用 complete() 函数可以查看由 mice() 生成的"完全数据集"，例如：

```
> complete(imp,action=1)                #查看生成的第 1 个"完全数据集"
     age  bmi  hyp  chl
1  20~39 33.2  no  229
2  40~59 22.7  no  187
3  20~39 28.7  no  187
4  60~99 24.9 yes  206
5  20~39 20.4  no  113
6  60~99 27.4 yes  184
```

说明：该"完全数据集"共有 25 个观测，由于篇幅所限，这里仅列出了前 6 个观测. 以 bmi 为因变量，以 hyp 和 chl 为协变量作线性回归，程序及结果如下：

```
> fit <- with(data=imp,exp=lm(bmi~hyp+chl))
> pooled<-pool(fit)
> summary(pooled)
                  est          se           t          df      Pr(>|t|)
(Intercept) 21.66541816  4.82136945   4.4936233  10.390151  0.001049364
hyp2        -0.36371668  3.26813151  -0.1112919   3.993419  0.916754137
chl          0.02815772  0.02693171   1.0455231   7.937709  0.326572183
                 lo 95        hi 95        nmis         fmi       lambda
(Intercept) 10.97716599  32.35367034    NA    0.4150766    0.3123697
hyp2        -9.44340454   8.71597118    NA    0.7536129    0.6549282
chl         -0.03403184   0.09034729    10    0.5183897    0.4106193
```

从 p 值来看，hyp2(p=0.9168) 和 chl(p=0.3268) 的系数不显著，即体重与血清胆固醇浓度、患高血压不存在显著的线性关系.

15.3　Bootstrap 方法

Bootstrap 方法是统计计算中的一种重要工具，在 R 中也很容易实现. 当总体的精确分布未知或其渐近分布不容易求解时，可以利用 Bootstrap 方法以原始数据为基础进行重复模拟抽样，并以此为基础讨论统计量的分布特征，计算估计的标准误、置信区间和假设检验问题等. 一般的 Bootstrap 方法都使用相同的步骤：

（1）从一个给定的样本集中可放回重复抽样；

（2）计算每个样本特定的统计量；

（3）得到该统计量分布的标准误.

Bootstrap 的主要步骤是重抽样，重抽样在 R 中可以使用 sample() 函数来实现. 例如

```
> sample(10)  #生成 1~10 的整数的排列
 [1]  3  8  5  6  1  9  2  7  4 10
> sample(10, replace=T)  #对 1~10 之间的整数进行 10 次可重复抽样
 [1]  3  8  1 10  3  4  4  5  1  3
> prob1 <- c(rep(.15, 5), rep(.05, 5))  #设置 1~10 各个数的重抽样概率，前 5
```
个数的抽样概率分别为 0.15，后 5 个数的抽样概率为 0.05
```
> prob1
 [1] 0.15  0.15  0.15  0.15  0.15  0.05  0.05  0.05  0.05  0.05
> sample(10, replace=T, prob=prob1)  #按上面给定的抽样概率进行可重复抽样
 [1] 10  1  7  4  4  3  5  4  5  7
> y2 <- matrix( round(rnorm(40, 5)), ncol=5)
```
#创建一个 8 行 5 列的矩阵，每个元素都从均值为 5 方差为 1 的正态分布中随机抽取
```
> y2
     [,1]  [,2]  [,3]  [,4]  [,5]
[1,]    5     4     4     4     6
[2,]    4     4     6     6     4
[3,]    5     3     4     6     4
[4,]    5     3     7     4     4
[5,]    5     5     6     4     7
[6,]    7     4     5     6     7
[7,]    5     5     3     4     5
[8,]    4     6     7     5     4
> x2 <- y2[sample(nrow(y2), 3), ]  #从矩阵 y2 中随机抽取 3 行数据
> x2
     [,1]  [,2]  [,3]  [,4]  [,5]
[1,]    5     5     3     4     5
[2,]    7     4     5     6     7
[3,]    5     3     4     6     4
```

例 15.3.1　使用 Bootstrap 方法获取中位数的标准误.

```
> data <- round(rnorm(100, 5, 3))  #生成 100 个正态分布的随机数，并对其取整
> data[1:10]  #显示该模拟数据的前 10 个
 [1]  1  5  0  7  0  4  7  6  8 11
> resamples <- lapply(1:20, function(i)sample(data, replace = T))
#获取 20 个 Bootstrap 样本
> resamples[1]  #显示第一个 Bootstrap 样本
[[1]]
 [1]  5  6  6  2  5  7  2 -1  0  0  7  2  7  9  7  2 -1  5  4 12  8
[22]  9  2  5  0  9  4  8  8  1  5  5  0  6  7  5  5  5  8  5  8  8
[43]  0  8  7  6  1  8  5  6  4  3  9 -1  3  5  5  6  6  2  4  5 10
[64]  2  2 -2  6  8  5  6  9  9  5 -2 13  0 -1  5  2  8  2  2  5  5
[85]  9  5  0  7  1  5  8  1  4  8  2  6  6  6  2  2
> r.median <- sapply(resamples, median)  #计算每个 Bootstrap 样本的中位数
> r.median
 [1] 5.0 6.0 6.0 5.0 5.0 5.0 5.0 6.0 6.0 5.0 6.0 6.0 6.0 5.0 5.5 5.0 6.0
6.0 5.5 6.0
```

下面把上述步骤放在一个 R 函数 boot.median() 中，只需给定数据和重抽样次数就可生成 Bootstrap 样本并获得中位数标准误：

```
>boot.median<- function(data, num) {
+ resamples <- lapply(1:num, function(i) sample(data, replace=T))
+ r.median<- sapply(resamples, median)
+ std.err<- sqrt(var(r.median))
+ list(std.err=std.err, resamples=resamples, medians=r.median)
+ }
> data1 <- round(rnorm(100, 5, 3))
> b1 <- boot.median(data1, 30)    #将 boot.median() 函数的输出对象保存在 b1 中
> b1$resamples[1]    #显示 Bootstrap 抽样中的第一个样本
[[1]]
  [1]  0  1  6  8  2  2  4  9  7  0  6  9  4  7 10  6  3  0  7  8  2
 [22]  2  3  9  3  5  6  9  3  1  0  5  7  9  3  7  9  8  8  5  4 -2
 [43]  6 -2  3  0  8  4  8 10  4  7  3  5  6  3  5  6  0  3  7  6  9
 [64]  6  6  8  7 12  4 10  9  4  5  8  6  9  9  3  7  2  3  7  3  4
 [85]  5  2  9  9  6 10  7  6  4  9  4  8 -2  0 11
> b1$std.err    #显示 Bootstrap 样本中位数（30 个）的标准误
[1] 0.4025779
>hist(b1$medians)    #显示 Bootstrap 样本中位数（30 个）的直方图
```

下面使用 R 程序包 boot 中的 boot() 函数执行 Bootstrap. 需要两个步骤：先定义一个 R 函数来计算感兴趣的统计量；再使用 boot() 函数来进行重复的 Bootstrap 抽样. boot() 函数的调用方式为：

$$boot(data, statistic, R, \ldots)$$

其中，data 是重抽样所来自的数据集，statistic 是计算感兴趣统计量的函数，R 是重抽样的次数.

例 15.3.2 利用 Bootstrap 方法估计回归系数的标准误.

Bootstrap 方法能够用来得到系数估计和预测的变异性，这里使用 Bootstrap 方法来估计一元线性回归模型的系数估计 $\hat{\beta}_0$ 和 $\hat{\beta}_1$ 的标准误，并与一般线性回归模型中标准误的估计方法进行对比. 这里使用 R 自带数据集 faithful，该数据包含两组向量，分别为泉水持续时间（eruptions）（以分钟计）和喷发相隔时间（waiting）（以分钟计）.

```
>data(faithful)
>head(faithful)
  eruptions  waiting
1    3.600      79
2    1.800      54
3    3.333      74
4    2.283      62
5    4.533      85
6    2.883      55
```

首先定义一个简单 R 函数 boot.fn()，该函数的输入变量是数据集 faithful 和它的观测索引（index），返回线性回归模型中的回归系数的估计 $\hat{\beta}_0$ 和 $\hat{\beta}_1$.

```
>boot.fn=function(data,index)
+    coef(lm(waiting~eruptions,data=faithful,subset=index))
```

boot.fn() 函数通过在数据集 faithful 中进行随机可重复抽样生成 $\hat{\beta}_0$ 和 $\hat{\beta}_1$ 的 Bootstrap 估

计，以下程序展示了两组估计结果：

```
>set.seed(1)
>boot.fn(Auto,sample(nrow(faithful),nrow(faithful),replace=TRUE))
  (Intercept)    eruptions
    33.63202      10.78110
>boot.fn(Auto,sample(nrow(faithful),nrow(faithful),replace=TRUE))
(Intercept)    eruptions
  32.05790      11.12741
```

下面使用 boot() 函数得到 1000 组 $\hat{\beta}_0$ 和 $\hat{\beta}_1$ 的 bootstrap 估计的标准误，R 代码如下：

```
> library(boot)        #加载 boot 包
>boot(faithful,boot.fn,1000)
```

输出结果为

```
ORDINARY NONPARAMETRIC BOOTSTRAP
Call:
boot(data = faithful, statistic = boot.fn, R = 1000)
Bootstrap Statistics :
      original      bias        std. error
t1*   33.47440   -0.02610949    1.0965925
t2*   10.72964    0.01171373    0.3020419
>summary(lm(waiting~eruptions,data=faithful))$coef
Estimate     Std. Error    t value      Pr(>|t|)
(Intercept)  33.47440    1.1548735    28.98534    7.136015e-85
eruptions    10.72964    0.3147534    34.08904    8.129959e-100
```

从输出结果可以看到，Bootstrap 估计的标准误差为

$$\text{SE}(\hat{\beta}_0)=1.096，\ \text{SE}(\hat{\beta}_1)=0.314.$$

使用一般的线性回归模型进行标准误的估计结果是 1.154 和 0.314，这与 Bootstrap 方法得到的标准误比较靠近.

15.4 EM 算法

由于极大似然估计对于理解 EM 算法是非常关键的，故在介绍 EM 算法之前，首先看一个极大似然估计的例子. 假设有三个来自正态分布 $N(\mu,\sigma^2)$ 的观测点 $x=1,2,3$. 假设方差已知，$\sigma^2=1$，需要估计其均值 μ. 使用 R 软件让待估参数 μ 在区间 $[0,4]$ 连续等间隔取多个值，然后分别计算 μ 取各点时对应的分布下的 $x=1,2,3$ 的联合概率密度函数，即似然函数：

```
>dat<- c(1,2,3)
>mean_grid<- seq(0, 4, by=0.1)
>myLikelihood<- rep(0, length(mean_grid) )
>for( i in seq_along( myLikelihood ) )
+ myLikelihood[i] <- prod(dnorm( dat, mean = mean_grid[i], sd=1 ) )
>plot(myLikelihood~mean_grid, type="b", xlab="mean", ylab="Likelihood" )
```

输出图形如图 15.8 所示，从图中可以看到，均值 μ 在区间 $[0,4]$ 中，当 $\mu=2$ 时似然函数最大，这与解析解结果一致.

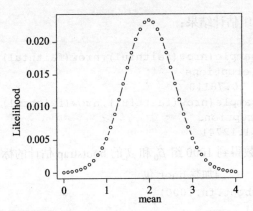

图 15.8　均值参数 μ 取区间 $[0,4]$ 中的多个可能值时的似然函数值

在多数情况下，参数的极大似然估计的解析解比较难得到，EM 算法（期望最大算法，Expectatioin-Maximalization）巧妙地使用迭代的方法来求解极大似然估计值. 下面给出 EM 算法的简单介绍，关于 EM 算法详细介绍可以参考文献 Dempster et al（1997），Tanner（1991）等.

EM 算法迭代执行期望步和最大化步. 第一步是期望步（E），使用参数的当前估计值来得到完全对数似然函数的期望；第二步是最大化步（M），最大化 E 步得到似然函数的期望，获得参数的估计值.

给定观测随机变量 X，未知隐变量 Z，θ 为待估参数. 为说明方便，给出如下记号.

$\theta^{(t)}$：第 t 次迭代时参数的估计值；

$I(\theta)$：对数边际似然 $\log p(x|\theta)$；

$\log p(x,z|\theta)$：完全对数似然（若 z 已知）；

$q(z|x,\theta)$：给定 x 和 θ 时的预测分布，在 EM 算法迭代的每一步都会发生变化；

$H(q)$：分布 $q(z|x,\theta)$ 的熵.

隐变量存在时直接最大化似然函数 $I(\theta) = \log p(x|\theta) = \log\sum_z P(x,z|\theta)$ 是困难的，考虑如下不等式：

$$I(\theta) = \log p(x|\theta) = \log\sum_z p(x,z|\theta)$$

$$= \log\sum_z q(z|x,\theta)\frac{p(x,z|\theta)}{q(z|x,\theta)}$$

$$\geq \sum_z q(z|x,\theta)\frac{p(x,z|\theta)}{q(z|x,\theta)} = F(q,\theta),$$

这里，$q(z|x,\theta)$ 是隐变量 Z 上的任意密度函数. EM 算法不再最大化 $I(\theta)$，而是最大化 $F(q,\theta)$. 从参数的某初值 $\theta^{(0)}$ 开始，重复如下两个步骤进行 $\theta^{(t)} \to \theta^{(t+1)}$ 的迭代，直到 $\theta^{(t)}$ 收敛到局部最大值.

E 步：

$$q^{(t+1)} = \arg\max_q F(q,\theta^{(t)}), \tag{15.4.1}$$

M 步：

$$\theta^{(t+1)} = \arg\max_{\theta} F(q^{(t+1)}, \theta)。 \tag{15.4.2}$$

E 步（15.4.1）中固定 $\theta = \theta^{(t)}$，寻找使 $F(q, \theta)$ 最大化的分布 q，看起来很困难，实际上可以证明只需要让 $q^{(t+1)} = \log p(z|x, \theta^{(t)})$ 即可，该分布依赖于上一轮迭代的参数 $\theta^{(t)}$.

M 步中为计算等式（15.4.2），对于固定的 q，注意到

$$I(\theta) \geqslant F(q, \theta)$$

$$= \sum_z q(z|x, \theta) \log \frac{p(x, z|\theta)}{q(z|x, \theta)}$$

$$= \sum_z q(z|x, \theta) \log p(x, z|\theta) - \sum_z q(z|x, \theta) \log q(z|x, \theta)$$

$$= Q(\theta|\theta^{(t)}) + H(q)$$

所以在固定 q 时最大化 $F(q, \theta)$ 等于最大化 $Q(\theta|\theta^{(t)})$. 为了让 E 步和 M 步更清楚，重新表达这两个步骤为如下形式.

E 步：计算

$$Q(\theta|\theta^{(t)}) = E_{q(z|x, \theta^{(t)})}[\log p(x, z|\theta)], \tag{15.4.3}$$

M 步：

$$\theta^{(t+1)} = \arg\max_{\theta} E_{q(z|x, \theta^{(t)})}[\log p(x, z|\theta)]。 \tag{15.4.4}$$

EM 算法的每次迭代都提高了对数似然函数. 开始几步时收敛速度很快，当即将达到局部极大时收敛速度变慢. 一般情况下，当缺失数据较少且维度不太高时效果很好.

EM 算法应用的一个典型例子是混合模型，混合模型由多个分布混合而成，每个观测以一定的概率来自于其中某个分布，我们只能得到观测值，并不知道它具体来自哪个分布.

例 15.4.1　（高斯混合分布）掷一枚质量不均匀的硬币，掷得正面的概率为 0.25，掷得反面的概率为 0.75. 如果掷得正面，从分布 $N(1, 1^2)$ 中随机抽取一个样本，若掷得反面，则从分布 $N(7, 1^2)$ 中随机抽取一个样本. 重复该过程 1000 次，则得到了来自混合分布 $0.25N(1, 1^2) + 0.75N(7, 1^2)$ 的 1000 个随机样本. 这个混合模型中的隐变量就是硬币掷得正面还是反面. 其模拟样本密度函数图如图 15.9 所示. 随机样本生成的 R 程序如下：

```
> set.seed(123)
> tau_1_true <- 0.25
> x <- y <- rep(0,1000)
> for( i in 1:1000 ) {
+   if( runif(1) < tau_1_true ) {
+     x[i] <- rnorm(1, mean=1)
+     y[i] <- "heads"
+   } else {
+     x[i] <- rnorm(1, mean=7)
+     y[i] <- "tails"
+   }
+ }
```

```
> data=data.frame(x=x,y=y)
> head(data)
        x       y
1 7.800554    tails
2 8.558708    tails
3 8.239496    tails
4 8.715065    tails
5 7.183083    tails
6 6.313147    tails
> table(data$y)
heads   tails
  244    756
> library(lattice)
> densityplot(~x,
+   par.settings = list(plot.symbol = list(col=as.factor(y))))
```

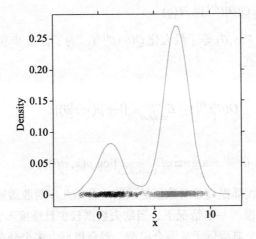

图 15.9　高斯混合分布 $0.25N(1,1^2)+0.75N(7,1^2)$ 的模拟样本密度函数图

　　使用 EM 算法估计两个分布中的均值参数 μ_1 与 μ_2.

　　E 步：令初值 $\mu_1=0$ 和 $\mu_2=1$，计算每个观测属于两个总体的概率.
以第一个观测点 x=7.80054 为例：

```
>x[1]
[1] 7.800554
>dnorm(x[1], mean=0)
[1] 2.442273e-14
>dnorm(x[1], mean=1)
[1] 3.617301e-11
```

　　显然第二个总体在该观测点 x=7.80054 处的似然函数更大. 但是这两个总体的先验概率是不同的，在比较似然函数时应该把先验概率考虑在内，由于开始时对两个总体的先验概率一无所知，可以给它们相同的先验概率（0.5）作为初值.

```
> tau_1 <- 0.5
> tau_2 <- 0.5
> p_1<-tau_1*dnorm(x[1],mean=0)/(tau_1*dnorm(x[1],mean=0)+tau_2*dnorm
(x[1],mean=1))
> #第一个样本来自于第一个总体的后验概率
```

```
> p_2<-tau_2*dnorm(x[1],mean=1)/(tau_1*dnorm(x[1],mean=0)+ tau_2*dnorm
(x[1],mean=1))
> #第一个样本来自于第二个总体的后验概率
> p_1
[1] 0.6134705
> p_2
[1] 0.3865295
```

对所有的样本重复该过程, 看每个样本来自于哪个总体的后验概率更大.

```
> T_1 <- tau_1*dnorm(x, mean=0)
> T_2 <- tau_2*dnorm(x, mean=1)
> P_1 <- T_1/(T_1 + T_2)
> P_2 <- T_2/(T_1 + T_2)
>head(P_1)
[1] 0.0006747089 0.0003162351 0.0004351016 0.0002704738 0.0012503475
[6] 0.0029791099
>head(P_2)
[1] 0.9993253 0.9996838 0.9995649 0.9997295 0.9987497 0.9970209
```

显然前几个样本来自于第二个总体的可能性更大.

M 步: 给定观测样本和 E 步中隐变量的估计, 估计参数. 这里估计参数的方法是加权平均, 比如第一个观测 x=7.80054, 它来自于两个总体的概率分别是 0.00067 和 0.9993, 把这两个概率当作估计两个总体均值的权重. R 程序如下:

```
> mu_1 <- sum(P_1*x) / sum(P_1)
```
#所有观测加权平均来估计 μ_1, 权重是各观测来自于第一个总体的后验概率
```
> mu_2 <- sum(P_2*x) / sum(P_2)
```
#所有观测加权平均来估计 μ_2, 权重是各观测来自于第一个总体的后验概率
```
> c(mu_1, mu_2)
```
#第一轮迭代得到的 μ_1, μ_2 的估计, 已经接近真实值 $\mu_1 = 1$, $\mu_2 = 7$
```
[1] 0.5045618 6.1011529
```

下面合并 E 步和 M 步, 迭代这个过程 10 次:

```
> mu_1 <- 0    ##设定参数初值
> mu_2 <- 1
> tau_1 <- 0.5   ##设定隐变量的初值
> tau_2 <- 0.5
>for( i in 1:10 ) {
+   #E step
+   T_1 <- tau_1 * dnorm(x, mu_1)
+   T_2 <- tau_2 * dnorm(x, mu_2)
+   P_1 <- T_1 / (T_1 + T_2)
+   P_2 <- T_2 / (T_1 + T_2)
+   tau_1 <- mean(P_1)
+   tau_2 <- mean(P_2)
+   #M step
+   mu_1 <- sum( P_1 * x ) / sum(P_1)
+   mu_2 <- sum( P_2 * x ) / sum(P_2)
+   print( c(mu_1, mu_2, mean(P_1)) )    #显示每一轮迭代结束时参数的估计值
+ }
[1]  0.5045618  6.1011529  0.1002794
[1]  0.8546336  6.9403680  0.2301181
[1]  0.9732251  7.0006108  0.2423406
```

```
[1]  0.9853947   7.0054109   0.2434347
[1]  0.9864849   7.0058260   0.2435309
[1]  0.9865811   7.0058624   0.2435394
[1]  0.9865895   7.0058656   0.2435401
[1]  0.9865903   7.0058659   0.2435402
[1]  0.9865903   7.0058660   0.2435402
[1]  0.9865904   7.0058660   0.2435402
```

以上的例子给出的是 EM 算法在混合模型中的应用实例，整个过程可以通过 R 包 mixtools 中的函数 normalmixEM() 一次性完成，为了使用该函数首先安装 R 包 mixtools 并加载该包，加载方法是 library(mixtools). 该函数的调用方法是：

```
normalmixEM (x, lambda = NULL, mu = NULL, sigma = NULL, k = 2, mean.constr
= NULL, sd.constr = NULL, ……)
```

其中，x 是数据集，lambda 代表几个成分的混合比例的初值，mu 是各成分的均值向量，sigma 是各成分的标准差，k 是成分的数目，有 mu 和 sigma 时被忽略，mean.constr 和 sd.constr 代表均值和标准差的等式约束. 可以通过 help(normalmixEM) 查看更多关于 EM 算法实现的细节.

下面通过一个简单的示例看一下函数 normalmixEM() 的用法：

```
> x<-y<-rep(0,1000)
>  for( i in 1:1000 ) {
+    if( runif(1) < tau_1_true ) {
+      x[i] <- rnorm(1, mean=1)
+     y[i] <- "heads"
+    } else {
+      x[i] <- rnorm(1, mean=7)
+      y[i] <- "tails"
+    }
+  }
> data=data.frame(x=x,y=y)        #形成混合分布
> library("mixtools")   #加载工具包 mixtools
> myEM<- normalmixEM(data$x, mu = c(0,1), sigma=c(1,1), sd.constr=c(1,1) )
#两个分布的初始值分别是 0 和 1，标准差的初始值都设置为 1，并且固定不变.
> par(mfrow=c(1,2))
> plot(myEM, density = TRUE, cex.axis = 1.4, cex.lab = 1.4, cex.main = 1.8)
```

输出结果如图 15.10 所示. 函数 normalmixEM() 返回一个输出对象 myEM，它是 "mixEM" 类，plot.mixEM() 函数可以生成两个图，一个是每次迭代得到的对数似然函数图，即 $t \to l(\theta^{(t)})$ 的对数似然函数值的图，另一个是数据的直方图和两个拟合的正态密度函数曲线.

参数的最终估计可以通过如下方式提取：

```
>myEM[c("lambda", "mu", "sigma")]
$lambda   #混合比例
[1] 0.2435402  0.7564598
$mu  #两个成分分布的均值的估计值
[1] 0.9865899  7.0058658
$sigma #两个成分分布的标准差的估计值
[1] 1 1
```

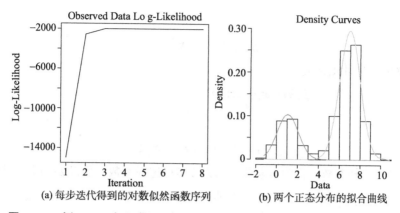

图 15.10 例 15.4.1 中生成的模拟数据使用 mixtool 包进行 EM 算法的估计

也可以通过函数 summary.mixEM()获取：

```
>summary(myEM)
summary of normalmixEM object:
          comp 1          comp 2
lambda    0.24354         0.75646
mu        0.98659         7.00587
sigma     1.00000         1.00000
loglik at estimate: -2002.693
```

15.5 变 量 选 择

回归分析主要实现两个目标：一是研究响应变量与预测变量之间的关系；二是根据估计模型进行预测. 在建模之初，为了尽量减小因缺少重要自变量而出现的模型偏差，通常会选择较多的可能对响应变量有影响的自变量. 当备选预测变量很多时，如何寻找对响应变量最具解释力的自变量集合来提高模型的解释性和预测精度就涉及变量选择问题.

对于高维数据的变量选择问题，传统的逐步子集选择方法因缺乏稳定性且计算量巨大而不适用. 近年来，基于惩罚函数的变量选择方法，如 Lasso、SCAD、自适应 Lasso 等方法使高维数据变量选择问题得到了较好的解决.

本节将简单介绍几种常用的变量选择方法，并以实例介绍各种方法如何用 R 实现.

15.5.1 岭回归

岭回归（Ridge Regression）是一种用于多重共线性数据分析的有偏估计方法，本质上是一种改良的最小二乘估计法. 该方法通过牺牲最小二乘估计的无偏性，换取了估计方差的大幅下降，对于存在多重共线性数据而言，该方法拟合效果要优于最小二乘法.

对于多元线性回归模型

$$Y = X\beta + \varepsilon , \quad E(\varepsilon) = 0 , \quad \mathrm{Var}(\varepsilon) = \sigma^2 I_n ,$$

回归系数 β 的最小二乘估计的定义为

$$\hat{\beta} = \arg\min_{\beta} \| Y - X\beta \|^2 ,$$

解得

$$\hat{\boldsymbol{\beta}} = (\boldsymbol{X}^{\mathrm{T}} \boldsymbol{X})^{-1} \boldsymbol{X}^{\mathrm{T}} \boldsymbol{Y} .$$

回归系数 $\boldsymbol{\beta}$ 的岭估计定义为

$$\hat{\boldsymbol{\beta}}(\lambda) = \arg\min_{\boldsymbol{\beta}} \{\| \boldsymbol{Y} - \boldsymbol{X}\boldsymbol{\beta} \|^2 + \lambda \| \boldsymbol{\beta} \|^2\} ,$$

解得

$$\hat{\boldsymbol{\beta}}(\lambda) = (\boldsymbol{X}^{\mathrm{T}} \boldsymbol{X} + \lambda \boldsymbol{I}_n)^{-1} \boldsymbol{X}^{\mathrm{T}} \boldsymbol{Y} ,$$

这里 $\lambda > 0$ 是可选择参数，称为岭参数. 因为 λ 是可选择参数，所以 $\hat{\boldsymbol{\beta}}(\lambda)$ 是一个估计类；显然当 $\lambda = 0$ 时，$\hat{\boldsymbol{\beta}}(0)$ 就是通常的最小二乘估计 $\hat{\boldsymbol{\beta}}$. 需要读者注意的是，通常所提及的岭估计并不包含最小二乘估计.

在实际应用中，可以根据岭迹的变化形状来确定适当的 λ 值，进而进行变量选择. 岭回归是个连续的过程，是对传统的子集选择离散型模型的一种改进. 岭估计在均方误差的意义下优于最小二乘估计，并且对系数进行了压缩，但是这种压缩只能将系数压缩靠近 0，无法真正达到 0. 因而，对于高维稀疏数据的变量选择，岭回归方法也无能为力，但这种惩罚估计的思想为 LASSO 等高维稀疏数据的变量选择方法的提出打下了基础.

下面以程序包 lars 中的数据集 diabetes 来演示岭回归在 R 中如何实现. diabetes 数据集记录的是 2006 年欧洲国家十万糖尿病患者的死亡数据，其中，因变量 y 是糖尿病的综合指标；x 包含 10 个变量，分别是 x.age（年龄）、x.sex（性别）、x.bmi（身体质量指数）、x.map（平均动脉压）、x.tc（总胆固醇）、x.ldl（低密度脂蛋白）、x.hdl（高密度脂蛋白）、x.tch（血清总胆固醇）、x.ltg(糖耐量)、x.glu(血糖)；x2 包括 x 变量中除了性别之外的 9 个平方项以及 45 个两两变量间的交互作用，共 64 个自变量.

利用 MASS 包中的 lm.ridge() 函数可用于实现岭回归，其命令格式如下：

```
lm.ridge(formula, data, subset, na.action, lambda = 0, model = FALSE,
         x = FALSE, y = FALSE, contrasts = NULL, ...)
```

其中，formula 为回归表达式，格式为 response ~ predictors；data 为解释变量数据框；subset 指定 data 中哪些行用于模型拟合，默认值为利用全部数据；na.action 用于过滤缺失值；lambda 为岭常量；model、x 和 y 均为逻辑值，表示是否返回模型、x 或 y 的值，默认值为 False.

下面看一个例子. 首先读取数据并定义变量，需要加载数据包 MASS，代码如下：

```
> library(lars)
> library(MASS)
> data(diabetes)        #数据集 diabetes 在程序包 lars 中
> w<-cbind(diabetes$x,diabetes$y,diabetes$x2)
> x<-as.matrix(w[,1:10])
> y<-as.matrix(w[,11])
> x2<-as.matrix(w[,12:75])
```

以 x2 为自变量、y 为因变量，输入如下命令：

```
> ridge.dia<-lm.ridge(y~x2,lambda=seq(0,100,length=101),model=TRUE)
```

利用交叉验证方法，输入如下命令：

```
> ridge.dia$lambda[which.min(ridge.dia$GCV)]
```

```
[1] 81
> ridge.dia$coef[which.min(ridge.dia$GCV)]
[1] 17.12666
```

从上述结果可见通过交叉验证方法选择的最小岭常量为 81，压缩系数为 17.12666. 也可以通过岭迹图选取 λ 值，命令如下：

```
> par(mfrow=c(2,1))
> matplot(ridge.dia$lambda,t(ridge.dia$coef),xlab=expression(lamdba),
+     ylab="Cofficients",type="l",lty=1:20)
> abline(v=ridge.dia$lambda[which.min(ridge.dia$GCV)])
> plot(ridge.dia$lambda,ridge.dia$GCV,type="l",xlab=expression(lambda),
+     ylab= expression(beta))
> abline(v=ridge.dia$lambda[which.min(ridge.dia$GCV)])
```

岭迹图如图 15.11 所示，从图中可以看出，岭常数在 80 多取值比较合适.

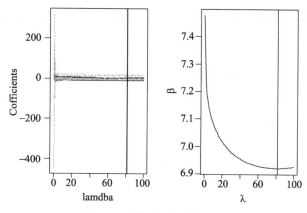

图 15.11　糖尿病数据岭迹图

利用 glmnet 程序包可以把数据分为训练集和测试集. 现选取前 2/3 的数据为训练集，后 1/3 的数据为测试集，命令如下：

```
> library(glmnet)
> data(diabetes)
> w<-cbind(diabetes$x,diabetes$y,diabetes$x2)
> y<-as.matrix(w[,11])
> x2<-as.matrix(w[,12:75])
> set.seed(1)
> train<-sample(1:nrow(x2), nrow(x2) * 2/3)
> test<-setdiff(c(1:nrow(w)),c(train))
```

首先用训练集数据进行岭回归，得到岭迹图（见图 15.12）和交叉验证图（见图 15.13），命令如下：

```
>r1 <- glmnet(x = x2[train, ],y = y[train], family = "gaussian", alpha =0)
>plot(r1, xvar = "lambda")
```

在 k 折交叉验证（这里选取的是 10 折）基础上标准误最小选择 λ 的取值，数据都来自高斯分布，命令如下：

```
> r1.cv <- cv.glmnet(x=x2, y=y, family="gaussian", alpha=0, nfold = 10)
> plot(r1.cv,lty=1)
> plot(r1.cv)
```

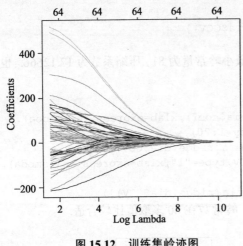

图 15.12　训练集岭迹图

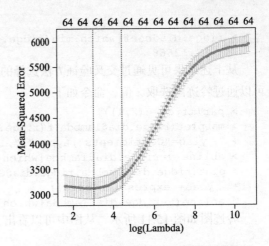

图 15.13　训练集岭回归均方误差曲线

从图 15.13 中可以看到，$\log\lambda$ 在 2.5 左右的时候均方误最小，右边位于 4 的竖直虚线是在一个标准误的最佳模型，从横坐标上可以得到选择的变量数，从图中可以看到岭回归取得的变量值为 64.

下面用测试集进行验证，程序如下：

```
> mte <- predict(r1, x2[test, ])
> mte<-apply((mte - y[test])^2, 2, mean)
> lines(log(r1$lambda), mte, lty=1,col="blue",lwd=3)
> legend("topleft", legend=c("10 - fold CV", "Test"), lty=c(1,2),merge =
TRUE)
> r1.min <- glmnet(x = x2, y = y, family = "gaussian", alpha = 0, lambda
= r1.cv$lambda.min)
> coef(r1.min)
```

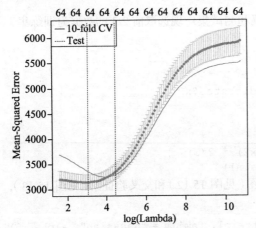

图 15.14　测试集均方误差曲线

图 15.14 中实线是测试集的均方误差，可以看到在 $\log\lambda=4$ 处均方误差最小，通过 coef（r1.min）可以得到在取得交叉验证最优 λ 值下包括截距项在内的 65 个系数值.

15.5.2　Lasso 方法

Tibshirani 在 1996 年提出的 Lasso 方法是在 Frank（1993）提出的桥回归（Bridge Regression）和 Bireman（1995）提出的非负绞杀法（Nonnegative Garrote）的启发下提出的一种变量选择方法，全称为"Least absolute shrinkage and selection operator"，简记为 Lasso.

Lasso 方法的基本思想是在回归系数的绝对值之和小于一个常数的约束条件下，使残差平方和最小化，从而能够产生某些严格等于 0 的回归系数，得到解释力较强的模型. 也可以看作是在最小二乘法的基础上对系数加上 L_1 惩罚，即是下面优化问题：

$$\min_{\boldsymbol{\beta}} \sum_{i=1}^{n} (Y_i - \boldsymbol{X}_i^{\mathrm{T}} \boldsymbol{\beta})^2 \quad s.t. \quad \sum_{j=1}^{p} |\beta_j| \leqslant t.$$

上式等价于以下带惩罚函数的形式：

$$\hat{\boldsymbol{\beta}}^{Lasso} = \arg\min_{\boldsymbol{\beta}} \sum_{i=1}^{n} (Y_i - \boldsymbol{X}_i^{\mathrm{T}} \boldsymbol{\beta})^2 + \lambda \sum_{j=1}^{p} |\beta_j|.$$

对应的惩罚函数形式为 $P_\lambda(|\theta|) = \lambda|\theta|$.

Lasso 方法将回归系数小于某个常数的系数全部压缩成零，从而使得模型的解释性增强. 然而 Lasso 方法的缺点是对所有的参数做相同的压缩，往往产生较大的偏差，是一种有偏估计，且不具备 Oracle 性质.

R 中使用 lars 包或者 glmnet 包都可以用来实现 Lasso 方法. 下面仍以前述的 lars 包中的数据集 diabetes 为例，介绍 Lasso 方法的 R 实现.

```
> library(lars)
> data(diabetes)
> w<-cbind(diabetes$x,diabetes$y,diabetes$x2)
> x<-as.matrix(w[,1:10])
> y<-as.matrix(w[,11])  #响应变量
> x2<-as.matrix(w[,12:75])
> model2<-lars(x2,y,type="lasso")   #建立 Lasso 模型
> plot(model2)
```

建立的 Lasso 模型如图 15.15 所示. 图 15.15 给出了 diabetes 数据集的 Lasso 回归图，其中每条竖线表示 C_p 法的步数，图形的最右侧数字对应变量的编号.

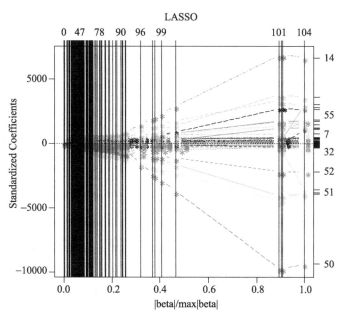

图 15.15 diabetes 数据集的 Lasso 回归图

通过 10 折交叉验证，绘制 CV 图，如图 15.16 所示，来选取最优的 L_1 惩罚项，并通过 coef[coef!=0] 命令来选择使得交叉验证最小的变量，确定其系数，输入如下命令：

```
> cva<-cv.lars(x2,y,K=10,plot.it=TRUE)
> best<-cva$index[which.min(cva$cv)]
> coef<-coef.lars(model2,mode="fraction",s = best)
> coef[coef!=0]
```

输出结果为：

```
     sex          bmi          map          hdl          ltg          glu
-92.966618   502.356055   241.631884  -174.935230   465.398774    10.828814
    bmi^2        glu^2      age:sex      age:map      age:ltg      age:glu
 33.918974    62.355697    97.307919    28.427380     4.497064    13.779861
   bmi:map
 79.712186
```

从输出结果可见，Lasso 方法把变量从 64 个压缩至 13 个.

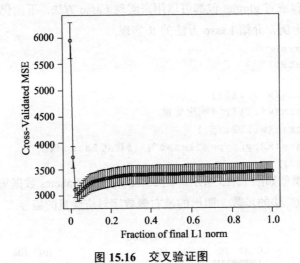

图 15.16　交叉验证图

用 glmnet 包来实现 Lasso 方法，选择 2/3 的训练集和 1/3 的测试集，命令如下：

```
> library(lars)
> library(Matrix)
> library(glmnet)
> data(diabetes)
> w<-cbind(diabetes$x,diabetes$y,diabetes$x2)
> y<-as.matrix(w[,11])
> x2<-as.matrix(w[,12:75])
> set.seed(1)
> train<-sample(1:nrow(x2), nrow(x2) * 2/3)
> test<-setdiff(c(1:nrow(w)),c(train))
```

先用测试集画出岭迹图（见图 15.17）和交叉验证图（见图 15.18）来选择 λ：

```
> r2 <- glmnet(x = x2[train, ], y = y[train], family = "gaussian", alpha = 1)
> plot(r2, xvar = "lambda")
> r2.cv <- cv.glmnet(x = x2, y = y, family = "gaussian", alpha = 1, nfold = 10)
> plot(r2.cv)
```

从图 15.18 中可以看出，在 $\log \lambda = 1.1$ 时均方误差达到最小，变量压缩至 15 个，在均

方误差 95%的置信区间能把变量压缩至 11 个. 下面用测试集来进行验证, 程序如下:

```
> mte <- predict(r2, x2[test, ])
> mte <- apply((mte - y[test])^2, 2, mean)
> lines(log(r2$lambda), mte, lty =1, lwd = 3)
> legend("topleft", legend=c("10 - fold CV", "Test"), lty=c(1,2),merge
= TRUE)
> r2.min <- glmnet(x = x2, y = y, family = "gaussian", alpha = 1, lambda
= r2.cv$lambda.min)
> coef(r2.min)
```

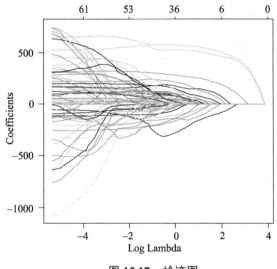

图 **15.17** 岭迹图

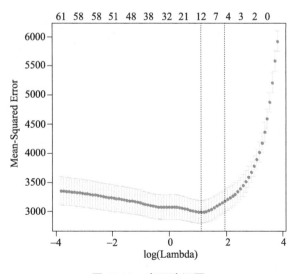

图 **15.18** 交叉验证图

图 15.19 中实线是测试集的均方误差, 可以看到在 $\log \lambda = 1.1$ 处拟合效果较好, 通过 coef(r2.min)可以得到在取得交叉验证最优 λ 值下包括截距项在内的 15 个系数值.

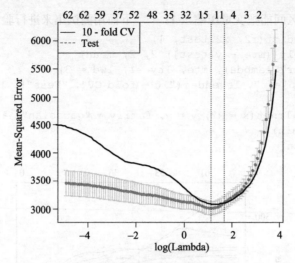

图 15.19   测试集交叉验证图

15.5.3   自适应 Lasso 方法

由于 Lasso 对所有的系数都采用相同程度的惩罚,不具有 oracle 性质,所以 Zou(2006)提出了自适应 Lasso（Adaptive Lasso）方法,在 Lasso 原有的惩罚项上加上一个权重,使其能够更有效的压缩. 自适应 Lasso 方法是对 Lasso 方法的改进,具有 oracle 性质,而且自适应 Lasso 优化函数为凸函数,优化目标函数有唯一解. 自适应 Lasso 的定义为

$$\hat{\boldsymbol{\beta}}^{Adaptive\ Lasso} = \arg\min_{\boldsymbol{\beta}} \sum_{i=1}^{n}(Y_i - \boldsymbol{X}_i^{\mathrm{T}}\boldsymbol{\beta})^2 + \lambda\sum_{j=1}^{p}\hat{w}_j\,|\,\beta_j\,|,$$

其中 $\hat{w}_j$ 是根据数据给出的权重 w_j 的估计值. 自适应 Lasso 方法能同时进行模型选择和参数估计,一般不会过度压缩参数,具有连续性的优点；其缺点是不能直接有效处理组选择（group effect）,同样不能有效地处理共线性的问题. 同时,自适应 Lasso 方法需要一个初始的估计量,通常情况下,对这个估计量的要求是 $\sqrt{n}$ 相合的,在高维情形下,这个要求不容易满足.

在 R 中通过程序包 parcor 或者程序包 msgps 可以实现自适应 Lasso 方法,先输入命令如下:

```
> library(lars)
> data(diabetes)
> library(parcor)
> w<-cbind(diabetes$x,diabetes$y,diabetes$x2)
> x<-as.matrix(w[,1:10])
> y<-as.matrix(w[,11])
> x2<-as.matrix(w[,12:75])
```

用 parcor 程序包建立自适应 Lasso 的模型,并求出使得交叉验证最小的 λ 值及变量系数,可输入如下命令:

```
> model3<-adalasso(x2,y,k=10,use.Gram=TRUE,both=TRUE,intercept=TRUE)
> model3$cv.adalasso
```

```
[1] 2943.775
> model3$lambda.adalasso
[1] 5.832642
> coef.ad<-model3$coefficients.adalasso
> coef.ad[coef.ad!=0]
      2           3            4           7           9          19
-188.40423    533.63396    293.77719   -237.80668   498.21445   87.16244
     20          37
157.14186    123.24971
```

从以上输出结果可见，自适应 Lasso 方法选取了 8 个变量，是在 Lasso 基础上更进一步的压缩和优化.

用程序包 msgps 建立自适应 Lasso 的模型，可输入如下命令：

```
> library(lars)
> data(diabetes)
> library(msgps)
> w<-cbind(diabetes$x,diabetes$y,diabetes$x2)
> x<-as.matrix(w[,1:10])
> y<-w[,11]
> x2<-as.matrix(w[,12:75])
> model4<-msgps(x2,y,penalty="alasso",gamma=1,lambda=0)
> summary(model4)
>plot(model4)
```

输出图形如图 15.20 所示.

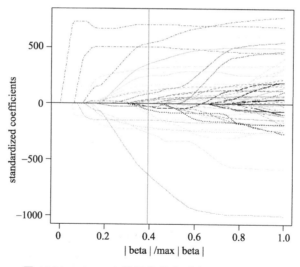

图 15.20　**diabetes** 数据集的自适应 Lasso 回归图

15.5.3　SCAD 方法

Fan 和 Li（2001）提出了一种非凹的函数作为变量选择中的惩罚函数，给出了 SCAD (Smoothly Clipped Absolute Deviation)变量选择方法，其定义为

$$\hat{\boldsymbol{\beta}}^{SCAD} = \arg\min_{\boldsymbol{\beta}} \sum_{i=1}^{n} (Y_i - \boldsymbol{X}_i^{\mathrm{T}} \boldsymbol{\beta})^2 + \sum_{j=1}^{p} p_{\lambda}(|\beta_j|)$$

其中,

$$p_\lambda(\theta) = \begin{cases} \lambda\theta, & 0 \leqslant \theta \leqslant \lambda; \\ \dfrac{-(\theta^2 - 2a\lambda\theta + \lambda^2)}{2(a-1)}, & \lambda \leqslant \theta \leqslant a\lambda; \\ (a+1)\lambda^2, & \theta > a\lambda. \end{cases}$$

基于 SCAD 方法的变量选择是一个连续的过程,可以产生稀疏解,且参数的估计具有无偏性. 其缺点是优化函数非凸,解为局部最优,因此直接最小化目标函数比较困难,计算的复杂度较高.

R 中的程序包 ncvreg 可以用来实现 SCAD 方法,可输入如下命令:

```
> library(lars)
> data(diabetes)
> library(ncvreg)
> w<-cbind(diabetes$x,diabetes$y,diabetes$x2)
> x<-as.matrix(w[,1:10])
> y<-w[,11]
> x2<-as.matrix(w[,12:75])
> par(mfrow=c(2,1))
> fit<-ncvreg(x2,y)
> plot(fit)
> cvfit<-cv.ncvreg(x2,y)
> plot(cvfit)
> beta<-fit$beta[,cvfit$min]
> beta[beta!=0]
```

输出结果如下:

```
(Intercept)         sex         bmi         map         hdl         ltg
  152.13348  -234.08048   526.02876   318.42941  -272.81275   494.56380
      age^2       glu^2     age:sex     bmi:map
   17.00359    81.43728   162.19514   125.09004
```

生成图形如图 15.21 所示.

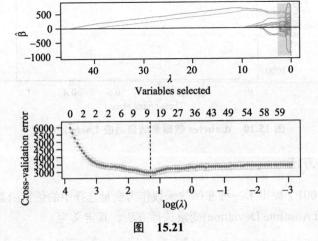

图 15.21

从结果可见,SCAD 把变量从 64 个压缩至 9 个.

附 录 A

图形用户界面

同 SPSS 软件的强大图形用户界面相比，R 软件的运行平台 RGui 似乎显得过于简洁，这在一定程度上造成了初学者学习的不便．目前，R 软件已经出现了一些带有菜单功能的图形用户界面（GUI），例如 R Commander，RStudio，Red R，R AanlyticFlow 等．这里主要介绍 R Commander 和 RStudio 的使用．

A.1　R Commander

首次使用 R Commander 之前，需要下载安装程序包 Rcmdr，并载入该程序包，此时 R Commander 被激活，出现如图 A-1 所示的图形用户界面．

图 A-1　R Commander 界面

    R Commander 界面由菜单栏、工具条、脚本或命令窗口（Script Window）、结果输出窗口(Output Window)以及信息窗口（Messages）组成. 其中, 菜单栏包括档案或文件（File）、编辑（Edit）、数据（Data）、统计量（Statistics）、绘图（Graphs）、模型（Models）、概率分布（Distributions）、工具（Tools）、帮助（Help）等. 类似于 SPSS, 利用 R Commander 菜单, 可以很容易地实现某些操作, 如列联分析、t 检验、绘图等. 利用菜单进行的操作, 其 R 实现代码将同时在 R Commander 的脚本窗口中显示出来. 我们也可以在脚本窗口修改已有代码, 然后单击"执行语法"按钮即可执行.

    例如, 在 R Commander 中创建了一个名为 df 的数据框, 这时可以直接在脚本窗口输入命令语句, 然后选中所要执行的命令, 单击右下角的"执行语法"按钮即可, 如图 A-2 所示.

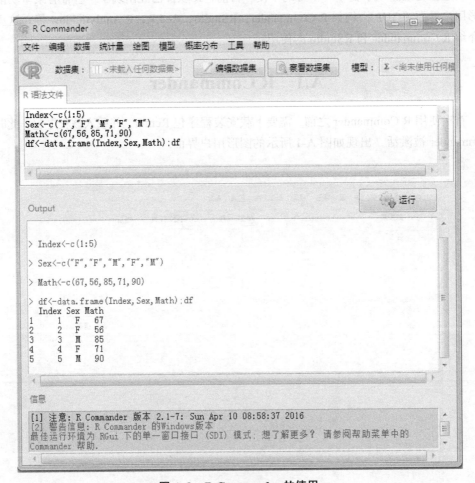

图 A-2　R Commander 的使用

    也可以利用"编辑数据集"按钮对该数据框进行编辑. 首先在工具栏中载入数据集, 然后单击"编辑资料集"按钮, 则弹出数据编辑窗口（Data Editor）, 如图 A-3 所示, 在该窗口中可以很方便地完成数据的编辑.

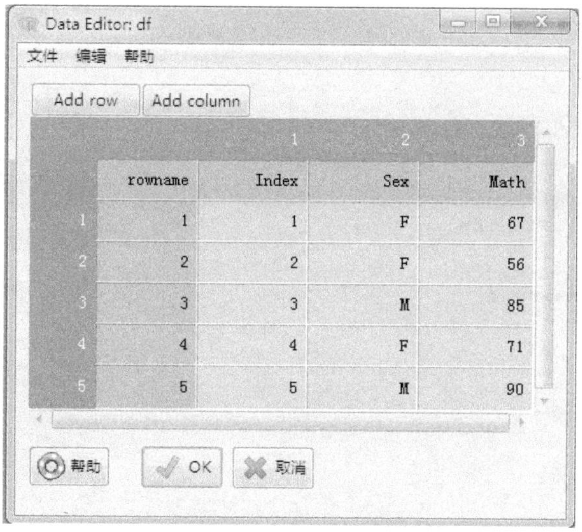

图 A-3 数据编辑窗口

下面通过一个具体的例子来演示 R Commander 的使用. R 软件内置的 women 数据集包含 height 和 weight 两个变量，共有 15 组观测数据，分别表示身高和体重，具体含义见 1.4.3 节. 可以利用 R Commander 中的绘图菜单绘制 height 和 weight 的散点图，参见图 A-4.

图 A-4 R Commander 的绘图菜单

首先，在 R Commander 工具栏中将数据框 mydata 载入，然后在绘图菜单中单击散点图，弹出散点图对话框，如图 A-5 所示.

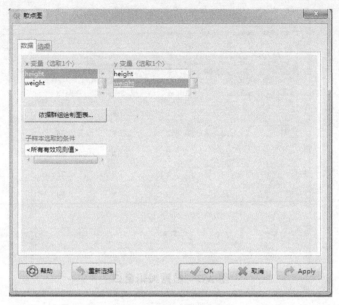

图 A-5　散点图对话框

在 x 变量中选择 height，在 y 变量中选择 weight，然后打开"选项"选项卡，如图 A-6
所示，在"绘图选项"中，选择两种类型的线条，即"最小二乘线"和"平滑线"，单击
"OK"按钮，即可完成散点图的绘制，结果见图 A-7. 从图 A-7 中可以看到，直线表示利
用最小二乘法拟合的直线，而曲线为连接各散点的平滑线.

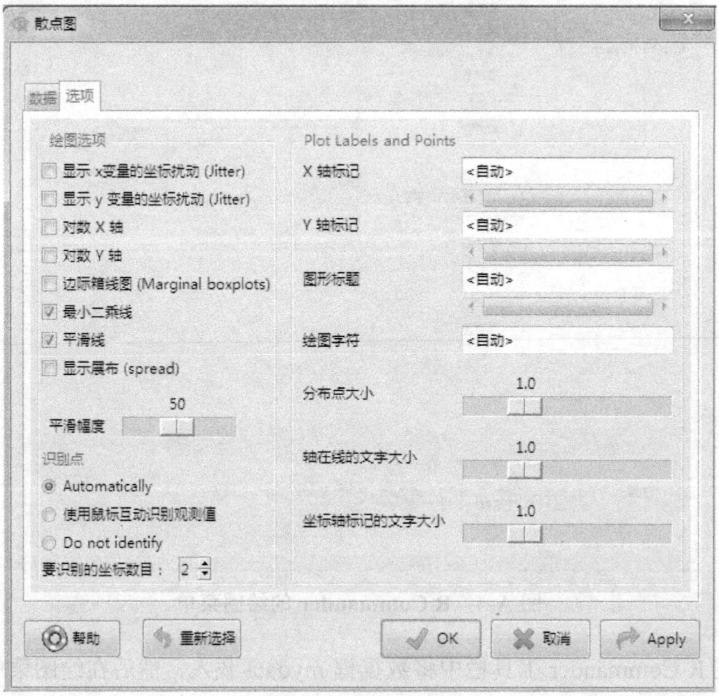

图 A-6　散点图选项卡

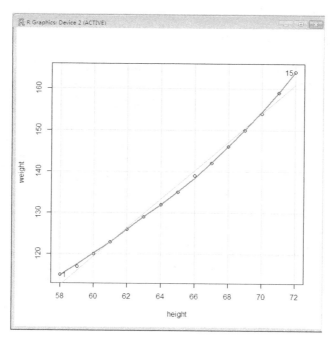

图 A-7　height 和 weight 的散点图

A.2　RStudio

RStudio 是 R 的一个集成开发环境（IDE）. 它集成了 R 的环境、一个高级的文本编辑器、R 的帮助系统、版本控制等, RStudio 本身并不进行统计操作, 它只是让我们操作 R 变得容易, 更重要的是, RStudio 能够提供许多方法使重复性工作更加简便.

RStudio 是个免费并且开源的软件, 可以在现今所有主流操作系统中使用, 包括 Windows, Linux 和 Mac OS X. 它也能作为远程 Web 服务器使用, 在这种情况下, RStudio 的界面会在浏览器上运行程序.

A.2.1　RStudio 的安装

在安装 RStudio 之前, 需要先安装 R, 因为 RStudio 需要 2.11 版本以上的 R, 所以推荐安装 R 的最新版本. RStudio 的桌面版本可以从 https://www.RStudio.com/ide 进行下载.

适用的操作系统版本有 Windows XP 及以上版本、MaxOS X 10.6 及以上版本和部分 Linux 版本.

A.2.2　RStudio 界面介绍

图 A-8 展示了 RStudio 在 Windows 系统上的界面.

与标准的 R 不同, RStudio 将所有的窗口都绑定在了屏幕上, 通过标签页的方式进行展示. 下面将分别介绍不同标签页的功能及使用方法.

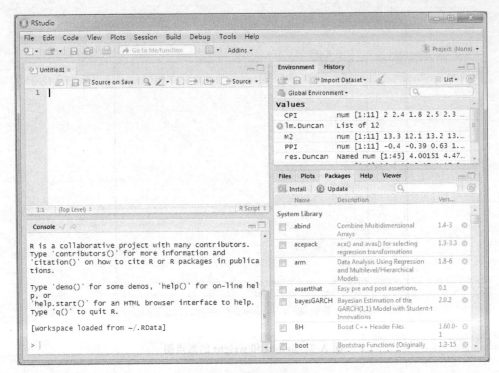

图 A-8   RStudio 界面

1. R 控制台

R 控制台位于界面左下角，是使用 RStudio 的过程中的一个非常重要的工具．在 R 控制台里，可以输入指令并查看 R 系统的反馈．输入的指令被称为表达式（expression）．R 的解释器（interpreter）读入这些表达式，并返回结果和错误信息，有时候也可以通过菜单操作输入表达式．

控制台窗口展示了一些 RStudio 的基本信息：目前运行的版本，许可信息，关于如何获得帮助的快速提示，以及命令提示符．

2. 代码编辑器与数据查看器

代码编辑器位于 RStudio 界面的左上角，平常利用它来编写 R 代码．代码编辑器支持多种文件形式，如 HTML，Sweave，Markdown，C，C++，JavaScript 文件等．编辑的内容以 R 的 Rscript 文件存放，可以随时进行修改和运行．

3. 数据集管理和历史查看器

这部分位于 RStudio 界面的右上角，其中数据集管理功能包括上传、查看及删除数据集，程序包的结构等，"历史"（History）中可以看到运行代码的历史记录．

在控制台中键入如下命令：

```
> data(iris)
> summary(iris)
> a<-c(1:10)
> fun<-function(a){mean(a)}
```

　　执行以上命令后，可以看到在 Environment 页面出现了 Data、Value、Funtion 的分类，分别显示着我们刚刚使用的数据集，新赋值的信息以及新创建的函数，而在 History 页面中显示了我们刚刚输入的命令历史，具体如图 A-9 和图 A-10 所示.

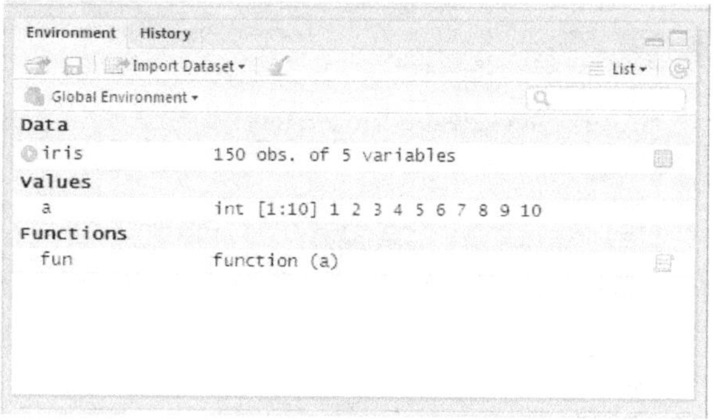

图 A-9　**Environment 页面**

图 A-10　**History 页面**

4. 文件、图表、工具包及帮助

　　该内容位于 RStudio 界面右下角. 其中，文件页可以方便地找到所需要打开的文件，图表页展示使用数据绘制的图表，工具包页能够查看、查找并安装工具包，帮助页可以通过搜索或单击链接获取在使用 RStudio 时所遇到问题的帮助.

　　R 的一个最吸引人的特点是它有着丰富的免费提供的扩展包. R 本身自带很多重要的程序包，使用 RStudio 可以轻松下载. 在 RStudio 中安装 R 程序包有以下两种方法：

　　（1）单击右下角的程序包分类页，单击 Install 按钮，出现如图 A-11 所示界面.

　　在第一个菜单中选择一个 CRAN 服务器或者本地存放文件夹，如果可以上网，可选择一个距离较近的 CRAN 镜像；下一步选择所需要的程序包名称，在键入程序包名称的同时，RStudio 会显示类似名称的程序包供选择. 选择完毕后单击对话框的 Install 按钮，在 R 控制台中会运行相应的安装代码.

　　（2）直接在控制台中输入以下代码：

```
> install.packages("程序包名称")
```

如需修改 CRAN 镜像，输入以下代码：

```
> chooseCRANmirror()
```

输入要选择的镜像序号，即可修改.

图 A-11　R 程序包下载页面

A.2.3　尝试使用 RStudio

这里通过对 R 自带数据 iris 的分析来说明 RStudio 的使用.

1. 新建项目

方法为：选择 File | New Project | New Directory 命令，如图 A-12 所示，命名新项目文件 test.

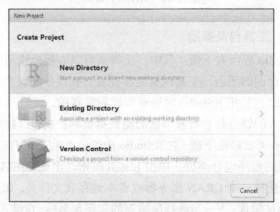

图 A-12　新建项目

2. 添加数据集 iris

R 自带数据集 iris 是以鸢尾花的特征作为数据来源，常用在分类操作中. 该数据集是由 3 种不同类型的鸢尾花的 50 个样本构成的，其中 Species（种类）为：Iris Serosae（山鸢尾）、Iris Versicolour（杂色鸢尾），以及 Iris Virginian（维吉尼亚鸢尾）；每个种类包含了 4 个属性：Sepal.Length（花萼长度），Sepal.Width（花萼宽度），Petal. Length（花瓣长度），Petal.Width（花瓣宽度），单位均为 cm.

有以下两种方法添加数据集.

（1）R 中自带的数据集只需在控制台中输入 data（数据集名称）即可.

```
> data(iris)
> head(iris)      #查看数据 iris 的前 6 行数据
```

（2）文件形式存放或者网页存放的数据集.

可以单击环境页面中的 Import 按钮，如图 A-13 所示.

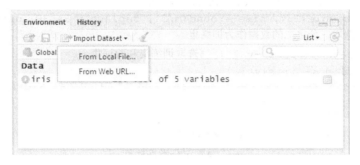

图 A-13　添加文件数据

3. 数据分析

在控制台中输入 summary(iris)即能看到每一列数据的最大值、最小值、中值、平均值和 1/4、3/4 分位数值，分类变量则能看到每类数据的频数.

```
Sepal.Length     Sepal.Width     Petal.Length     Petal.Width
Min.   :4.300    Min.   :2.000   Min.   :1.000    Min.   :0.100
1st Qu.:5.100    1st Qu.:2.800   1st Qu.:1.600    1st Qu.:0.300
Median :5.800    Median :3.000   Median :4.350    Median :1.300
Mean   :5.843    Mean   :3.057   Mean   :3.758    Mean   :1.199
3rd Qu.:6.400    3rd Qu.:3.300   3rd Qu.:5.100    3rd Qu.:1.800
Max.   :7.900    Max.   :4.400   Max.   :6.900    Max.   :2.500
        Species
   setosa    :50
 versicolor:50
 virginica :50
```

可以通过绘图的形式查看花萼长度与鸢尾花种类的关系. 例如：

```
>plot(Sepal.Length ~ Species , data = iris)
```

输出图形如图 A-14 所示，可以看到以鸢尾花种类分类的，花萼长度数据的分布情况.

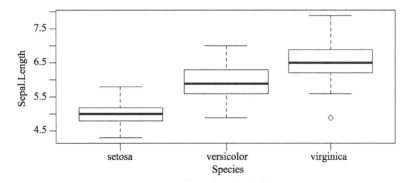

图 A-14　花萼长度与鸢尾花种类关系图

可以看到不同种类的鸢尾花，其花萼的长度还是有明显的差异的.

下面对数据集 iris 使用 K 近邻法进行分类. 首先需要下载安装程序包 kknn 包. 新建一个 Rscript 文件，将以下代码复制进 Rscript 中. 这是一个利用 K 近邻方法将 iris 数据进行分类，再验证分类准确性，最后输出分类图表结果的过程.

```
> library(kknn)
> data(iris)
> m <- dim(iris)[1]    #获取数据集记录条数
> val <- sample(1:m, size =round(m/3), replace = FALSE, prob= rep(1/m, m))    #抽样，选取三分之二的数据作为训练集
> iris.learn <- iris[-val,]    #选取训练集和验证集
> iris.valid <- iris[val,]
> iris.kknn <- kknn(Species~Petal.Length + Petal.Width,iris.learn, iris.valid, k=7, distance=2)
#训练模型并进行预测分类
> summary(iris.kknn)    #查看分类结果
> fit <- fitted(iris.kknn)    #判定分类准确性
> table(iris.valid$Species, fit)
> pcol <- as.character(as.numeric(iris.valid$Species))    #输出图表结果
> plot(iris.valid[3:4], pch = pcol, col = c("green3", "red") [(iris.valid$Species != fit)+1])
```

从图 A-15 的输出结果可以看到页面的每一部分在分析过程中所起的作用. 利用代码编辑器可以随时运行和修改代码；R 控制台负责运行命令并且输出结果；数据集管理页面记录了在分析过程中所用到和创建的数据集；图表查看器则输出了图表结果，从中可以清楚地看到三类鸢尾花的分类情况.

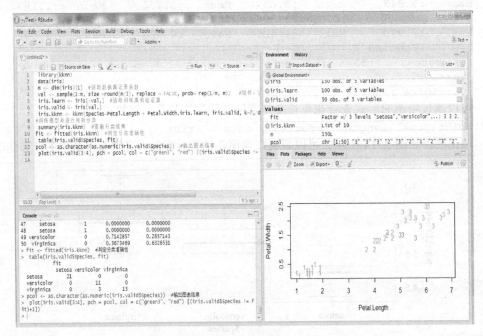

图 A-15　分类结果展示

附 录 B

数 据 集

1. 数据集"unem.dat"

3.400	3.800	4.000	3.900	3.500	3.600	3.600	3.900
3.800	3.700	3.800	4.000	4.300	4.700	5.000	5.300
6.100	6.200	6.700	6.800	6.600	7.900	6.400	6.600
6.500	6.400	6.300	5.800	5.500	5.400	5.000	4.500
4.400	4.200	4.200	4.300	3.700	3.400	3.400	3.100
3.000	3.200	3.100	3.100	3.300	3.500	3.500	3.100
3.200	3.100	2.900	2.900	3.000	3.000	3.200	3.400
3.100	3.000	2.800	2.700	2.900	2.600	2.600	2.700
2.500	2.500	2.600	2.700	2.900	3.100	3.500	4.500
4.900	5.200	5.700	5.900	5.900	5.600	5.800	6.000
6.100	5.700	5.300	5.000	4.900	4.700	4.600	4.700
4.300	4.200	4.000	4.200	4.100	4.300	4.200	4.200
4.000	3.900	4.200	4.000	4.300	4.300	4.400	4.100
3.900	3.900	4.300	4.200	4.200	3.900	3.700	3.900
4.100	4.300	4.200	4.100	4.400	4.500	5.100	5.200
5.800	6.400	6.700	7.400	7.400	7.300	7.500	7.400
7.100	6.700	6.200	6.200	6.000	5.900	5.600	5.200
5.100	5.000	5.100	5.200	5.500	5.700	5.800	5.300
5.200	4.800	5.400	5.200	5.100	5.400	5.500	5.600
5.500	6.100	6.100	6.600	6.600	6.900	6.900	7.000
7.100	6.900	7.000	6.600	6.700	6.500	6.100	6.000
5.800	5.500	5.600	5.600	5.500	5.500	5.400	5.700
5.600	5.400	5.700	5.500	5.700	5.900	5.700	5.700
5.900	5.600	5.600	5.400	5.500	5.500	5.700	5.500
5.600	5.400	5.400	5.300	5.100	5.200	4.900	5.000
5.100	5.100	4.800	5.000	4.900	5.100	4.700	4.800
4.600	4.600	4.400	4.400	4.300	4.200	4.100	4.000
4.000	3.800	3.800	3.800	3.900	3.800	3.800	3.800
3.700	3.700	3.600	3.800	3.900	3.800	3.800	3.800
3.800	3.900	3.800	3.800	3.800	4.000	3.900	3.800
3.700	3.800	3.700	3.500	3.500	3.700	3.700	3.500
3.400	3.400	3.400	3.400	3.400	3.400	3.400	3.400
3.400	3.500	3.500	3.500	3.700	3.700	3.500	3.500
3.900	4.200	4.400	4.600	4.800	4.900	5.000	5.100
5.400	5.500	5.900	6.100	5.900	5.900	6.000	5.900

5.900	5.900	6.000	6.100	6.000	5.800	6.000	6.000
5.800	5.700	5.800	5.700	5.700	5.700	5.600	5.600
5.500	5.600	5.300	5.200	4.900	5.000	4.900	5.000
4.900	4.900	4.800	4.800	4.800	4.600	4.800	4.900
5.100	5.200	5.100	5.100	5.100	5.400	5.500	5.500
5.900	6.000	6.600	7.200	8.100	8.100	8.600	8.800
9.000	8.800	8.600	8.400	8.400	8.400	8.300	8.200
7.900	7.700	7.600	7.700	7.400	7.600	7.800	7.800
7.600	7.700	7.800	7.800	7.500	7.600	7.400	7.200
7.000	7.200	6.900	7.000	6.800	6.800	6.800	6.400
6.400	6.300	6.300	6.100	6.000	5.900	6.200	5.900
6.000	5.800	5.900	6.000	5.900	5.900	5.800	5.800
5.600	5.700	5.700	6.000	5.900	6.000	5.900	6.000
6.300	6.300	6.300	6.900	7.500	7.600	7.800	7.700
7.500	7.500	7.500	7.200	7.500	7.400	7.400	7.200
7.500	7.500	7.200	7.400	7.600	7.900	8.300	8.500
8.600	8.900	9.000	9.300	9.400	9.600	9.800	9.800
10.100	10.400	10.800	10.800	10.400	10.400	10.300	10.200
10.100	10.100	9.400	9.500	9.200	8.800	8.500	8.300
8.000	7.800	7.800	7.700	7.400	7.200	7.500	7.500
7.300	7.400	7.200	7.300	7.300	7.200	7.200	7.300
7.200	7.400	7.400	7.100	7.100	7.100	7.000	7.000
6.700	7.200	7.200	7.100	7.200	7.200	7.000	6.900
7.000	7.000	6.900	6.600	6.600	6.600	6.600	6.300
6.300	6.200	6.100	6.000	5.900	6.000	5.800	5.700
5.700	5.700	5.700	5.400	5.600	5.400	5.500	5.600
5.400	5.300	5.300	5.300	5.400	5.200	5.100	5.200
5.200	5.400	5.300	5.200	5.300	5.300	5.300	5.300
5.300	5.300	5.300	5.400	5.300	5.300	5.500	5.600
5.700	5.700	5.900	6.100	6.200	6.500	6.800	6.600
6.900	7.000	6.800					

2. 美国 GDP 数据集 "US_GDP.dat"

237.2	240.5	244.6	254.4	260.4	267.3	273.9	275.2	270.0	266.2	267.7
265.2	275.2	284.6	302.0	313.4	329.0	336.7	343.6	348.0	351.3	352.2
358.5	371.4	378.4	382.0	381.1	375.9	375.3	376.0	380.8	389.5	402.6
410.9	419.5	426.0	428.3	434.2	439.3	448.1	457.2	459.2	466.4	461.5
454.0	458.1	471.7	485.0	495.4	508.4	509.3	513.2	526.9	526.1	528.9
523.6	527.9	539.0	549.4	562.5	576.0	583.2	590.0	593.3	602.4	611.2
623.9	633.5	649.6	658.8	670.5	675.6	695.7	708.1	725.2	747.5	770.8
779.9	793.4	807.1	817.9	822.5	837.1	852.8	879.9	904.2	919.4	936.3
961.0	976.3	996.5	1004.6	1017.3	1033.2	1050.7	1052.9	1098.3	1119.1	
1139.3	1151.7	1190.6	1225.9	1249.7	1287.0	1335.5	1371.9	1391.2	1432.3	
1447.0	1485.3	1514.2	1553.4	1570.0	1605.6	1663.1	1714.6	1772.6	1804.9	
1838.3	1885.3	1939.3	2006.0	2066.8	2111.6	2150.0	2275.6	2336.2	2417.0	
2464.4	2527.6	2600.7	2660.5	2725.3	2729.3	2786.6	2916.9	3052.7	3085.9	
3178.7	3196.4	3186.8	3242.7	3276.2	3314.4	3382.9	3484.1	3589.3	3690.4	
3809.6	3908.6	3978.2	4036.3	4119.5	4178.4	4261.3	4321.8	4385.6	4425.7	

4493.9	4546.1	4613.8	4690.0	4767.8	4886.3	4951.9	5062.8	5146.6	5253.7

4493.9   4546.1   4613.8   4690.0   4767.8   4886.3   4951.9   5062.8   5146.6   5253.7
5367.1   5454.1   5531.9   5584.3   5716.4   5797.7   5849.4   5848.8   5888.0   5964.3
6035.6   6095.8   6196.1   6290.1   6380.5   6484.3   6542.7   6612.1   6674.6   6800.2
6911.0   7030.6   7115.1   7232.2   7298.3   7337.7   7432.1   7522.5   7624.1   7776.6
7866.2   8000.4   8113.8   8250.4   8381.9   8471.2   8586.7   8657.9   8789.5   8953.8
9066.6   9174.1   9313.5   9519.5   9629.4   9822.8   9862.1   9953.6   10021.5   10128.9
10135.1   10226.3   10333.3   10426.6   10527.4   10591.1   10705.6   10831.8   11086.1
11219.5   11405.5   11610.3   11779.4   11948.5   12154.0   12317.4   12558.8   12705.5
12964.6   13155.0   13266.9   13392.3   13551.9   13768.8   13970.5

3. 数据集 "q-earn-jnj.txt"

0.71 0.63 0.85 0.44 0.61 0.69 0.92 0.55 0.72 0.77 0.92 0.6 0.83 0.8 1 0.77 0.92 1
1.24 1 1.16 1.3 1.45 1.25 1.26 1.38 1.86 1.56 1.53 1.59 1.83 1.86
1.53 2.07 2.34 2.25 2.16 2.43 2.7 2.25 2.79 3.42 3.69 3.6 3.6 4.32
4.32 4.05 4.86 5.04 5.04 4.41 5.58 5.85 6.57 5.31 6.03 6.39 6.93 5.85
6.93 7.74 7.83 6.12 7.74 8.91 8.28 6.84 9.54 10.26 9.54 8.729999 11.88
12.06 12.15 8.91 14.04 12.96 14.85 9.99 16.2 14.67 16.02 11.61

4. 数据集 "pounds_nz.dat"

xrate
1   2.9243
2   2.9422
3   3.1719
4   3.2542
5   3.3479
6   3.5066
7   3.0027
8   2.844
9   2.8378
10   2.7301
11   2.7008
12   2.6138
13   2.5874
14   2.5787
15   2.547
16   2.4701
17   2.3895
18   2.375
19   2.3859
20   2.2766
21   2.2351
22   2.245
23   2.3208
24   2.339
25   2.3687
26   2.512
27   2.6917
28   2.8435

29	3.0922
30	3.2528
31	3.1852
32	3.034
33	2.9593
34	3.0498
35	3.1869
36	3.2286
37	3.1925
38	3.3522
39	3.531